KB275272

新 수학의 바이블

확률과 통계

지 은 이 _민경도 서울대학교 수학교육과
_이창희 서울대학교 수학교육과

新 수학의 바이블 확률과 통계 201805 제5판 1쇄 202411 제5판 12쇄

펴낸이 정선욱

펴낸곳 이투스에듀㈜ 서울시 서초구 남부순환로 2547

고객센터 1599-3225

등록번호 제2007-000035호

ISBN 979-11-6123-597-4 [53410]

학생들을 직접 가르치면서 교육 현장에서 얻은 경험과 노하우를 바탕으로 새로운 형태의 기본서 新수학의 바이블을 펴내게 되었습니다.

교과서보다 더 자세한 新수학의 바이블!!

기존의 참고서가 〈예제+유제〉의 구조로 수학 문제들을 다루고 있는 반면, 新수학의 바이블은 〈1+3 시스템〉을 도입하여 한 가지 문제 유형을 표현뿐만 아니라 개념까지 확장시킴으로써 문제해결능력이 극대화될 수 있도록 했습니다.

Bible **Point**　Plus＋　약점 휘어잡기　개념 확장하기　등을 통해 교과서보다 더 자세한 개념 설명과 보기를 제시하고 체계적으로 학습 내용을 정리하였습니다.

또한 모든 연습문제의 접근 방법　상세 풀이　보충 설명 3단계 해설은 新수학의 바이블만의 특색입니다.

수많은 병사들이 두려워하는 구척의 장군 골리앗을 갑옷도 입지 않고 창과 칼도 없는 다윗이 물맷돌만으로 이길 수 있었던 것은 이길 수 있다는 믿음과 자신감 때문이었습니다. 수학 공부도 마찬가지입니다. 가슴 속에 수학을 향한 자신감을 가득 품고 힘차게 나아가길 바라며, 그 길을 가는데 新수학의 바이블이 여러분에게 큰 힘이 되기를 기원합니다.

2018. 05　이창희

서울대 수학교육과 졸업
現 다원교육 대표이사
前 강남대성학원 전임 강사
前 EBS*i* 수학 영역 강사
前 서울예술고등학교 교사

학생들을 가르치는 20여 년간 수학을 참 오래도록 접하고 연구하면서 수학이라는 학문이 가진 매력적인 부분을 학생들에게 어떻게 전달하면 좋을지 고민하게 되었습니다. 입시제도에서 중요하게 자리잡고 있는 과목이기 때문에 어쩔 수 없이 해야 하는 과목이 아니라 친근한 과목으로 인식하기를 바라면서 新수학의 바이블을 집필하였습니다.

바이블만의 노하우는 이것이다!!

같은 문제라도 배열이 어떻게 되는가에 따라 학습효과가 달라집니다. 현재 현장에서 학생들을 직접 가르치는 경험을 살린 문제 배열은 다른 기본서들과 차별되는 바이블만의 노하우입니다.

新수학의 바이블은 단원 마다 중요한 예제를 담고 숫자 바꾸기 － 표현 바꾸기 － 개념 넓히기 의 1+3 시스템을 통해 문제의 핵심을 파악하는 능력을 기를 수 있도록 구성되어 있습니다.

많은 학생들이 新수학의 바이블로 수학을 잘하게 되었다고 외쳤으면 합니다.
新수학의 바이블이 여러분들의 꿈에 한 발짝 다가가는데 도움이 되길 바라는 마음입니다.

서울대 수학교육과 졸업
現 종로학원 강남이과
前 EBS*i* 수학 영역 강사
前 숙명여자고등학교 교사

2018. 05　민경도

新 수학의 바이블 만의
1+3 단계별 · 수준별 수학 학습 시스템

1. 단계별 유형 공부

하나의 예제를 숫자 바꾸기 (모방) ➡ 표현 바꾸기 (변형) ➡ 개념 넓히기 (응용) 3단계 유제로 학습하여 유형에 대한 적응력을 높일 수 있습니다!

숫자 바꾸기	예제에서 숫자만 바꾼 모방 문제로, 예제를 통해 습득한 문제 해결 원리를 다시 확인할 수 있도록 합니다.
표현 바꾸기	예제에서 표현만 바꾼 변형 문제로, 다양한 수학적 표현에 혼동하지 않고 문제 해결 원리를 적용할 수 있도록 합니다.
개념 넓히기	예제에 다른 개념을 추가한 응용 문제로, 통합적 문제 해결 원리를 습득할 수 있도록 합니다.

2. 수준별 문제 풀이

기본 다지기 ➡ 실력 다지기   수준별 연습 문제를 통해 기본에서 고난도까지 문제 해결력을 기를 수 있습니다!

기본 다지기	3~4등급 수준의 난이도에 해당하는 내신 유형의 문제들로 구성하여 학교 시험 대비 학습을 할 수 있도록 하였습니다.
실력 다지기	1~3등급 수준의 난이도에 해당하는 수능 유형의 문제들로 구성하여 수능 대비 학습을 할 수 있도록 하였습니다.

3. 자세한 풀이 이해

접근 방법 ➡ 상세 풀이 ➡ 보충 설명   3단계의 체계적이고 자세한 풀이 방식으로 문제에 대한 접근 및 해결 방법을 쉽게 이해할 수 있습니다!

접근 방법	문제를 분석하고 문제 해결에 필요한 조건을 수집하는 방법을 서술하여 문제를 명확히 이해할 수 있도록 하였습니다.
상세 풀이	논리적인 비약이 없도록 자세하고 꼼꼼한 전체 풀이 과정을 서술하여 문제 해결 과정을 쉽게 이해할 수 있도록 하였습니다.
보충 설명	접근 방법이나 상세 풀이에서 언급하지 않은 부가적인 설명을 서술하여 문제 해결에 필요한 개념이나 원리를 재정리할 수 있도록 하였습니다.

바이블만의 체계적이고 자세한 설명 방식으로
새로운 개념에 대한 공식 및 원리의 완벽한 이해를 도와줍니다!

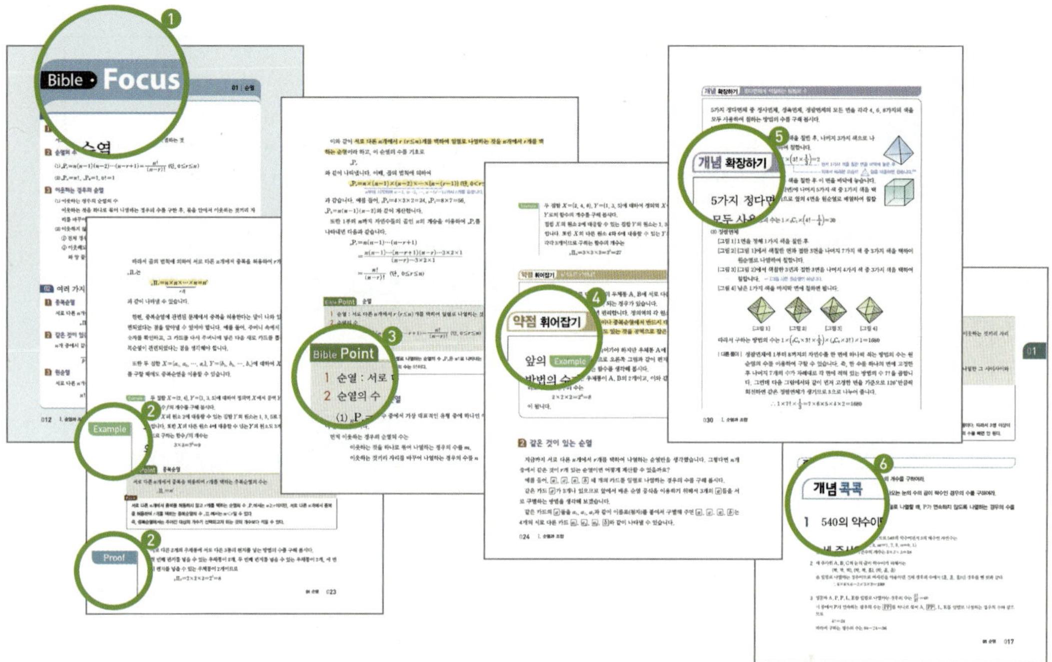

❶ Bible Focus

각 단원의 주요 내용과 공식을 한 눈에 확인할 수 있게 정리함으로써 앞으로 배울 학습 방향을 명확하게 인지할 수 있도록 하였습니다.

❷ 설명

새로운 개념에 대한 용어의 정의를 명확히 제시하고 충분한 Example 과 Proof 를 통해 수학 공식 및 원리를 쉽게 이해할 수 있도록 하였습니다.

❸ Bible Point와 Plus

주요 개념 설명의 핵심만을 한 눈에 알아보기 쉽게 정리하여 암기할 수 있도록 하였습니다. 또한 Plus+ 를 통해 Bible Point 를 재해석한 내용을 제시함으로써 보충학습이 가능하도록 하였습니다.

❹ 약점 휘어잡기

혼동하기 쉬운 개념이나 새로운 개념을 이해하는데 필요한 선수학습 내용을 제시하여 향후 학습에 결손 부분이 없도록 하였습니다.

❺ 개념 확장하기

교육과정에서 다루고 있지 않지만 개념 이해나 문제 해결에 유용한 내용을 제시하여 수학적 원리의 이해도를 높일 수 있도록 하였습니다.

❻ 개념 콕콕

개념 설명과 Bible Point 와 Plus+ 로 정리한 내용을 적용할 수 있는 문제를 제공하여 개념에 대한 이해도를 측정할 수 있도록 하였습니다.

하나의 예제를 [숫자] 바꾸기(모방) ➡ [표현] 바꾸기(변형) ➡ [개념] 넓히기(응용) 3단계 유제로 학습하여 유형에 대한 적응력을 높일 수 있습니다!

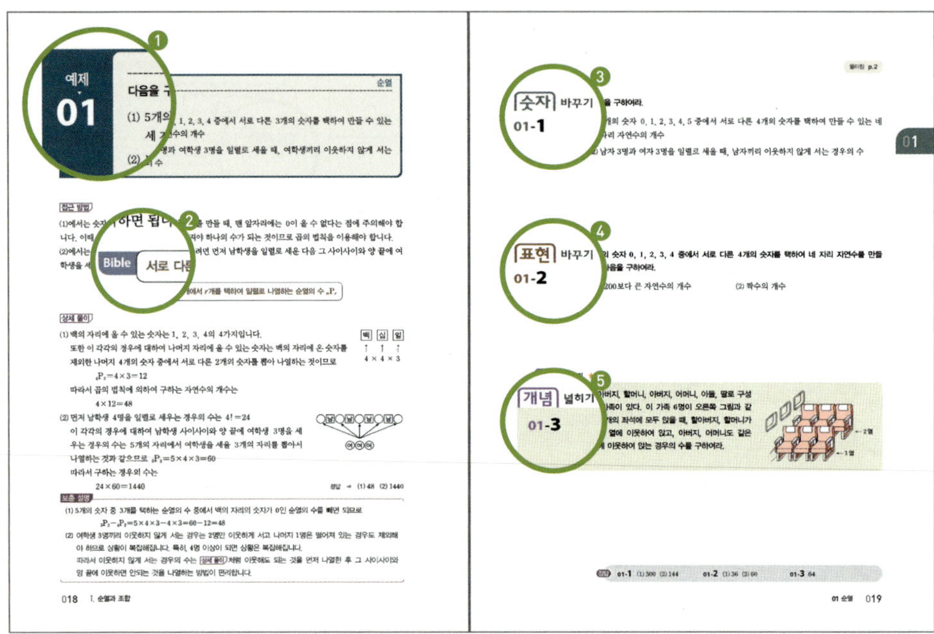

① 예제

본문을 통해 배운 개념을 적용할 수 있는 핵심 유형 문제와 접근 방법–상세 풀이–보충 설명 3단계의 자세한 풀이를 통해 개념과 문제 풀이 과정을 확실하게 이해할 수 있습니다.

② Bible

예제를 해결하기 위한 핵심 개념을 다시 한 번 정리합니다.

③ 숫자 바꾸기

예제에서 숫자가 바뀐 문제로 예제를 통해 익힌 풀이 과정을 반복 연습하면서 스스로 문제를 풀 수 있는 힘을 키울 수 있습니다.

④ 표현 바꾸기

예제에서 문제를 제시하는 표현만 변형된 문제로 동일한 해결 과정에 대한 다양한 문제 제시 방법을 익혀 낯선 문제에 대한 적응력을 기를 수 있습니다.

⑤ 개념 넓히기

예제에 적용된 개념을 응용한 문제를 풀면서 문제 유형을 완벽하게 이해하고, 풀이 과정을 응용할 수 있는 능력을 기를 수 있습니다.

수학의 바이블의... 수준별 문제 구성

기본 다지기 ➡ 실력 다지기 수준별 연습 문제를 통해
기본에서 고난도까지 문제 해결력을 기를 수 있습니다!

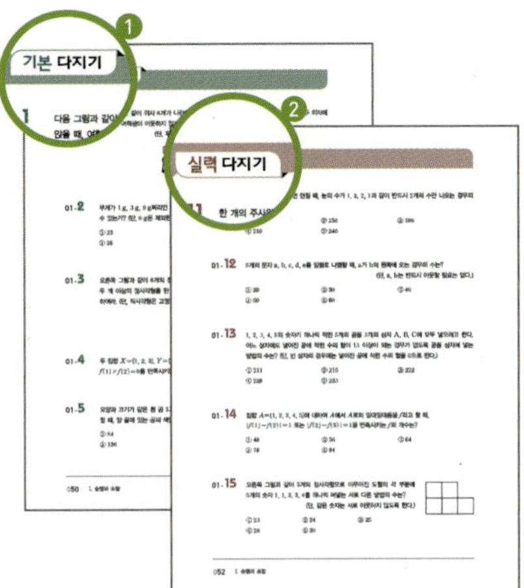

① 기본 다지기

각 단원의 필수 유형 문제를 풀면서 앞서 공부한 내용을 다질 수 있습니다. 기본 다지기 문제를 해결하는 과정에서 그 단원의 개념을 완벽하게 이해할 수 있습니다.

② 실력 다지기

비교적 쉬운 문제부터 난이도 있는 문제까지 계단식으로 문제를 풀 수 있습니다. 실력 다지기 문제를 풀면서 자신의 수학 실력이 향상되는 것을 느낄 수 있습니다.

수학의 바이블의... 자세한 풀이 구성

접근 방법 ➡ 상세 풀이 ➡ 보충 설명 3단계의 체계적이고 자세한 풀이 방식으로
문제에 대한 접근 및 해결 방법을 쉽게 이해할 수 있습니다!

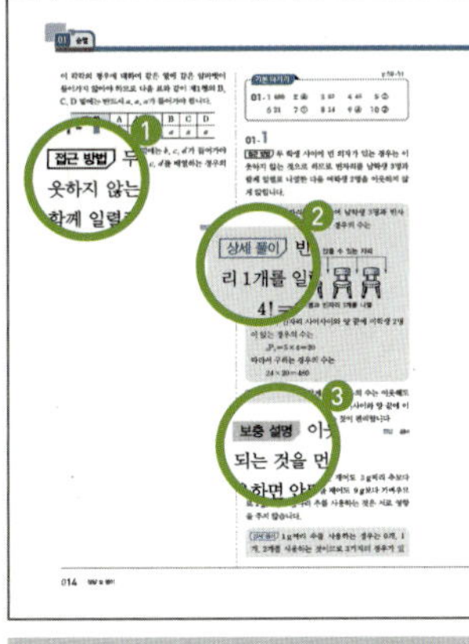

① 접근 방법

문제를 접했을 때 어떻게 접근해야 하는지를 알려줍니다. 접근 방법을 통해 문제를 해결할 수 있는 포인트를 잡는 방법을 배울 수 있습니다.

② 상세 풀이

문제 풀이 과정을 상세하게 볼 수 있도록 구성했습니다. 풀이를 따라가면서 세부적인 해결 과정을 자세하게 이해할 수 있습니다.

③ 보충 설명

접근 방법이나 상세 풀이에서 다뤄주지 못했지만, 문제 풀이에 도움이 되는 추가 설명과 내용 정리를 통해 수학적 사고를 넓힐 수 있습니다.

* 新수학의 바이블의 풀이집은 별매입니다.

Contents

01

순열

1학년 때 배운 것처럼 그대로 순서가 있게 나열하는 방법을 순열이라고 합니다. 카드를 나열하거나 MP3로 들을 노래의 순서를 정하는 것 등은 순열의 예입니다. 이 단원에서는 앞으로 배울 중복순열, 같은 것이 있는 순열, 원순열을 공부할 때 도움이 되도록 순열에 대하여 간단하게 복습하고, 이를 바탕으로 중복순열에 대하여 배워봅시다.

01 순열

순열의 뜻을 알고, 순열의 수를 구할 수 있다.

02 여러 가지 순열

중복순열, 같은 것이 있는 순열, 원순열을 이해하고, 그 순열의 수를 구할 수 있다.

01 순열

1 순열

서로 다른 n개에서 $r\ (r \leq n)$개를 택하여 일렬로 나열하는 것

2 순열의 수

(1) $_n\mathrm{P}_r = n(n-1)(n-2)\cdots(n-r+1) = \dfrac{n!}{(n-r)!}$ (단, $0 \leq r \leq n$)

(2) $_n\mathrm{P}_n = n!$, $_n\mathrm{P}_0 = 1$, $0! = 1$

3 이웃하는 경우의 순열

(1) 이웃하는 경우의 순열의 수

이웃하는 것을 하나로 묶어 나열하는 경우의 수를 구한 후, 묶음 안에서 이웃하는 것끼리 자리를 바꾸어 나열하는 경우의 수를 곱한다.

(2) 이웃하지 않는 경우의 순열의 수

① 전체 경우의 수에서 이웃하는 경우의 순열의 수를 뺀다.

② 이웃해도 되는 것을 먼저 나열하는 경우의 수와 이웃해도 되는 것을 나열한 그 사이사이와 양 끝에 이웃하면 안 되는 것을 나열하는 경우의 수를 곱한다.

02 여러 가지 순열

1 중복순열

서로 다른 n개에서 중복을 허용하여 r개를 택하는 중복순열의 수는

$$_n\Pi_r = n^r$$

2 같은 것이 있는 순열

n개 중에서 같은 것이 각각 p개, q개, $\cdots$, r개씩 있을 때, n개를 일렬로 나열하는 순열의 수는

$$\frac{n!}{p!q! \times \cdots \times r!} \ (\text{단, } p+q+\cdots+r=n)$$

3 원순열

서로 다른 n개를 원형으로 배열하는 원순열의 수는

$$n! \times \frac{1}{n} = (n-1)!$$

01 순열

① 합의 법칙과 곱의 법칙

어떤 사건이 일어나는 경우의 수를 구할 때, 그 사건이 일어나는 경우를 빠짐없이 중복되지 않게 모두 헤아리는 것이 가장 중요합니다. 그 다음으로 '합의 법칙'과 '곱의 법칙'을 적절히 이용하여 어떤 사건이 일어나는 경우의 수를 체계적으로 구할 수 있어야 합니다.

Bible Point 합의 법칙

두 사건 A와 B가 동시에 일어나지 않을 때, 사건 A, B가 일어나는 경우의 수가 각각 m, n이면

$$(\text{사건 } A \text{ 또는 사건 } B \text{가 일어나는 경우의 수})=m+n$$

Plus+

① 두 사건 A, B가 동시에 일어나는 경우의 수가 l일 때에는

$$(\text{사건 } A \text{ 또는 사건 } B \text{가 일어나는 경우의 수})=m+n-l$$

② 합의 법칙은 셋 이상의 사건에 대해서도 성립한다.

Example 1부터 20까지의 정수 중 3의 배수 또는 4의 배수의 개수를 구해 봅시다.

이것은 집합의 원소의 개수를 구하는 문제로 더 잘 알려져 있지만 경우의 수를 구하는 문제로도 볼 수 있습니다. 1부터 20까지의 정수 중 하나를 뽑을 때, 3의 배수 또는 4의 배수를 뽑는 경우의 수를 구하는 것과 같기 때문입니다.

1부터 20까지의 정수 중 3의 배수의 집합을 A, 4의 배수의 집합을 B라고 하면

$$A=\{3, 6, 9, 12, 15, 18\}, B=\{4, 8, 12, 16, 20\}$$

입니다.

이때, 3의 배수를 뽑는 경우의 수는 A의 원소 중 하나를 뽑는 경우의 수, 즉 집합 A의 원소의 개수 $n(A)$와 같고, 4의 배수를 뽑는 경우의 수는 집합 B의 원소의 개수 $n(B)$와 같습니다. 따라서 3의 배수 또는 4의 배수를 뽑는 경우의 수를 구하는 문제는 결국 $n(A\cup B)$를 구하는 문제와 같습니다. 여기서 $A\cap B=\{12\}$이므로

$$\begin{aligned}
n(A\cup B)&=n(A)+n(B)-n(A\cap B)\\
&=6+5-1\\
&=10
\end{aligned}$$

Example

오른쪽 그림과 같이 A, B, C, D의 네 지점을 연결하는 도로망이 있다. 같은 지점은 두 번 지나지 않을 때 A지점에서 D지점까지 가는 방법의 수를 구해 봅시다.

A지점에서 D지점으로 가기 위해서는

$$A \to B \to D, \ A \to C \to D,$$
$$A \to B \to C \to D, \ A \to C \to B \to D$$

의 네 가지 방법이 있습니다.

(ⅰ) $A \to B \to D$로 가는 방법의 수는 $3\times 3=9$

(ⅱ) $A \to C \to D$로 가는 방법의 수는 $2\times 3=6$

(ⅲ) $A \to B \to C \to D$로 가는 방법의 수는 $3\times 1\times 3=9$

(ⅳ) $A \to C \to B \to D$로 가는 방법의 수는 $2\times 1\times 3=6$

(ⅰ)~(ⅳ)에서 구하는 방법의 수는 합의 법칙에 의하여

$$9+6+9+6=30$$

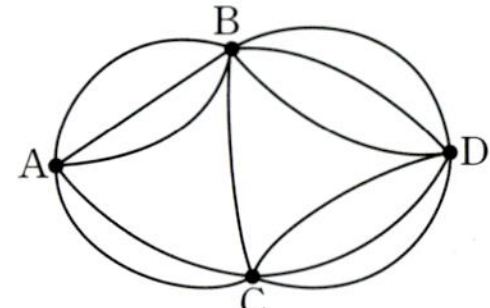

2 순열

$\boxed{1}$, $\boxed{2}$, $\boxed{3}$, $\boxed{4}$ 네 개의 숫자 카드 중에서 세 개를 택하여 만들 수 있는 세 자리 자연수의 개수를 구하는 것은 대표적인 순열의 예입니다.

오른쪽 그림과 같이 백의 자리에 들어갈 수 있는 카드는 $\boxed{1}$, $\boxed{2}$, $\boxed{3}$, $\boxed{4}$ 중 어느 숫자라도 가능하므로 4가지, 십의 자리에 들어갈 수 있는 카드는 백의 자리에 들어간 숫자가 적힌 카드를 제외한 나머지인 3가지, 일의 자리는 앞의 두 숫자를 제외한 나머지인 2가지가 들어갈 수 있습니다.

따라서 곱의 법칙에 의하여 구하는 경우의 수는 $4\times 3\times 2=24$입니다.

이와 같이 서로 다른 n개에서 $r\,(r\le n)$개를 택하여 일렬로 나열하는 것을 n개에서 r개를 택하는 순열이라 하고, 이 순열의 수를 기호로

$$_n\mathrm{P}_r$$

와 같이 나타냅니다. 이때, 곱의 법칙에 의하여

$$_n\mathrm{P}_r=n\times(n-1)\times(n-2)\times\cdots\times\{n-(r-1)\}\ (단,\ 0<r\le n)$$

n부터 시작하여 $n-1,\ n-2,\ \cdots,\ n-(r-1)$까지 r개를 곱합니다.

과 같습니다. 예를 들어, $_4\mathrm{P}_3=4\times3\times2=24$, $_8\mathrm{P}_2=8\times7=56$, $_n\mathrm{P}_3=n(n-1)(n-2)$와 같이 계산합니다.

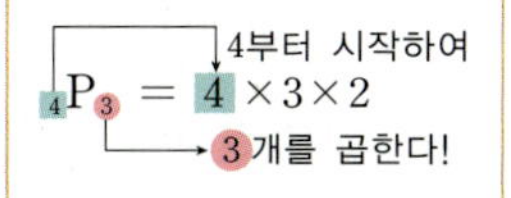

또한 1부터 n까지 자연수들의 곱인 n의 계승을 이용하여 $_n\mathrm{P}_r$를 나타내면 다음과 같습니다.

$$\begin{aligned}
_n\mathrm{P}_r &= n(n-1)\cdots(n-r+1)\\
&= \frac{n(n-1)\cdots(n-r+1)(n-r)\cdots3\times2\times1}{(n-r)\cdots3\times2\times1}\\
&= \frac{n!}{(n-r)!}\quad (단,\ 0\le r\le n)
\end{aligned}$$

 순열

1 순열 : 서로 다른 n개에서 $r\,(r\le n)$개를 택하여 일렬로 나열하는 것

2 순열의 수

(1) $_n\mathrm{P}_r=n(n-1)(n-2)\cdots(n-r+1)=\dfrac{n!}{(n-r)!}$ (단, $0\le r\le n$)

(2) $_n\mathrm{P}_n=n!$, $_n\mathrm{P}_0=1$, $0!=1$

Plus+

서로 다른 n개에서 n개를 택하여 일렬로 나열하는 순열의 수 $_n\mathrm{P}_n$은 $n!$로 나타내는 것이 편리하다. 예를 들어, 5명의 학생 모두를 일렬로 나열하는 방법의 수는 $5!$이다.

---

3 이웃하는 경우의 순열

1학년 때 배운 순열의 수 중에서 가장 대표적인 유형 중에 하나인 이웃하는 경우의 수에 대하여 알아보겠습니다.

먼저 이웃하는 경우의 순열의 수는

이웃하는 것을 하나로 묶어 나열하는 경우의 수를 m,

이웃하는 것끼리 자리를 바꾸어 나열하는 경우의 수를 n

이라고 하면

(이웃하는 경우의 순열의 수)$=m \times n$

이 됩니다.

　또한 이웃하지 않는 경우의 순열의 수는

(1) 전체 경우의 수에서 이웃하는 경우의 순열의 수를 빼는 방법

(2) 이웃해도 되는 것을 먼저 나열하는 경우의 수와 이웃해도 되는 것들 사이사이와 양 끝에 이웃하면 안 되는 것을 나열하는 경우의 수를 곱하는 방법

의 두 가지 방법이 있지만 3명 이상이 이웃하지 않는 경우의 수를 구할 때에는 2번째 방법을 이용해야 합니다.

Example　남학생 4명과 여학생 2명이 일렬로 설 때, 여학생끼리 이웃하여 서지 않는 경우의 수를 구해 봅시다.

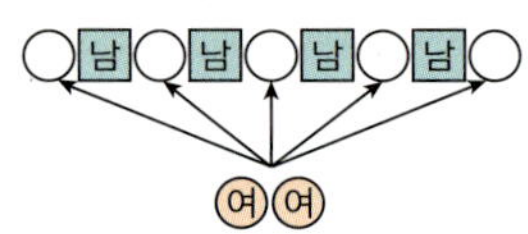

|방법 1| 남학생 4명과 여학생 2명이 일렬로 서는 전체 경우의 수 6!에서 여학생끼리 이웃하여 서는 경우의 수 $5! \times 2!$을 빼면 됩니다. 즉,

$$6! - 5! \times 2! = 720 - 240 = 480$$

|방법 2| 먼저 남학생 4명을 일렬로 세우는 경우의 수는 4!이고, 이 각각의 경우에 대하여 남학생들 사이사이와 양 끝에 여학생 2명을 세우는 경우의 수는 5개의 자리에서 여학생 2명을 세울 2개의 자리를 뽑아서 나열하는 것과 같으므로

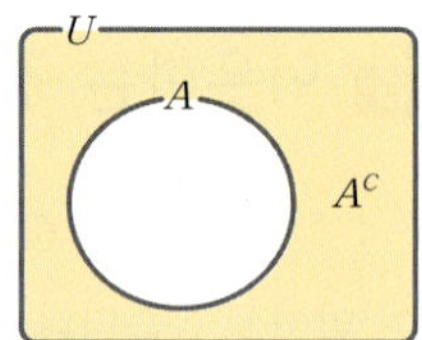

$$_5\mathrm{P}_2$$

따라서 구하는 경우의 수는

$$4! \times {}_5\mathrm{P}_2 = 24 \times 20 = 480$$

　한편, 오른쪽 벤 다이어그램과 같이 집합 A의 여집합의 원소의 개수는 전체집합의 원소의 개수 $n(U)$에서 집합 A의 원소의 개수 $n(A)$를 빼면 됩니다. 즉,

$$n(A^c) = n(U) - n(A)$$

입니다. 이와 같은 원리로 경우의 수를 구할 때, '적어도'의 표현이 있는 경우에는 그냥 경우의 수를 구하는 것과 전체 경우의 수에서 구하는 경우의 반대가 되는 경우의 수를 빼는 것 중 어느 것이 편리할지를 판단하여 구해야 합니다.

Bible **Point**　이웃하는 경우의 순열

1 이웃하는 경우의 순열의 수

이웃하는 것을 하나로 묶어 나열하는 경우의 수를 구한 후, 묶음 안에서 이웃하는 것끼리 자리를 바꾸어 나열하는 경우의 수를 곱한다.

2 이웃하지 않는 경우의 순열의 수

(1) 전체 경우의 수에서 이웃하는 경우의 순열의 수를 뺀다.

(2) 이웃해도 되는 것을 먼저 나열하는 경우의 수와 이웃해도 되는 것을 나열한 그 사이사이와 양 끝에 이웃하면 안 되는 것을 나열하는 경우의 수를 곱한다.

Plus＋

여학생 3명을 일렬로 세울 때

(ⅰ) 3명이 모두 이웃하고 있는 경우와

(ⅱ) 2명은 이웃하고 나머지 1명은 떨어져 있는 경우와

(ⅲ) 3명이 모두 이웃하지 않는 경우

로 나뉘는데, (ⅱ)는 이웃한 경우로도 볼 수 있고 이웃하지 않은 경우로도 볼 수 있는 상황이다. 따라서 3명 이상이 이웃하지 않는 경우의 수를 구할 때, 전체 경우의 수에서 3명이 모두 이웃하고 있는 경우의 수를 빼면 안 된다.

개념 **콕콕**

1　540의 약수이면서 3의 배수인 자연수의 개수를 구하여라.

2　세 주사위 A, B, C를 동시에 던질 때 나오는 눈의 수의 곱이 짝수인 경우의 수를 구하여라.

3　다섯 개의 영문자 A, P, P, L, E를 일렬로 나열할 때, P가 연속하지 않도록 나열하는 경우의 수를 구하여라.

풀이　**1**　540을 소인수분해하면 $2^2 \times 3^3 \times 5$이므로 540의 약수이면서 3의 배수인 자연수는
$$2^l \times 3^m \times 5^n \ (l=0, 1, 2, \ m=1, 2, 3, \ n=0, 1)$$
꼴이다. 따라서 구하는 자연수의 개수는 $3 \times 3 \times 2 = \mathbf{18}$

2　세 주사위 A, B, C의 눈의 곱이 짝수이기 위해서는
$$(\text{짝, 짝, 짝}), (\text{짝, 짝, 홀}), (\text{짝, 홀, 홀})$$
을 일렬로 나열하는 경우이므로 여사건을 이용하면 전체 경우의 수에서 (홀, 홀, 홀)인 경우를 뺀 것과 같다.
$$\therefore 6 \times 6 \times 6 - 3 \times 3 \times 3 = \mathbf{189}$$

3　영문자 A, P, P, L, E를 일렬로 나열하는 경우의 수는 $\dfrac{5!}{2!} = 60$

이 중에서 P가 연속하는 경우의 수는 $\boxed{\text{PP}}$ 를 하나로 묶어 A, $\boxed{\text{PP}}$, L, E를 일렬로 나열하는 경우의 수와 같으므로
$$4! = 24$$
따라서 구하는 경우의 수는 $60 - 24 = \mathbf{36}$

예제 01

다음을 구하여라.

(1) 5개의 숫자 0, 1, 2, 3, 4 중에서 서로 다른 3개의 숫자를 택하여 만들 수 있는 세 자리 자연수의 개수

(2) 남학생 4명과 여학생 3명을 일렬로 세울 때, 여학생끼리 이웃하지 않게 서는 경우의 수

접근 방법

(1)에서는 숫자를 나열하여 n자리 자연수를 만들 때, 맨 앞자리에는 0이 올 수 없다는 점에 주의해야 합니다. 이때, 각 자리의 숫자가 모두 채워져야 하나의 수가 되는 것이므로 곱의 법칙을 이용해야 합니다.

(2)에서는 여학생끼리 이웃하지 않게 세우려면 먼저 남학생을 일렬로 세운 다음 그 사이사이와 양 끝에 여학생을 세운다고 생각하면 됩니다.

> **Bible** 서로 다른 n개에서 r개를 택하여 일렬로 나열하는 순열의 수 $_n\mathrm{P}_r$

상세 풀이

(1) 백의 자리에 올 수 있는 숫자는 1, 2, 3, 4의 4가지입니다.

또한 이 각각의 경우에 대하여 나머지 자리에 올 수 있는 숫자는 백의 자리에 온 숫자를 제외한 나머지 4개의 숫자 중에서 서로 다른 2개의 숫자를 뽑아 나열하는 것이므로

$$_4\mathrm{P}_2 = 4 \times 3 = 12$$

따라서 곱의 법칙에 의하여 구하는 자연수의 개수는

$$4 \times 12 = 48$$

(2) 먼저 남학생 4명을 일렬로 세우는 경우의 수는 $4! = 24$

이 각각의 경우에 대하여 남학생 사이사이와 양 끝에 여학생 3명을 세우는 경우의 수는 5개의 자리에서 여학생을 세울 3개의 자리를 뽑아서 나열하는 것과 같으므로 $_5\mathrm{P}_3 = 5 \times 4 \times 3 = 60$

따라서 구하는 경우의 수는

$$24 \times 60 = 1440$$

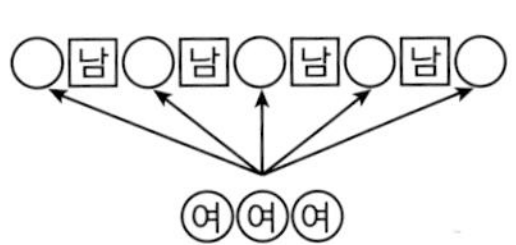

정답 ➡ (1) 48 (2) 1440

보충 설명

(1) 5개의 숫자 중 3개를 택하는 순열의 수 중에서 백의 자리의 숫자가 0인 순열의 수를 빼면 되므로

$$_5\mathrm{P}_3 - {_4\mathrm{P}_2} = 5 \times 4 \times 3 - 4 \times 3 = 60 - 12 = 48$$

(2) 여학생 3명끼리 이웃하지 않게 서는 경우는 2명만 이웃하게 서고 나머지 1명은 떨어져 있는 경우도 제외해야 하므로 상황이 복잡해집니다. 특히, 4명 이상이 되면 상황은 복잡해집니다.

따라서 이웃하지 않게 서는 경우의 수는 상세 풀이 처럼 이웃해도 되는 것을 먼저 나열한 후 그 사이사이와 양 끝에 이웃하면 안되는 것을 나열하는 방법이 편리합니다.

숫자 바꾸기

01-1 다음을 구하여라.

(1) 6개의 숫자 0, 1, 2, 3, 4, 5 중에서 서로 다른 4개의 숫자를 택하여 만들 수 있는 네 자리 자연수의 개수

(2) 남자 3명과 여자 3명을 일렬로 세울 때, 남자끼리 이웃하지 않게 서는 경우의 수

표현 바꾸기

01-2 5개의 숫자 0, 1, 2, 3, 4 중에서 서로 다른 4개의 숫자를 택하여 네 자리 자연수를 만들 때, 다음을 구하여라.

(1) 3200보다 큰 자연수의 개수   (2) 짝수의 개수

개념 넓히기 ★★☆

01-3 할아버지, 할머니, 아버지, 어머니, 아들, 딸로 구성된 가족이 있다. 이 가족 6명이 오른쪽 그림과 같은 6개의 좌석에 모두 앉을 때, 할아버지, 할머니가 같은 열에 이웃하여 앉고, 아버지, 어머니도 같은 열에 이웃하여 앉는 경우의 수를 구하여라.

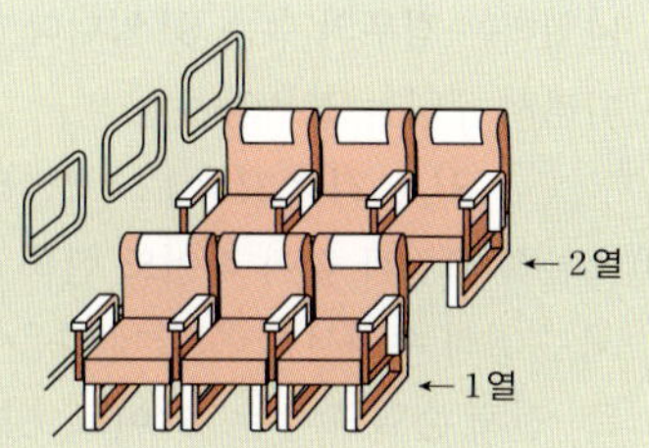

정답 **01-1** (1) 300 (2) 144   **01-2** (1) 36 (2) 60   **01-3** 64

예제 02

signal의 6개의 문자를 사용하여 만든 순열 중 다음을 구하여라.

(1) s가 맨 처음에 오고 l이 맨 마지막에 오는 경우의 수

(2) s와 l 사이에 2개의 문자가 오는 경우의 수

(3) 적어도 한쪽 끝에 모음이 오는 경우의 수

접근 방법

(1) s□□□□l 꼴이므로 가운데 빈칸에 i, g, n, a를 일렬로 나열하는 경우의 수를 생각하면 됩니다.

(2)에서는 s□□l, l□□s 꼴이므로 이들을 하나의 문자로 생각합니다. (3)에서는 모든 순열의 수에서 양쪽 끝에 자음이 오는 경우의 수를 빼는 것이 편리합니다.

> **Bible**
> (사건이 적어도 한 번 일어나는 경우의 수)
> =(모든 경우의 수)−(사건이 일어나지 않는 경우의 수)

상세 풀이

(1) s를 맨 처음에, l을 맨 마지막에 고정시키고, 나머지 4개의 문자 i, g, n, a를 일렬로 나열하는 경우의 수는 $4!=24$

(2) s와 l 사이에 나머지 4개의 문자 중에서 2개가 들어가는 경우의 수는 $_4\mathrm{P}_2$이고, s와 l을 바꾸는 경우의 수는 $2!$입니다.

s□□l(또는 l□□s)을 하나의 문자로 생각하고 나머지 2개의 문자와 함께 모두 3개의 문자를 일렬로 나열하는 경우의 수는 $3!$입니다.

따라서 구하는 경우의 수는
$$_4\mathrm{P}_2\times2!\times3!=12\times2\times6=144$$

(3) 오른쪽 그림과 같이 적어도 한쪽 끝에 모음이 오는 경우의 수는 전체 순열의 수에서 양쪽 끝에 자음이 오는 경우의 수를 빼면 됩니다. 즉, 전체 순열의 수는 $6!$이고, 양쪽 끝에 자음인 s, g, n, l의 4개의 문자 중에서 2개를 택하여 나열하는 경우의 수는 $_4\mathrm{P}_2$, 이 각각의 경우에 대하여 가운데에 나머지 4개의 문자를 일렬로 나열하는 경우의 수는 $4!$입니다.

따라서 구하는 경우의 수는
$$6!-{_4}\mathrm{P}_2\times4!=720-288=432$$

정답 ➡ (1) 24 (2) 144 (3) 432

보충 설명

'적어도'의 표현이 있는 경우에는 상세 풀이의 그림과 같이 전체 경우를 크게 분류하여 직접 경우의 수를 구하는 것과 전체 경우의 수에서 구하는 경우의 반대가 되는 경우의 수를 빼는 것 중 어느 것이 편리한지 판단하는 것이 중요합니다.

숫자 바꾸기

02-1 victory의 7개의 문자를 사용하여 만든 순열 중 다음을 구하여라.

(1) v가 맨 처음에 오고 y가 맨 마지막에 오는 경우의 수

(2) v와 y 사이에 2개의 문자가 오는 경우의 수

(3) 적어도 한쪽 끝에 자음이 오는 경우의 수

표현 바꾸기

02-2 남자 3명과 여자 2명이 한 줄로 설 때, 적어도 한쪽 끝에는 여자가 서는 경우의 수는?

① 84   ② 90   ③ 96
④ 102   ⑤ 108

개념 넓히기 ★★☆   ◆ 다른 풀이

02-3 1, 2, 3, 4, 5의 5개의 숫자를 일렬로 배열하여 다섯 자리 자연수를 만들 때, 만의 자리의 숫자는 1이 아니고, 일의 자리의 숫자는 5가 아닌 자연수의 개수는?

① 60   ② 66   ③ 72
④ 78   ⑤ 84

정답 02-1 (1) 120 (2) 960 (3) 4800   02-2 ①
02-3 ④

1 중복순열

앞에서 $\boxed{1}$, $\boxed{2}$, $\boxed{3}$, $\boxed{4}$ 네 개의 카드 중에서 세 개를 택하여 만들 수 있는 세 자리 자연수의 개수를 구하는 것을 살펴보았습니다.

이번에는 어떤 한 카드를 여러 번 사용할 수 있도록 '중복을 허용한다.'는 조건을 덧붙여 살펴보겠습니다. 조건이 붙는다고 해도 곱의 법칙을 이용하여 경우의 수를 구할 수 있습니다.

오른쪽 그림과 같이 백의 자리에 들어갈 수 있는 카드는 1, 2, 3, 4 중 어느 숫자라도 가능하므로 4가지, 중복이 가능하므로 십의 자리에 들어갈 수 있는 카드도 4가지, 일의 자리에 들어갈 수 있는 카드도 4가지입니다.

따라서 곱의 법칙에 의하여 구하는 경우의 수는

$$4 \times 4 \times 4 = 4^3$$

이고, 앞에서 배운 순열의 공식과 다른 결과를 얻게 됩니다.

이와 같이 서로 다른 n개에서 중복을 허용하여 r개를 택하는 순열을 n개에서 r개를 택하는 **중복순열**이라 하고, 이 중복순열의 수를 기호로

$$_n\Pi_r$$

와 같이 나타냅니다. 이때, Π는 곱을 뜻하는 Product의 첫 글자 P에 해당하는 그리스 문자로 파이(Π)라고 읽습니다.

간단한 예를 통하여 중복순열을 살펴본 것처럼 중복순열의 수 $_n\Pi_r$를 구하는 방법을 알아봅시다.

일반적으로 서로 다른 n개에서 중복을 허용하여 r개를 택하는 중복순열에서 첫 번째 자리에 올 수 있는 경우는 n가지이고, 두 번째, 세 번째, $\cdots$, r번째 자리에 올 수 있는 경우도 마찬가지로 n가지입니다.

배열의 순서	첫 번째	두 번째	세 번째	$\cdots$	r 번째
경우의 수	n	n	n	$\cdots$	n

따라서 곱의 법칙에 의하여 서로 다른 n개에서 중복을 허용하여 r개를 택하는 중복순열이 수 $_n\Pi_r$는

$$_n\Pi_r = \underbrace{n \times n \times \cdots \times n}_{r\text{개}} = n^r$$

과 같이 나타낼 수 있습니다.

한편, 중복순열에 관련된 문제에서 중복을 허용한다는 말이 나와 있지 않아도 중복순열에 관련되었다는 점을 알아낼 수 있어야 합니다. 예를 들어, 주머니 속에서 카드를 뽑아 카드에 적힌 숫자를 확인하고, 그 카드를 다시 주머니에 넣은 다음 새로 카드를 뽑는다면 이 상황 속에서 중복순열이 관련되었다는 점을 생각해야 합니다.

또한 두 집합 $X=\{a_1,\ a_2,\ \cdots,\ a_r\}$, $Y=\{b_1,\ b_2,\ \cdots,\ b_n\}$에 대하여 X에서 Y로의 함수의 개수를 구할 때에도 중복순열을 이용할 수 있습니다.

 두 집합 $X=\{2, 4\}$, $Y=\{1, 3, 5\}$에 대하여 정의역 X에서 공역 Y로의 함수 f의 개수를 구해 봅시다.

집합 X의 원소 2에 대응할 수 있는 집합 Y의 원소는 1, 3, 5로 3개입니다. 또한 X의 다른 원소 4에 대응할 수 있는 Y의 원소도 3개이므로 구하는 함수 f의 개수는

$$3 \times 3 = 3^2 = 9$$

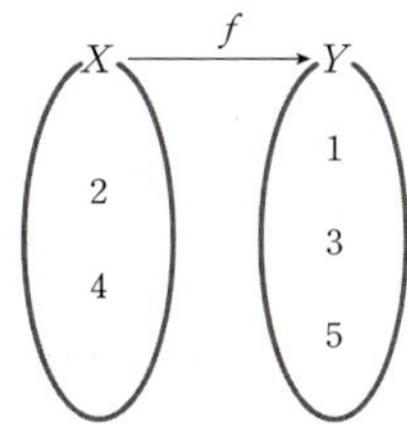

Bible Point 중복순열

서로 다른 n개에서 중복을 허용하여 r개를 택하는 중복순열의 수는
$$_n\Pi_r = n^r$$

Plus+

서로 다른 n개에서 중복을 허용하지 않고 r개를 택하는 순열의 수 $_n\mathrm{P}_r$에서는 $n \geq r$이지만, 서로 다른 n개에서 중복을 허용하여 r개를 택하는 중복순열의 수 $_n\Pi_r$에서는 $n < r$일 수 있다.

즉, 중복순열에서는 주어진 대상의 개수가 선택하고자 하는 것의 개수보다 적을 수 있다.

 서로 다른 2개의 우체통에 서로 다른 3통의 편지를 넣는 방법의 수를 구해 봅시다.

첫 번째 편지를 넣을 수 있는 우체통이 2개, 두 번째 편지를 넣을 수 있는 우체통이 2개, 세 번째 편지를 넣을 수 있는 우체통이 2개이므로

$$_2\Pi_3 = 2 \times 2 \times 2 = 2^3 = 8$$

 두 집합 $X=\{2, 4, 6\}$, $Y=\{1, 3, 5\}$에 대하여 정의역 X에서 공역 Y로의 함수의 개수를 구해 봅시다.

집합 X의 원소 2에 대응할 수 있는 집합 Y의 원소는 1, 3, 5로 3개입니다. 또한 X의 다른 원소 4와 6에 대응할 수 있는 Y의 원소도 각각 3개이므로 구하는 함수의 개수는

$$_3\Pi_3 = 3 \times 3 \times 3 = 3^3 = 27$$

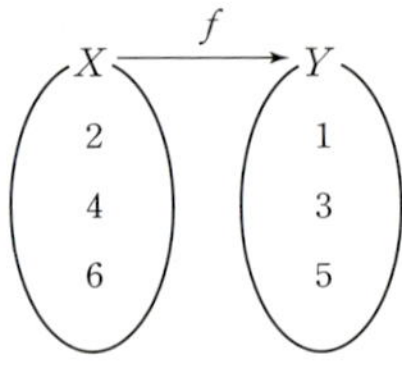

약점 휘어잡기 n^r이냐? r^n이냐?

앞의 Example 에서 서로 다른 2개의 우체통 A, B에 서로 다른 3통의 편지 p, q, r를 넣는 방법의 수가 2^3인지 3^2인지 혼동이 되는 경우가 있습니다.

이런 경우에는 함수를 이용하면 편리합니다. 정의역의 각 원소에 공역의 원소가 하나씩만 대응할 때 함수라고 하므로 순열이나 중복순열에서 반드시 대응이 되어야 하는 것을 정의역, 대응이 될 수도 있고 안 될 수도 있는 것을 공역으로 잡은 후에 경우의 수를 구하면 됩니다.

즉, 편지 p는 우체통에 반드시 들어가야 하지만 우체통 A에 꼭 편지가 들어와야 하는 것은 아니므로 오른쪽 그림과 같이 편지를 정의역, 우체통을 공역으로 하는 함수를 생각해 봅시다.

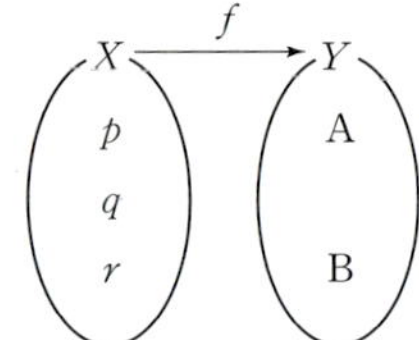

편지 p에 대응할 수 있는 우체통이 A, B의 2개이고, 이와 같은 원리로 구하는 경우의 수는

$$2 \times 2 \times 2 = 2^3 = 8$$

이 됩니다.

2 같은 것이 있는 순열

지금까지 서로 다른 n개에서 r개를 택하여 나열하는 순열만을 생각했습니다. 그렇다면 n개 중에서 같은 것이 r개 있는 순열이면 어떻게 계산할 수 있을까요?

예를 들어, a, a, a, b 네 개의 카드를 일렬로 나열하는 경우의 수를 구해 봅시다.

같은 카드 a가 3개나 있으므로 앞에서 배운 순열 공식을 이용하기 위해서 3개의 a들을 서로 구별하는 방법을 생각해 보겠습니다.

같은 카드의 a들을 a_1, a_2, a_3과 같이 이름표(첨자)를 붙여서 구별해 주면 a, a, a, b는 4개의 서로 다른 카드 a_1, a_2, a_3, b와 같이 나타낼 수 있습니다.

이때, 서로 다른 네 개의 카드 $\boxed{a_1}$, $\boxed{a_2}$, $\boxed{a_3}$, $\boxed{b}$ 를 일렬로 나열하는 경우의 수는

$$_4\mathrm{P}_4 = 4! = 24$$

입니다. 그런데 이름표(첨자)는 우리가 편의상 붙여준 것이므로 다시 떼어내야 합니다. 다음과 같이 이름표(첨자)를 없애면 6가지 순열은 똑같은 배열로 되돌아가게 됩니다. 즉, 아래 □의 부분과 같이 6가지는 하나의 순열로 계산해 주어야 합니다. 이러한 원리는 모든 경우의 수 $_4\mathrm{P}_4 = 4! = 24$에 적용되므로 이를 전부 나열해 보면 다음과 같습니다.

$$
\left.\begin{array}{cccc}
a_1 & a_2 & a_3 & b \\
a_1 & a_3 & a_2 & b \\
a_2 & a_1 & a_3 & b \\
a_2 & a_3 & a_1 & b \\
a_3 & a_1 & a_2 & b \\
a_3 & a_2 & a_1 & b
\end{array}\right\} \rightarrow \boxed{a}, \boxed{a}, \boxed{a}, \boxed{b}
\qquad
\left.\begin{array}{cccc}
a_1 & a_2 & b & a_3 \\
a_1 & a_3 & b & a_2 \\
a_2 & a_1 & b & a_3 \\
a_2 & a_3 & b & a_1 \\
a_3 & a_1 & b & a_2 \\
a_3 & a_2 & b & a_1
\end{array}\right\} \rightarrow \boxed{a}, \boxed{a}, \boxed{b}, \boxed{a}
$$

$$
\left.\begin{array}{cccc}
a_1 & b & a_2 & a_3 \\
a_1 & b & a_3 & a_2 \\
a_2 & b & a_1 & a_3 \\
a_2 & b & a_3 & a_1 \\
a_3 & b & a_1 & a_2 \\
a_3 & b & a_2 & a_1
\end{array}\right\} \rightarrow \boxed{a}, \boxed{b}, \boxed{a}, \boxed{a}
\qquad
\left.\begin{array}{cccc}
b & a_1 & a_2 & a_3 \\
b & a_1 & a_3 & a_2 \\
b & a_2 & a_1 & a_3 \\
b & a_2 & a_3 & a_1 \\
b & a_3 & a_1 & a_2 \\
b & a_3 & a_2 & a_1
\end{array}\right\} \rightarrow \boxed{b}, \boxed{a}, \boxed{a}, \boxed{a}
$$

그런데 앞의 각각의 경우에서 똑같은 배열인 '6가지'도 순열을 이용하여 계산할 수 있습니다. 각각의 경우에 a_1, a_2, a_3을 일렬로 나열하는 경우의 수라고 볼 수 있으므로

$$3! = 6$$

이 됩니다.

따라서 $\boxed{a}$, $\boxed{a}$, $\boxed{a}$, $\boxed{b}$ 네 개의 카드를 일렬로 나열하는 경우의 수는 네 개의 카드가 서로 다르다고 생각하고 일렬로 나열하는 경우의 수 $4!$을 서로 같은 카드를 다르다고 생각하고 일렬로 나열한 경우의 수 $3!$로 나누어 준 것과 같습니다. 즉,

$$\frac{4!}{3!} = 4$$

입니다. 따라서 일반적으로 n개 중에서 서로 같은 것이 r개 있을 때, n개를 모두 일렬로 나열하는 경우의 수는

$$\frac{(n개가 \ 서로 \ 다르다고 \ 생각하고 \ 일렬로 \ 나열한 \ 경우의 \ 수)}{(서로 \ 같은 \ r개를 \ 다르다고 \ 생각하고 \ 일렬로 \ 나열한 \ 경우의 \ 수)} = \frac{n!}{r!}$$

입니다.

앞에서 같은 것이 있는 문자로 a만 여러 개 있는 경우를 다루었지만 다양한 종류의 문자가 같은 것이 여러 개 있어도 마찬가지 방법으로 그 경우의 수를 구할 수 있습니다.

 같은 것이 있는 순열

n개 중에서 서로 같은 것이 각각 p개, q개, $\cdots$, r개씩 있을 때, n개를 모두 일렬로 나열하는 순열의 수는

$$\frac{n!}{p!q!\times\cdots\times r!} \ (단, \ p+q+\cdots+r=n)$$

Example

(1) 1, 1, 2, 2, 2, 3, 4, 4, 4, 4를 이용하여 10자리 숫자를 만드는 방법의 수는 10개의 숫자 중에서 1이 2개, 2가 3개, 4가 4개이므로 $\dfrac{10!}{2!3!4!}$ 입니다.

(2) icecoffee라는 단어의 9개의 문자를 일렬로 나열하는 방법의 수는 9개의 문자 중에서 c가 2개, e가 3개, f가 2개이므로 $\dfrac{9!}{2!3!2!}$ 입니다.

이번에는 같은 것이 있는 순열을 이용하는 대표적인 경우인 최단거리로 가는 방법의 수에 대하여 알아보겠습니다.

오른쪽 그림과 같은 도로망에서 A지점에서 B지점까지 최단거리로 가는 경우의 수를 구해 봅시다.

A지점에서 B지점까지 최단거리로 가기 위해서는

오른쪽으로 4구간, 위쪽으로 3구간

으로 이동하면 됩니다.

오른쪽으로 한 구간 가는 것을 a, 위쪽으로 한 구간 가는 것을 b로 나타내면 오른쪽 그림과 같이 최단거리로 가는 경우는

abbaaab

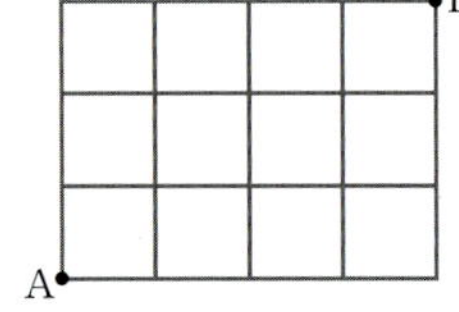

로 나타낼 수 있습니다.

즉, A지점에서 B지점까지 최단거리로 가는 경우의 수는 4개의 a와 3개의 b를 한 줄로 나열하는 순열의 수와 같으므로 구하는 경우의 수는

$$\frac{7!}{4!3!}=35$$

입니다. 또한 합의 법칙을 이용해서도 최단 경로의 수를 구할 수 있는데, 뒤에 배울 **예제 08** 〈합의 법칙을 이용한 이용한 최단거리〉에서 자세히 배우겠습니다.

3 원순열

서로 다른 대상을 원형으로 배열하는 수, 즉 원순열의 수를 어떻게 계산할 수 있을까요? 앞에서 배운 '같은 것이 있는 순열'의 개념을 이용하여 구해 봅시다.

세 명의 학생 A, B, C를 일렬로 나열하는 경우의 수는 $3! = 6$으로 각각의 경우를 순서쌍으로 나타내면 다음과 같습니다.

$$(A, B, C), \ (A, C, B), \ (B, A, C), \ (B, C, A), \ (C, A, B), \ (C, B, A)$$

이제 각각의 경우를 시계 방향으로 동그랗게 구부려서 원형으로 배열된 순열을 만든 다음, 이를 자세히 살펴보면 [그림 1], [그림 2]의 6가지의 순열은 3가지씩 똑같은 종류의 원순열이 됨을 알 수 있습니다.

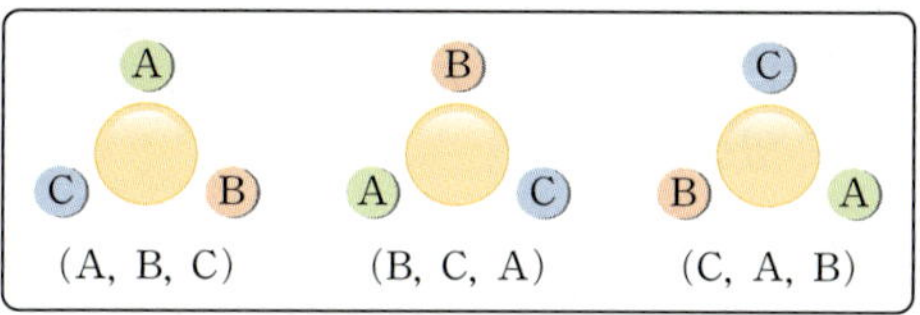

[그림 1]

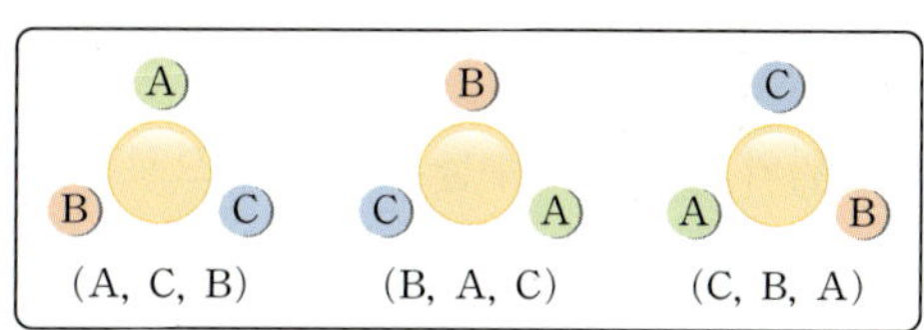

[그림 2]

왜냐하면 원순열에서는 처음과 끝이 정해지지 않고 계속 회전하기 때문에 [그림 1]에서 시계 방향으로 A의 왼쪽에 B, B의 왼쪽에 C, C의 왼쪽에 A가 있다는 점에서 3가지의 경우는 모두 같게 되는 것입니다. 마찬가지로 [그림 2]의 3가지의 경우도 모두 같게 되는 것입니다.

이상에서 같은 것이 있는 순열과 같은 원리로 세 명의 학생 A, B, C를 원형으로 배열하는 방법의 수는 일렬로 나열하는 순열의 수 $3!$을 회전에 의하여 같아지는 것 3가지씩으로 나누어 준 것과 같으므로

$$\frac{3!}{3} = 2!$$

입니다.

일반적으로 서로 다른 n개를 원형으로 배열하는 것을 **원순열**이라고 하며, 서로 다른 n개를 원형으로 배열하면 회전하여 같은 것이 n개씩 있으므로 원순열의 수는 순열의 수의 $\dfrac{1}{n}$이 됩니다.
즉,

$$\frac{n!}{n} = (n-1)!$$

입니다. 이것은 모두를 일렬로 나열한 후 배열이 같은 것의 개수만큼 나누어 준다는 뜻입니다.

서로 다른 4개의 구슬 A, B, C, D를 원형으로 배열하는 방법의 수를 구해 봅시다.

A, B, C, D를 한 줄로 나열하는 경우의 수는 $_4\mathrm{P}_4$이지만 이들을 원형으로 배열하면 $_4\mathrm{P}_4$가지 중에는 같은 것이 4가지씩 있게 됩니다.

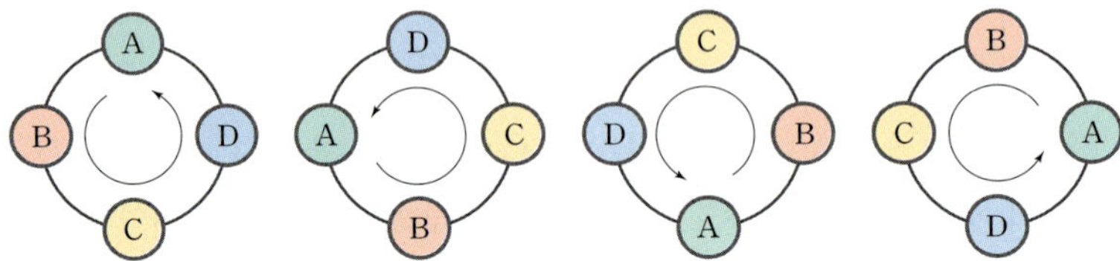

따라서 서로 다른 4개의 구슬을 원형으로 배열하는 방법의 수는

$$\frac{_4\mathrm{P}_4}{4}=\frac{4!}{4}=3!=6$$

또한 위의 원순열의 수를 다른 관점으로 이해할 수도 있습니다.

원순열이 순열과 다른 가장 큰 이유는 회전이 가능하기 때문입니다. 세 명의 학생 A, B, C 중에서 A의 자리를 고정해 놓고, 나머지 두 자리에 B, C를 일렬로 나열하면 이 순열의 수가 세 명의 학생 A, B, C를 원형으로 배열하는 경우의 수가 됩니다. 즉, 구하는 경우의 수는

$$1\times 2!=2!$$

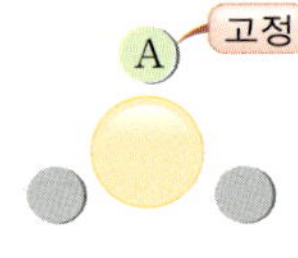

입니다. 이때, 세 명의 학생 A, B, C 중에서 어느 누구의 자리를 고정하는지에 상관없다는 점에 주의합니다. 즉, 오른쪽 그림과 같이 세 명의 학생 A, B, C 중에서 B의 자리를 고정하고, 나머지 두 자리에 A, C를 일렬로 나열하면 이 경우에도 구하는 경우의 수는

$$1\times 2!=2!$$

입니다.

일반적으로 서로 다른 n개를 원형으로 배열하는 원순열의 수는 서로 다른 n개 중에서 어느 특정한 하나를 고정시켜 놓았을 때, 나머지 $(n-1)$개를 일렬로 나열하는 방법의 수와 같게 되므로

$$1\times(n-1)!=(n-1)!$$

과 같이 나타낼 수 있습니다.

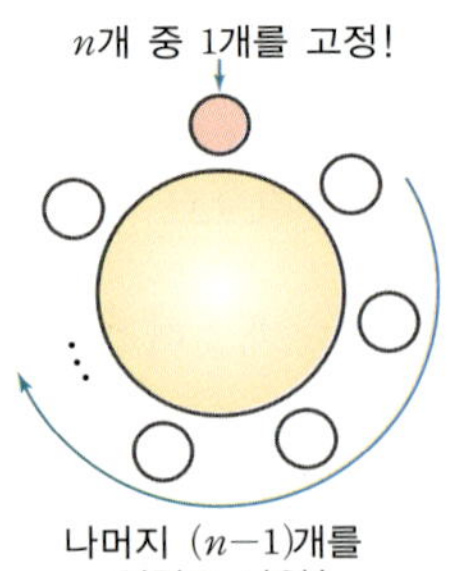

이번에는 어느 특정한 하나를 고정하는 방법을 이용하여 서로 다른 4개의 구슬 A, B, C, D 를 원형으로 배열하는 방법의 수를 구해 봅시다.

다음 그림과 같이 구슬 A를 고정시키고 남은 3개의 구슬을 배열해 보면 모두 6가지 경우가 생깁니다.

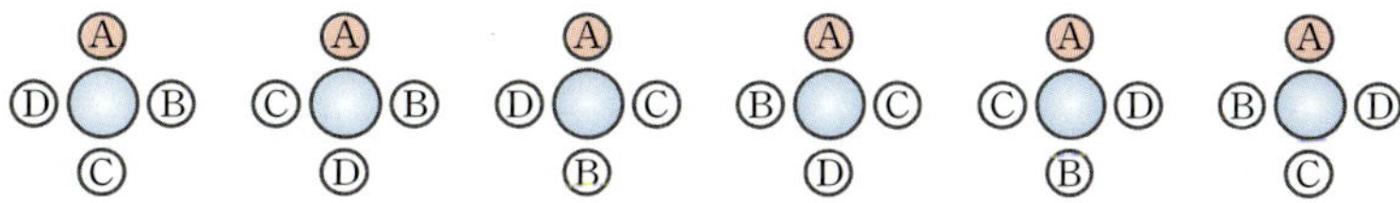

즉, 서로 다른 4개의 구슬 A, B, C, D를 원형으로 배열하는 방법의 수는

$$1 \times (4-1)! = 6$$

Bible Point 원순열

서로 다른 n개를 원형으로 배열하는 원순열의 수는

$$n! \times \frac{1}{n} = (n-1)!$$

Plus+

같은 것이 있는 순열에서 배운 것처럼 원순열에서도 전체를 나열한 후$(n!)$ 배열이 같은 것의 개수(n)만큼 나누어 주어야 한다.

이때, **예제 10** 〈원순열을 응용한 다각형 순열〉에서 배우겠지만 원형이 아닌 경우에도 원순열을 이용하는 경우가 있으며, 특히 원형이 아닌 경우에 n개를 나열한다고 해서 같은 것의 개수가 n이라는 보장이 없다는 점에 주의한다!

정사각뿔과 정오각뿔은 밑면이 각각 정사각형, 정오각형이고 옆면은 모두 이등변삼각형인 사각뿔, 오각뿔입니다. 모든 면을 각각 5, 6가지의 색을 모두 사용하여 칠하는 방법의 수를 구해 봅시다.

(1) 정사각뿔

서로 다른 5가지 색을 모두 사용하여 오른쪽 그림과 같은 정사각뿔의 각 면을 칠할 때, 먼저 정사각뿔의 밑면을 칠하는 방법의 수는 5입니다. 이 각각의 경우에 대하여 나머지 4가지 색으로 정사각뿔의 옆면을 칠하는 방법의 수는 4개를 배열하는 원순열의 수이므로

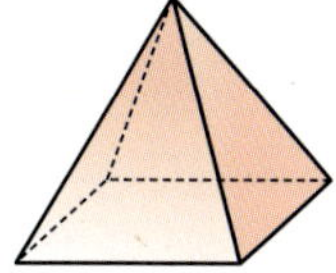

$$(4-1)! = 3! = 6$$

따라서 5가지 색으로 정사각뿔을 칠하는 방법의 수는

$$5 \times 3! = 30$$

(2) 정오각뿔

같은 원리로 서로 다른 6가지 색을 모두 사용하여 정오각뿔을 칠하는 방법의 수는

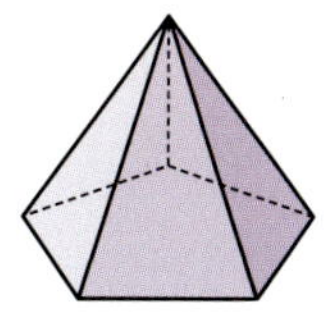

$$6 \times (5-1)! = 144$$

5가지 정다면체 중 정사면체, 정육면체, 정팔면체의 모든 면을 각각 4, 6, 8가지의 색을 모두 사용하여 칠하는 방법의 수를 구해 봅시다.

(1) 정사면체

정사면체의 1면을 정해 1가지 색을 칠한 후, 나머지 3가지 색으로 나머지 3면을 원순열로 나열하여 칠합니다.

따라서 구하는 방법의 수는 $1 \times \left(3! \times \dfrac{1}{3}\right) = 2$

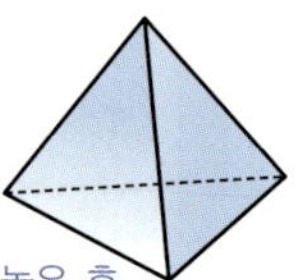

먼저 1가지 색을 칠한 면을 바닥에 놓은 후 위에서 바라본 모습이 △ 임을 떠올리면 쉽습니다.^^

(2) 정육면체

정육면체의 1면을 정해 1가지 색을 칠한 후 이 면을 바닥에 놓습니다. 1가지 색을 칠한 반대쪽 면(윗면)에 나머지 5가지 색 중 1가지 색을 택하여 칠하고, 남은 4가지 색으로 옆의 4면을 원순열로 나열하여 칠합니다.

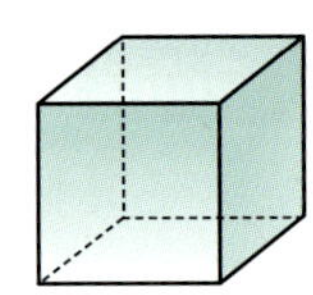

따라서 구하는 방법의 수는 $1 \times {}_5C_1 \times \left(4! \times \dfrac{1}{4}\right) = 30$

(3) 정팔면체

[그림 1] 1면을 정해 1가지 색을 칠한 후

[그림 2] [그림 1]에서 색칠한 면과 접한 3면을 나머지 7가지 색 중 3가지 색을 택하여 원순열로 나열하여 칠합니다.

[그림 3] [그림 2]에서 색칠한 3면과 접한 3면을 나머지 4가지 색 중 3가지 색을 택하여 칠합니다. ← [그림 3]은 원순열이 아닙니다.

[그림 4] 남은 1가지 색을 마지막 면에 칠하면 됩니다.

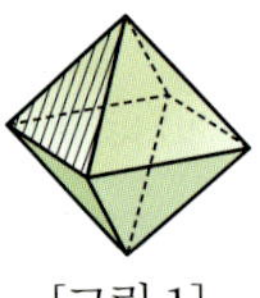 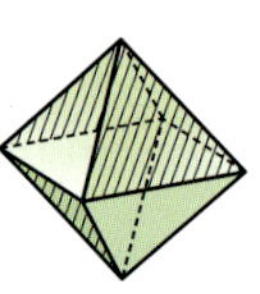 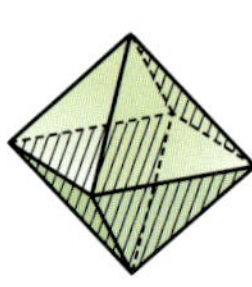 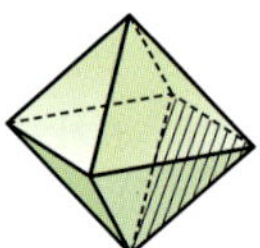

[그림 1]　　　　[그림 2]　　　　[그림 3]　　　　[그림 4]

따라서 구하는 방법의 수는 $1 \times \left({}_7C_3 \times 3! \times \dfrac{1}{3}\right) \times ({}_4C_3 \times 3!) \times 1 = 1680$

| 다른 풀이 |　정팔면체에 1부터 8까지의 자연수를 한 면에 하나씩 적는 방법의 수는 원순열의 수를 이용하여 구할 수 있습니다. 즉, 한 수를 하나의 면에 고정한 후 나머지 7개의 수가 차례대로 각 면에 적혀 있는 방법의 수 7!을 곱합니다. 그런데 다음 그림에서와 같이 먼저 고정한 면을 기준으로 120°만큼씩 회전하면 같은 정팔면체가 생기므로 3으로 나누어 줍니다.

$$\therefore 1 \times 7! \times \dfrac{1}{3} = 7 \times 6 \times 5 \times 4 \times 2 = 1680$$

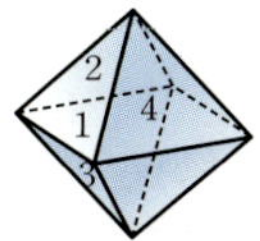 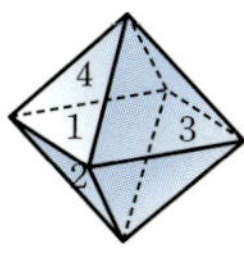 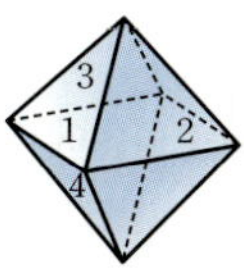

개념 콕콕

1 5개의 숫자 1, 2, 3, 4, 5로 중복을 허용하여 만들 수 있는 세 자리 정수의 개수를 구하여라.

2 3명의 선거인이 2명의 후보에게 투표하는 방법의 수를 구하여라.

(단, 무효표나 기권은 없고, 투표지에는 선거인의 이름이 표시되어 있다.)

3 success의 7개 문자를 일렬로 나열할 때, 양 끝에 s가 오는 경우의 수를 구하여라.

4 bible의 5개 문자를 일렬로 나열할 때, 모음끼리 이웃하는 방법의 수를 구하여라.

5 오른쪽 그림과 같이 원의 둘레를 6등분한 점에 6개의 문자 A, B, C, D, E, F를 모두 써넣는 방법의 수를 구하여라.

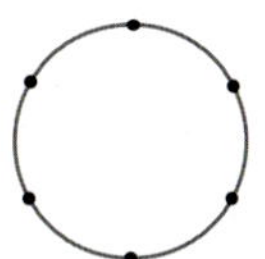

6 오른쪽 그림과 같이 정사각형으로 이루어진 4개의 영역을 빨강, 파랑, 초록, 보라의 서로 다른 4가지 색을 모두 사용하여 칠하는 방법의 수를 구하여라.

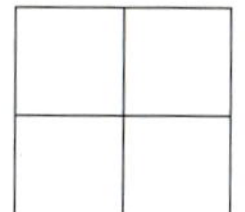

풀이

1 5개의 숫자 중에서 3개를 택하는 중복순열의 수이므로 $_5\Pi_3=5^3=\mathbf{125}$

2 투표지에 선거인의 이름이 표시되어 있으므로 선거인을 a, b, c라 하고, 후보를 A, B 라고 하면 후보는 2명으로 정해져 있고, 이 후보에 투표하는 사람은 3명이므로 구하는 방법의 수는 집합 Y의 원소 A, B에서 중복을 허용하여 3개를 뽑아 집합 X의 원소 a, b, c에 대응시키는 함수의 개수와 같다.

$$\therefore {_2\Pi_3}=2^3=\mathbf{8}$$

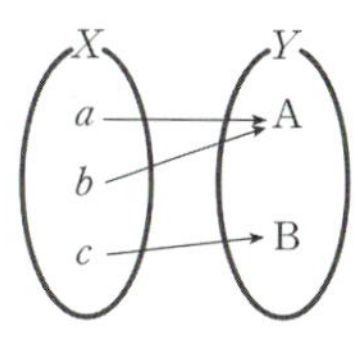

3 양 끝에 배열할 2개의 s를 제외한 5개의 문자 u, c, c, e, s를 일렬로 나열하는 방법의 수를 구하면 되므로

$$\frac{5!}{2!}=\mathbf{60}$$

4 5개의 문자 b, i, b, l, e 중 모음 i, e를 한 문자 x로 생각하면 b, b, l, x

이 4개의 문자를 일렬로 나열하는 방법의 수는 $\dfrac{4!}{2!}=12$, 이때 모음 i, e가 서로 자리를 바꾸는 방법의 수는 $2!=2$

따라서 구하는 방법의 수는 $12\times2=\mathbf{24}$

5 6개의 문자를 원형으로 배열하는 원순열의 수이므로 $(6-1)!=5!=\mathbf{120}$

6 오른쪽 그림과 같이 회전에 의하여 같아지는 것이 4가지씩 있다. 따라서 구하는 방법의 수는

$$\frac{4!}{4}=(4-1)!=3!=\mathbf{6}$$

 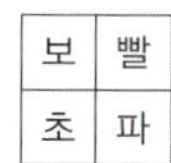  

예제 03

다음 물음에 답하여라.

(1) 0, 1, 2, 3, 4의 5개의 숫자로 중복을 허용하여 만들 수 있는 세 자리 정수의 개수를 구하여라.

(2) T, I, G, E, R의 5개의 문자를 가지고 중복을 허용하여 세 개의 문자로 이루어진 암호를 만들려고 한다. 반드시 문자 T를 포함하여 만들 수 있는 암호의 개수를 구하여라.

접근 방법

'중복을 허용하여~' 라는 말이 있을 때에는 중복순열의 정의를 생각합니다.

(1)에서는 0이 있는 경우에는 항상 맨 앞자리에 0이 올 수 없다는 점에 주의하고, 각 자리에 올 수 있는 숫자가 몇 개씩인지 생각해 봅니다. (2)에서는 여집합의 정의를 이용하면 구하는 암호의 개수는 모든 암호의 개수에서 문자 T를 포함하지 않은 암호의 개수를 뺀 것과 같습니다.

> **Bible** 서로 다른 n개에서 중복을 허용하여 r개를 택하는 중복순열의 수는
> $$_n\Pi_r = \underbrace{n \times n \times n \times \cdots \times n}_{r개} = n^r$$

상세 풀이

(1) 백의 자리에는 0이 올 수 없으므로 백의 자리에 올 수 있는 숫자는 1, 2, 3, 4의 4개입니다. 이 각각의 경우에 대하여 십의 자리와 일의 자리에는 0, 1, 2, 3, 4의 5개의 숫자가 중복하여 올 수 있으므로 경우의 수는 $_5\Pi_2$입니다.

따라서 구하는 정수의 개수는 $4 \times {}_5\Pi_2 = 4 \times 5^2 = 100$

(2) T, I, G, E, R의 5개의 문자로 중복을 허용하여 만들 수 있는 세 개의 문자로 이루어진 암호의 개수는 $_5\Pi_3 = 5^3 = 125$입니다.

한편, T를 제외한 I, G, E, R의 4개의 문자로 중복을 허용하여 만들 수 있는 세 개의 문자로 이루어진 암호의 개수는 $_4\Pi_3 = 4^3 = 64$입니다.

따라서 구하는 암호의 개수는 $125 - 64 = 61$

정답 ➡ (1) 100 (2) 61

보충 설명

중복순열의 수를 구할 때, $_n\Pi_r$를 n^r으로 계산해야 하는지 r^n으로 계산해야 하는지 헷갈리는 경우가 많습니다. 이 경우에는 곱의 법칙을 이용하여 문제를 해결하는 것이 좋은 방법입니다. 즉, (1)에서 만들려는 정수의 각 자리에 올 수 있는 숫자가 몇 개씩인지를 생각하면 $4 \times 5 \times 5 = 100$이고, (2)에서 5개의 문자를 가지고 중복을 허용하여 만들 수 있는 세 개의 문자로 이루어진 암호의 개수는 $5 \times 5 \times 5 = 125$입니다.

숫자 바꾸기

03-1 다음 물음에 답하여라.

(1) 0, 2, 4, 6, 8의 5개의 숫자로 중복을 허용하여 만들 수 있는 네 자리 정수의 개수를 구하여라.

(2) M, A, T, H의 4개의 문자를 가지고 중복을 허용하여 네 개의 문자로 이루어진 암호를 만들려고 한다. 반드시 문자 M을 포함하여 만들 수 있는 암호의 개수를 구하여라.

표현 바꾸기

◆ 보충 설명

03-2 다섯 명의 관광객이 한 호텔에서 두 개의 방 701호와 702호에 나누어 투숙하려고 한다. 각 방에 적어도 한 사람이 투숙하는 방법의 수는? (단, 각 방의 최대 수용 인원은 5명이다.)

① 16   ② 24   ③ 30
④ 32   ⑤ 64

개념 넓히기 ★★☆

03-3 1, 2, 3, 4의 4개의 숫자를 이용하여 네 자리 정수를 만드는데 1과 2만 중복을 허용하여 만들 수 있는 네 자리 정수는 모두 몇 개인가? (단, 이용하지 않는 숫자가 있을 수도 있다.)

① 120   ② 122   ③ 124
④ 126   ⑤ 128

정답   **03-1** (1) 500 (2) 175   **03-2** ③   **03-3** ⑤

예제 04

두 집합 $X = \{2, 4, 6\}$, $Y = \{1, 3, 5\}$에 대하여 다음 물음에 답하여라.

(1) X에서 Y로의 함수의 개수를 구하여라.

(2) X에서 Y로의 일대일대응의 개수를 구하여라.

접근 방법

(1)에서는 공집합이 아닌 두 집합 X, Y에 대하여 집합 X의 각 원소에 집합 Y의 원소가 오직 하나씩만 대응할 때, 이 대응 관계를 X에서 Y로의 함수라고 합니다. 이때, 집합 X의 각 원소는 서로 중복하여 집합 Y의 원소에 대응할 수 있지만 집합 X의 한 원소가 집합 Y의 원소에 2개 이상 대응이 되어서는 안 된다는 점에 주의해야 합니다. 따라서 함수가 되려면 정의역 X에 속하는 모든 원소에 공역 Y의 원소가 하나씩 대응되어야 하므로 정의역의 각 원소 2, 4, 6에 대응할 수 있는 공역 Y의 원소의 개수를 생각하면 됩니다.

(2)에서는 정의역 X의 원소와 공역 Y의 원소가 정확히 하나씩 대응되는 함수를 일대일대응이라고 합니다. 즉, 함수 $f : X \longrightarrow Y$에서 (i) 치역과 공역이 서로 같고, (ii) 정의역 X의 임의의 원소 x_1, x_2에 대하여 $x_1 \neq x_2$이면 $f(x_1) \neq f(x_2)$일 때, 함수 f를 일대일대응이라고 합니다.

> **Bible** 함수의 개수 ⟹ 대응 관계를 나타내는 그림을 그려서 정의역의 입장에서 생각한다.

상세 풀이

(1) 집합 X의 원소 2에 대응할 수 있는 집합 Y의 원소는 1, 3, 5의 3개이고, X의 다른 원소 4와 6에 대응할 수 있는 Y의 원소도 각각 3개입니다. 따라서 구하는 함수의 개수는 집합 Y의 원소 1, 3, 5에서 중복을 허용하여 3개를 뽑아 집합 X의 원소 2, 4, 6에 대응시키는 중복순열의 수와 같으므로

$$_3\Pi_3 = 3^3 = 27$$

(2) 집합 X의 원소 2에 대응할 수 있는 집합 Y의 원소는 1, 3, 5의 3개이고, X의 다른 원소 4와 6에 대응할 수 있는 Y의 원소는 각각 2개, 1개입니다. 따라서 구하는 일대일대응의 개수는 집합 Y의 원소 1, 3, 5에서 서로 다른 3개를 뽑아 집합 X의 원소 2, 4, 6에 대응시키는 순열의 수와 같으므로

$$_3\mathrm{P}_3 = 3! = 6$$

정답 ➡ (1) 27 (2) 6

보충 설명

공집합이 아닌 두 집합 X, Y에 대하여

(1) $n(X) = m$, $n(Y) = n$일 때, X에서 Y로의 함수의 개수는 $_n\Pi_m = n^m$

(2) $n(X) = m$, $n(Y) = n$일 때, X에서 Y로의 일대일함수의 개수는 $_n\mathrm{P}_m$ (단, $n \geq m$)

(3) $n(X) = m$, $n(Y) = m$일 때, X에서 Y로의 일대일대응의 개수는 $_m\mathrm{P}_m = m!$

숫자 바꾸기

04-1 두 집합 $X=\{1,\ 3,\ 5,\ 7\}$, $Y=\{2,\ 4,\ 6,\ 8\}$에 대하여 다음 물음에 답하여라.

(1) X에서 Y로의 함수의 개수를 구하여라.

(2) X에서 Y로의 일대일대응의 개수를 구하여라.

표현 바꾸기

04-2 집합 $A=\{1,\ 2,\ 3,\ 4\}$일 때, 함수 $f:A\longrightarrow A$ 중에서 A의 임의의 원소 a에 대하여 $f(a)\geq a$를 만족시키는 함수 f의 개수는?

① 20   ② 24   ③ 28
④ 32   ⑤ 36

개념 넓히기 ★★☆

04-3 두 집합 $X=\{1,\ 2,\ 3\}$, $Y=\{0,\ 1,\ 2,\ 3,\ 4\}$에 대하여 함수 $f:X\longrightarrow Y$ 중에서 $f(1)f(2)f(3)=0$을 만족시키는 함수 f의 개수는?

① 52   ② 56   ③ 61
④ 64   ⑤ 69

정답   **04-1** (1) 256   (2) 24   **04-2** ②   **04-3** ③

예제 05

1, 1, 1, 2, 2, 3의 6개의 숫자를 모두 일렬로 나열할 때, 다음 물음에 답하여라.

(1) 일렬로 나열하는 방법의 수를 구하여라.

(2) 양 끝에 1과 2가 하나씩 오도록 나열하는 방법의 수를 구하여라.

(3) 3개의 1이 모두 인접하도록 나열하는 방법의 수를 구하여라.

접근 방법

3개의 1이 모두 다르다고 생각하여 1_a, 1_b, 1_c로 놓으면 서로 다른 3개의 문자를 나열하는 방법의 수는 $3!$ 이지만 이것은 모두 하나의 순열로 간주되므로 모든 순열의 수를 $3!$로 나누어야 합니다. 또한 2개의 2에 대해서도 같은 방법을 적용하면 모든 순열의 수를 $2!$로 나누어야 합니다.

> **Bible** 같은 것이 있는 순열 ⇒ 같은 것의 개수만큼 나누어 준다.

상세 풀이

(1) 1이 3개, 2가 2개, 3이 1개가 있으므로 이를 일렬로 나열하는 방법의 수는
$$\frac{6!}{3!2!} = \frac{6 \times 5 \times 4}{2} = 60$$

(2) 1과 2를 하나씩 뽑아서 양 끝에 놓으면 1이 2개, 2가 1개, 3이 1개가 남으므로 이를 일렬로 나열하는 방법의 수는
$$\frac{4!}{2!1!1!} = 4 \times 3 = 12$$
이 각각의 경우에 1○○○○2와 2○○○○1의 형태가 있으므로 구하는 방법의 수는
$$2 \times 12 = 24$$

(3) 3개의 1을 하나의 문자 ☆로 생각하고, ☆, 2, 2, 3을 일렬로 나열하면 되므로 구하는 방법의 수는
$$\frac{4!}{2!1!1!} = 4 \times 3 = 12$$

정답 ➡ (1) 60 (2) 24 (3) 12

보충 설명

(3)에서는 3개의 1이 모두 인접하는, 즉 이웃하는 방법의 수를 구하는 것이므로 3개의 1을 하나의 문자 ☆로 생각하여 나열한 것입니다. 또한 3개의 1의 위치를 바꾸는 방법은 1가지뿐이므로 이웃하는 것끼리 자리를 바꾸어 주는 경우의 수를 곱할 필요가 없습니다.

숫자 바꾸기

05-1 spontoon의 모든 문자를 일렬로 나열할 때, 다음 물음에 답하여라.

(1) 일렬로 나열하는 방법의 수를 구하여라.

(2) 양 끝에 s와 n이 하나씩 오도록 나열하는 방법의 수를 구하여라.

(3) 2개의 n이 인접하도록 나열하는 방법의 수를 구하여라.

표현 바꾸기 ◆다른 풀이

05-2 7개의 숫자 1, 1, 2, 2, 3, 3, 3을 일렬로 나열할 때, 맨 앞에는 1이 오고 맨 뒤에는 3이 오지 않는 경우의 수는?

① 20 　　　② 30 　　　③ 40

④ 50 　　　⑤ 60

개념 넓히기 ★★☆

05-3 서로 다른 세 종류의 음료수 A, B, C가 있다. A가 3개, B가 2개, C가 1개 있을 때, 이 6개의 음료수를 5명의 학생이 1개씩 마시는 경우의 수는?

(단, 같은 종류의 음료수끼리는 구별하지 않는다.)

① 40 　　　② 45 　　　③ 50

④ 55 　　　⑤ 60

정답　**05-1**　(1) 3360　(2) 240　(3) 840　　　**05-2** ②　　　**05-3** ⑤

예제 06

a, b, c, d, e의 5개의 문자를 일렬로 나열할 때, a가 b보다 반드시 앞에 오게 되는 방법의 수를 구하여라.

접근 방법

a, b, c의 3개의 문자를 일렬로 나열하는 방법의 수는 $3!$, 즉

　　　abc / acb / bac / bca / cab / cba

의 6입니다. 이 중에서 a가 b보다 반드시 앞에 오게 되는 방법의 수는

　　　abc / acb / cab

의 3인데, 이것은 순서가 정해진 a와 b를 모두 문자 ☆로 생각하여 3개의 문자 ☆, ☆, c를 일렬로 나열하는 방법의 수와 같음을 알 수 있습니다.

> **Bible** 순서가 정해져 있는 문자는 같은 문자로 취급하자!

상세 풀이

a, b의 순서가 정해져 있으므로 a, b를 모두 ☆로 생각하여 5개의 문자

　　　☆, ☆, c, d, e

를 일렬로 나열한 후 첫 번째 ☆은 a, 두 번째 ☆은 b로 바꾸면 됩니다.

따라서 구하는 방법의 수는

$$\frac{5!}{2!}=60$$

정답 ➡ 60

보충 설명

a와 b는 나열할 때 제한 조건이 있고, c, d, e는 나열할 때 제한 조건이 없으므로 a와 b의 위치를 먼저 정한 후에 c, d, e를 나열하는 방법의 수를 구해도 됩니다.

즉, a, b, c, d, e의 5개의 문자를 일렬로 나열하는 방법의 수는 $5!=120$인데 이 것을 a를 기준으로 분류하면 오른쪽과 같습니다.

이때, 각각의 경우마다 a가 b보다 반드시 앞에 오게 되는 경우를 찾아봅시다.

㉠에서 b가 들어갈 수 있는 자리를 선택하는 방법의 수는 4이고, 이 각각의 경우에 대하여 남은 3개의 문자 c, d, e를 나열하는 방법의 수는 $3!$이므로 ㉠에서 a가 b보다 반드시 앞에 오게 되는 방법의 수는 $4\times3!=24$입니다.

마찬가지 방법으로 ㉡, ㉢, ㉣에 대하여 b가 들어갈 수 있는 자리를 선택하는 방법의 수와 이 각각의 경우에 대하여 남은 3개의 문자 c, d, e를 나열하는 방법의 수를 곱하면 다음과 같습니다.

　　　㉡ : $3\times3!=18$,　　㉢ : $2\times3!=12$,　　㉣ : $1\times3!=6$

따라서 구하는 방법의 수는 $24+18+12+6=60$입니다.

하지만 이 방법보다는 상세 풀이 의 방법이 훨씬 간단하다는 것을 알 수 있습니다.

숫자 바꾸기

06-1 다음 물음에 답하여라.

(1) kissme의 6개의 문자를 일렬로 나열할 때, m이 e보다 반드시 앞에 오게 되는 방법의 수를 구하여라.

(2) 1, 2, 3, 4, 4, 5, 5의 7개의 숫자를 사용하여 7자리 자연수를 만들 때, 1, 2, 3이 앞에서부터 크기가 큰 순서로 나열되는 방법의 수를 구하여라.

표현 바꾸기

06-2 어느 고등학교 영어말하기 대회에 3개 학년에서 각각 남녀 1명씩 총 6명이 참가하였다. 남학생은 3학년, 2학년, 1학년의 순서로, 여학생은 1학년, 2학년, 3학년의 순서로 발표하도록 6명의 순서를 정하는 방법의 수는?

① 20   ② 24   ③ 28

④ 32   ⑤ 36

개념 넓히기 ★★☆

06-3 다음 표와 같이 3가지 과목에 각각 2개의 수준으로 구성된 6개의 과제가 있다. 각 과목의 과제는 수준 I의 과제를 제출한 후에만 수준 II의 과제를 제출할 수 있다. 예를 들어,

국어 A → 수학 A → 국어 B → 영어 A → 영어 B → 수학 B

의 순서로 과제를 제출할 수 있다. 6개의 과제를 모두 제출할 때, 제출 순서를 정하는 방법의 수를 구하여라.

수준＼과목	국어	수학	영어
I	국어 A	수학 A	영어 A
II	국어 B	수학 B	영어 B

정답   **06-1** (1) 180 (2) 210   **06-2** ①   **06-3** 90

예제 07

오른쪽 그림은 A지점에서 B지점으로 가는 도로망을 나타낸 것이다. 다음 물음에 답하여라.

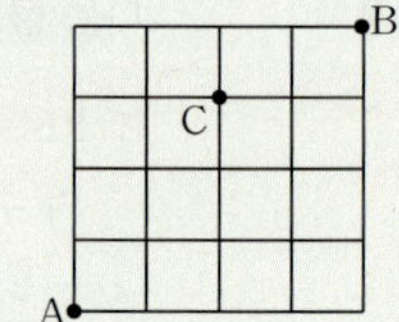

(1) A지점에서 B지점까지 최단거리로 가는 방법의 수를 구하여라.

(2) A지점에서 C지점을 거쳐서 B지점까지 최단거리로 가는 방법의 수를 구하여라.

접근 방법

오른쪽 그림과 같은 도로망에서 A지점에서 B지점까지 최단거리로 가려면 오른쪽으로 세 칸, 위쪽으로 두 칸 이동해야 합니다. 오른쪽으로 한 칸 이동하는 것을 a, 위쪽으로 한 칸 이동하는 것을 b라고 하면 A지점에서 B지점까지 최단거리로 가는 방법의 수는 a, a, a, b, b를 일렬로 나열하는 경우의 수와 같습니다. 즉, 예를 들어 오른쪽 그림과 같이 문자로 나타낼 수 있습니다.

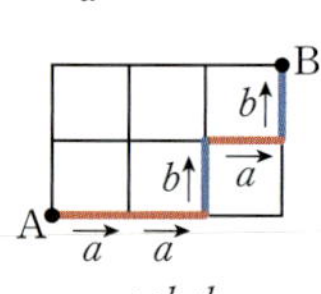

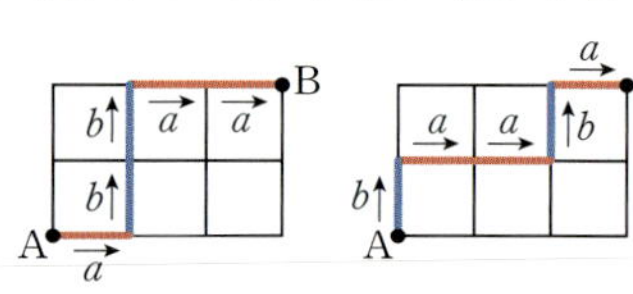

Bible 직사각형 형태의 격자로 주어진 최단거리 ⇒ 같은 것이 있는 순열을 이용한다.

상세 풀이

(1) 오른쪽으로 한 칸 이동하는 것을 a, 위쪽으로 한 칸 이동하는 것을 b라고 하면 A지점에서 B지점까지 최단거리로 가는 방법의 수는 a가 4개, b가 4개 포함된 8개의 문자를 일렬로 나열하는 경우의 수와 같으므로 $\dfrac{8!}{4!\,4!} = \dfrac{8 \times 7 \times 6 \times 5}{4 \times 3 \times 2 \times 1} = 70$

(2) A지점에서 C지점까지 최단거리로 가는 방법의 수는 $\dfrac{5!}{2!\,3!} = 10$

C지점에서 B지점까지 최단거리로 가는 방법의 수는 $\dfrac{3!}{2!\,1!} = 3$

따라서 곱의 법칙에 의하여 구하는 방법의 수는 $10 \times 3 = 30$

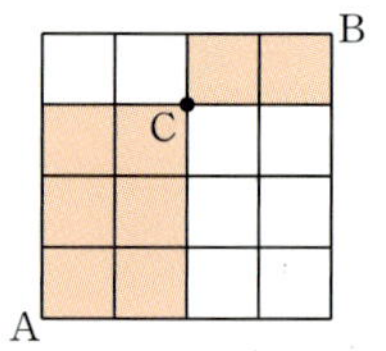

정답 ➡ (1) 70 (2) 30

보충 설명

오른쪽 그림과 같이 가로가 a칸으로 구성되어 있고, 세로가 b칸으로 구성되어 있을 때, A지점에서 B지점까지 최단거리로 가는 방법의 수는

$$\dfrac{(a+b)!}{a!\,b!}$$

입니다.

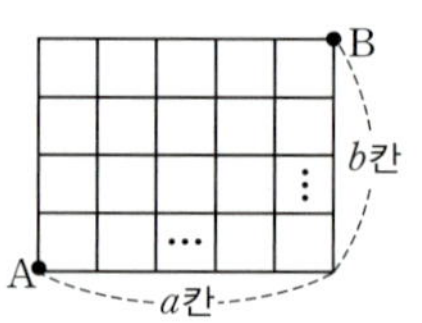

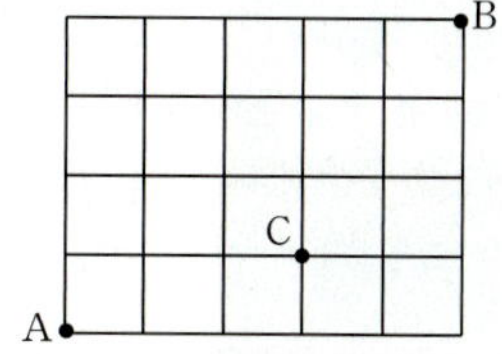

숫자 바꾸기

07-1 오른쪽 그림은 A지점에서 B지점으로 가는 도로망을 나타낸 것이다. 다음 물음에 답하여라.

(1) A지점에서 B지점까지 최단거리로 가는 방법의 수를 구하여라.

(2) A지점에서 C지점을 거쳐서 B지점까지 최단거리로 가는 방법의 수를 구하여라.

표현 바꾸기

07-2 다음 그림과 같은 도로망에서 A지점에서 B지점까지 최단거리로 가는 방법의 수를 구하여라.

(1) 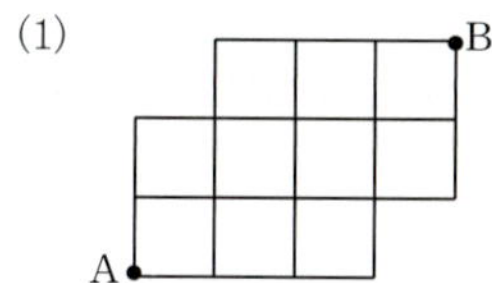

(2) 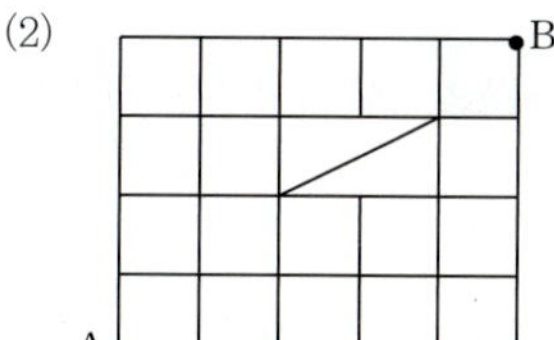

개념 넓히기 ★★☆

07-3 오른쪽 그림과 같이 마름모 모양으로 연결된 도로망이 있다. 이 도로망을 따라 A지점에서 출발하여 B지점까지 최단거리로 가는 방법의 수는?

① 24 ② 28 ③ 32
④ 36 ⑤ 40

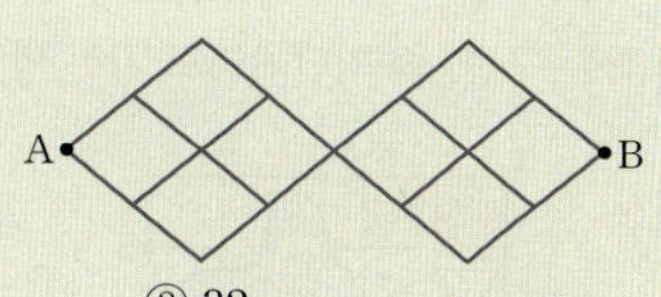

 **07-1** (1) 126 (2) 40   **07-2** (1) 33 (2) 12   **07-3** ④

예제 08

다음 그림과 같은 도로망에서 A지점에서 B지점까지 최단거리로 가는 방법의 수를 구하여라.

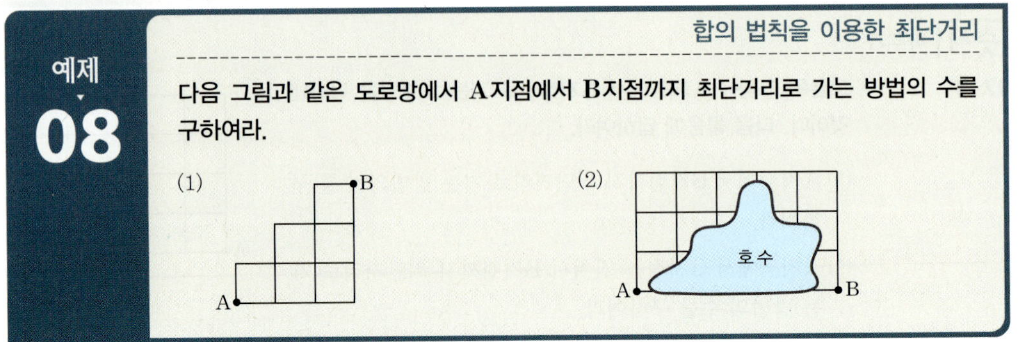

(1)

(2)

접근 방법

같은 것이 있는 순열을 이용하여 최단거리로 가는 방법의 수를 구하려면 도로가 직사각형 형태의 격자로 주어져야 합니다. 따라서 도로망이 복잡한 경우에는 오른쪽 그림과 같이 합의 법칙을 이용하여 A지점에서 각 지점까지 최단거리로 가는 방법의 수를 차례대로 구하는 것이 편리합니다.

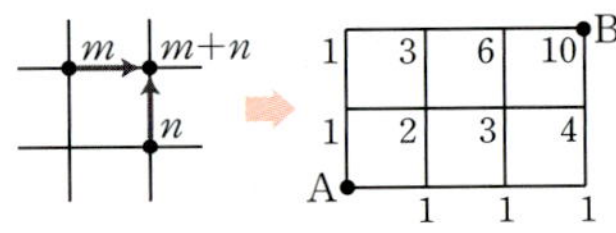

Bible 직사각형 형태의 격자로 보이지 않는 최단거리 ➡ 합의 법칙을 이용한다.

상세 풀이

(1) 다음 그림과 같이 합의 법칙에 의하여 A지점에서 B지점까지 최단거리로 가는 방법의 수는 14입니다.

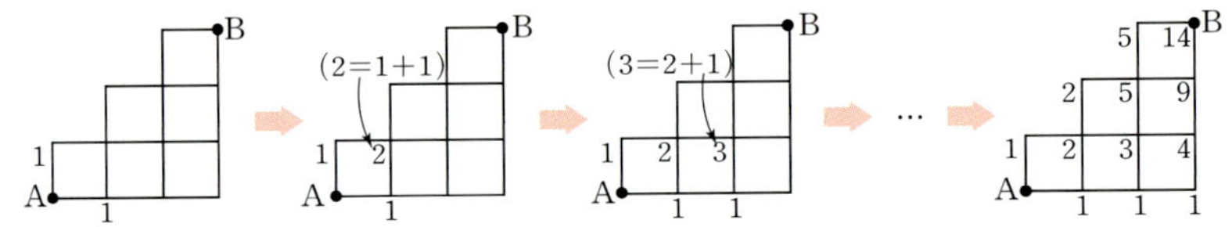

(2) 다음 그림과 같이 네 지점 P, Q, R, S를 잡으면 A지점에서 B지점까지 최단거리로 갈 때, 꼭 지나야 하는 구간, 즉 최단거리로 가는 방법의 수가 1인 구간은 A→P, Q→R, S→B의 경우입니다.

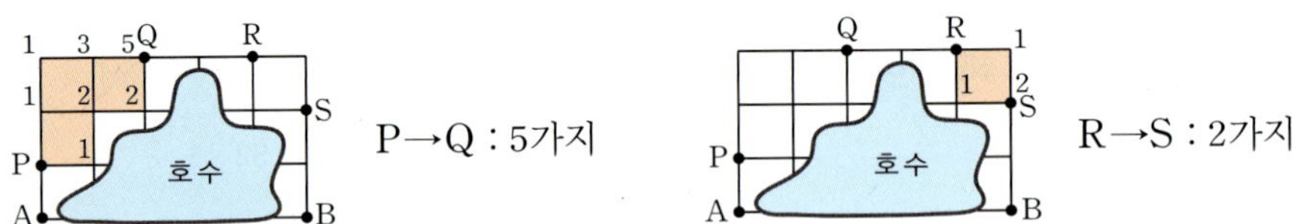

따라서 곱의 법칙에 의하여 구하는 방법의 수는 $5 \times 2 = 10$입니다.

정답 ➡ (1) 14 (2) 10

보충 설명

오른쪽 그림과 같이 합의 법칙을 이용하여 A지점에서 B지점까지 가는 최단 경로의 수를 한 번에 구할 수도 있지만, 좀 더 복잡한 도로망의 경우에는 (2)의 풀이처럼 꼭 지나야 하는 구간을 찾아 곱의 법칙을 이용하는 것이 편리합니다.

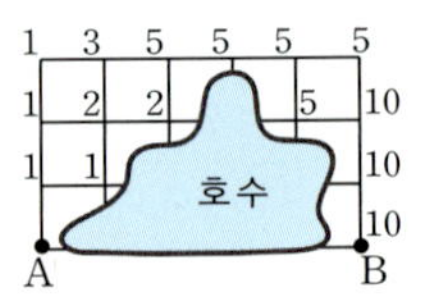

[숫자] 바꾸기

08-1 다음 그림과 같은 도로망에서 A지점에서 B지점까지 최단거리로 가는 방법의 수를 구하여라.

(1) 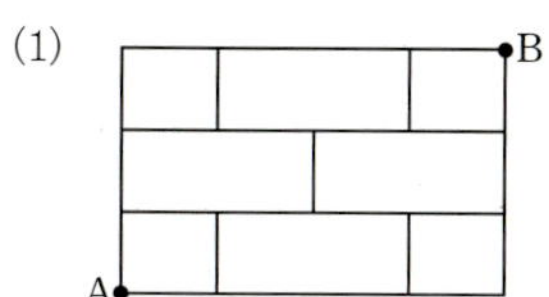

(2) 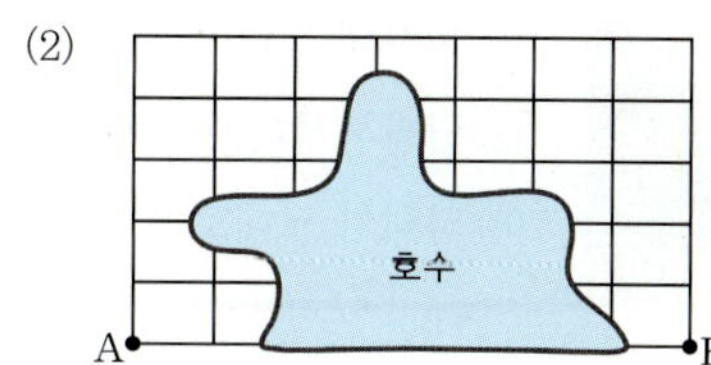

[표현] 바꾸기

◆다른 풀이

08-2 오른쪽 그림과 같은 도로망에서 A지점에서 B지점까지 최단거리로 가는 방법의 수는?

① 40
② 45
③ 50
④ 55
⑤ 60

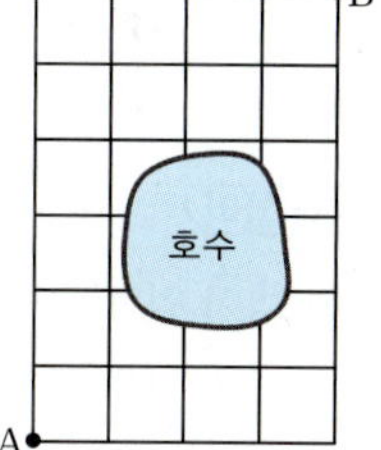

[개념] 넓히기 ★★★

◆다른 풀이

08-3 오른쪽 그림과 같은 도로망이 있다. 5개의 지점 P, Q, R, S, T 중 어느 한 지점도 지나지 않고, A지점에서 B지점까지 최단거리로 가는 방법의 수를 구하여라.

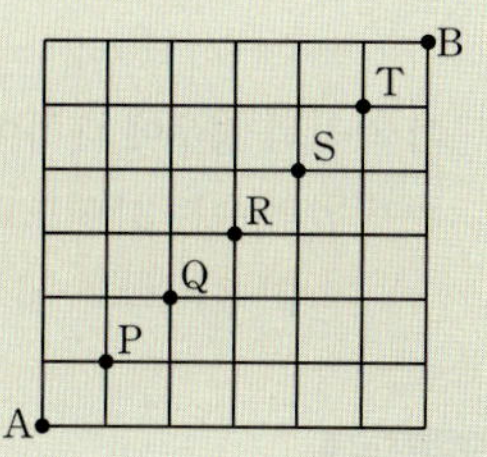

정답 **08-1** (1) 12 (2) 132 　　**08-2** ⑤ 　　**08-3** 84

예제 09

남학생 3명과 여학생 3명이 원탁에 둘러앉을 때, 다음 물음에 답하여라.

(1) 원탁에 둘러앉는 방법의 수를 구하여라.

(2) 남학생끼리 이웃하여 앉는 방법의 수를 구하여라.

(3) 남녀가 교대로 앉는 방법의 수를 구하여라.

접근 방법

서로 다른 n개를 원형으로 배열하는 순열에서 한 자리를 고정시킬 때, 나머지 $(n-1)$개의 자리에 앉는 경우의 수는 $(n-1)$개를 일렬로 배열하는 경우의 수와 같습니다.

즉, 서로 다른 n개를 원형으로 배열하는 방법의 수는 $(n-1)!$입니다.

> **Bible** 원순열 ➡ 하나를 고정시킨다.

상세 풀이

(1) 6명이 원탁에 둘러앉는 방법의 수는
$$(6-1)! = 5! = 120$$

(2) 남학생 3명을 하나로 묶어서 한 사람으로 생각하면 여학생 3명을 합한 4명이 원탁에 둘러앉는 방법의 수는 $(4-1)! = 3!$입니다.

이 각각의 경우에 대하여 남학생 3명끼리 자리를 바꾸어 앉는 방법의 수는 3!입니다.

따라서 구하는 방법의 수는
$$3! \times 3! = 6 \times 6 = 36$$

(3) 오른쪽 그림과 같이 먼저 남학생 3명이 원탁에 둘러앉는 방법의 수는
$$(3-1)! = 2!$$

이 각각의 경우에 대하여 여학생 3명이 남학생과 남학생 사이의 3개의 자리에 앉는 방법의 수는 3!이므로 구하는 방법의 수는
$$2! \times 3! = 2 \times 6 = 12$$

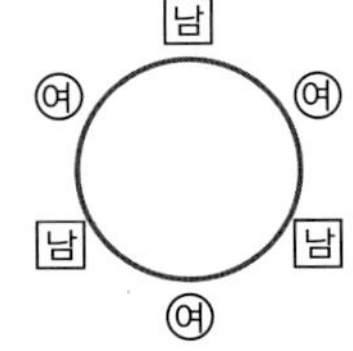

정답 ➡ (1) 120 (2) 36 (3) 12

보충 설명

남학생 3명, 여학생 3명을 일렬로 세울 때, 남녀가 교대로 서는 방법의 수는

남 여 남 여 남 여 또는 여 남 여 남 여 남

에서 $(3! \times 3!) \times 2 = 72$이고 남학생 3명, 여학생 2명을 일렬로 세울 때, 남녀가 교대로 서는 방법의 수는

남 여 남 여 남

에서 $3! \times 2! = 12$입니다.

하지만 위의 (3)에서 남학생 3명, 여학생 3명이 원탁에 둘러앉을 때 남녀가 교대로 앉을 수는 있지만, 남학생 3명, 여학생 2명이 원탁에 둘러앉을 때 남녀가 교대로 앉을 수는 없다는 점에 주의합시다!

숫자 바꾸기

09-1 1부터 7까지의 자연수가 각각 하나씩 적혀 있는 7장의 카드를 원형으로 배열할 때, 다음 물음에 답하여라.

(1) 원형으로 배열하는 방법의 수를 구하여라.

(2) 짝수가 적혀 있는 카드끼리 이웃하지 않게 배열하는 방법의 수를 구하여라.

(3) 홀수와 짝수가 적혀 있는 카드를 교대로 배열하는 방법의 수를 구하여라.

표현 바꾸기

09-2 세 쌍의 부부가 원탁에 둘러앉을 때, 다음 물음에 답하여라.

(1) 부부끼리 이웃하여 앉는 방법의 수를 구하여라.

(2) 부부끼리 서로 마주 보고 앉는 방법의 수를 구하여라.

개념 넓히기 ★★★

◆ 다른 풀이

09-3 오른쪽 그림과 같은 도형에 서로 다른 6가지의 색을 모두 사용하여 색칠하려고 한다. A, B, C, D의 네 부분을 같은 색으로 칠하고, 나머지 다섯 부분은 서로 다른 색으로 칠하는 방법의 수는? (단, 큰 원에 내접하는 4개의 원의 반지름의 길이는 모두 같고, 서로 외접한다.)

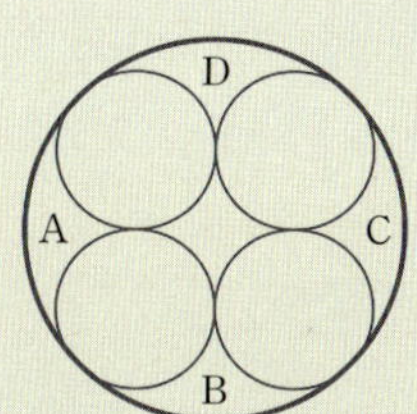

① 150　　② 160

③ 170　　④ 180

⑤ 190

정답 **09-1** (1) 720 (2) 144 (3) 0　　**09-2** (1) 16 (2) 8　　**09-3** ④

예제 10

6명의 학생이 오른쪽 그림과 같은 정삼각형 모양의 책상에 둘러 앉는 방법의 수를 구하여라.

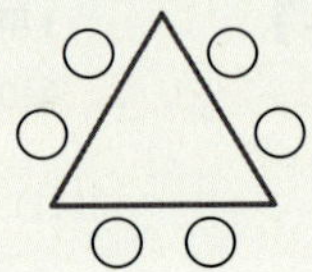

접근 방법

6명의 학생 중에서 한 명의 자리를 고정시키면 나머지 5명의 학생이 앉는 방법의 수는 $5!$ 입니다. 이때, 정삼각형 모양의 탁자에 한 명의 자리를 고정시키는 방법의 수는 원형 탁자에 한 명의 자리를 고정시키는 방법의 수와 다르다는 것에 주의합니다.

> **Bible** 다각형 모양의 원순열 ➡ (원순열의 수)×(고정시킬 수 있는 자리의 수)

상세 풀이

6명의 학생을 각각 ①∼⑥이라고 하면 [그림 1]과 같이 학생 ① 이 자리에 앉는 방법의 수는 1이고, 이 경우에 대하여 나머지 5명 의 학생이 앉는 방법의 수는 $5!$ 입니다.

이때, 학생 ①의 위치를 [그림 2]와 같이 옮기면 [그림 1]과 서로 다른 방법이 되므로 구하는 방법의 수는

$$5! \times 2 = 240$$

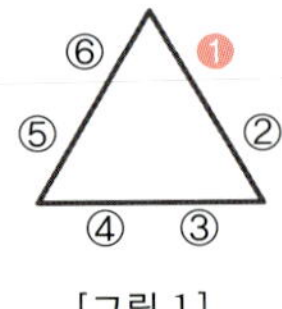

[그림 1]

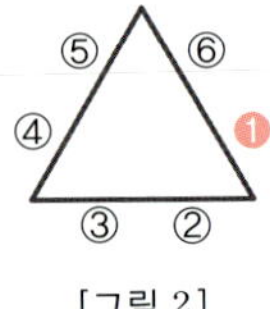

[그림 2]

정답 ➡ 240

보충 설명

서로 다른 n개를 원형으로 배열하는 원순열의 수는

$$n! \times \frac{1}{n} = (n-1)!$$

임을 배웠습니다. 이때, $n!$을 n으로 나누는 이유는 한 가지의 순열에 대하여 n개씩 같은 것이 생기므로 같은 것 의 개수만큼 나누어 주기 때문입니다.

즉, 위의 문제에서 정삼각형 모양의 책상에 6명의 학생이 둘러앉 는 경우에는 한 가지의 순열에 대하여 오른쪽 그림과 같이 3가지 씩 같은 것이 생기므로 구하는 방법의 수는

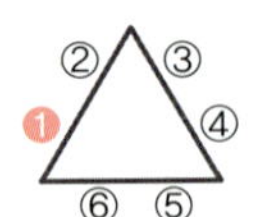
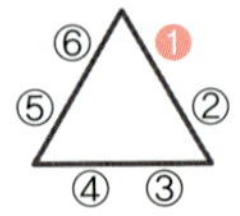

$$6! \times \frac{1}{3} = 240$$

입니다.

숫자 바꾸기

◆ 다른 풀이 ◆ 보충 설명

10-1 8명의 학생이 다음 그림과 같은 책상에 둘러앉는 방법의 수를 구하여라.

(1) 정사각형 모양의 책상

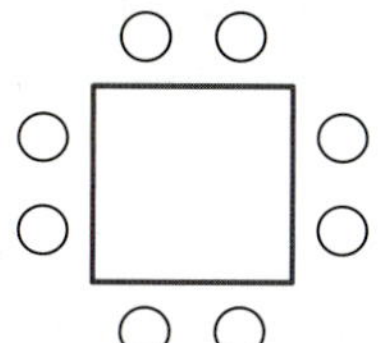

(2) 직사각형 모양의 책상

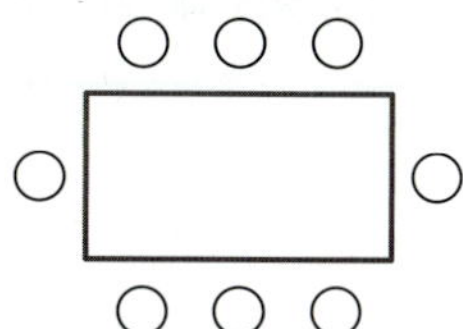

표현 바꾸기

10-2 오른쪽 [그림 1]과 같이 넓이가 1이고 모두 다른 색이 칠해져 있는 정삼각형 12개가 있다. 이들 12개의 정삼각형으로 [그림 2]와 같은 넓이가 12인 도형을 모두 채워 넣으려고 할 때, 가능한 방법의 수는 $a \times 10!$ 이다. 상수 a의 값을 구하여라. (단, [그림 2]의 도형은 회전할 수는 있지만, 뒤집을 수는 없다.)

[그림 1]

[그림 2]

개념 넓히기 ★★★

◆ 다른 풀이 ◆ 보충 설명

10-3 8등분된 원판에 A, B, C, D, E, F의 6가지 색을 모두 사용하여 영역을 구분하려고 한다. 오른쪽 그림과 같이 A, B 두 가지 색은 이미 칠해져 있을 때, 칠해져 있지 않은 영역에 칠할 수 있는 방법의 수를 구하여라. (단, 한 영역에는 한 가지 색을 칠하고, 회전하여 일치하는 것은 같은 것으로 본다.)

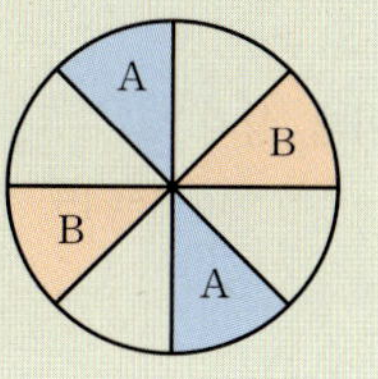

정답 **10-1** (1) 10080 (2) 20160　　**10-2** 22　　**10-3** 12

예제 11

$\boxed{1}$, $\boxed{2}$, $\boxed{3}$, $\boxed{4}$, $\boxed{5}$의 번호가 각각 하나씩 붙어 있는 5개의 상자와 1, 2, 3, 4, 5의 번호가 각각 하나씩 붙어 있는 5개의 공이 있다. 각 상자마다 1개씩의 공을 임의로 넣을 때, 한 상자만 상자와 공의 번호가 같게 되는 경우의 수를 구하여라.

접근 방법

상자 $\boxed{1}$에 1번 공을 넣고 상자 $\boxed{2}$, $\boxed{3}$, $\boxed{4}$, $\boxed{5}$에는 상자와 공의 번호가 다르게 넣으면 됩니다. 마찬가지 방법으로 상자 $\boxed{2}$에 2번 공을 넣을 때, …, 상자 $\boxed{5}$에 5번 공을 넣을 때까지의 5가지 경우를 생각하면 됩니다.

> **Bible** 서로 다르게 나열하는 경우의 수 ➡ 직접 센다!

상세 풀이

상자 $\boxed{1}$, $\boxed{2}$, $\boxed{3}$, $\boxed{4}$, $\boxed{5}$에 공 1, 2, 3, 4, 5를 각 상자마다 1개씩 넣을 때, 상자 $\boxed{1}$에는 1번 공이 들어가고 다른 상자에는 번호가 다른 공이 들어가는 경우를 생각해 보면 다음과 같습니다.

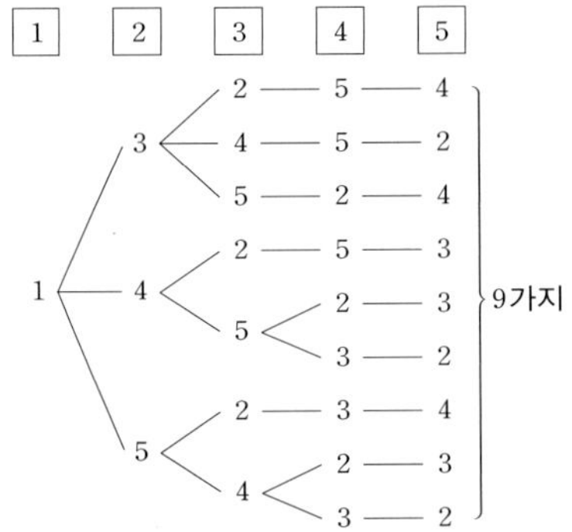

이때, 상자 $\boxed{2}$, $\boxed{3}$, $\boxed{4}$, $\boxed{5}$에 같은 번호의 공이 들어가는 경우도 마찬가지이므로 구하는 경우의 수는

$$9 \times 5 = 45$$

정답 ➡ 45

보충 설명

비오는 날 친구들끼리 카페에 들어갔다가 따뜻한 코코아 한 잔을 마신 후에 카페를 나올 때 아무 우산이나 집어서 쓸 경우 자기 우산을 쓰지 않게 되는 경우의 수를 생각해 봅시다. 두 명의 친구가 자신의 우산을 쓰지 않게 되는 경우는 한 가지 밖에 없습니다. 또한 세 사람일 경우 세 사람 모두 자신의 우산을 쓰지 않게 되는 경우는 두 가지입니다. 하지만 4명일 때, 5명일 때를 생각하다 보면 그 수는 정말 많아집니다. 이때, 위와 같이 수형도로 연습하여 정리하기로 합니다. 이러한 경우의 수를 교란순열, 또는 완전순열이라고 합니다. 자세한 내용은 $\boxed{숫자}$바꾸기 **11-1**의 보충 설명을 꼭 읽어 보세요! ^^

숫자 바꾸기

◆보충 설명

11-1
등번호가 1, 2, 3, 4인 네 명이 이어달리기 순서를 결정하려고 한다. 네 명 모두 자신의 등번호와 달리는 순서가 다르도록 순서를 결정하는 방법의 수를 구하여라.

표현 바꾸기

11-2
1, 2, 3, 4, 5를 일렬로 배열할 때, i번째 숫자를 $a_i\,(1\leq i\leq 5)$라고 한다.
$$(a_1-1)(a_2-2)(a_3-3)(a_4-4)(a_5-5)\neq 0$$
인 경우의 수를 구하여라.

개념 넓히기 ★★★

11-3
다음과 같은 표에서 제1행에는 대문자 A, A, A, B, C, D를 각 칸에 하나씩 써넣고, 제2행에는 소문자 a, a, a, b, c, d를 각 칸에 하나씩 써넣을 때, 같은 열에 같은 알파벳이 들어가지 않도록 써넣는 경우의 수를 구하여라.

제1 행						
제2 행						

정답   **11-1** 9   **11-2** 44   **11-3** 720

01-1 다음 그림과 같이 의자 6개가 나란히 설치되어 있다. 여학생 2명과 남학생 3명이 모두 의자에 앉을 때, 여학생이 이웃하지 않게 앉는 경우의 수를 구하여라.

(단, 두 학생 사이에 빈 의자가 있는 경우는 이웃하지 않는 것으로 한다.)

01-2 무게가 1 g, 3 g, 9 g짜리인 추가 각각 2개씩 있다. 이 추들을 이용하여 몇 가지의 무게를 잴 수 있는가? (단, 0 g은 제외한다.)

  ① 23   ② 24   ③ 25

  ④ 26   ⑤ 27

01-3 오른쪽 그림과 같이 6개의 정사각형으로 이루어진 직사각형이 있다. 적어도 두 개 이상의 정사각형을 한 가지 색으로 칠하는 서로 다른 방법의 수를 구하여라. (단, 직사각형은 고정되어 있다.)

01-4 두 집합 $X=\{1, 2, 3\}$, $Y=\{0, 1, 2, 3, 4\}$에 대하여 X에서 Y로의 함수 f 중에서 $f(1)\times f(2)=0$을 만족시키는 함수 f의 개수를 구하여라.

01-5 모양과 크기가 같은 흰 공 5개, 붉은 공 2개, 검은 공 1개가 있다. 이 8개의 공을 일렬로 나열할 때, 양 끝에 있는 공의 색깔이 서로 다른 경우의 수는?

  ① 84   ② 102   ③ 112

  ④ 136   ⑤ 180

01-6 모양과 크기가 같은 7개의 공이 들어 있는 바구니 A와 빈 바구니 B가 있다. 바구니 A에서 공을 한 번에 1개씩 또는 2개씩 꺼내어 바구니 B로 모두 옮기는 방법의 수를 구하여라.

01-7 teacher의 7개이 문자를 일렬로 나열할 때, 세 문자 a, c, h를 반드시 a, c, h 순서로 나열하는 방법의 수는?

① 420 ② 630 ③ 840
④ 1360 ⑤ 1890

01-8 오른쪽 그림과 같은 도로망이 있다. A지점에서 B지점까지 최단거리로 가는 방법의 수를 구하여라. (단, 가로 방향의 도로와 세로 방향의 도로는 각각 서로 평행하다.)

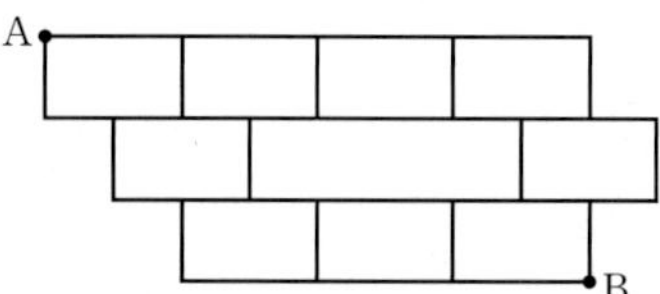

01-9 각 자리의 숫자가 서로 다른 세 자리 자연수를 작은 수부터 차례대로 나열할 때, 419는 몇 번째에 나열되는 수인가?

① 224 ② 228 ③ 230
④ 232 ⑤ 234

01-10 오른쪽 그림과 같이 최대 6개의 용기를 넣을 수 있는 원형의 실험기구가 있다. 서로 다른 6개의 용기 A, B, C, D, E, F를 이 실험기구에 모두 넣을 때, A와 B가 이웃하게 되는 경우의 수는?
(단, 회전하여 일치하는 것은 같은 것으로 본다.)

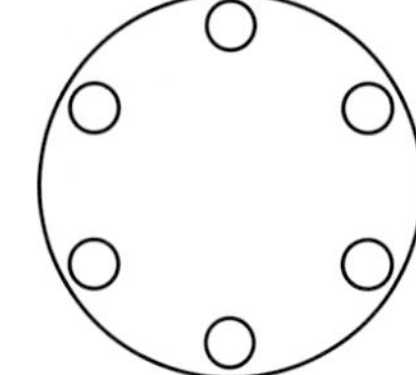

① 36 ② 48 ③ 60
④ 72 ⑤ 84

01-11 한 개의 주사위를 4번 던질 때, 눈의 수가 1, 2, 2, 1과 같이 반드시 2개의 수만 나오는 경우의 수는?

① 120   ② 150   ③ 180
④ 210   ⑤ 240

01-12 5개의 문자 a, b, c, d, e를 일렬로 나열할 때, a가 b의 왼쪽에 오는 경우의 수는?

(단, a, b는 반드시 이웃할 필요는 없다.)

① 20   ② 30   ③ 40
④ 50   ⑤ 60

01-13 1, 2, 3, 4, 5의 숫자가 하나씩 적힌 5개의 공을 3개의 상자 A, B, C에 모두 넣으려고 한다. 어느 상자에도 넣어진 공에 적힌 수의 합이 13 이상이 되는 경우가 없도록 공을 상자에 넣는 방법의 수는? (단, 빈 상자의 경우에는 넣어진 공에 적힌 수의 합을 0으로 한다.)

① 211   ② 215   ③ 222
④ 228   ⑤ 233

01-14 집합 $A=\{1, 2, 3, 4, 5\}$에 대하여 A에서 A로의 일대일대응을 f라고 할 때, $|f(1)-f(2)|=1$ 또는 $|f(2)-f(3)|=1$을 만족시키는 f의 개수는?

① 48   ② 56   ③ 64
④ 78   ⑤ 84

01-15 오른쪽 그림과 같이 5개의 정사각형으로 이루어진 도형의 각 부분에 5개의 숫자 1, 1, 2, 3, 4를 하나씩 써넣는 서로 다른 방법의 수는?

(단, 같은 숫자는 서로 이웃하지 않도록 한다.)

① 23   ② 24   ③ 25
④ 28   ⑤ 30

01-16 모양과 크기가 같은 흰 공 3개, 검은 공 2개, 회색 공 1개를 일렬로 나열하려고 한다. 오른쪽 그림과 같이 흰 공끼리 서로 이웃하지 않도록 나열하는 방법의 수는? 

① 6 ② 12 ③ 24
④ 28 ⑤ 32

01-17 대박 고등학교에서 선생님 3명과 1학년 학생 2명, 2학년 학생 2명, 3학년 학생 2명이 다음 조건을 만족시키면서 원탁에 둘러앉으려고 한다.

> (개) 같은 학년의 학생끼리는 이웃한다.
> (내) 선생님끼리는 이웃하지 않는다.

원탁에 둘러앉는 방법의 수는?

① 48 ② 60 ③ 72
④ 84 ⑤ 96

01-18 7개의 문자 a, a, b, b, c, d, e를 일렬로 나열할 때, a끼리 또는 b끼리 이웃하는 경우의 수를 구하여라.

01-19 오른쪽 그림과 같이 6개의 정사각형으로 이루어진 직사각형의 각 부분에 6개의 숫자 1, 2, 4, 6, 8, 9를 한 개씩 써넣으려고 한다. 각각의 가로줄에 있는 세 개의 숫자의 합이 서로 같은 경우의 수를 구하여라. 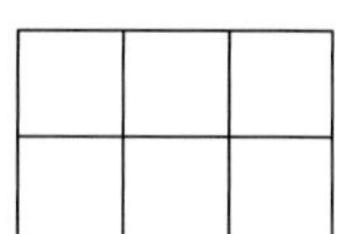

01-20 오른쪽 그림과 같이 정사각형 모양으로 배열된 9개의 원형탁자와 빨강, 파랑, 노랑 세 가지 색의 보자기가 각각 3장씩 있다. 이 9장의 보자기로 탁자를 하나씩 덮을 때, 어떤 행과 어떤 열에도 같은 색이 놓이지 않도록 덮는 방법의 수를 구하여라. 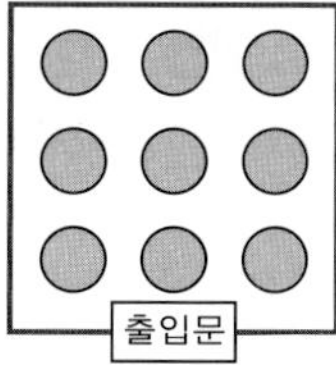

01-21 1, 2, 3, 4, 5의 5개의 숫자를 가지고 중복을 허용하여 세 자리 자연수를 만들 때, 3의 배수의 개수를 구하여라.

01-22 집합 $A=\{1, 2, 3, 4, 5, 6, 7\}$에 대하여 다음 조건을 만족시키는 함수 $f : A \longrightarrow A$의 개수를 구하여라.

> (개) 함수 f는 일대일대응이다.
> (내) $f(1)=7$
> (대) $k \geq 2$이면 $f(k) \leq k$

01-23 오른쪽 그림과 같은 어느 공원의 10개의 계단을 오르는데 한 걸음에 한 계단 또는 두 계단을 오를 수 있다고 한다. 이 10개의 계단을 모두 오르는데 한 걸음에 한 계단을 올라가는 방법이 적어도 다섯 번이 되도록 올라가는 방법의 수를 구하여라.

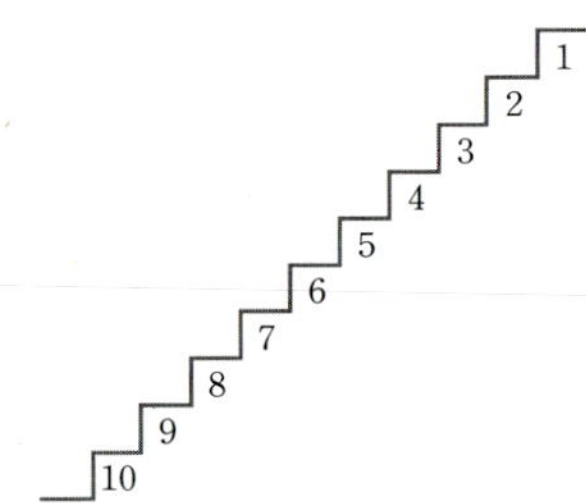

01-24 좌표평면 위에서 상하 방향 또는 좌우 방향으로 한 번에 1만큼씩 움직이는 점 P가 있다. 원점을 출발한 점 P가 6번 움직여서 점 $A(1, 3)$의 위치에 있는 경우의 수를 구하여라.

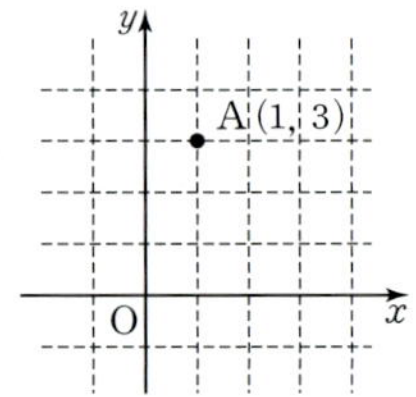

01-25 오른쪽 그림과 같이 바둑판 모양의 도로망이 있다. 두 교차로 P지점 또는 Q지점을 지날 때에는 직진 또는 우회전은 할 수 있으나 좌회전은 할 수 없다고 한다. A지점에서 B지점까지 최단거리로 가는 방법의 수를 구하여라. (단, 도로의 폭은 무시한다.)

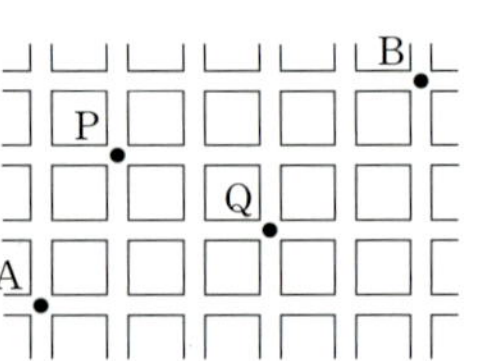

01-26 철수가 자동차로 오른쪽 그림과 같은 바둑판 모양의 도로를 따라 A지점에서 약속 장소인 B지점까지 최단거리로 가는 도중에, 도로 PQ 위에서 약속 장소가 C지점으로 변경되었다는 연락을 받고 곧바로 C지점을 향하여 도로를 따라 최단거리로 이동하였다. 철수가 A지점에서 출발하여 C지점까지 최단거리로 이동하는 경로의 수를 구하여라. (단, 연락 받은 위치가 달라도 이동 경로가 같으면 동일한 경우로 간주한다.)

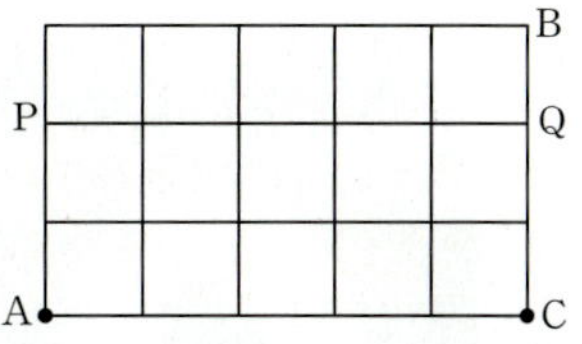

01-27 오른쪽 그림과 같이 어느 대학교 2학기 수시 모집에 지원한 남학생 4명과 여학생 4명이 토론식 면접을 하기 위하여 정사각형 모양의 탁자에 둘러앉게 배열되어 있는 8개의 의자에 앉으려고 한다. 붙어 있는 두 개의 의자에는 반드시 남녀가 1명씩 앉도록 할 때, 이들 8명이 앉는 방법의 수는 $a \times 4!$이다. 상수 a의 값을 구하여라.

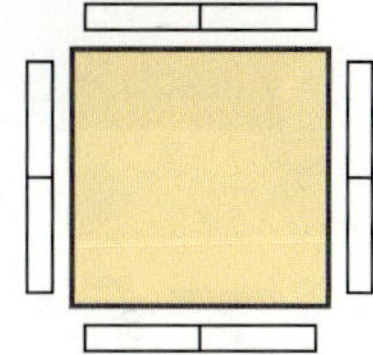

01-28 오른쪽 그림과 같이 원을 6등분한 6개의 영역을 서로 다른 5가지 색을 모두 사용하여 칠하려고 한다. 한 가지 색은 두 번 사용하고, 이웃한 영역은 서로 다른 색으로 칠하는 방법의 수를 구하여라. (단, 한 영역에는 한 가지 색을 칠하고, 회전하여 일치하는 것은 같은 것으로 본다.)

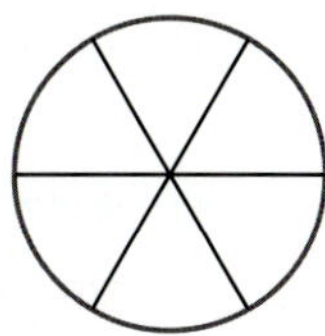

01-29 오른쪽 그림과 같은 정사각뿔의 5개의 면을 서로 다른 4가지 색을 모두 사용하여 색칠하려고 한다. 한 가지 색은 두 번 사용할 때, 색칠하는 방법의 수를 구하여라. (단, 한 면에는 한 가지 색을 칠하고, 회전하여 일치하는 것은 같은 것으로 본다.)

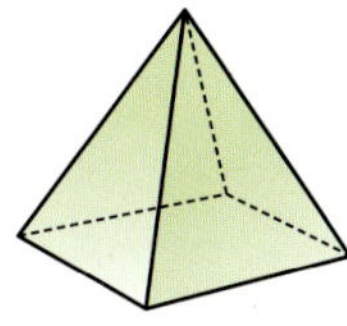

01-30 a, b, c, d 4가지 색의 일부 또는 전부를 사용하여 오른쪽 그림과 같은 프로펠러의 중앙 부분과 4개의 날개 부분을 모두 칠하려고 한다. 인접한 중앙 부분과 날개 부분은 서로 다른 색으로 칠하기로 할 때, 칠할 수 있는 방법의 수를 구하여라. (단, 4개의 날개는 모두 합동이고, 회전하여 일치하는 것은 같은 것으로 본다.)

조합

1학년 때 배운 것처럼 나열하지 않고 서로 다른 것 중에서 몇 개를 택하는 것을 조합이라고 배웠습니다. 그런데 딸기, 키위, 바나나의 세 종류의 과일 중에서 5개를 구입하는 경우의 수를 어떻게 구해야 할까요? 이 경우에는 과일의 종류를 중복하여 선택할 수 밖에 없습니다. 이 단원에서는 조합에 대하여 간단하게 복습하고, 이를 이용하여 중복을 허용하여 택하는 방법인 중복조합과 중복조합의 수를 구하는 방법을 배워봅시다.

01　조합

1　조합

서로 다른 n개에서 순서를 생각하지 않고 $r(0 \leq r \leq n)$개를 택하는 것을 조합이라 하고, 이 조합의 수를 기호로 $_n\mathrm{C}_r$와 같이 나타낸다.

2　조합을 이용한 조 나누기

서로 다른 n개의 물건을 p개, q개, r개 $(p+q+r=n)$의 3개 조로 나누는 방법의 수(분할)는

(1) p, q, r가 서로 다르면 $_n\mathrm{C}_p \times {}_{n-p}\mathrm{C}_q \times {}_r\mathrm{C}_r$

(2) p, q, r 중 어느 두 개가 같으면 $_n\mathrm{C}_p \times {}_{n-p}\mathrm{C}_q \times {}_r\mathrm{C}_r \times \dfrac{1}{2!}$

(3) p, q, r가 모두 같으면 $_n\mathrm{C}_p \times {}_{n-p}\mathrm{C}_q \times {}_r\mathrm{C}_r \times \dfrac{1}{3!}$

02　중복조합

1　중복조합

(1) 서로 다른 n개에서 중복을 허용하여 r개를 택하는 조합을 중복조합이라 하고, 이 중복조합의 수를 기호로 $_n\mathrm{H}_r$와 같이 나타낸다.

(2) 서로 다른 n개에서 r개를 택하는 중복조합의 수는
$$_n\mathrm{H}_r = {}_{n+r-1}\mathrm{C}_r$$

2　방정식의 정수인 해의 개수

방정식 $x_1 + x_2 + x_3 + \cdots + x_n = r$ $(n, r$는 자연수$)$에서

(1) 음이 아닌 정수인 해의 개수 ➡ 서로 다른 n개에서 r개를 택하는 중복조합의 수
$$\Rightarrow {}_n\mathrm{H}_r = {}_{n+r-1}\mathrm{C}_r$$

(2) 양의 정수인 해의 개수 (단, $r \geq n$) ➡ 서로 다른 n개에서 $(r-n)$개를 택하는 중복조합의 수
$$\Rightarrow {}_n\mathrm{H}_{r-n} = {}_{n+(r-n)-1}\mathrm{C}_r = {}_{r-1}\mathrm{C}_{n-1}$$

01 조합

▌ 조합

1학년 때 배운 것처럼 ①, ②, ③, ④ 네 개의 공이 들어 있는 주머니 속에서 세 개를 꺼내는 방법의 수를 구할 때, 공을 꺼낸 순서대로 공에 적힌 숫자를 적는다면 앞에서 배운 순열을 이용하여 구하면 모든 방법의 수는 $_4\mathrm{P}_3 = 24$입니다.

이번에는 순서를 생각하지 않고 공을 꺼내는 방법의 수를 구해 봅시다.

(①, ②, ③)과 (③, ②, ①)은 숫자가 쓰여진 공이 나온 순서는 서로 다르지만 공의 '종류'는 같기 때문에 같은 경우로 생각할 수 있습니다.

오른쪽 그림과 같이 ①, ②, ③ 세 개의 공을 나열하는 방법의 수인 3!을 1가지로 생각해야 하므로 공을 꺼내는 방법의 수는

$$\frac{_4\mathrm{P}_3}{3!} = \frac{24}{6} = 4 \quad \leftarrow \text{같은 것이 있는 순열을 이용하면 이해하기 쉽습니다.}$$

입니다. 실제로 세 개의 공을 꺼내는 방법을 생각해 보면

$$(①, ②, ③), (②, ③, ④), (①, ③, ④), (①, ②, ④)$$

와 같이 4가지 방법이 있음을 확인할 수 있습니다. 이와 같이 서로 다른 n개에서 순서를 생각하지 않고 $r(r \leq n)$개를 택하는 것을 n개에서 r개를 택하는 조합(Combination)이라 하고, 이 조합의 수를 기호로 $_n\mathrm{C}_r$와 같이 나타냅니다. 즉, 조합은 순열에서 순서를 생각하지 않는 것이며, 순열은 조합에서 순서를 부여한 것입니다.

일반적으로 서로 다른 n개에서 r개를 택하는 조합의 수는 $_n\mathrm{C}_r$이고, 이 각각의 경우에 대하여 r개를 일렬로 나열하는 경우의 수는 $r!$이므로 서로 다른 n개에서 r개를 택하여 일렬로 나열하는 순열의 수 $_n\mathrm{P}_r$는 다음과 같이 나타낼 수 있습니다.

$$_n\mathrm{P}_r = {_n\mathrm{C}_r} \times r! \quad \leftarrow \text{(순열의 수)=(뽑는 방법의 수)} \times \text{(일렬로 나열하는 방법의 수)}$$

$$_n\mathrm{C}_r = \frac{_n\mathrm{P}_r}{r!} = \frac{n!}{r!(n-r)!} = \frac{n \times (n-1) \times \cdots \times (n-r+1)}{r \times (r-1) \times \cdots \times 1} \quad (\text{단}, 0 < r \leq n)$$

예를 들어, $_4\mathrm{C}_2 = \dfrac{_4\mathrm{P}_2}{2!} = \dfrac{4 \times 3}{2 \times 1} = 6$, $_6\mathrm{C}_3 = \dfrac{_6\mathrm{P}_3}{3!} = \dfrac{6 \times 5 \times 4}{3 \times 2 \times 1} = 20$과 같이 계산합니다.

1 서로 다른 n개에서 순서를 생각하지 않고 $r\,(0\le r\le n)$개를 택하는 것을 조합이라 하고, 이 조합의 수를 기호로 $_nC_r$와 같이 나타낸다.

2 조합의 수

(1) 서로 다른 n개에서 r개를 택하는 조합의 수는

$$_nC_r=\frac{_nP_r}{r!}=\frac{n!}{(n-r)!\,r!}\ (단,\ 0\le r\le n)$$

(2) $_nC_0=1,\ _nC_n=1$

(3) $_nC_r=_nC_{n-r}\ (단,\ 0\le r\le n)$

3 순열과 조합의 관계 : $_nP_r=_nC_r\times r!$

Plus+

서로 다른 5개의 공에서 순서를 생각하지 않고 3개를 택하는 경우의 수 $_5C_3$과 서로 다른 5개의 공에서 3개를 택하였을 때의 남아 있는 2개의 공을 택하는 경우의 수 $_5C_2$가 서로 같은 것처럼 일반적으로 $_nC_r=_nC_{n-r}$가 성립한다.

Example

네 개의 문자 $a,\ b,\ c,\ d$ 중에서 순서를 생각하지 않고 세 개를 택하는 방법은

$$\{a,b,c\},\ \{a,b,d\},\ \{a,c,d\},\ \{b,c,d\}$$

의 $_4C_3=4$이고, 그 각각에 대하여 $3!$의 순열을 만들 수 있습니다.

조합		순열
$\{a,b,c\}$	일렬로 나열 $\longrightarrow$	$abc,\ acb,\ bac,\ bca,\ cab,\ cba$
$\{a,b,d\}$	일렬로 나열 $\longrightarrow$	$abd,\ adb,\ bad,\ bda,\ dab,\ dba$
$\{a,c,d\}$	일렬로 나열 $\longrightarrow$	$acd,\ adc,\ cad,\ cda,\ dac,\ dca$
$\{b,c,d\}$	일렬로 나열 $\longrightarrow$	$bcd,\ bdc,\ cbd,\ cdb,\ dbc,\ dcb$

그런데 4개에서 3개를 택하는 순열의 수는 $_4P_3$이므로

$$_4C_3\times 3!=_4P_3$$

따라서 조합의 수 $_4C_3$은 다음과 같이 구할 수 있습니다.

$$_4C_3=\frac{_4P_3}{3!}=\frac{4\times3\times2}{3\times2\times1}=4$$

② 조합을 이용한 조 나누기

6명의 학생을 A, B, C의 3개의 조로 2명씩 나누는 경우를 생각해 봅시다.

간단하게 생각하면 6명 중에서 먼저 2명을 뽑아서 A조를 만들고, 남은 4명 중에서 2명을 뽑아서 B조를 만들고, 마지막으로 남은 2명은 저절로 C조가 됩니다.

이것을 조합의 기호로 나타내면 다음과 같습니다.

$$_6\mathrm{C}_2 \times {}_4\mathrm{C}_2 \times {}_2\mathrm{C}_2 \qquad \cdots\cdots \text{㉠}$$

예를 들어, 6명의 학생을 다음과 같이 A, B, C의 3개의 조로 나누어 봅시다.

　　A조 : 영진, 재윤 / B조 : 현수, 호성 / C조 : 승원, 종연

이때, A조와 B조의 구성원을 바꾼 다음 방법은 위의 방법과 분명히 다른 배열입니다.

　　A조 : 승원, 종연 / B조 : 영진, 재윤 / C조 : 현수, 호성

이번에는 6명의 학생을 2명씩 3개의 조로 나누는 경우를 생각해 보면, 위의 경우와 달리 각각의 조가 구별되지 않습니다.

예를 들어, 6명의 학생을 다음과 같이 3개의 조로 나누어 봅시다.

　　영진, 재윤 / 현수, 호성 / 승원, 종연

이때, 다음과 같이 3개의 조로 나눈 방법 역시 위의 방법과 같은 배열입니다.

　　승원, 종연 / 영진, 재윤 / 현수, 호성

즉, 6명의 학생 가, 나, 다, 라, 마, 바를 2명씩 3개의 조로 나누는 방법이 모두 x가지 있다고 하면 오른쪽 표와 같이 세 조로 나눈 다음 A, B, C 세 조에 배정하는 방법의 수는 $3!$이므로 곱의 법칙에 의하여 ㉠에서

$$x \times 3! = {}_6\mathrm{C}_2 \times {}_4\mathrm{C}_2 \times {}_2\mathrm{C}_2$$

가 성립합니다.

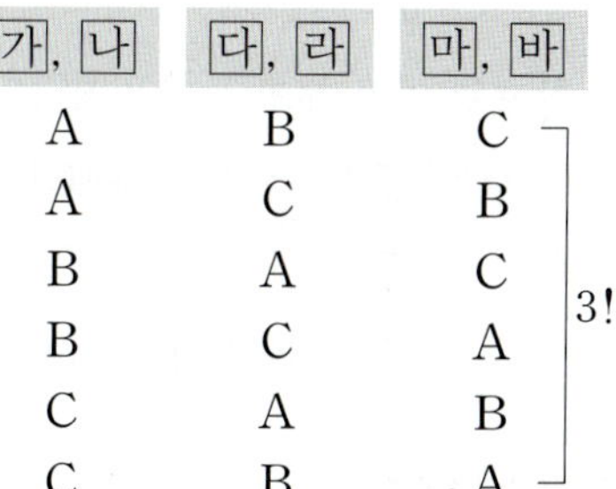

따라서 구하는 방법의 수는

$$x = {}_6\mathrm{C}_2 \times {}_4\mathrm{C}_2 \times {}_2\mathrm{C}_2 \times \frac{1}{3!}$$

입니다.

이상에서 조를 나눌 때에는 조합의 정의와 마찬가지로 각 조에 속하는 사람(사물)의 수가 같을 때에는 서로 위치를 바꾸어도 구별이 되지 않으므로 서로 구별이 안 되는 조의 개수만큼 나누어 주어야 한다는 것을 알 수 있습니다.

Example　6명의 학생을 다음과 같이 나누는 방법의 수를 각각 구해 봅시다.

(1) A조 3명, B조 3명으로 나누는 경우

　　6명 중에서 A조에 들어갈 3명을 뽑는 방법의 수는 $_6\mathrm{C}_3$

　　또한 남은 3명 중에서 B조에 들어갈 3명을 뽑는 방법의 수는 $_3\mathrm{C}_3$

　　　$\therefore {}_6\mathrm{C}_3 \times {}_3\mathrm{C}_3 = 20 \times 1 = 20$

(2) 3명, 3명씩 두 조로 나누는 경우

　　3명씩 두 조로 나누는 방법의 수를 x라고 하면 그 각각의 경우에 대하여 두 조를 A, B에

배정하는 방법의 수가 $2!$이므로

$$x \times 2! = {}_6C_3 \times {}_3C_3$$

$$\therefore x = {}_6C_3 \times {}_3C_3 \times \frac{1}{2!} = 10$$

(3) A조 3명, B조 2명, C조 1명으로 나누는 경우

6명 중에서 A조에 들어갈 3명을 뽑는 방법의 수는 ${}_6C_3$

또한 남은 3명 중에서 B조에 들어갈 2명을 뽑는 방법의 수는 ${}_3C_2$이고, 나머지 1명은 저절로 C조가 됩니다.

$$\therefore {}_6C_3 \times {}_3C_2 \times {}_1C_1 = 20 \times 3 \times 1 = 60$$

(4) 3명, 2명, 1명씩 세 조로 나누는 경우

각 조에 속하는 인원 수가 서로 다르므로 각 조에 명칭 A, B, C를 부여하는 것과 부여하지 않는 것의 방법의 수의 차이는 없습니다.

즉, 6명을 A조 3명, B조 2명, C조 1명으로 나누는 방법의 수와 같으므로

$$\therefore {}_6C_3 \times {}_3C_2 \times {}_1C_1 = 20 \times 3 \times 1 = 60$$

참고로 여러 개의 물건을 몇 개의 묶음으로 나누는 것을 분할이라 하고, 그 묶음을 나누어 주는(일렬로 배열하는)것을 분배라고 합니다.

위의 Example 과 같이 6명을 3명, 3명씩 두 조로 나누는 것이 분할이고, 그 각각의 경우에 대하여 두 조를 A, B에 배정하는 것이 분배입니다.

Bible Point 조합을 이용한 조 나누기

서로 다른 n개의 물건을 p개, q개, r개$(p+q+r=n)$의 3개 조로 나누는 방법의 수(분할)는

1 p, q, r가 서로 다르면 ${}_nC_p \times {}_{n-p}C_q \times {}_rC_r$

2 p, q, r 중 어느 두 개가 같으면 ${}_nC_p \times {}_{n-p}C_q \times {}_rC_r \times \dfrac{1}{2!}$

3 p, q, r가 모두 같으면 ${}_nC_p \times {}_{n-p}C_q \times {}_rC_r \times \dfrac{1}{3!}$

Plus+

① 세 사람에게 p개, q개, r개씩 나누어 주는 방법의 수(분배)는 다음과 같다.

　　(위의 각 경우의 수)$\times 3!$

② 같은 것이 있는 순열에서는 같은 것의 개수가 n일 때 $n!$로 나누어 주었듯이 조 나누기의 경우에서는 구별이 되지 않는 조의 수가 n일 때 $n!$로 나누어 준다는 것을 꼭 기억하자!

이번에는 조 나누기를 이용하여 대진표를 만드는 방법의 수를 구해 보겠습니다.

예를 들어, 재민, 동윤, 원창, 지훈 네 명의 친구들이 서로 한 번씩 가위바위보를 하여 1명의 승자를 뽑는 것을 생각해 봅시다.

재민이와 동윤이가 가위바위보를 하는 것이나 동윤이와 재민이가 가위바위보를 하는 것은 동일하므로 오른쪽 표와 같이 4명의 친구끼리 서로 한 번씩 가위바위보를 하는 방법의 수는 4명 중에서 2명을 택하는 경우의 수는 $_4C_2=6$입니다.

	재민	동윤	원창	지훈
재민	✕			
동윤	✕	✕		
원창	✕	✕	✕	
지훈	✕	✕	✕	✕

이와 같이 경기에 참가하는 모든 팀끼리 서로 한 번씩 시합하는 방식을 리그(League)전이라고 하는데 n개의 팀이 시합하는 경우의 수는

$$_nC_2 \quad \leftarrow \ n\text{명이 악수하는 경우의 수도 } _nC_2\text{입니다.}$$

가 됩니다.

한편, 4명의 친구를 2명, 2명으로 나누어 가위바위보를 하고 이 중에서 이긴 사람 2명끼리 가위바위보를 하여 1명의 승자를 뽑는 방법의 수는

$$2+1=3$$

입니다. 이와 같이 스포츠나 오락경기 등에서 횟수를 거듭할 때마다 패자는 탈락해 나가고, 최후에 남는 두 사람 또는 두 팀으로 하여금 우승을 결정하게 하는 대진 방식을 토너먼트(tournament)방식이라고 합니다.

Example 오른쪽 표는 4팀이 참가한 토너먼트 방식을 그림으로 나타낸 것인데, 여기서 서로 다른 대진표를 몇 개나 만들 수 있는지 알아봅시다.

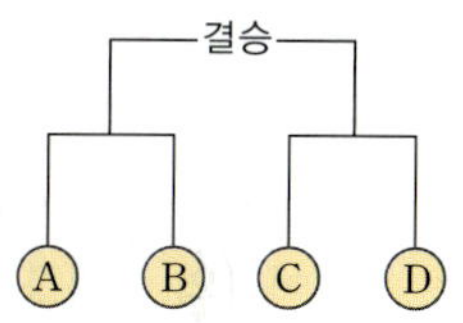

|방법 1| 조 나누기를 이용

일단 4팀을 결승전을 기준으로 왼쪽에 있을 때(A, B)와 오른쪽에 있을 때(C, D)로 나눌 수 있는데, 이것은 앞에서 배운 조 나누기의 경우입니다.

4팀을 2팀과 2팀의 2개의 조로 나누는 경우로 생각할 수 있습니다.

$$_4C_2 \times {}_2C_2 \times \frac{1}{2!}$$

이제 왼쪽(A, B)을 생각해 보면

$$A, B\text{가 시합하는 경우나 } B, A\text{가 시합하는 경우}$$

는 똑같은 형태이므로 A, B가 시합하는 방법의 수는 1가지뿐입니다. 같은 원리로 C, D가 시합하는 방법의 수도 1가지뿐입니다.

따라서 구하는 값은 다음과 같습니다.

$$\left(_4C_2 \times {}_2C_2 \times \frac{1}{2!}\right) \times 1 \times 1 = 3\text{(가지)} \quad \leftarrow \ (AB, CD), (AC, BD), (AD, BC)\text{의 3가지뿐입니다!}$$

참고로 $(AB, CD), (AB, DC), (BA, CD), (BA, DC), (CD, AB), (CD, BA), (DC, AB), (DC, BA)$는 모두 같은 경우입니다.

|방법 2| 같은 것이 있는 순열을 이용

다음 그림과 같이 $4!=24$의 배열에 대하여 A와 B끼리 또는 C와 D끼리 위치를 바꾸어도 같은 배열입니다.

또한 A와 B, C와 D의 위치를 통째로 바꾸어도 같은 배열입니다.

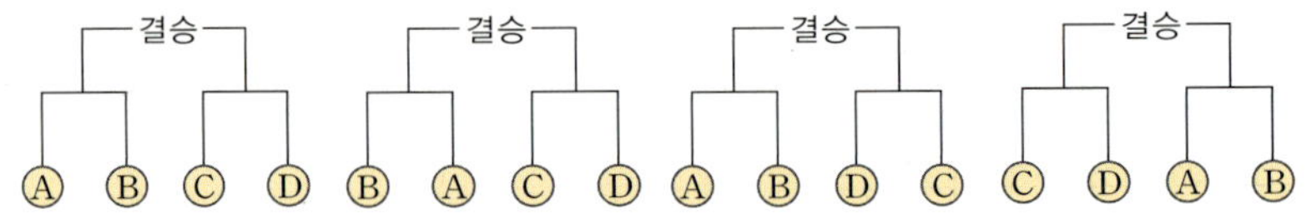

따라서 같은 것이 있는 순열을 이용하면 $\dfrac{4!}{2^3}=3$(가지)입니다.

이와 같이 대진표를 만드는 방법은 앞에서 배운 조합을 이용한 조 나누기 방법을 이용하면 어떤 복잡한 형태의 리그전이나 토너먼트 방식의 문제도 풀 수 있습니다.

개념 **확장하기**　토너먼트에서 순위 정하기

축구경기를 토너먼트 방식으로 진행하는 경우에 우승하는 팀과 준우승하는 팀을 정할 수는 있지만 3위 이하의 팀을 정할 수가 없습니다. 그래서 3위 이하의 팀을 정하는 방법에 대하여 알아보겠습니다.

예를 들어, 8명의 선수가 출전한 씨름대회에서 2명씩 4개의 조를 편성하여 조별로 한 번씩 경기를 하여 승부를 가린 후, 이긴 선수는 이긴 선수끼리 2명씩 2개 조로 경기를 하여 4위 이상의 순위를 정하고, 진 선수는 진 선수끼리 2명씩 2개 조를 편성하여 5위 이하의 순위를 정하려고 합니다.

이와 같은 방식으로 경기를 하여 1위부터 8위의 순위가 결정될 때까지 치러야 하는 총 경기 수를 구해 봅시다. (단, 무승부는 없습니다.)

문제를 단순화해서 4명이 출전했다고 하면 4명이 2명씩 2개의 조를 편성하여 2경기를 치르면 이긴 선수 2명과 진 선수 2명으로 나뉘어집니다.

또한 이긴 선수 2명이 1경기를 치르면 1위, 2위까지의 순위를 결정되고, 진 선수 2명도 1경기를 치르면 3위, 4위가 결정됩니다. 즉, 4명이 모두 $2+1+1=4$(경기)를 치르면 1위부터 4위까지의 순위가 결정된다는 것을 알 수 있습니다.

따라서 8명의 선수가 출전한 씨름대회에서 2명씩 4개의 조를 편성하여 조별로 한 번씩 경기를 하여 4경기 … ㉠를 치릅니다.

이때, 이긴 선수 4명은 준결승전 2경기, 결승전 1경기, 3, 4위전 1경기 모두 4경기 … ㉡를 하여 1위부터 4위까지의 순위를 결정합니다. 또한 패한 선수 4명도 위와 같이 4경기… ㉢를 치러 5위부터 8위까지의 순위를 결정할 수 있습니다.

따라서 ㉠, ㉡, ㉢에서 1위부터 8위까지의 순위를 모
두 정하기 위해서는
$4+4+4=12$(경기)를 치러야 합니다.

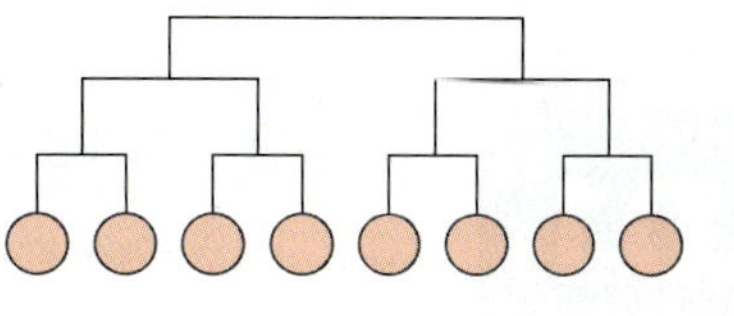

개념 콕콕

1 남자 6명, 여자 6명 중에서 남자 3명, 여자 2명을 뽑는 방법의 수를 구하여라.

2 1부터 6까지의 자연수가 하나씩 적힌 6개의 공 중에서 2개의 공을 뽑을 때, 홀수가 적힌 공을 적어
도 1개 뽑는 경우의 수를 구하여라.

3 집합 $A=\{1, 2, 3, 4, 5, 6\}$의 부분집합 중에서 원소의 개수가 4이고 원소 1을 포함하는 집합의 개수
를 구하여라.

4 한 개의 주사위를 세 번 던져서 나오는 눈의 수를 a, b, c라고 할 때, $a<b<c$를 만족시키는 경우의
수를 구하여라.

5 평면 위에 8개의 점이 있다. 이 중 4개의 점은 일직선 위에 있고, 나머지는 어느 세 점도 일직선 위에
있지 않다. 이 점들로 만들 수 있는 삼각형의 개수를 구하여라.

풀이

1 남자 6명 중에서 3명을 뽑는 방법의 수는 $_6C_3$이고, 여자 6명 중에서 2명을 뽑는 방법의 수는 $_6C_2$이다.
따라서 곱의 법칙에 의하여 구하는 방법의 수는
$$_6C_3 \times _6C_2 = \frac{6\times5\times4}{3\times2\times1} \times \frac{6\times5}{2\times1} = 20\times15 = \mathbf{300}$$

2 6개의 공 중에서 2개의 공을 뽑는 경우의 수는 $_6C_2=15$
짝수 2, 4, 6이 적힌 3개의 공에서 2개를 뽑는 경우의 수는 $_3C_2=_3C_1=3$
따라서 홀수가 적힌 공을 적어도 1개 뽑는 경우의 수는 $15-3=\mathbf{12}$

3 1을 제외한 집합 A의 5개의 원소 2, 3, 4, 5, 6 중에서 3개를 뽑으면 되므로 구하는 집합의 개수는
$$_5C_3 = _5C_2 = \mathbf{10}$$

4 $a<b<c$이므로 a, b, c는 모두 서로 다른 수이고, 서로 다른 세 수가 결정되면 세 수의 크기 순서대로 a, b, c에
해당하는 수가 결정된다.
따라서 구하는 경우의 수는 1부터 6까지의 자연수 중 서로 다른 세 자연수를 뽑는 경우의 수와 같으므로 $_6C_3=\mathbf{20}$

5 8개의 점 중에서 3개의 점을 택하는 방법의 수는 $_8C_3$이다.
이 중에서 일직선 위에 있는 4개의 점 중에서 3개를 택하는 경우에는 삼각형이 만들어지지 않고, 이때의 경우의
수는 $_4C_3$이므로 구하는 삼각형의 개수는
$$_8C_3 - _4C_3 = _8C_3 - _4C_1 = \frac{8\times7\times6}{3\times2\times1} - \frac{4}{1} = \mathbf{52}$$

예제 01

남자 6명, 여자 4명 중에서 4명의 위원을 뽑으려고 할 때, 다음 물음에 답하여라.

(1) 남자 2명, 여자 2명을 뽑는 방법의 수를 구하여라.

(2) 특정한 2명이 모두 포함되도록 뽑는 방법의 수를 구하여라.

(3) 여자가 적어도 한 명은 포함되도록 뽑는 방법의 수를 구하여라.

접근 방법

순서를 생각하지 않고 단지 뽑기만 하는 것을 조합이라고 합니다.

(3)은 순열에서 배운 것과 같이 '적어도 …'의 조건이 있는 경우이므로 전체 경우의 수에서 여자가 한 명도 포함되지 않는 경우의 수를 빼서 계산합니다.

> **Bible** 서로 다른 n개에서 순서를 생각하지 않고 r개를 택하는 조합의 수
> $$\Rightarrow \ _n\mathrm{C}_r = \frac{_n\mathrm{P}_r}{r!} = \frac{n!}{(n-r)!\,r!} \ (\text{단, } 0 \le r \le n)$$

상세 풀이

(1) 남자 6명 중에서 2명을 뽑는 방법의 수는 $_6\mathrm{C}_2$이고, 이 각각의 경우에 대하여 여자 4명 중에서 2명을 뽑는 방법의 수는 $_4\mathrm{C}_2$이므로 구하는 방법의 수는

$$_6\mathrm{C}_2 \times {}_4\mathrm{C}_2 = \frac{6 \times 5}{2 \times 1} \times \frac{4 \times 3}{2 \times 1} = 15 \times 6 = 90$$

(2) 특정한 2명이 이미 뽑혔다고 생각하면 나머지 8명 중에서 2명을 뽑는 방법의 수와 같으므로

$$_8\mathrm{C}_2 = \frac{8 \times 7}{2 \times 1} = 28$$

(3) 구하는 방법의 수는 오른쪽 표와 같이 10명 중에서 4명의 위원을 뽑는 방법의 수 $_{10}\mathrm{C}_4$에서 4명의 위원 중에 여자가 한 명도 포함되지 않는, 즉 남자만 4명을 뽑는 방법의 수 $_6\mathrm{C}_4$를 뺀 것과 같으므로

$$_{10}\mathrm{C}_4 - {}_6\mathrm{C}_4 = {}_{10}\mathrm{C}_4 - {}_6\mathrm{C}_2 = \frac{10 \times 9 \times 8 \times 7}{4 \times 3 \times 2 \times 1} - \frac{6 \times 5}{2 \times 1}$$
$$= 210 - 15 = 195$$

남자 위원	여자 위원
0명	4명
1명	3명
2명	2명
3명	1명
4명	0명

정답 ➡ (1) 90 (2) 28 (3) 195

보충 설명

(2)와 같이 특정한 k개를 포함하는(또는 포함하지 않는) 문제는 수학〈하〉 **01 집합**의 부분집합의 개수에서 배운 것처럼 전체 중에서 특정한 것의 개수를 빼고 문제를 풀면 됩니다.

또한 (3)과 같이 조합 문제에서 '적어도 …'의 표현이 있을 때에는 위의 풀이에서와 같이 표를 그려서 전체 경우의 수에서 어떤 경우의 수를 빼야 하는지를 파악하는 것이 중요합니다.

숫자 바꾸기

◆ 보충 설명

01-1 남자 4명, 여자 5명 중에서 4명의 위원을 뽑으려고 할 때, 다음 물음에 답하여라.

(1) 남자 2명, 여자 2명을 뽑는 방법의 수를 구하여라.

(2) 특정한 한 명이 포함되지 않도록 뽑는 방법의 수를 구하여라.

(3) 남자가 적어도 한 명은 포함되도록 뽑는 방법의 수를 구하여라.

(4) 남자 1명, 여자 1명이 반드시 포함되도록 뽑는 방법의 수를 구하여라.

02

표현 바꾸기

01-2 어느 고등학교의 영어말하기 대회에 1학년부터 3학년까지 각각 남녀 1명씩 총 6명의 학생들이 참가하였다. 남학생은 3학년, 2학년, 1학년 순으로, 여학생은 1학년, 2학년, 3학년 순으로 발표하도록 6명의 학생들의 순서를 정하는 방법의 수는?

① 20 ② 24 ③ 28

④ 32 ⑤ 36

개념 넓히기 ★★☆

01-3 서로 다른 세 종류의 과일이 각각 2개씩 모두 6개가 들어 있는 바구니가 있다. 이 바구니에서 4개의 과일을 선택하여 4명의 학생에게 각각 한 개씩 나누어 주는 방법의 수는?

(단, 같은 종류의 과일은 서로 구별하지 않는다.)

① 48 ② 54 ③ 60

④ 66 ⑤ 72

정답 **01-1** (1) 60 (2) 70 (3) 121 (4) 120　　**01-2** ①

01-3 ②

예제 02

남학생 6명과 여학생 4명이 있다. 다음 물음에 답하여라.

(1) 남학생 3명과 여학생 2명을 뽑아서 일렬로 세우는 방법의 수를 구하여라.

(2) 남학생 2명과 여학생 2명을 뽑아서 원형의 식탁에 앉히는 방법의 수를 구하여라.

접근 방법

단순히 뽑기만 하는 것은 조합이지만 뽑아서 나열하는 것은 순열입니다. 즉, 서로 다른 n개에서 r개를 택하여 일렬로 나열하는 순열의 수 $_n\mathrm{P}_r$는 서로 다른 n개에서 r개를 택하는 조합의 수 $_n\mathrm{C}_r$에 그 각각을 일렬로 나열하는 순열의 수 $r!$을 곱한 것과 같습니다.

$$_n\mathrm{P}_r = {}_n\mathrm{C}_r \times r!$$

따라서 전체를 나열하지 않고 전체 중에 일부를 뽑아서 나열하는 방법의 수는 조합을 이용하여 풀어야 합니다.

> **Bible** $_n\mathrm{P}_r = {}_n\mathrm{C}_r \times r!$ ⇨ (순열의 수) = (뽑는 방법의 수) × (나열하는 방법의 수)

상세 풀이

(1) 남학생 6명 중에서 3명, 여학생 4명 중에서 2명을 뽑는 방법의 수는

$$_6\mathrm{C}_3 \times {}_4\mathrm{C}_2 = \frac{6 \times 5 \times 4}{3 \times 2 \times 1} \times \frac{4 \times 3}{2 \times 1} = 20 \times 6 = 120$$

이 각각의 경우에 대하여 뽑힌 5명을 일렬로 세우는 방법의 수는

$$5! = 120$$

이므로 구하는 방법의 수는 $120 \times 120 = 14400$

(2) 남학생 6명 중에서 2명, 여학생 4명 중에서 2명을 뽑는 방법의 수는

$$_6\mathrm{C}_2 \times {}_4\mathrm{C}_2 = \frac{6 \times 5}{2 \times 1} \times \frac{4 \times 3}{2 \times 1} = 15 \times 6 = 90$$

이 각각의 경우에 대하여 뽑힌 4명을 원형의 식탁에 앉히는 방법의 수는

$$(4-1)! = 3! = 6$$

이므로 구하는 방법의 수는 $90 \times 6 = 540$

정답 ➡ (1) 14400 (2) 540

보충 설명

순열의 수를 곱의 법칙을 이용하여 (뽑는 방법의 수) × (나열하는 방법의 수)로 구하는 방법은 다양하게 사용됩니다. 특히, 순열 문제인데 해결의 실마리가 보이지 않는 문제들은 뽑는 과정과 나열하는 과정을 나누어서 생각하면 의외로 쉽게 풀리는 경우가 많이 있습니다.

숫자 바꾸기

02-1 남학생 4명과 여학생 5명이 있다. 다음 물음에 답하여라.

(1) 남학생 2명과 여학생 3명을 뽑아서 일렬로 세우는 방법의 수를 구하여라.

(2) 남학생 3명과 여학생 2명을 뽑아서 원형의 식탁에 앉히는 방법의 수를 구하여라.

표현 바꾸기

02-2 7명 중 특정한 2명이 모두 포함되도록 5명을 뽑아서 일렬로 세울 때, 다음 물음에 답하여라.

(1) 특정한 2명이 서로 이웃하도록 세우는 방법의 수를 구하여라.

(2) 특정한 2명이 서로 이웃하지 않도록 세우는 방법의 수를 구하여라.

개념 넓히기 ★★★

◆ 보충 설명

02-3 집합 $U=\{x\,|\,1\leq x\leq 6,\ x$는 정수$\}$의 두 부분집합 $X,\ Y$에 대하여

$$X\cup Y=U,\ X\cap Y=\varnothing$$

이 성립한다. 역함수를 가지는 함수 $f:X\longrightarrow Y$의 개수는?

① 100   ② 110   ③ 120

④ 130   ⑤ 140

정답   **02-1** (1) 7200 (2) 960   **02-2** (1) 480 (2) 720   **02-3** ③

예제 03

7명의 학생을 다음과 같이 나누는 방법의 수를 구하여라.

(1) A팀 2명, B팀 2명, C팀 3명으로 나눈다.

(2) 2명, 2명, 3명씩 세 팀으로 나눈다.

접근 방법

$_n\mathrm{P}_r =\, _n\mathrm{C}_r \times r!$ 에서 순열은 뽑아서($_n\mathrm{C}_r$) 나열하는 것($r!$)으로 생각한 것처럼 7명의 학생을 A팀 2명, B팀 2명, C팀 3명으로 나누는 방법의 수는 7명의 학생을 2명, 2명, 3명씩 세 팀으로 나누는 방법의 수에 세 팀에 A, B, C의 이름을 붙이는 방법의 수를 곱하는 것과 같습니다.

> **Bible** 조를 나눌 때에는 서로 구별이 안 되는 조의 개수 팩토리얼만큼 나누어 준다.

상세 풀이

(1) 7명의 학생 중에서 A팀에 들어갈 2명을 뽑는 방법의 수는

$$_7\mathrm{C}_2$$

나머지 5명 중에서 B팀에 들어갈 2명을 뽑는 방법의 수는

$$_5\mathrm{C}_2$$

따라서 A팀과 B팀이 정해지면 C팀은 저절로 결정되므로 구하는 방법의 수는

$$_7\mathrm{C}_2 \times\, _5\mathrm{C}_2 \times\, _3\mathrm{C}_3 = 21 \times 10 \times 1 = 210 \qquad \cdots\cdots\ \text{㉠}$$

(2) 세 팀으로 나누는 방법의 수를 x라고 하면 오른쪽과 같이 이 각각의 경우에 대하여 3명이 들어 있는 팀은 C팀이 되고, 2명, 2명이 들어 있는 팀을 각각 A, B에 배정하는 방법의 수가 2!

2명	2명	3명
A	B	C
B	A	C

이므로 곱의 법칙에 의하여

$$x \times 2! =\, _7\mathrm{C}_2 \times\, _5\mathrm{C}_2 \times\, _3\mathrm{C}_3 = 210$$

따라서 구하는 방법의 수는

$$x = 210 \times \frac{1}{2!} = 105 \qquad \cdots\cdots\ \text{㉡}$$

정답 ➡ (1) 210 (2) 105

보충 설명

조를 나눌 때에는 조합의 정의와 마찬가지로 각 조에 속하는 사람(사물)의 수가 같을 때 서로 위치를 바꾸어도 구별이 되지 않으므로 서로 구별이 안 되는 조의 개수 팩토리얼만큼 나누어 주어야 합니다.

또한 순열과 조합의 관계처럼 (1), (2)를 각각 ㉠, ㉡과 같이 풀어도 됩니다.

$$\text{㉠} : \left(_7\mathrm{C}_2 \times\, _5\mathrm{C}_2 \times\, _3\mathrm{C}_3 \times \frac{1}{2!} \right) \times 2! = 105 \times 2 = 210 \qquad \Leftarrow \text{순열}$$

$$\text{㉡} : _7\mathrm{C}_2 \times\, _5\mathrm{C}_2 \times\, _3\mathrm{C}_3 \times \frac{1}{2!} = 105 \qquad \Leftarrow \text{조합}$$

숫자 바꾸기

03-1   6명의 학생을 다음과 같이 나누는 방법의 수를 구하여라.

(1) A조 3명, B조 3명으로 나눈다.

(2) 3명, 3명씩 두 조로 나눈다.

(3) A조 3명, B조 2명, C조 1명으로 나눈다.

(4) 3명, 2명, 1명씩 세 조로 나눈다.

표현 바꾸기

03-2   수련회에 참가한 여학생 5명과 남학생 6명을 4개의 방에 배정하려고 한다. 여학생은 1호실에 3명, 2호실에 2명을 배정하고, 남학생은 3호실과 4호실에 각각 3명씩 배정하는 방법의 수는?

① 30   ② 50   ③ 100

④ 200   ⑤ 400

개념 넓히기 ★★☆

03-3   정원이 2명인 서로 다른 세 종류의 오토바이가 있다. 5명이 3대의 오토바이에 나누어 타는 방법의 수는?

① 30   ② 60   ③ 90

④ 120   ⑤ 150

정답   **03-1** (1) 20 (2) 10 (3) 60 (4) 60   **03-2** ④

03-3 ③

예제 04

두 집합 $A=\{1,\ 2,\ 3,\ 4\}$, $B=\{a,\ b,\ c\}$에 대하여 함수 $f:A \longrightarrow B$ 중에서 치역이 공역과 같은 것의 개수를 구하여라.

접근 방법

함숫값들의 집합이 치역이므로 공역의 원소 중 정의역의 원소와 대응하지 않고 남아 있는 것이 없어야 합니다. 즉, 공역의 원소의 개수가 3이므로 정의역의 원소들이 3개의 조로 나뉘어져서 각각 a, b, c에 대응하면 됩니다.

> **Bible** 치역과 공역이 같은 함수의 개수
> ⇨ 정의역의 원소를 공역의 원소의 개수만큼의 조로 나눈다.

상세 풀이

정의역의 원소를 공역의 원소의 개수만큼의 조로 나눕니다.

즉, 1, 2, 3, 4 네 개를 2개, 1개, 1개의 3개의 조로 나누는 방법의 수는

$$_4\mathrm{C}_2 \times {}_2\mathrm{C}_1 \times {}_1\mathrm{C}_1 \times \frac{1}{2!} = 6$$

따라서 이 각각에 대하여 3개의 조에 공역의 원소 a, b, c를 대응시키는 방법의 수가 $3!$이므로 구하는 함수의 개수는

$$6 \times 3! = 36$$

다른 풀이

함수 f의 총 개수는 $_3\Pi_4 = 3^4 = 81$

(i) 치역이 $\{a\}$인 함수의 개수는 1이므로 치역의 원소의 개수가 1인 함수의 개수는

$$_3\mathrm{C}_1 = 3$$

(ii) 치역이 $\{a,\ b\}$인 함수의 개수는

$$2^4 - 2 = 14 \quad \leftarrow 2^4\text{개 중에서 치역이 }\{a\},\ \{b\}\text{인 것을 제외합니다.}$$

이므로 치역의 원소의 개수가 2인 함수의 개수는

$$_3\mathrm{C}_2 \times 14 = 3 \times 14 = 42$$

(i), (ii)에서 치역의 원소의 개수가 3, 즉 치역이 공역과 같은 함수의 개수는

$$81 - 3 - 42 = 36$$

정답 ➡ 36

보충 설명

중복순열을 이용한 다른 풀이 는 정의역과 공역의 원소의 개수가 많아지면 계산이 복잡해지는 단점이 있습니다.
따라서 상세 풀이 와 같이 조 나누기 방법을 이용하여 치역이 공역과 같은 함수의 개수를 구하는 것이 편리합니다.

숫자 바꾸기

◆ 다른 풀이

04-1　두 집합 $A=\{1, 2, 3, 4, 5\}$, $B=\{a, b, c\}$에 대하여 함수 $f : A \longrightarrow B$ 중에서 치역이 공역과 같은 것의 개수를 구하여라.

표현 바꾸기

04-2　서로 다른 5개의 선물을 A, B, C, D 네 사람에게 모두 나누어 주는 방법의 수는?

(단, A, B, C, D 네 사람 모두 적어도 한 개의 선물을 반드시 받는다.)

① 120　　　　　② 180　　　　　③ 240

④ 300　　　　　⑤ 360

개념 넓히기 ★★☆

04-3　두 집합 $X=\{2, 4, 6, 8, 10\}$, $Y=\{1, 3, 5\}$에 대하여 함수 $f : X \longrightarrow Y$ 중에서 치역에 속하는 모든 원소의 합이 짝수인 것의 개수는?

① 90　　　　　② 100　　　　　③ 110

④ 120　　　　　⑤ 130

정답　**04-1** 150　　　　**04-2** ③　　　　**04-3** ①

예제 05

다음 그림과 같은 토너먼트 방식으로 시합을 가질 때, 대진표를 작성하는 방법의 수를 구하여라.

(1) 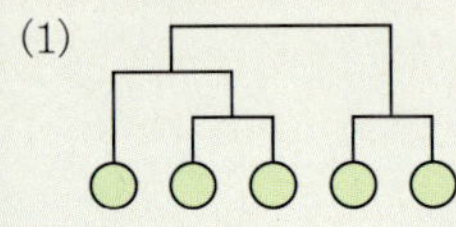

(2) 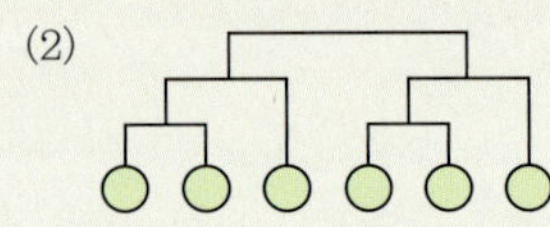

접근 방법

토너먼트 방식으로 시합하는 방법의 수를 구할 때는 좌우가 대칭이 되는 경우를 조심해야 합니다.

예를 들어, 다음 그림과 같이 시합하는 것은 서로 같은 방법이 되므로 결승전을 기준으로 6개의 팀을 좌우의 2개 조로 나눈 후 2!로 나누어 주어야 합니다.

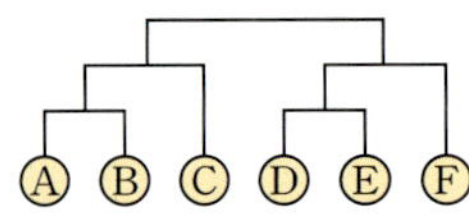
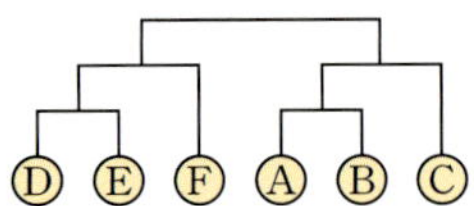

따라서 토너먼트 방식으로 시합하는 방법의 수는

(결승전을 기준으로 2개 조로 나누는 방법의 수) × (각 조에서 시합하는 방법의 수)

입니다.

> **Bible** 토너먼트 ⇨ 결승전을 기준으로 좌우로 나눈다.

상세 풀이

(1) 5개의 팀을 3팀, 2팀의 두 조로 나누고, 왼쪽 조의 3개의 팀 중 부전승으로 올라가는 한 팀을 뽑으면 되므로 구하는 방법의 수는

$$(_5C_3 \times _2C_2) \times _3C_1 = 30$$

    3개의 팀 중 시합할 두 팀을 뽑는 방법의 수인 $_3C_2$를 곱해도 됩니다.

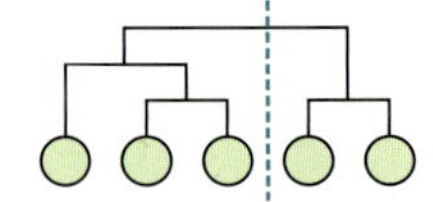

(2) 6개의 팀을 3팀, 3팀의 두 조로 나누고, 각 조의 3개의 팀 중 부전승으로 올라가는 한 팀을 뽑으면 되므로 구하는 방법의 수는

$$\left(_6C_3 \times _3C_3 \times \frac{1}{2!}\right) \times _3C_1 \times _3C_1 = 90$$

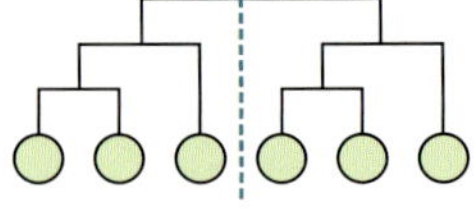

정답 ➡ (1) 30 (2) 90

보충 설명

n개의 팀이 참가한 리그전에서 1회전에서 시합하는 경우의 수, 즉 경기의 수가 $_nC_2$이지만 토너먼트 방식에서는 1회전에서 시합하는 방법의 수를 위의 풀이처럼 조 나누기 방식을 이용하여 구해야 합니다.

숫자 바꾸기

05-1 다음 그림과 같은 토너먼트 방식으로 시합을 가질 때, 대진표를 작성하는 방법의 수를 구하여라.

(1) 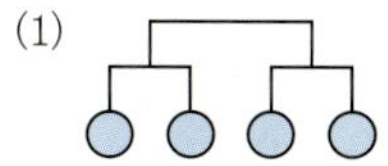

(2) 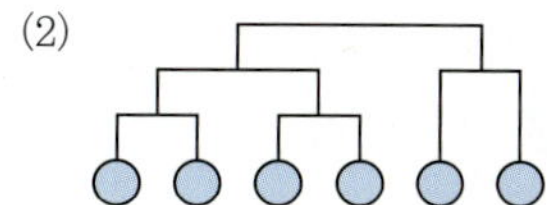

표현 바꾸기

05-2 청솔고등학교 2학년 1반부터 6반까지 6개의 학급이 다음 그림과 같은 토너먼트 방식으로 축구 시합을 하기로 하였을 때, 1반과 2반이 1회전에서 맞붙는 방법의 수를 구하여라.

(1) 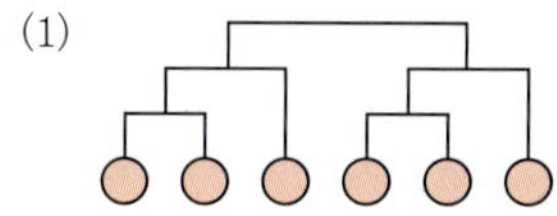

(2) 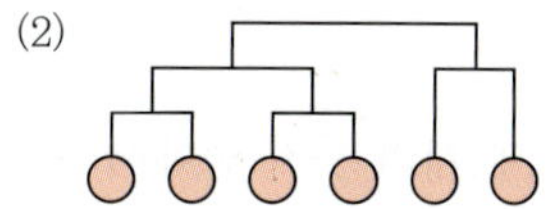

개념 넓히기 ★★★

05-3 세 학급에서 각각 2명의 탁구 선수를 내어 오른쪽 대진표와 같이 우승자를 뽑는 경기를 한다. 같은 학급의 선수는 결승전 외에는 시합하지 않도록 할 때, 대진표를 작성하는 방법의 수를 구하여라.

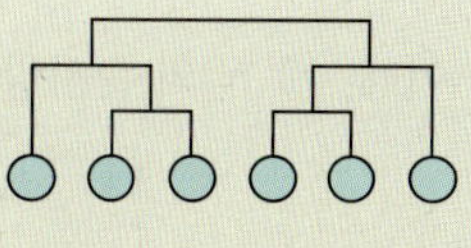

정답 **05-1** (1) 3 (2) 45   **05-2** (1) 12 (2) 9   **05-3** 36

1 중복조합

사과, 참외, 복숭아 중에서 5개를 사는 방법의 수를 구하려면 중복하여 선택할 수밖에 없습니다. 즉, **01 순열**에서 배운 중복순열처럼, 서로 다른 n개에서 r개를 택하는 조합에서 반드시 서로 다른 것을 택해야 하는 것은 아닙니다.

서로 다른 대상들 중 중복을 허용하여 원소를 택하는 조합의 수를 다음의 예를 통하여 알아보겠습니다.

세 개의 숫자 1, 2, 3 중에서 중복을 허용하여 두 개의 숫자를 택하는 중복조합의 수를 구해 봅시다.

먼저 주어진 세 개의 숫자 중에서 중복을 허용하여 두 개의 숫자를 택하는 조합을 정리한 순서쌍들은 다음과 같습니다.

$$(1, 1), (1, 2), (1, 3), (2, 2), (2, 3), (3, 3) \qquad \cdots\cdots \ \unicode{x1D5C4}$$

한편, ㉠의 각 순서쌍에 대하여 첫 번째 수에는 0을, 두 번째 수에는 1을 더하여 새로운 순서쌍을 만들면

$$(1, 2), (1, 3), (1, 4), (2, 3), (2, 4), (3, 4) \qquad \cdots\cdots \ \unicode{x1D5C5}$$

입니다.

이때, ㉠, ㉡의 순서쌍 사이에는 다음과 같은 일대일대응 관계가 성립합니다.

$$(1, 1), (1, 2), (1, 3), (2, 2), (2, 3), (3, 3)$$

$$(1, 2), (1, 3), (1, 4), (2, 3), (2, 4), (3, 4)$$

그런데 ㉡의 순서쌍은 네 개의 숫자 1, 2, 3, 4 중에서 중복을 허용하지 않고 두 개의 숫자를 택하는 조합임을 알 수 있습니다. 그러므로 ㉠의 순서쌍의 개수는 ㉡의 순서쌍의 개수로부터

$$_4\mathrm{C}_2 = {}_{3+2-1}\mathrm{C}_2$$

임을 알 수 있습니다.

일반적으로 서로 다른 n개에서 중복을 허용하여 r개를 택하는 조합을 중복조합이라 하고, 이 중복조합의 수를 기호로

$$_n\mathrm{H}_r$$

와 같이 나타냅니다. 이는 서로 다른 $(n+r-1)$개에서 r개를 택하는 조합의 수와 같습니다. 즉,

$$_n\mathrm{H}_r = {}_{n+r-1}\mathrm{C}_r$$

입니다.

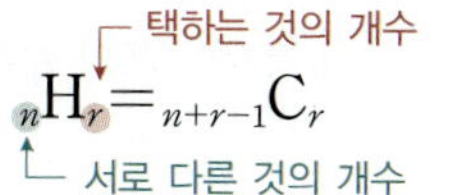

Bible Point　중복조합

1 서로 다른 n개에서 중복을 허용하여 r개를 택하는 조합을 중복조합이라 하고, 이 중복조합의 수를 기호로 $_n\mathrm{H}_r$와 같이 나타낸다.

2 중복조합의 수

　서로 다른 n개에서 r개를 택하는 중복조합의 수는

$$_n\mathrm{H}_r = {}_{n+r-1}\mathrm{C}_r$$

Plus+

조합과 중복조합의 차이는 중복의 허용 여부이다. 이러한 차이로 인하여 조합의 수 $_n\mathrm{C}_r$에서는 $r \leq n$이어야 하지만 중복조합의 수 $_n\mathrm{H}_r$에서는 중복을 허용하여 택할 수 있기 때문에 $r > n$일 수도 있다. 따라서 중복조합에서는 주어진 대상의 개수가 선택하고자 하는 것의 개수보다 적을 수 있다.

또한 중복조합을 이용하여 방정식의 해의 개수를 구할 수 있습니다.

Example　방정식 $x+y=5$에 대하여 음이 아닌 정수인 해의 개수를 중복조합의 수를 이용하여 구해 봅시다.

먼저 방정식 $x+y=5$의 음이 아닌 정수인 해를 순서쌍 (x, y)로 나타내면

$$(0, 5), (1, 4), (2, 3), (3, 2), (4, 1), (5, 0)$$

과 같이 6개임을 알 수 있습니다.

여기에서 $x=2$에 xx, $y=3$에 yyy, 또한 $x=2$, $y=3$에 $xxyyy$와 같이 대응시키면 위의 6쌍의 해는 다음과 같이 나타낼 수 있습니다.

$$(0, 5) \longleftrightarrow yyyyy \qquad (1, 4) \longleftrightarrow xyyyy \qquad (2, 3) \longleftrightarrow xxyyy$$

$$(3, 2) \longleftrightarrow xxxyy \qquad (4, 1) \longleftrightarrow xxxxy \qquad (5, 0) \longleftrightarrow xxxxx$$

이때, 우측의 문자는 x, y의 두 문자에서 중복을 허용하여 5개를 택하는 조합, 즉 서로 다른 2개에서 5개를 택하는 중복조합과 같다는 것을 알 수 있습니다.

따라서 구하는 해의 개수는 $_2\mathrm{H}_5 = {}_{2+5-1}\mathrm{C}_5 = {}_6\mathrm{C}_5 = 6$임을 알 수 있습니다.

방정식 $x_1+x_2+x_3+\cdots+x_n=r$ $(n, r$는 자연수)에서

1 음이 아닌 정수인 해의 개수 ➡ 서로 다른 n개에서 r개를 택하는 중복조합의 수

$$\Rightarrow {}_n\mathrm{H}_r={}_{n+r-1}\mathrm{C}_r$$

2 양의 정수인 해의 개수 (단, $r \geq n$) ➡ 서로 다른 n개에서 $(r-n)$개를 택하는 중복조합의 수

$$\Rightarrow {}_n\mathrm{H}_{r-n}={}_{n+(r-n)-1}\mathrm{C}_{r-n}={}_{r-1}\mathrm{C}_{n-1}$$

한편, 중복조합의 수를 다음과 같은 방법(일명 칸막이 모델)을 이용하여 구할 수도 있습니다.

세 개의 문자 a, b, c에서 중복을 허용하여 4개의 문자를 택하는 방법의 수를 구해 봅시다.

각 조합에서 선택된 4개의 문자를 a, b, c의 순서로 나열한 후 문자를 ●로 나타내고 서로 다른 세 문자의 경계에는 |를 사용하여 구분하기로 하겠습니다.

예를 들어, a, b, c를 각각 2개, 1개, 1개씩 택하는 조합인 $aabc$는 ●●|●|● 와 같이 나타낼 수 있습니다. 즉, 왼쪽부터 첫 번째 |의 왼쪽의 ●는 a, 첫 번째 |와 두 번째 | 사이의 ●는 b, 두 번째 |의 오른쪽의 ●는 c를 나타냅니다. 그러면 세 개의 문자 a, b, c에서 중복을 허용하여 4개의 문자를 택하는 조합은 4개의 ●와 $(3-1)$개의 |를 일렬로 나열하는 방법의 수와 같고, 이것은 $(4+3-1)$개의 자리에 ●를 놓을 4개의 자리를 택하는 조합의 수

$${}_{4+(3-1)}\mathrm{C}_4={}_{3+4-1}\mathrm{C}_4={}_6\mathrm{C}_4$$

와 같습니다.

이와 같이 서로 다른 n개에서 중복을 허용하여 r개를 택하는 중복조합의 수는 r개의 ●와 경계를 나타내는 $(n-1)$개의 |로 이루어진 같은 것이 있는 순열의 수와 같고, 이것은 $(r+n-1)$개의 자리에 ●를 놓을 r개의 자리를 택하는 조합의 수와 같으므로 다음 등식이 성립합니다.

$${}_n\mathrm{H}_r=\frac{\{r+(n-1)\}!}{r!\,(n-1)!}={}_{r+(n-1)}\mathrm{C}_r={}_{n+r-1}\mathrm{C}_r$$

└─ 같은 것이 있는 순열에서 r개의 ●와 $(n-1)$개의 |를 나열하는 방법의 수

Example 서로 같은 종류의 사탕 7개를 서로 다른 종류의 3개의 주머니에 나누어 담는 방법의 수를 구해 봅시다. 빈 주머니가 있어도 됩니다.

|**방법 1**| 7개의 ●와 경계를 나타내는 $(3-1)$개의 |에 대하여 $(7+3-1)$개의 자리에 ●를 놓을 7개의 자리를 택하는 조합의 수와 같으므로 구하는 방법의 수는

$${}_{7+3-1}\mathrm{C}_7={}_9\mathrm{C}_7=36$$

|**방법 2**| 1개의 사탕이 중복해서 선택되는 것이 아니라 주머니가 중복해서 선택되므로 구하

는 방법의 수는 서로 다른 3개에서 중복을 허용하여 7개를 택하는 중복조합의 수와
같으므로 $_3H_7 = {}_{3+7-1}C_7 = {}_9C_7 = 36$ ⋯⋯ ㉠

또한 서로 다른 종류의 3개의 주머니에 들어갈 사탕의 개수를 각각 a, b, c라고 하면
㉠은 방정식 $a+b+c=7$의 음이 아닌 정수해와 같습니다.

지금까지 공부한 순열, 중복순열, 조합, 중복조합을 서로 다른 세 개의 문자 a, b, c에서
2개의 문자를 택하는 방법의 수를 통하여 비교해 보겠습니다.

	순서	중복	내용
순열	생각한다.	허용하지 않는다.	순서를 생각하고 서로 다른 2개의 문자를 택하는 방법 ⇨ ab, ac, ba, bc, ca, cb의 $_3P_2 = 6$(가지)
중복순열	생각한다.	허용한다.	순서를 생각하고 중복을 허용하여 2개의 문자를 택하는 방법 ⇨ aa, ab, ac, ba, bb, bc, ca, cb, cc의 $_3\Pi_2 = 3^2 = 9$(가지)
조합	생각하지 않는다.	허용하지 않는다.	순서를 생각하지 않고 서로 다른 2개의 문자를 택하는 방법 ⇨ ab, ac, bc의 $_3C_2 = 3$(가지)
중복조합	생각하지 않는다.	허용한다.	순서를 생각하지 않고 중복을 허용하여 2개의 문자를 택하는 방법 ⇨ aa, ab, ac, bb, bc, cc의 $_3H_2 = {}_4C_2 = 6$(가지)

Example 다음 3가지 경우를 p.78의 **Example** 과 비교하여 꼭 알아둡시다.

(1) 서로 같은 종류의 사탕 7개를 서로 다른 종류의 3개의 주머니에 빈 주머니가 생기지 않도록 나누어 담는 방법의 수

서로 다른 종류의 3개의 주머니에 들어갈 사탕의 개수를 각각 a, b, c라고 하면 ㉠은 방정식 $a+b+c=7$의 자연수 해의 개수와 같습니다.

이때, $x=a-1$, $y=b-1$, $z=c-1$로 놓으면 $a+b+c=7$에서 $x+y+z=4$이므로
$x+y+z=4$의 음이 아닌 정수해의 개수와 같습니다.

$$\therefore {}_3H_4 = {}_6C_4 = {}_6C_2 = 15$$

(2) 서로 같은 종류의 사탕 7개를 서로 같은 종류의 3개의 주머니에 빈 주머니가 생기지 않도록 나누어 담는 방법의 수

서로 같은 종류의 3개의 주머니에 사탕을 1개씩 넣은 후에 남은 4개의 사탕을 넣는 방법의 수를 생각하는 것이 편리합니다. 즉, 4를 1개, 2개, 3개의 자연수의 합으로 나타내면

$$(4, 0, 0), (3, 1, 0), (2, 2, 0), (2, 1, 1)$$

큰 수 4를 기준으로 1씩 줄여가면서 나열한 것입니다.

이므로 구하는 방법의 수는 다음과 같이 4가지입니다.

$$(5, 1, 1), (4, 2, 1), (3, 3, 1), (3, 2, 2)$$

(3) 서로 다른 종류의 사탕 7개를 서로 같은 종류의 3개의 주머니에 빈 주머니가 생기지 않도록 나누어 담는 방법의 수는 조 나누기를 이용하면 됩니다.

즉, (2)의 결과에서 서로 다른 종류의 사탕 7개를

$$(5, 1, 1), (4, 2, 1), (3, 3, 1), (3, 2, 2)$$

로 나누어 담으면 됩니다.

$$(5, 1, 1) \text{일 때, } {}_7C_5 \times {}_2C_1 \times {}_1C_1 \times \frac{1}{2!} = 21$$

$$(4, 2, 1) \text{일 때, } {}_7C_4 \times {}_3C_2 \times {}_1C_1 = 105$$

$$(3, 3, 1) \text{일 때, } {}_7C_3 \times {}_4C_3 \times {}_1C_1 \times \frac{1}{2!} = 70$$

$$(3, 2, 2) \text{일 때, } {}_7C_3 \times {}_4C_2 \times {}_2C_2 \times \frac{1}{2!} = 105$$

따라서 구하는 방법의 수는 $21 + 105 + 70 + 105 = 301$

(4) 서로 다른 종류의 사탕 7개를 서로 다른 종류의 3개의 주머니에 빈 주머니가 생기지 않도록 나누어 담는 방법의 수는 (3)의 결과에 $3!$ 을 곱하면 됩니다.

개념 콕콕

1 다음을 구하여라.

(1) 3명의 학생에게 같은 종류의 축구공 8개를 나누어 주는 방법의 수

(2) 장미, 튤립, 백합 중에서 5송이의 꽃을 사는 방법의 수

2 3명의 후보가 출마한 선거에서 10명의 유권자가 한 명의 후보에게 각각 투표할 때, 무기명으로 투표하는 방법의 수를 구하여라. (단, 기권이나 무효표는 없는 것으로 한다.)

3 $(a+b+c)^5$의 전개식에서 서로 다른 항의 개수를 구하여라.

풀이

1 (1) 서로 다른 3개에서 중복을 허용하여 8개를 택하는 중복조합의 수이므로 ${}_3H_8 = {}_{3+8-1}C_8 = {}_{10}C_8 = {}_{10}C_2 = \mathbf{45}$

(2) 서로 다른 3개에서 중복을 허용하여 5개를 택하는 중복조합의 수이므로 ${}_3H_5 = {}_{3+5-1}C_5 = {}_7C_5 = {}_7C_2 = \mathbf{21}$

2 서로 다른 3개에서 중복을 허용하여 10개를 택하는 중복조합의 수이므로 ${}_3H_{10} = {}_{3+10-1}C_{10} = {}_{12}C_{10} = {}_{12}C_2 = \mathbf{66}$

3 $(a+b+c)^5$을 전개하여 동류항끼리 정리하면 각 항은 모두 $a^x b^y c^z$ 꼴이다.

이때, x, y, z는 $x+y+z=5$를 만족시키는 음이 아닌 정수이다.

따라서 구하는 항의 개수는 3개의 문자 a, b, c에서 중복을 허용하여 5개를 택하는 중복조합의 수와 같으므로

$${}_3H_5 = {}_{3+5-1}C_5 = {}_7C_5 = {}_7C_2 = \mathbf{21}$$

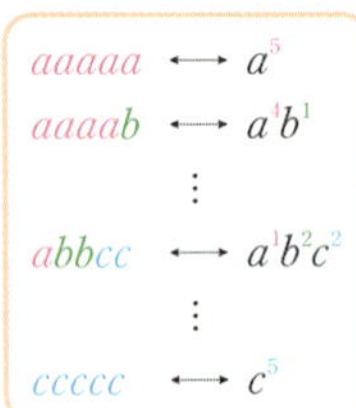

서로 다른 n개에서 중복을 허락하여 r개를 택하는 중복조합의 수를 $_n\mathrm{H}_r$라고 할 때, 모든 자연수 n에 대하여

$$_1\mathrm{H}_r=1$$
$$_{n+1}\mathrm{H}_r=1+\,_n\mathrm{H}_1+\,_n\mathrm{H}_2+\,_n\mathrm{H}_3+\cdots+\,_n\mathrm{H}_r \qquad \cdots\cdots \text{㉠}$$

가 성립함을 증명해 보겠습니다.

Proof

서로 다른 $(n+1)$개의 원소를 가지는 집합을

$$A=\{a_1,\ a_2,\ a_3,\ \cdots,\ a_{n+1}\}$$

이라 하고, 집합 A에서 원소 a_{n+1}을 제외한 집합을

$$B=\{a_1,\ a_2,\ a_3,\ \cdots,\ a_n\}$$

이라고 하겠습니다.

이때, 집합 A에서 중복을 허락하여 r개를 택하는 것은 집합 B에서 중복을 허락하여 $i(i=0,\ 1,\ 2,\ \cdots,\ r)$개를 택한 다음 a_{n+1}을 $(r-i)$개 택하는 것과 같으므로 ㉠이 성립합니다.

위의 증명의 결과를 이용하여 모든 자연수 n에 대하여

$$_n\mathrm{H}_r=\,_{n+r-1}\mathrm{C}_r \qquad\qquad \cdots\cdots \text{㉡}$$

가 성립함을 수학적 귀납법을 이용하여 증명해 보겠습니다.

Proof

(i) $n=1$일 때

$$\text{(좌변)}=\,_1\mathrm{H}_r=1,\ \text{(우변)}=\,_{1+r-1}\mathrm{C}_r=\,_r\mathrm{C}_r=1$$

이므로 ㉡이 성립합니다.

(ii) $n=k$(k는 자연수)일 때, ㉡이 성립한다고 가정하면 $_k\mathrm{H}_r=\,_{k+r-1}\mathrm{C}_r$

$n=k+1$일 때, ㉠에서

$$\begin{aligned}
_{k+1}\mathrm{H}_r &=1+\,_k\mathrm{H}_1+\,_k\mathrm{H}_2+\,_k\mathrm{H}_3+\cdots+\,_k\mathrm{H}_r\\
&=1+\,_k\mathrm{C}_1+\,_{k+1}\mathrm{C}_2+\,_{k+2}\mathrm{C}_3+\cdots+\,_{k+r-1}\mathrm{C}_r\\
&=\,_k\mathrm{C}_0+\,_k\mathrm{C}_1+\,_{k+1}\mathrm{C}_2+\,_{k+2}\mathrm{C}_3+\cdots+\,_{k+r-1}\mathrm{C}_r\\
&=\,_{k+1}\mathrm{C}_1+\,_{k+1}\mathrm{C}_2+\,_{k+2}\mathrm{C}_3+\cdots+\,_{k+r-1}\mathrm{C}_r\\
&=\,_{k+2}\mathrm{C}_2+\,_{k+2}\mathrm{C}_3+\cdots+\,_{k+r-1}\mathrm{C}_r\\
&=\,_{k+3}\mathrm{C}_3+\cdots+\,_{k+r-1}\mathrm{C}_r\\
&=\,_{k+r}\mathrm{C}_r
\end{aligned}$$

즉, $n=k+1$일 때에도 ㉡이 성립합니다.

따라서 모든 자연수 n에 대하여 ㉡이 성립합니다.

예제 06

방정식 $x+y+z=10$에 대하여 다음 물음에 답하여라.

(1) x, y, z가 모두 음이 아닌 정수인 해의 개수를 구하여라.

(2) x, y, z가 모두 양의 정수인 해의 개수를 구하여라.

[접근 방법]

예를 들어, 방정식 $x+y=4$에서 음이 아닌 정수인 해의 개수는 두 개의 문자 x, y에서 중복을 허용하여 4개를 택하는 중복조합의 수와 같으므로 ${}_2H_4={}_{2+4-1}C_4={}_5C_4=5$입니다. 실제로 주어진 방정식을 만족시키는 해의 순서쌍 (x, y)는 $(0, 4)$, $(1, 3)$, $(2, 2)$, $(3, 1)$, $(4, 0)$의 5개입니다.

> **Bible** 부정방정식의 정수인 해의 개수를 구할 때, 중복조합을 이용하자!

[상세 풀이]

(1) 방정식 $x+y+z=10$에서 음이 아닌 정수인 해의 개수는 세 개의 문자 x, y, z에서 중복을 허용하여 10개를 택하는 중복조합의 수와 같으므로
$$ {}_3H_{10}={}_{3+10-1}C_{10}={}_{12}C_{10}={}_{12}C_2=66 $$

(2) 방정식 $x+y+z=10$에서 $x\geq1$, $y\geq1$, $z\geq1$이므로
$$ x'=x-1,\ y'=y-1,\ z'=z-1 $$
로 놓으면 $x=x'+1$, $y=y'+1$, $z=z'+1$이므로 주어진 방정식은
$$ (x'+1)+(y'+1)+(z'+1)=10 $$
$$ \therefore\ x'+y'+z'=7\ (x',\ y',\ z'\text{은 음이 아닌 정수}) \quad\cdots\cdots\ \text{㉠} $$
즉, 구하는 해의 개수는 방정식 ㉠의 해의 개수와 같으므로
$$ {}_3H_7={}_{3+7-1}C_7={}_9C_7={}_9C_2=36 $$

정답 ➡ (1) 66 (2) 36

[보충 설명]

중복조합에 관련된 문제는 칸막이 모델을 이용하여 풀 수 있습니다.

(1)은 오른쪽 그림과 같이 10개의 ● 와 경계를 나타내는 2개의 ❘에 대하여 $(10+2)$개의 자리에서 ●를 놓을 10개의 자리를 택하는 조합의 수와 같으므로 구하는 방법의 수는
$$ {}_{12}C_{10}={}_{12}C_2=66 $$

숫자 바꾸기

◆ 보충 설명

06-1 방정식 $x+y+z=8$에 대하여 다음 물음에 답하여라.

(1) x, y, z가 모두 음이 아닌 정수인 해의 개수를 구하여라.

(2) x, y, z가 모두 양의 정수인 해의 개수를 구하여라.

표현 바꾸기

◆ 보충 설명

06-2 다음 물음에 답하여라.

(1) 같은 종류의 볼펜 10자루를 세 사람에게 나누어 주는 방법의 수를 구하여라.

(2) 같은 종류의 사과 10개를 4명의 어린이에게 나누어 주려고 한다. 모든 어린이에게 적어도 하나씩 나누어 주는 방법의 수를 구하여라.

개념 넓히기 ★★☆

06-3 같은 종류의 사탕 5개를 3명의 아이에게 1개 이상씩 나누어 주고, 같은 종류의 초콜릿 5개를 1개의 사탕을 받은 아이에게만 1개 이상씩 나누어 주려고 한다. 사탕과 초콜릿을 남김없이 나누어 주는 경우의 수는?

① 15　　　　② 18　　　　③ 21

④ 24　　　　⑤ 27

정답　**06-1**　(1) 45　(2) 21　　　　**06-2**　(1) 66　(2) 84　　　　**06-3**　①

예제 07

방정식 $x+y+z+w^2=8$을 만족시키는 음이 아닌 정수인 해 x, y, z, w의 순서쌍 (x, y, z, w)의 개수를 구하여라.

접근 방법

w가 음이 아닌 정수일 때, $x+y+z+w^2=8$을 만족시키는 w는 0, 1, 2뿐이라는 점에 착안하여 주어진 방정식의 정수인 해의 개수를 구합니다.

> **Bible** 방정식 $x_1+x_2+x_3+\cdots+x_n=r$ (n, r는 자연수)의 음이 아닌 정수인 해의 개수 : ${}_n\mathrm{H}_r={}_{n+r-1}\mathrm{C}_r$

상세 풀이

w가 음이 아닌 정수이므로 w^2은 0, 1, 4만 될 수 있습니다.

(ⅰ) $w=0$일 때, $w^2=0$이므로 $x+y+z=8$입니다.

$x+y+z=8$을 만족시키는 음이 아닌 정수인 해 (x, y, z)의 개수는

$${}_3\mathrm{H}_8={}_{3+8-1}\mathrm{C}_8={}_{10}\mathrm{C}_8={}_{10}\mathrm{C}_2=45$$

(ⅱ) $w=1$일 때, $w^2=1$이므로 $x+y+z=7$입니다.

$x+y+z=7$을 만족시키는 음이 아닌 정수인 해 (x, y, z)의 개수는

$${}_3\mathrm{H}_7={}_{3+7-1}\mathrm{C}_7={}_9\mathrm{C}_7={}_9\mathrm{C}_2=36$$

(ⅲ) $w=2$일 때, $w^2=4$이므로 $x+y+z=4$입니다.

$x+y+z=4$를 만족시키는 음이 아닌 정수인 해 (x, y, z)의 개수는

$${}_3\mathrm{H}_4={}_{3+4-1}\mathrm{C}_4={}_6\mathrm{C}_4={}_6\mathrm{C}_2=15$$

(ⅰ)~(ⅲ)에서 구하는 순서쌍 (x, y, z, w)의 개수는

$$45+36+15=96$$

정답 ➡ 96

보충 설명

중복조합을 이용하여 방정식의 해의 개수를 구할 수 있는 경우는

$$x_1+x_2+x_3+\cdots+x_n=r \ (n, r는 자연수) \qquad \cdots\cdots \ \text{㉠}$$

꼴일 때입니다. 따라서 ㉠ 꼴이 아닌 방정식은 위의 풀이와 같이 적절한 방법을 이용하여 ㉠ 꼴로 변형해야 합니다.

숫자 바꾸기

07-1
방정식 $x+y+z+w^3=10$을 만족시키는 음이 아닌 정수인 해 x, y, z, w의 순서쌍 (x, y, z, w)의 개수를 구하여라.

표현 바꾸기

07-2
방정식 $x+y+z+5w=14$를 만족시키는 양의 정수 x, y, z, w의 모든 순서쌍 (x, y, z, w)의 개수는?

① 27 ② 29 ③ 31
④ 33 ⑤ 35

개념 넓히기 ★★☆

07-3
다음 조건을 만족시키는 음이 아닌 정수 x, y, z, u의 모든 순서쌍 (x, y, z, u)의 개수를 구하여라.

> (가) $x+y+z+u=6$
> (나) $x \neq u$

정답   **07-1** 127   **07-2** ③   **07-3** 68

예제 08

x, y, z가 $x\geq 1$, $y\geq 2$, $z\geq 3$인 정수일 때, 방정식 $x+y+z=10$의 해의 개수를 구하여라.

[접근 방법]

중복조합을 이용하여 부정방정식의 해의 개수를 구하는 경우에는 항상 변수의 범위가 음이 아닌 정수가 되어야 함에 주의합니다.

> **Bible**
>
> 방정식 $x_1+x_2+x_3+\cdots+x_n=r\,(n,\ r$는 자연수$)$에서
>
> (1) 음이 아닌 정수인 해의 개수 ➡ 서로 다른 n개에서 r개를 택하는 중복조합의 수
> $$\Rightarrow {}_n\mathrm{H}_r={}_{n+r-1}\mathrm{C}_r$$
>
> (2) 양의 정수인 해의 개수 (단, $r\geq n$) ➡ 서로 다른 n개에서 $(r-n)$개를 택하는 중복조합의 수
> $$\Rightarrow {}_n\mathrm{H}_{r-n}={}_{n+(r-n)-1}\mathrm{C}_{r-n}={}_{r-1}\mathrm{C}_{n-1}$$

[상세 풀이]

방정식 $x+y+z=10$에서 x, y, z는 $x\geq 1$, $y\geq 2$, $z\geq 3$인 정수이므로
$$p=x-1, q=y-2, r=z-3$$
으로 놓으면
$$x=p+1, y=q+2, z=r+3$$
이므로 주어진 방정식은
$$(p+1)+(q+2)+(r+3)=10$$
$$\therefore p+q+r=4\,(p, q, r는 음이 아닌 정수) \quad\cdots\cdots \ \unicode{x24D0}$$
즉, 구하는 해의 개수는 방정식 $\unicode{x24D0}$의 해의 개수와 같으므로
$${}_3\mathrm{H}_4={}_{3+4-1}\mathrm{C}_4={}_6\mathrm{C}_4={}_6\mathrm{C}_2=15$$

정답 ➡ 15

[보충 설명]

보통 자연수 범위에서 짝수는 $2n(n$은 자연수$)$으로 나타내지만 중복조합 문제에서는 변수의 범위가 음이 아닌 정수이어야 하므로 짝수를
$$2n+2\,(n은 음이 아닌 정수)$$
로 나타내는 것이 편리합니다. 같은 이유로 홀수는
$$2n+1\,(n은 음이 아닌 정수)$$
로 나타냅니다.

숫자 바꾸기

08-1 다음 물음에 답하여라.

(1) x, y, z가 $x \geq -1$, $y \geq -1$, $z \geq -1$인 정수일 때, 방정식 $x+y+z=7$의 해의 개수를 구하여라.

(2) a, b, c가 $a \geq 1$, $b \geq 0$, $c \geq -1$인 정수일 때, 방정식 $a+b+c=10$의 해의 개수를 구하여라.

표현 바꾸기

08-2 같은 종류의 빨간 장미 10송이를 A, B, C, D 4개의 바구니에 넣으려고 한다. A 바구니에는 1송이 이상, B 바구니에는 2송이 이상의 빨간 장미를 넣으려고 할 때, 빨간 장미를 바구니에 넣는 방법의 수는?

① 120   ② 150   ③ 180

④ 210   ⑤ 240

개념 넓히기 ★★☆

08-3 방정식 $x+y+z+w=20$을 만족시키는 자연수 x, y, z, w의 순서쌍 (x, y, z, w) 중에서 x, y는 홀수이고, z, w는 짝수인 순서쌍의 개수는?

① 80   ② 90   ③ 100

④ 110   ⑤ 120

정답   **08-1** (1) 66 (2) 66   **08-2** ①   **08-3** ⑤

예제 09

두 집합 $X=\{1, 2, 3\}$, $Y=\{4, 5, 6, 7\}$에 대하여 $x_1 \in X$, $x_2 \in X$일 때, 다음 조건을 만족시키는 함수 $f : X \longrightarrow Y$의 개수를 구하여라.

(1) $x_1 \neq x_2$이면 $f(x_1) \neq f(x_2)$

(2) $x_1 < x_2$이면 $f(x_1) < f(x_2)$

(3) $x_1 < x_2$이면 $f(x_1) \leq f(x_2)$

접근 방법

주어진 조건에 따라 순열, 조합, 중복조합을 이용하여 함수의 개수를 구합니다. 이때, 크기나 순서에 대한 조건이 주어진 경우에는 조합 또는 중복조합을 이용합니다.

특히, (3)에서는 $f(x_1)=f(x_2)$의 경우도 가능하므로 중복을 허용한다는 점에 주의합니다.

> **Bible** 배열의 순서가 정해져 있으면 조합 또는 중복조합을 이용한다.

상세 풀이

(1) X의 원소가 서로 다른 경우 대응되는 Y의 원소도 서로 다르므로 f는 일대일함수입니다.

따라서 구하는 함수 f의 개수는

$$_4\mathrm{P}_3 = 24$$

(2) 오른쪽 표와 같이 Y의 원소 4, 5, 6, 7 중에서 서로 다른 세 개의 원소를 택하여 이것을 작은 수부터 순서대로 X의 원소 1, 2, 3에 대응시키면 주어진 조건을 만족시킵니다.

따라서 Y에서 세 개의 원소를 뽑는 방법 각각에 대하여 조건을 만족시키는 함수는 한 가지뿐이므로 구하는 함수 f의 개수는

$$_4\mathrm{C}_3 = 4$$

$f(1)$	$<f(2)$	$<f(3)$
4	5	6
4	5	7
4	6	7
5	6	7

(3) 오른쪽 표와 같이 Y의 원소 4, 5, 6, 7 중에서 중복을 허용하여 세 개의 원소를 택하여 이것을 작은 수부터 순서대로 X의 원소 1, 2, 3에 대응시키면 주어진 조건을 만족시킵니다.

따라서 구하는 함수 f의 개수는

$$_4\mathrm{H}_3 = {}_{4+3-1}\mathrm{C}_3 = {}_6\mathrm{C}_3 = 20$$

$f(1)$	$\leq f(2)$	$\leq f(3)$
4	4	4
4	4	5
4	5	5
⋮		

정답 ➡ (1) 24 (2) 4 (3) 20

보충 설명

작은 수부터 순서대로 나열하는 방법의 수는 뽑는 것만 신경 쓰면 됩니다. 예를 들어, 1, 2, 3에서 두 개의 숫자를 택하여 두 자리의 자연수 ab를 만드는 방법의 수는 $_3\mathrm{P}_2 = 6$입니다. 그러나 이 중에서 $a > b$를 만족시키는 두 자리의 자연수 ab를 만드는 방법의 수는 $_3\mathrm{C}_2 = 3$입니다.

숫자 바꾸기

◆ 다른 풀이

09-1 두 집합 $X=\{1, 2, 3\}$, $Y=\{4, 5, 6, 7, 8\}$에 대하여 $x_1 \in X$, $x_2 \in X$일 때, 다음 조건을 만족시키는 함수 $f : X \longrightarrow Y$의 개수를 구하여라.

(1) $x_1 \neq x_2$이면 $f(x_1) \neq f(x_2)$

(2) $x_1 < x_2$이면 $f(x_1) < f(x_2)$

(3) $x_1 < x_2$이면 $f(x_1) \leq f(x_2)$

표현 바꾸기

09-2 집합 $A=\{1, 2, 3, 4\}$에서 집합 $B=\{1, 2, 3, 4, 5, 6\}$으로의 함수 f 중에서
$$f(1) \leq f(2) < f(3) \leq f(4)$$
를 만족시키는 함수 f의 개수는?

① 56   ② 63   ③ 70

④ 77   ⑤ 84

개념 넓히기 ★★★

09-3 집합 $X=\{1, 2, 3, 4\}$에서 집합 $Y=\{1, 2, 3, 4, 5, 6, 7\}$로의 함수 f 중에서 다음 조건을 만족시키는 함수의 개수를 구하여라.

> ㈎ $f(1)+f(4)=6$
> ㈏ 집합 X의 임의의 두 원소 x_1, x_2에 대하여 $x_1 < x_2$이면 $f(x_1) \leq f(x_2)$이다.

정답   **09-1**   (1) 60   (2) 10   (3) 35   **09-2**   ③
09-3   22

02-1 1부터 9까지의 자연수 중에서 서로 다른 세 수를 뽑아 세 자리의 자연수를 만들 때, 각 자리의 숫자의 곱이 10의 배수가 되는 자연수의 개수는?

① 60 ② 88 ③ 100
④ 132 ⑤ 144

02-2 다음 물음에 답하여라.

(1) 서로 다른 5개의 공을 3개의 상자 A, B, C에 빈 상자가 없도록 나누어 담는 방법의 수를 구하여라.

(2) 서로 같은 5개의 공을 3개의 상자 A, B, C에 빈 상자가 없도록 나누어 담는 방법의 수를 구하여라.

02-3 다음 물음에 답하여라.

(1) 서로 다른 7개의 사탕을 A, B, C 세 명에게 나누어 줄 때, 세 명 모두 적어도 2개의 사탕을 받도록 나누어 주는 방법의 수를 구하여라.

(2) 빨강, 노랑, 파랑, 녹색의 4가지 색을 사용하여 크기가 서로 다른 하얀 무명천 6장을 염색하는 방법의 수를 구하여라. (단, 4가지 색은 각각 한 번 이상 사용한다.)

02-4 남학생 6명과 여학생 4명으로 구성된 10명의 학생을 3개의 조로 나눌 때, 각 조에 남학생과 여학생이 각각 적어도 한 명씩 속하도록 나누는 방법의 수는?

① 270 ② 405 ③ 810
④ 1620 ⑤ 3240

02-5 회원 수가 7명인 어느 모임에서 오른쪽 그림과 같은 방법으로 비상연락망을 만들려고 한다. 만들 수 있는 모든 방법의 수를 구하여라. (단, 연락을 주고받는 사람이 같으면 서로 같은 비상연락망으로 본다.)

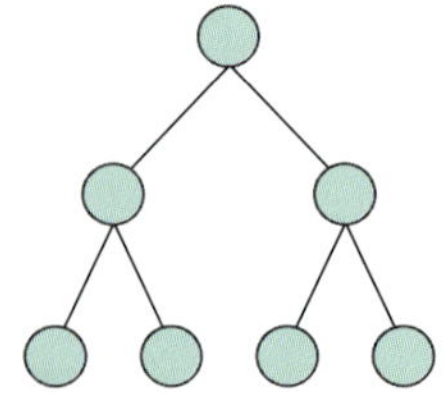

02-6 빨간 공 2개, 파란 공 4개, 노란 공 6개가 있다. 이 12개의 공을 세 명에게 모두 나누어 주는 방법의 수를 구하여라.

(단, 같은 색의 공끼리는 서로 구별되지 않고, 노란 공은 세 명 모두 받아야 한다.)

02-7 방정식 $x+y+z=n$을 만족시키는 x, y, z에 대하여 음이 아닌 정수인 해의 개수가 105일 때, 자연수 n의 값을 구하여라.

02-8 다음 물음에 답하여라.

(1) 연립방정식 $\begin{cases} x+y+z+3w=14 \\ x+y+z+w=10 \end{cases}$ 을 만족시키는 음이 아닌 정수 x, y, z, w의 모든 순서쌍 (x, y, z, w)의 개수를 구하여라.

(2) 부등식 $x+y+z<5$를 만족시키는 음이 아닌 정수인 해 x, y, z의 순서쌍 (x, y, z)의 개수를 구하여라.

02-9 다음 물음에 답하여라.

(1) $(x+y+z)^5$의 전개식에서 두 가지 종류의 문자의 곱으로만 이루어진 서로 다른 항의 개수를 구하여라.

(2) $(a+b+c)^4+(b+c+d)^4$의 전개식에서 서로 다른 항의 개수를 구하여라.

02-10 7001의 각 자리의 숫자의 합은 8이다. 각 자리를 각각의 상자로 생각하면 7001은 다음 그림과 같이 서로 다른 4개의 상자에 똑같은 공 8개를 넣는 것으로 생각할 수 있다. 이를 이용하여 0부터 9999까지의 정수 중에서 각 자리의 숫자의 합이 8인 정수의 개수를 구하여라.

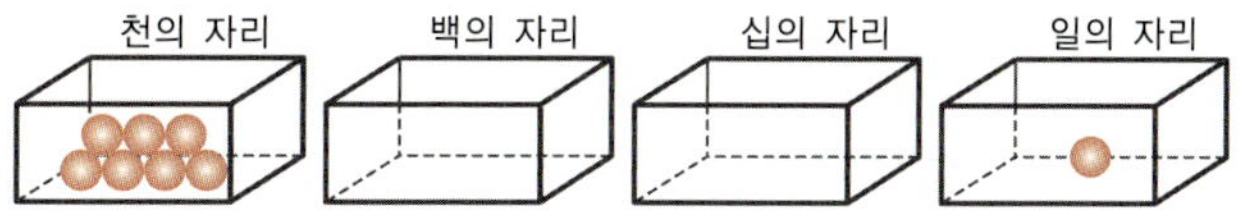

02-11 집합 $X=\{2, 4, 6, 8, 10\}$에서 집합 $Y=\{1, 3, 5, 7\}$로의 함수 f 중에서 치역에 속하는 모든 원소의 합이 짝수인 함수의 개수는?

① 360   ② 420   ③ 480

④ 540   ⑤ 600

02-12 1000원짜리 지폐 10장을 A, B, C, D, E 다섯 사람에게 적어도 한 장씩 나누어 주려고 한다. A, B 두 사람에게는 같은 액수를 주기로 할 때, 나누어 줄 수 있는 방법의 수는?

① 18   ② 24   ③ 26

④ 30   ⑤ 34

02-13 집합 $A=\{1, 2, 3, 4, 5\}$에 대하여 함수 f는 A에서 A로의 일대일대응이다. 임의의 $x \in A$에 대하여 $f(f(x))=x$를 만족시키는 일대일대응 f의 개수는?

① 20   ② 22   ③ 24

④ 26   ⑤ 28

02-14 태형이와 재호를 포함한 7명의 선수가 오른쪽 그림과 같은 토너먼트 방식으로 시합을 가질 때, 두 선수 태형이와 재호가 준결승 또는 결승에서 만나도록 대진표를 작성하는 방법의 수는?

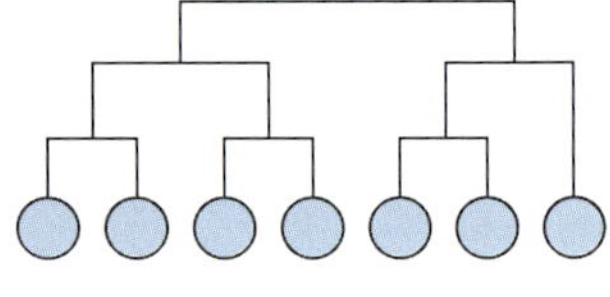

① 90   ② 180   ③ 270

④ 360   ⑤ 450

02-15 승객 6명이 타고 있는 버스가 세 정류장 A, B, C를 순서대로 경유한다. 3개의 정류장 A, B, C 중 두 개의 정류장에서 승객이 모두 내리는 방법의 수를 구하여라.

02-16 어느 회사에서 사원 연수를 위하여 네 지역 서울, 부산, 광주, 대구에서 각각 3명씩 모두 12명의 사원을 선발하였다. 같은 지역에서 선발된 사원끼리는 같은 조에 속하지 않도록 각 지역에서 한 명씩 선택하여 4명으로 구성된 3개의 조로 나누는 방법의 수를 구하여라.

수능

02-17 여덟 개의 a와 네 개의 b를 모두 사용하여 만든 12자리의 문자열 중에서 다음 조건을 만족시키는 문자열의 개수를 구하여라.

> (가) b는 연속해서 나올 수 없다.
> (나) 첫째 자리의 문자가 b이면 마지막 자리의 문자는 a이다.

02-18 정수는 대학생이 되면 해외로 배낭여행을 하기로 하고, 가고 싶은 나라를 대륙별로 다음 표와 같이 적어 보았다. 정수는 두 대륙을 여행하되 먼저 방문하는 대륙에서는 3개국을 여행하고, 두 번째 방문하는 대륙에서는 2개국을 여행하기로 하였다. 정수가 계획할 수 있는 배낭여행의 경우의 수를 구하여라. (단, 방문국의 순서는 고려하지 않는다.)

대륙	가고 싶은 나라
아시아	일본, 중국, 인도, 태국
유럽	프랑스, 이탈리아, 스페인, 그리스
아메리카	미국, 멕시코, 브라질
아프리카	이집트, 리비아, 튀니지

02-19 집합 $U=\{1,\ 2,\ 3,\ 4,\ 5,\ 6\}$의 두 부분집합 A, B가 다음 조건을 만족시킬 때, 두 집합 A, B의 순서쌍 $(A,\ B)$의 개수를 구하여라.

> (가) 두 집합 A, B의 원소는 각각 3개씩이다.
> (나) $n(A \cap B)=1$
> (다) 집합 A의 원소 중에서 가장 큰 수는 집합 B의 원소 중에서 가장 큰 수보다 크다.

02-20 일곱 개의 문자 $a,\ a,\ b,\ b,\ c,\ c,\ c$를 일렬로 나열할 때, 같은 문자는 서로 이웃하지 않도록 나열하는 방법의 수를 구하여라.

02-21 한 개의 주사위를 다섯 번 던질 때, k번째 나오는 눈의 수를 a_k $(k=1, 2, 3, 4, 5)$라고 하자. $a_1 \leq a_2 < a_3 \leq a_4 < a_5$인 경우의 수를 구하여라.

02-22 방정식 $|x|+|y|+|z|=7$을 만족시키는 0이 아닌 정수 x, y, z의 순서쌍 (x, y, z)의 개수를 구하여라.

02-23 두 집합 $X=\{1, 2, 3, 4\}$, $Y=\{1, 2, 3, 4, 5\}$에 대하여 다음 조건을 만족시키는 함수 $f : X \longrightarrow Y$의 개수를 구하여라.

> (가) 집합 X의 임의의 두 원소 x_1, x_2에 대하여 $x_1<x_2$이면 $f(x_1) \leq f(x_2)$이다.
> (나) 함수 $f(x)$의 최솟값은 2이다.

수능

02-24 빨간색, 파란색, 노란색 색연필이 있다. 각 색의 색연필을 적어도 하나씩 포함하여 15개 이하의 색연필을 선택하는 방법의 수를 구하여라.

(단, 각 색의 색연필은 15개 이상씩 있고, 같은 색의 색연필은 서로 구별이 되지 않는다.)

02-25 평면 위에 평행한 두 직선 l, m과 직선 l 위에 서로 다른 세 점 P, Q, R가 있다. 세 점 P, Q, R에서 각각 하나씩 선분을 그어 직선 m 위의 점과 연결할 때, 세 선분이 교차하지 않는 경우의 수를 구하려고 한다. 예를 들어, 오른쪽 그림과 같이 직선 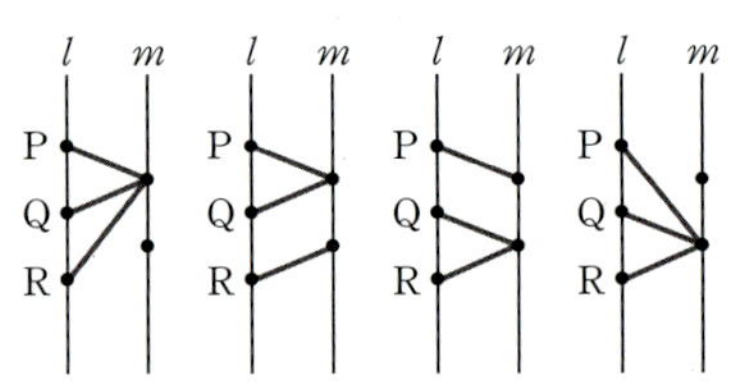 m 위에 2개의 점이 있을 때 구하는 모든 경우의 수는 4이다. 직선 m 위에 10개의 점이 있을 때, 세 선분이 교차하지 않는 경우의 수를 구하여라.

02-26 다원 고등학교에는 다음 그림과 같이 10개의 2학년 교실이 있다. 이 중 서로 이웃하지 않은 3개의 교실에 정수기를 놓으려고 한다. 3개의 교실을 선택하는 방법의 수를 구하여라.

1반	2반	3반	4반	5반	6반	7반	8반	9반	10반

복도

02-27 다음 조건을 만족시키는 음이 아닌 정수 a, b, c의 순서쌍 (a, b, c)의 개수를 구하여라.

> (가) $a+b+c=7$
> (나) $2^a \times 4^b$은 8의 배수이다.

02-28 다음 조건을 만족시키는 네 자연수 a, b, c, d의 순서쌍 (a, b, c, d)의 개수를 구하여라.

> (가) a, b, c, d는 10의 배수이다.
> (나) $a+b+c+d=100$

02-29 다음 조건을 만족시키는 네 자리 자연수의 개수를 구하여라.

> (가) 각 자리의 수의 합은 14이다.
> (나) 각 자리의 수는 모두 홀수이다.

02-30 오른쪽 그림과 같이 오각형에서 한 대각선이 나머지 대각선들과 만나는 점의 개수의 최댓값은 2, 육각형에서 한 대각선이 나머지 대각선들과 만나는 점의 개수의 최댓값은 4이다. 다음을 구하여라.

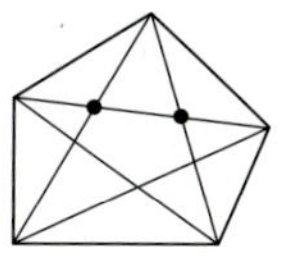

(1) 십이각형에서 한 대각선이 나머지 대각선들과 만나는 점의 개수의 최댓값

(2) 팔각형에서 대각선들의 교점의 개수의 최댓값

이항정리

이항정리는 두 개의 항으로 이루어진 식의 거듭제곱을 전개할 때, 각 항의 계수를 구하는 방법입니다. 다항식을 전개할 때 곱해지는 다항식에서 하나씩 항을 선택해 곱하는 조합의 개념을 응용하여 이항정리의 원리와 공식, 그리고 이항계수의 성질에 대하여 살펴보겠습니다. 특히 거듭제곱 꼴의 다항식을 전개한 것은 항등식이 됨을 이용하여 이항계수의 합에 대한 여러 가지 식을 유도해 보겠습니다.

01 이항정리

이항정리를 이해하고, 이를 이용하여 문제를 해결할 수 있다.

02 이항계수의 성질

① 이항계수의 성질을 이해하고, 이를 이용하여 문제를 해결할 수 있다.
② 파스칼의 삼각형의 성질을 이해한다.

01 이항정리

(1) n이 자연수일 때, $(a+b)^n$의 전개식을 조합의 수를 이용하여 나타내면

$$(a+b)^n = {}_n\mathrm{C}_0 a^n + {}_n\mathrm{C}_1 a^{n-1}b + \cdots + {}_n\mathrm{C}_r a^{n-r}b^r + \cdots + {}_n\mathrm{C}_n b^n$$

$$= \sum_{r=0}^{n} {}_n\mathrm{C}_r a^{n-r}b^r$$

과 같고, 이것을 이항정리라고 한다.

(2) $(a+b)^n$의 전개식에서 각 항의 계수

$${}_n\mathrm{C}_0,\ {}_n\mathrm{C}_1,\ \cdots,\ {}_n\mathrm{C}_r,\ \cdots,\ {}_n\mathrm{C}_n$$

을 이항계수라 하고, ${}_n\mathrm{C}_r a^{n-r}b^r$을 $(a+b)^n$의 전개식의 일반항이라고 한다.

02 이항계수의 성질

1 이항계수의 성질

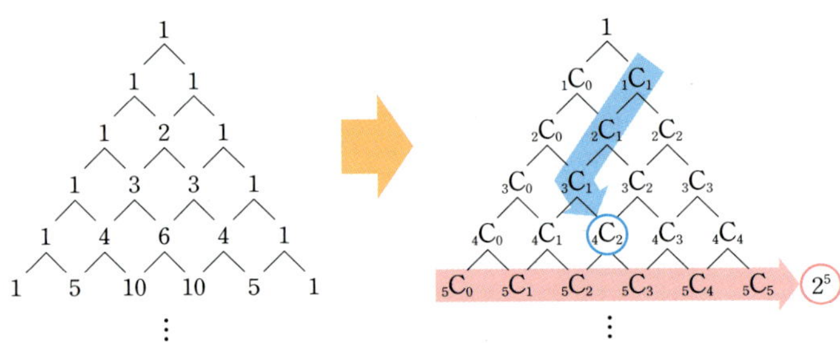

(1) ${}_n\mathrm{C}_r = {}_{n-1}\mathrm{C}_{r-1} + {}_{n-1}\mathrm{C}_r$ (단, $1 \le r \le n-1$)

(2) ${}_n\mathrm{C}_r = {}_n\mathrm{C}_{n-r}$

2 이항계수의 합

(1) ${}_n\mathrm{C}_0 + {}_n\mathrm{C}_1 + {}_n\mathrm{C}_2 + \cdots + {}_n\mathrm{C}_n = 2^n$

(2) ${}_n\mathrm{C}_0 - {}_n\mathrm{C}_1 + {}_n\mathrm{C}_2 - {}_n\mathrm{C}_3 + \cdots + (-1)^n {}_n\mathrm{C}_n = 0$

(3) ${}_n\mathrm{C}_0 + {}_n\mathrm{C}_2 + {}_n\mathrm{C}_4 + \cdots = 2^{n-1}$

(4) ${}_n\mathrm{C}_1 + {}_n\mathrm{C}_3 + {}_n\mathrm{C}_5 + \cdots = 2^{n-1}$

(5) n이 홀수, 즉 $n = 2k+1$ $(k=0,\ 1,\ 2,\ 3,\ \cdots)$일 때

$${}_n\mathrm{C}_0 + {}_n\mathrm{C}_1 + \cdots + {}_n\mathrm{C}_{k-1} + {}_n\mathrm{C}_k = {}_n\mathrm{C}_{k+1} + {}_n\mathrm{C}_{k+2} + \cdots + {}_n\mathrm{C}_{n-1} + {}_n\mathrm{C}_n = 2^{n-1}$$

이항정리

1 이항정리

우리가 이미 알고 있는 곱셈 공식을 이용하면 $(a+b)^3$의 전개식은 쉽게 구할 수 있습니다. 하지만 이번에는 조합의 개념을 이용하여 다항식 $(a+b)^3$의 전개식을 구해 봅시다.

$$(a+b)^3=(a+b)(a+b)(a+b)$$
$$\uparrow\ \uparrow\ \uparrow\ \uparrow\ \uparrow\ \uparrow$$
$$① ② ③ ④ ⑤ ⑥$$

위의 식을 전개하려면 각각의 괄호 안의 두 개의 문자 중 한 개씩을 택하여 곱해야 합니다.

예를 들어, ①, ③, ⑤에 있는 a를 3개 택하여 곱하면

$$a \times a \times a = a^3$$

이 되고, ②, ③, ⑥에 있는 b, a, b를 택하여 곱하면

$$b \times a \times b = ab^2$$

이 되는 것입니다.

따라서 식을 전개한 결과는 곱의 법칙에 의하여 모두 $2 \times 2 \times 2 = 8$(개)의 항을 가지게 되고, 정리하면 다음과 같습니다.

$$① ③ ⑤ \Rightarrow a \times a \times a = a^3 \qquad ② ③ ⑤ \Rightarrow b \times a \times a = a^2b$$
$$① ③ ⑥ \Rightarrow a \times a \times b = a^2b \qquad ② ③ ⑥ \Rightarrow b \times a \times b = ab^2$$
$$① ④ ⑤ \Rightarrow a \times b \times a = a^2b \qquad ② ④ ⑤ \Rightarrow b \times b \times a = ab^2$$
$$① ④ ⑥ \Rightarrow a \times b \times b = ab^2 \qquad ② ④ ⑥ \Rightarrow b \times b \times b = b^3$$

$$a^3\text{이 1개} \quad a^2b\text{가 3개} \quad ab^2\text{이 3개} \quad b^3\text{이 1개}$$
$$\downarrow \qquad \downarrow \qquad \downarrow \qquad \downarrow$$
$$a^3 \quad + \quad 3a^2b \quad + \quad 3ab^2 \quad + \quad b^3$$

여기서 항 $3a^2b$는 3개의 인수 $(a+b)$, $(a+b)$, $(a+b)$ 중 2개의 인수에서 a를, 남은 1개의 인수에서 b를 택하여 곱한 단항식 aab, aba, baa의 합으로 이루어집니다.

따라서 a^2b의 계수 3은 3개의 인수 $(a+b)$, $(a+b)$, $(a+b)$ 중에서 a를 택할 2개의 인수를 뽑는 조합의 수 ${}_3\mathrm{C}_2$와 같습니다.

마찬가지 방법으로 나머지 항의 계수도 조합의 수를 이용하여 계산할 수 있습니다. 즉, a^3, a^2b, ab^2, b^3의 계수는 각각 $_3\mathrm{C}_3$, $_3\mathrm{C}_2$, $_3\mathrm{C}_1$, $_3\mathrm{C}_0$이 됨을 알 수 있습니다.

따라서 $(a+b)^3$을 전개한 결과는 다음과 같습니다.

$$(a+b)^3 = {}_3\mathrm{C}_3 a^3 + {}_3\mathrm{C}_2 a^2 b + {}_3\mathrm{C}_1 ab^2 + {}_3\mathrm{C}_0 b^3 = a^3 + 3a^2 b + 3ab^2 + b^3 \qquad \cdots\cdots ㉠$$

이때, 반드시 a를 기준으로 생각할 필요는 없습니다. b에 대해서도 마찬가지 방법을 적용할 수 있습니다. 즉, a^2b의 계수 3은 3개의 인수 $(a+b)$, $(a+b)$, $(a+b)$ 중에서 b를 택할 1개의 인수를 뽑는 조합의 수 $_3\mathrm{C}_1$과 같습니다.

이와 같이 $(a+b)^3$을 전개한 결과는 다음과 같습니다.

$$(a+b)^3 = {}_3\mathrm{C}_0 a^3 + {}_3\mathrm{C}_1 a^2 b + {}_3\mathrm{C}_2 ab^2 + {}_3\mathrm{C}_3 b^3 = a^3 + 3a^2 b + 3ab^2 + b^3 \qquad \cdots\cdots ㉡$$

이처럼 a 또는 b 중에서 어느 것을 기준으로 잡고 전개해도 결과는 같지만, 일반적으로는 ㉡의 방법을 더 많이 사용합니다.

지금까지의 내용을 일반화하면, 조합의 수를 이용한 $(a+b)^n$의 전개식에서 어떤 특정한 항의 계수를 구할 수 있습니다.

$$(a+b)^n = \underbrace{(a+b)(a+b)\cdots(a+b)}_{n개}$$

를 전개할 때 나타나는 항은 a, b에 관한 n차식, 즉

$$a^n,\ a^{n-1}b,\ a^{n-2}b^2,\ \cdots,\ a^{n-r}b^r,\ \cdots,\ ab^{n-1},\ b^n$$

이고, 항 $a^{n-r}b^r$은 n개의 인수 $(a+b)$, $(a+b)$, $\cdots$, $(a+b)$ 중 r개의 인수에서 b를 택하고, 남은 $(n-r)$개의 인수에서 a를 택하여 곱한 것입니다. $\leftarrow a^0=1,\ b^0=1$로 정합니다.

$$(a+b)^n = \underbrace{(a+b)(a+b)\cdots(a+b)}_{\substack{r개 \\ | \\ b를\ 선택}}\underbrace{(a+b)\cdots(a+b)}_{\substack{(n-r)개 \\ | \\ a를\ 선택}}$$

즉, $(a+b)^n$의 전개식에서 $a^{n-r}b^r$의 계수는 n개에서 r개를 택하는 조합의 수

$$_n\mathrm{C}_r = \frac{n!}{r!(n-r)!}$$

입니다. 따라서 n이 자연수일 때, $(a+b)^n$의 전개식을 조합의 수를 이용하여 나타내면

$$(a+b)^n = {}_n\mathrm{C}_0 a^n + {}_n\mathrm{C}_1 a^{n-1}b + \cdots + {}_n\mathrm{C}_r a^{n-r}b^r + \cdots + {}_n\mathrm{C}_n b^n$$

$$= \sum_{r=0}^{n} {}_n\mathrm{C}_r a^{n-r}b^r$$

└─ p.107 개념 확장하기 참고

입니다.

이와 같은 전개식을 **이항정리**라 하고, 각 항의 계수를 나타내는 조합의 수

$$_n\mathrm{C}_0, \ _n\mathrm{C}_1, \ \cdots, \ _n\mathrm{C}_r, \ \cdots, \ _n\mathrm{C}_n$$

을 **이항계수**라고 합니다. 또한 $(a+b)^n$의 전개식에서 $(r+1)$번째 항 $_n\mathrm{C}_r a^{n-r} b^r$을 일반항이라고 합니다.

한편, $(a+b)^n$의 전개식에 대한 이항정리에는 다음과 같은 특징이 있습니다.

① $(a+b)^n$의 전개식의 항의 개수는 $n+1$입니다.

② $_n\mathrm{C}_r a^{n-r} b^r$의 각 항에서 a의 지수와 b의 지수의 합은 n입니다.

③ 첫 번째 항의 a의 지수는 n, b의 지수는 0이고, 다음 항부터 a의 지수는 1씩 감소하고 b의 지수는 1씩 증가하여 마지막 항의 a의 지수는 0, b의 지수는 n입니다.

④ $_n\mathrm{C}_r = {_n\mathrm{C}_{n-r}}$이므로 두 항 $a^{n-r} b^r$과 $a^r b^{n-r}$의 계수는 서로 같고, $(a+b)^n$의 전개식을 내림차순으로 정리했을 때 각 항의 계수는 좌우 대칭을 이룹니다.

이항정리를 이용하면 $(a+b)^{100}$과 같은 큰 거듭제곱식을 전개할 수 있으며, 특히 이항정리의 일반항을 이용하면 원하는 항의 계수만 구할 수도 있으므로 이항정리의 일반항은 그 형태를 정확히 기억해 두어야 합니다.

Example 이항정리를 이용하여 $(a+b)^5$을 전개하여 봅시다.

$$\begin{aligned}
(a+b)^5 &= \sum_{r=0}^{5} {_5\mathrm{C}_r} a^{5-r} b^r \\
&= {_5\mathrm{C}_0} a^5 + {_5\mathrm{C}_1} a^4 b + {_5\mathrm{C}_2} a^3 b^2 + {_5\mathrm{C}_3} a^2 b^3 + {_5\mathrm{C}_4} ab^4 + {_5\mathrm{C}_5} b^5 \\
&= a^5 + 5a^4 b + 10a^3 b^2 + 10a^2 b^3 + 5ab^4 + b^5
\end{aligned}$$

Bible Point 이항정리

1 n이 자연수일 때

$$(a+b)^n = {_n\mathrm{C}_0} a^n + {_n\mathrm{C}_1} a^{n-1} b + \cdots + {_n\mathrm{C}_r} a^{n-r} b^r + \cdots + {_n\mathrm{C}_n} b^n$$

$$= \sum_{r=0}^{n} {_n\mathrm{C}_r} a^{n-r} b^r$$

과 같이 나타내는 전개식을 이항정리라고 한다.

2 $(a+b)^n$의 전개식에서 각 항의 계수 $_n\mathrm{C}_0, \ _n\mathrm{C}_1, \ \cdots, \ _n\mathrm{C}_r, \ \cdots, \ _n\mathrm{C}_n$을 이항계수라 하고, $(r+1)$번 째 항 $_n\mathrm{C}_r a^{n-r} b^r$을 일반항이라고 한다.

Plus+

$(a+b)^5$의 전개식에서 $a^3 b^2$의 계수는 이항정리에 의하여 조합의 수 $_5\mathrm{C}_2$이고, 이는 $a, \ a, \ a, \ b, \ b$를 일렬로 나열하는 같은 것이 있는 순열의 수 $\dfrac{5!}{3!2!}$과 같다.

3개 이상의 항으로 이루어진 식의 거듭제곱을 전개할 때에도 이항정리와 같은 원리를 이용하여 일반항을 구할 수 있습니다.

$(a+b+c)^n$의 전개식에서 항 $a^p b^q c^r$은 n개의 인수 $(a+b+c)$, $(a+b+c)$, $\cdots$, $(a+b+c)$ 중 p개의 인수에서 a를, q개의 인수에서 b를, r개의 인수에서 c를 택하여 곱한 것이고, $a^p b^q c^r$의 계수는 a가 p개, b가 q개, c가 r개 있을 때 a, b, c를 일렬로 나열하는 방법의 수와 같으므로 같은 것이 있는 순열의 수를 이용하면 됩니다.

따라서 n이 자연수일 때, $(a+b+c)^n$의 전개식에서 $a^p b^q c^r$의 계수는

$$\frac{n!}{p!\,q!\,r!} \quad (p+q+r=n,\ p\geq0,\ q\geq0,\ r\geq0) \qquad \cdots\cdots\ \heartsuit$$

입니다.

한편, $(a+b+c)^n$의 전개식을 $\{a+(b+c)\}^n$ 꼴로 바꾸어 이항정리를 이용하면 $\{a+(b+c)\}^n$의 전개식에서 a^p을 포함하는 항은 ${}_n\mathrm{C}_p\, a^p (b+c)^{n-p}$이고, $(b+c)^{n-p}$의 전개식에서 b^q을 포함하는 항은 ${}_{n-p}\mathrm{C}_q\, b^q c^{n-p-q}$입니다.

즉, $p+q+r=n$이라고 하면 $(a+b+c)^n$의 전개식에서 $a^p b^q c^r$의 계수는

$$_n\mathrm{C}_p \times {}_{n-p}\mathrm{C}_q = \frac{n!}{p!\,(n-p)!} \times \frac{(n-p)!}{q!\,(n-p-q)!} = \frac{n!}{p!\,q!\,r!}$$

이 되고, 이것은 $\heartsuit$의 결과와 같습니다.

> **Example** $(a+b+c)^6$의 전개식에서 $a^2 b^3 c$의 계수는
> $$\frac{6!}{2!\,3!\,1!}=60 \ \text{또는}\ {}_6\mathrm{C}_2 \times {}_4\mathrm{C}_3 = 60$$

개념 콕콕

1 이항정리를 이용하여 $(3a-b)^4$을 전개하여라.

2 $(x-2)^{10}$의 전개식에서 x^8의 계수를 구하여라.

풀이 1 $(3a-b)^4=\{3a+(-b)\}^4={}_4\mathrm{C}_0(3a)^4+{}_4\mathrm{C}_1(3a)^3(-b)+{}_4\mathrm{C}_2(3a)^2(-b)^2+{}_4\mathrm{C}_3\,3a(-b)^3+{}_4\mathrm{C}_4(-b)^4$
$\qquad\qquad =81a^4-108a^3 b+54a^2 b^2-12ab^3+b^4$

2 $(x-2)^{10}$의 전개식에서 일반항은 ${}_{10}\mathrm{C}_r\, x^r (-2)^{10-r}$
$\qquad$ 위의 식에 $r=8$을 대입하면 ${}_{10}\mathrm{C}_8\, x^8 (-2)^2=180x^8$이므로 x^8의 계수는 **180**이다.

02

이항계수의 성질

1 파스칼의 삼각형

다항식 $(x+1)^3$을 전개하면 $(x+1)^3=x^3+3x^2+3x+1$이 되는데, 이 식은 x에 대한 항등식이므로 양변의 x 대신 어떤 값을 대입하여도 항상 성립합니다. 이와 같이 거듭제곱 꼴의 다항식을 전개한 것은 항등식이 됨을 이용하여 이항계수의 합에 대한 여러 가지 식을 유도해 보겠습니다.

$n=0, 1, 2, 3, 4, 5, \cdots$일 때, 다항식 $(a+b)^n$의 전개식은 다음과 같습니다.

$$n=0일 \ 때, \ (a+b)^0=1$$
$$n=1일 \ 때, \ (a+b)^1=1a+1b$$
$$n=2일 \ 때, \ (a+b)^2=1a^2+2ab+1b^2$$
$$n=3일 \ 때, \ (a+b)^3=1a^3+3a^2b+3ab^2+1b^3$$
$$n=4일 \ 때, \ (a+b)^4=1a^4+4a^3b+6a^2b^2+4ab^3+1b^4$$
$$n=5일 \ 때, \ (a+b)^5=1a^5+5a^4b+10a^3b^2+10a^2b^3+5ab^4+1b^5$$
$$\vdots \qquad\qquad \vdots$$

위의 전개식에서 각 항의 계수를 다음과 같이 삼각형 모양으로 나타내면 규칙성을 발견할 수 있습니다.

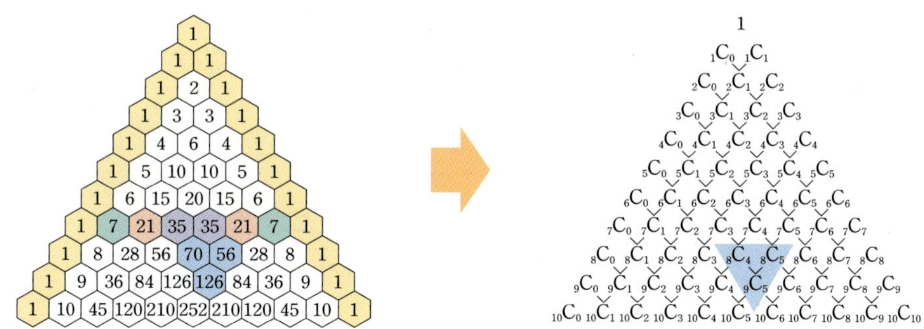

이와 같이 이항계수를 삼각형 꼴로 배열한 것을 **파스칼의 삼각형**이라고 합니다. 파스칼의 삼각형에서 한 **줄** 내려가면 전체의 개수가 1씩 커지고, ↙ **방향의 대각선으로 내려가면 뽑는 개수가 같습니다.**

따라서 파스칼의 삼각형에서 다음과 같은 조합의 성질을 확인할 수 있습니다.

1. $_nC_r = {}_{n-1}C_{r-1} + {}_{n-1}C_r$

각 행의 수는 그 위의 행의 이웃한 두 수의 합과 같습니다. 즉, 한 행에서 이웃하는 두 수를 더한 것이 아래 행의 가운데 수와 같다는 것을 알 수 있습니다.

위의 식은 수학 〈하〉 **09 조합**(p.336)에서 조합의 수를 계승(!)으로 표현하고 분모를 통분한 후 정리하여 증명해 보았으므로 여기에서는 증명은 생략하고 대신 직관적으로 이해할 수 있도록 간단한 예를 들어 보겠습니다.

> **Example** a, b, c, d, e의 5개의 문자 중에서 3개의 문자를 택하는 방법의 수는 $_5C_3 = 10$이고, 각 경우는 다음과 같이 나누어 생각해 볼 수 있습니다.
>
> (i) a가 포함된 경우
>
> $\quad (a, b, c), (a, b, d), (a, b, e), (a, c, d), (a, c, e), (a, d, e) \Rightarrow 6$가지
>
> (ii) a가 포함되지 않은 경우
>
> $\quad (b, c, d), (b, c, e), (b, d, e), (c, d, e) \Rightarrow 4$가지
>
> (i)의 경우, 3개의 문자 중에 a가 반드시 들어가야 하므로 a를 제외한 나머지 4개의 문자 b, c, d, e 중에서 2개의 문자를 택하는 방법의 수인 $_4C_2$와 같습니다.
>
> (ii)의 경우, 3개의 문자 중에 a는 들어가지 않아야 하므로 a를 제외한 b, c, d, e 중에서 3개의 문자를 택하는 방법의 수인 $_4C_3$과 같습니다.
>
> (i), (ii)에서 $_5C_3 = {}_4C_2 + {}_4C_3$이 성립합니다.

이런 성질을 확장시키면, 일반적으로 서로 다른 n개 중에서 r개를 택하는 경우의 수 $_nC_r$는

r개 중에서 어떤 특정한 하나를 포함하는 경우의 수인 $_{n-1}C_{r-1}$과

포함하지 않는 경우의 수인 $_{n-1}C_r$

의 합으로 나타낼 수 있으므로 $_nC_r = {}_{n-1}C_{r-1} + {}_{n-1}C_r$가 성립함을 알 수 있습니다.

2. $_nC_r = {}_nC_{n-r}$

파스칼의 삼각형에서 각 행의 수의 배열이 좌우 대칭이므로 $_nC_r = {}_nC_{n-r}$입니다.

예를 들어, 5행에서 $_5C_0$과 $_5C_5$, $_5C_1$과 $_5C_4$, $_5C_2$와 $_5C_3$이 각각 좌우 대칭을 이룹니다.

3. $_1C_0 + {}_2C_1 + {}_3C_2 + \cdots + {}_nC_{n-1} = {}_{n+1}C_{n-1}$, $\ {}_mC_m + {}_{m+1}C_m + {}_{m+2}C_m + \cdots + {}_nC_m = {}_{n+1}C_{m+1}$

일명 하키 스틱 패턴이라고 불리는 파스칼의 삼각형의 재미있는 성질입니다. 바깥쪽의 1에서 출발하여 대각선 방향으로 수들을 더하면 꺾여진 곳의 수(하키 스틱 모양에 있는 수)와 같습니다.

다음과 같은 예를 생각해 봅시다.

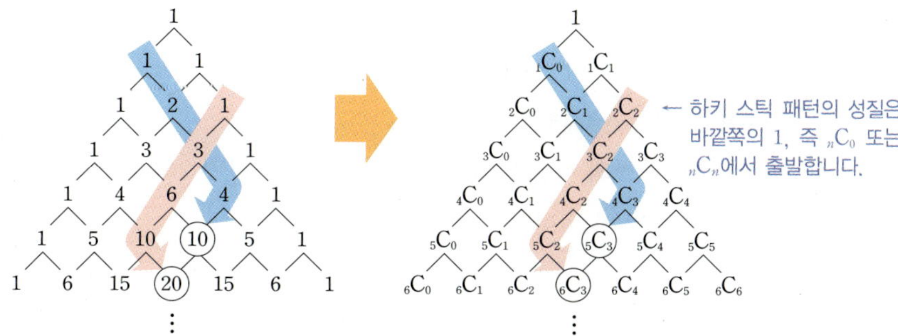

즉, 위의 그림과 같이

$$_1C_0 + {}_2C_1 + {}_3C_2 + {}_4C_3 = {}_5C_3$$

$$_2C_2 + {}_3C_2 + {}_4C_2 + {}_5C_2 = {}_6C_3$$

이 성립합니다.

Example 위의 파스칼의 삼각형을 이용하여 $(x+2)^4$을 전개하여 봅시다.

$(a+b)^4$의 파스칼의 삼각형의 계수의 배열이 1, 4, 6, 4, 1이므로

$$(x+2)^4 = 1 \times x^4 \times 2^0 + 4 \times x^3 \times 2^1 + 6 \times x^2 \times 2^2 + 4 \times x \times 2^3 + 1 \times x^0 \times 2^4$$
$$= x^4 + 8x^3 + 24x^2 + 32x + 16$$

Bible Point 이항계수의 성질

$$_nC_r = {}_{n-1}C_{r-1} + {}_{n-1}C_r \ (단, \ 1 \le r \le n-1)$$

Plus+

위의 성질은 다음과 같이 이해할 수 있다.

$_nC_r = (n$개 중에서 r개를 선택하는 경우의 수$)$

$= (r$개 중에서 특정한 한 개를 반드시 포함하는 경우의 수$)$

$+ (r$개 중에서 그 한 개는 포함하지 않는 경우의 수$)$

$= ($특정한 한 개를 제외한 $(n-1)$개 중에서 $(r-1)$개를 고르는 경우의 수$)$

$+ ($그 한 개를 제외한 $(n-1)$개 중에서 r개를 고르는 경우의 수$)$

$= {}_{n-1}C_{r-1} + {}_{n-1}C_r$

2 이항계수의 합

이항계수의 합에 대한 문제는 $(1+x)^n$의 전개식을 이용하면 쉽게 해결할 수 있습니다.

이항정리에 의하여 $(1+x)^n$을 전개하면

$$(1+x)^n = {}_nC_0 + {}_nC_1 x + {}_nC_2 x^2 + \cdots + {}_nC_r x^r + \cdots + {}_nC_n x^n \qquad \cdots\cdots ㉠$$

식 ㉠은 x에 대한 항등식이므로 x에 어떤 값을 대입해도 항상 성립합니다.

즉, ㉠의 x에 적당한 값을 대입하여 다음과 같은 이항계수의 합을 계산할 수 있습니다.

㉠의 양변에 $x=1$을 대입하면

$$2^n={}_nC_0+{}_nC_1+{}_nC_2+\cdots+{}_nC_n \qquad\qquad \cdots\cdots ㉡$$

따라서 파스칼의 삼각형의 각 행에 배열된 수를 모두 더하면 2의 거듭제곱이 됩니다. 즉, n번째 행의 수의 합은 항상 2^n이 됩니다.

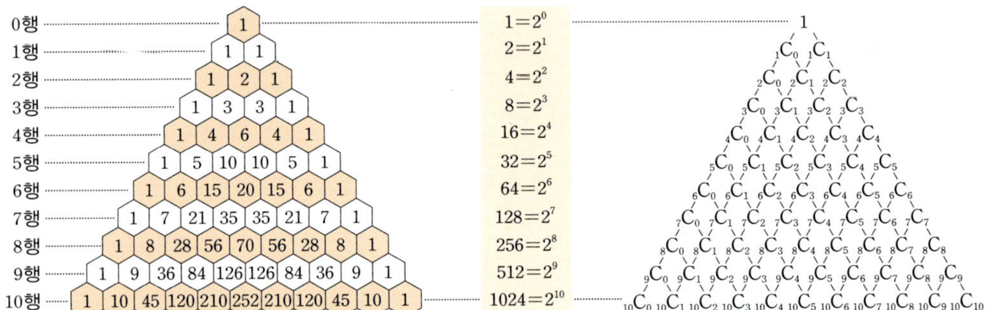

㉠의 양변에 $x=-1$을 대입하면

$$0={}_nC_0-{}_nC_1+{}_nC_2-{}_nC_3+\cdots+(-1)^n{}_nC_n \qquad\qquad \cdots\cdots ㉢$$

㉡$+$㉢을 하면 $2^n=2({}_nC_0+{}_nC_2+{}_nC_4+\cdots)$

$$\therefore {}_nC_0+{}_nC_2+{}_nC_4+\cdots=2^{n-1} \quad \leftarrow \text{홀수 번째 항의 계수의 합}$$

㉡$-$㉢을 하면 $2^n=2({}_nC_1+{}_nC_3+{}_nC_5+\cdots)$

$$\therefore {}_nC_1+{}_nC_3+{}_nC_5+\cdots=2^{n-1} \quad \leftarrow \text{짝수 번째 항의 계수의 합}$$

또한 n이 홀수이면 ㉠의 전개식에서 항의 개수가 짝수이므로 $n=2k+1$ $(k=0,\ 1,\ 2,\ 3,\ \cdots)$일 때

$$(1+x)^n={}_nC_0+{}_nC_1x+\cdots+{}_nC_kx^k+{}_nC_{k+1}x^{k+1}+\cdots+{}_nC_{n-1}x^{n-1}+{}_nC_nx^n$$

입니다. 이 식에 $x=1$을 대입하면

$$2^n={}_nC_0+{}_nC_1+\cdots+{}_nC_k+{}_nC_{k+1}+\cdots+{}_nC_{n-1}+{}_nC_n$$

입니다. 그런데 위의 식은 이항계수의 성질 ${}_nC_r={}_nC_{n-r}$에 의하여 좌우 대칭이므로 위의 짝지은 값들끼리 각각 같게 됩니다.

$$\therefore {}_nC_0+{}_nC_1+\cdots+{}_nC_k={}_nC_{k+1}+{}_nC_{k+2}+\cdots+{}_nC_n=\frac{2^n}{2}=2^{n-1}$$

이상에서 이항계수의 합에 대한 여러 가지 식들은 모두 $(1+x)^n$의 전개식이 항등식이라는 점에 주목하여 양변의 x에 적당한 값을 대입하여 얻은 것입니다. 따라서 이항계수의 합에 대한 문제를 풀 때에는 x에 어떤 값을 대입해야 구하는 식이 나오는지를 잘 살펴보면 됩니다.

$(1+x)^n$의 전개식을 이용한 여러 가지 이항계수의 합을 정리하면 다음과 같습니다.

 이항계수의 합

1 $_nC_0+_nC_1+_nC_2+\cdots+_nC_n=2^n$

2 $_nC_0-_nC_1+_nC_2-_nC_3+\cdots+(-1)^n{}_nC_n=0$

3 $_nC_0+_nC_2+_nC_4+\cdots=2^{n-1}$

4 $_nC_1+_nC_3+_nC_5+\cdots=2^{n-1}$

5 n이 홀수, 즉 $n=2k+1$ $(k=0,\ 1,\ 2,\ 3,\ \cdots)$일 때

$$_nC_0+_nC_1+\cdots+_nC_{k-1}+_nC_k=_nC_{k+1}+_nC_{k+2}+\cdots+_nC_{n-1}+_nC_n=2^{n-1}$$

Plus+

$(1+x)^n=_nC_0+_nC_1x+_nC_2x^2+\cdots+_nC_rx^r+\cdots+_nC_nx^n$의 양변을 x에 대하여 미분하면

$$n(1+x)^{n-1}=_nC_1+2\times{}_nC_2x+3\times{}_nC_3x^2+\cdots+r\times{}_nC_rx^{r-1}+\cdots+n\times{}_nC_nx^{n-1}$$

이 식에 $x=1$을 대입하면

$$_nC_1+2\times{}_nC_2+3\times{}_nC_3+\cdots+r\times{}_nC_r+\cdots+n\times{}_nC_n=n\times2^{n-1}$$

개념 확장하기 합의 기호 $\sum$ ← 수학 I에서 더 자세히 공부합니다!

수학 I에서 배우는 합의 기호 $\sum$를 이용하면 이항계수의 성질을 간단하게 나타낼 수 있습니다. 아직 수학 I을 배우지 않은 학생들을 위하여 간단하게 수열의 뜻과 합의 기호 $\sum$의 뜻과 성질에 대하여 정리해 보겠습니다.

(1) 수열의 뜻

자연수 중에서 짝수를 순서대로 나열한 $2,\ 4,\ 6,\ 8,\ \cdots$ 과 같이 차례대로 나열한 수의 열을 수열이라 하고, 수열을 이루고 있는 각 수를 그 수열의 항이라고 합니다.

일반적으로 수열을 나타낼 때에는 각 항에 번호를 붙여서 $a_1,\ a_2,\ a_3,\ \cdots,\ a_n,\ \cdots$과 같이 나타내고, 수열의 각 항을 차례대로 제1항, 제2항, 제3항, $\cdots$, 제n항, $\cdots$이라고 합니다.

(2) 수열의 일반항

수열의 제n항 a_n이 그 수열의 각 항을 일반적으로 나타내고 있으므로 a_n을 그 수열의 일반항이라고 합니다. 또한 일반항이 a_n인 수열을 간단히 $\{a_n\}$과 같이 나타냅니다.

(3) 합의 기호 $\sum$의 뜻

수열 $\{a_n\}$의 첫째항부터 제n항까지의 합 $a_1+a_2+a_3+\cdots+a_n$을 합의 기호 $\sum$를 이용하여 다음과 같이 간단히 나타낼 수 있습니다.

$$a_1+a_2+a_3+\cdots+a_n=\sum_{k=1}^{n}a_k$$

이때, $\sum\limits_{k=1}^{n} a_k$는 수열의 일반항 a_k의 k에 1, 2, 3, $\cdots$, n을 차례로 대입하여 얻은 항 a_1, a_2, a_3, $\cdots$, a_n의 합을 뜻합니다.

$\sum\limits_{k=1}^{n} a_k$에서 문자 k 대신에 i 또는 j 등의 다른 문자를 이용하여 $\sum\limits_{i=1}^{n} a_i$, $\sum\limits_{j=1}^{n} a_j$와 같이 표현해도 같은 수열의 합을 나타냅니다. 즉,

$$\sum_{k=1}^{n} a_k = \sum_{i=1}^{n} a_i = \sum_{j=1}^{n} a_j = a_1 + a_2 + a_3 + \cdots + a_n$$

입니다. 또한 수열 $\{a_n\}$의 제m항부터 제n항까지$(m \leq n)$의 합

$$a_m + a_{m+1} + a_{m+2} + \cdots + a_n$$

을 합의 기호 $\sum$를 이용하여 나타내면

$$\sum_{k=m}^{n} a_k = a_m + a_{m+1} + a_{m+2} + \cdots + a_n$$
$$= \sum_{k=1}^{n} a_k - \sum_{k=1}^{m-1} a_k$$

입니다.

제n항까지
$\sum\limits_{k=1}^{n} a_k$ ← 일반항
제1항부터
a_k를 차례로 더한다.

Example

(1) $1 + 2 + 3 + \cdots + 10 = \sum\limits_{k=1}^{10} k$

(2) $\sum\limits_{i=1}^{10} (2i - 1) = 1 + 3 + 5 + \cdots + 19$

(3) $\sum\limits_{k=1}^{10} k^2 = 1^2 + 2^2 + 3^2 + \cdots + 10^2$

(4) $\sum\limits_{k=1}^{n} 3^{k-1} = 1 + 3 + 3^2 + \cdots + 3^{n-1}$ ← $3^0 = 1$로 정합니다.

(5) $3 \times 5 + 5 \times 7 + 7 \times 9 + 9 \times 11 + \cdots + 21 \times 23 = \sum\limits_{k=2}^{11} (2k-1)(2k+1)$
$$= \sum_{k=1}^{10} (2k+1)(2k+3)$$

(6) 수열 $\{3n - 1\}$의 제10항부터 제20항까지의 합을 기호 $\sum$를 이용하여 나타내면
$$\sum_{k=10}^{20} (3k - 1) \ \text{또는} \ \sum_{k=1}^{20} (3k - 1) - \sum_{k=1}^{9} (3k - 1)$$

그리고 다음은 합의 기호 $\sum$의 계산에서 자주 쓰이는 성질이므로 잘 익혀두도록 합니다.

합의 기호 $\sum$의 성질

1. $\sum\limits_{k=1}^{n} (a_k + b_k) = \sum\limits_{k=1}^{n} a_k + \sum\limits_{k=1}^{n} b_k$　　　2. $\sum\limits_{k=1}^{n} (a_k - b_k) = \sum\limits_{k=1}^{n} a_k - \sum\limits_{k=1}^{n} b_k$

3. $\sum\limits_{k=1}^{n} ca_k = c \sum\limits_{k=1}^{n} a_k$ (단, c는 상수)　　　4. $\sum\limits_{k=1}^{n} c = cn$ (단, c는 상수)

또한 $\sum$의 성질과 자연수의 거듭제곱의 합에 대한 공식을 이용하여 수열의 합을 계산할 수 있습니다.

> **자연수의 거듭제곱의 합**
>
> 1. $\displaystyle\sum_{k=1}^{n} k = 1+2+3+\cdots+n = \frac{n(n+1)}{2}$
>
> 2. $\displaystyle\sum_{k=1}^{n} k^2 = 1^2+2^2+3^2+\cdots+n^2 = \frac{n(n+1)(2n+1)}{6}$
>
> 3. $\displaystyle\sum_{k=1}^{n} k^3 = 1^3+2^3+3^3+\cdots+n^3 = \left\{\frac{n(n+1)}{2}\right\}^2$

앞의 **Example** 의 (1), (3)을 위의 자연수의 거듭제곱의 합의 공식을 이용하여 계산해 보겠습니다. 즉,

(1) $1+2+3+\cdots+10 = \dfrac{10\times(10+1)}{2} = 55$

(3) $\displaystyle\sum_{k=1}^{10} k^2 = \dfrac{10\times(10+1)\times(20+1)}{6} = 385$

입니다.

개념 콕콕

1 이항계수의 성질을 이용하여 $_9C_7 + _9C_8 + _{10}C_9$의 값을 구하여라.

2 $_{10}C_0 + _{10}C_1 + _{10}C_2 + \cdots + _{10}C_{10}$의 값을 구하여라.

3 $_{19}C_2 + _{19}C_4 + _{19}C_6 + \cdots + _{19}C_{18}$의 값을 구하여라.

풀이 **1** 이항계수의 성질 $_nC_r = _{n-1}C_{r-1} + _{n-1}C_r$를 이용하면 $_9C_7 + _9C_8 = _{10}C_8$이므로

$$_9C_7 + _9C_8 + _{10}C_9 = _{10}C_8 + _{10}C_9 = _{11}C_9 = _{11}C_2 = \frac{11\times10}{2\times1} = \mathbf{55}$$

2 이항계수의 합에 대한 정리 중 $_nC_0 + _nC_1 + _nC_2 + \cdots + _nC_n = 2^n$을 이용하면

$$_{10}C_0 + _{10}C_1 + _{10}C_2 + \cdots + _{10}C_{10} = \mathbf{2^{10}}$$

3 이항계수의 합에 대한 정리 중 $_nC_0 + _nC_2 + _nC_4 + \cdots = 2^{n-1}$을 이용하면

$$_{19}C_0 + _{19}C_2 + _{19}C_4 + \cdots + _{19}C_{18} = 2^{18}$$

$$\therefore\ _{19}C_2 + _{19}C_4 + _{19}C_6 + \cdots + _{19}C_{18} = 2^{18} - _{19}C_0 = \mathbf{2^{18}-1}$$

예제 01

다음 물음에 답하여라.

(1) $(3x-2y)^5$의 전개식에서 x^2y^3의 계수를 구하여라.

(2) $\left(2x^2+\dfrac{1}{x}\right)^7$의 전개식에서 $\dfrac{1}{x}$의 계수를 구하여라.

접근 방법

이항정리의 일반항을 구한 다음 구하려는 항이 나오도록 지수에 적절한 값을 대입합니다.

이때, (2)와 같이 x를 포함하는 항이 두 군데로 나누어져 있으면 일반항을 x에 대한 하나의 항으로 나타내야 합니다.

> **Bible** $\ (a+b)^n$의 전개식에서 일반항은 $_n\mathrm{C}_r\,a^{n-r}b^r$

상세 풀이

(1) $(3x-2y)^5$의 전개식에서 일반항은

$$_5\mathrm{C}_r(3x)^{5-r}(-2y)^r=\,_5\mathrm{C}_r\,3^{5-r}(-2)^r x^{5-r}y^r$$

이때, x^2y^3이 되기 위한 조건은 $r=3$입니다.

따라서 구하는 x^2y^3의 계수는 $_5\mathrm{C}_3\times3^2\times(-2)^3=10\times9\times(-8)=-720$

(2) $\left(2x^2+\dfrac{1}{x}\right)^7$의 전개식에서 일반항은

$$_7\mathrm{C}_r(2x^2)^{7-r}\left(\dfrac{1}{x}\right)^r=\,_7\mathrm{C}_r\,2^{7-r}x^{14-2r}x^{-r}=\,_7\mathrm{C}_r\,2^{7-r}x^{14-3r}$$

이때, $\dfrac{1}{x}$이 되기 위한 조건은 $14-3r=-1$에서 $r=5$입니다.

따라서 구하는 $\dfrac{1}{x}$의 계수는 $_7\mathrm{C}_5\times2^2=\,_7\mathrm{C}_2\times4=21\times4=84$

정답 ➡ (1) -720 (2) 84

보충 설명

항 x^2y^3은 5개의 $(3x-2y)$ 중에서 $3x$를 두 번, $-2y$를 세 번 뽑는 것으로 생각할 수 있습니다.

이때, 경우의 수를 구하면

$$_5\mathrm{C}_2\times\,_3\mathrm{C}_3\times(3x)^2\times(-2y)^3=-720x^2y^3$$

입니다. 이를 일반화한 것이 위에서 구한 일반항입니다.

일반항이 잘 생각나지 않을 경우를 대비해서 일반항을 구하는 과정을 이해하고 있는 것도 좋습니다.

또한 $\left(2x^2+\dfrac{1}{x}\right)^7$의 전개식에서 일반항을 구할 때, $_7\mathrm{C}_r(2x^2)^r\left(\dfrac{1}{x}\right)^{7-r}$보다는 분수를 포함한 항을 r번 뽑는 것으로 생각하여 $_7\mathrm{C}_r(2x^2)^{7-r}\left(\dfrac{1}{x}\right)^r$을 구하는 것이 계산하는 데 조금 더 편리합니다.

숫자 바꾸기

01-1 다음 물음에 답하여라.

(1) $(2x-y)^7$의 전개식에서 x^4y^3의 계수를 구하여라.

(2) $\left(x-\dfrac{1}{x}\right)^{10}$의 전개식에서 x^2의 계수를 구하여라.

(3) $\left(2x-\dfrac{1}{x}\right)^6$의 전개식에서 x^4의 계수를 구히여라.

(4) $\left(x-\dfrac{1}{x^2}\right)^6$의 전개식에서 상수항을 구하여라.

표현 바꾸기

◆ 보충 설명

01-2 다음 물음에 답하여라.

(1) $(ax^2-y)^{10}$의 전개식에서 x^6y^7의 계수가 -960일 때, 실수 a의 값을 구하여라.

(2) $\left(x-\dfrac{a}{x^2}\right)^6$의 전개식에서 상수항이 240일 때, 양수 a의 값을 구하여라.

개념 넓히기 ★★☆

01-3 $(\sqrt[3]{2}+x)^7$의 전개식에서 계수가 정수인 항들의 계수의 총합을 구하여라.

정답 **01-1** (1) -560 (2) 210 (3) -192 (4) 15　**01-2** (1) 2 (2) 4
01-3 99

예제 02

다음 물음에 답하여라.

(1) $(2x+1)^5(x+2)^6$의 전개식에서 x의 계수를 구하여라.

(2) $(x^2-2x+3)(x+1)^5$의 전개식에서 x^2의 계수를 구하여라.

[접근 방법]

두 다항식의 곱에서 x항 또는 x^2항이 나올 수 있는 모든 방법을 나열한 후, 각 방법에서의 계수를 구하여 이들을 모두 더합니다.

> **Bible** 두 다항식의 곱의 꼴은 곱해서 나올 수 있는 모든 경우를 생각한다.

[상세 풀이]

(1) $(2x+1)^5$의 전개식에서 일반항은 $_5C_r(2x)^r 1^{5-r}=_5C_r 2^r x^r$

$(x+2)^6$의 전개식에서 일반항은 $_6C_k x^k 2^{6-k}=_6C_k 2^{6-k} x^k$

따라서 $(2x+1)^5(x+2)^6$의 전개식에서 일반항은

$$_5C_r 2^r x^r \times _6C_k 2^{6-k} x^k=_5C_r \times _6C_k 2^{6+r-k} x^{r+k}$$

$r+k=1$을 만족시키는 r, k의 순서쌍 (r,k)는 $(0,1)$, $(1,0)$이므로 x의 계수는

$$_5C_0 \times _6C_1 \times 2^5 + _5C_1 \times _6C_0 \times 2^7 = 192+640=832$$

(2) $(x+1)^5$의 전개식에서 일반항은 $_5C_r x^r$ ...... ㉠

이때, $(x^2-2x+3)(x+1)^5$의 전개식에서 x^2항이 나오는 경우는 다음과 같이 3가지가 있습니다.

(ⅰ) $(x^2$항$) \times ($㉠의 상수항$) \implies x^2 \times _5C_0=x^2$

(ⅱ) $(x$항$) \times ($㉠의 x항$) \implies (-2x) \times (_5C_1 \times x)=-10x^2$

(ⅲ) $(상수항) \times ($㉠의 x^2항$) \implies 3 \times (_5C_2 \times x^2)=30x^2$

(ⅰ)~(ⅲ)에서 구하는 x^2의 계수는 $1+(-10)+30=21$

정답 ➡ (1) 832 (2) 21

[보충 설명]

두 다항식의 곱의 꼴에서 x^n의 계수를 구할 때에는 x^n이 나올 수 있는 모든 경우를 빠뜨리지 않고 따져 주는 것이 중요합니다.

그리고 각 경우에서의 계수를 구하여 이들을 모두 더해 주면 됩니다.

숫자 바꾸기

02-1 다음 물음에 답하여라.

(1) $(1+2x)^4(1-x)^5$의 전개식에서 x^2의 계수를 구하여라.

(2) $(x-1)(2x-y)^7$의 전개식에서 x^4y^3의 계수를 구하여라.

(3) $(x^2+1)\left(x+\dfrac{1}{x}\right)^{10}$의 전개식에서 x^8의 계수를 구하여라.

(4) $(3x^2-x+4)\left(x-\dfrac{1}{x}\right)^6$의 전개식에서 상수항을 구하여라.

표현 바꾸기

02-2 $(x+1)^3\left(x+\dfrac{a}{x}\right)^5$의 전개식에서 x^2의 계수가 40이 되도록 하는 상수 a의 값을 구하여라.

개념 넓히기 ★★☆

02-3 $x^n\left(x+\dfrac{1}{x^2}\right)^6$의 전개식에서 0이 아닌 상수항이 존재하기 위한 10 이하의 자연수 n의 개수는?

① 3   ② 4   ③ 5

④ 6   ⑤ 7

정답   **02-1** (1) -6 (2) 560 (3) 55 (4) -35 **02-2** $a=-2$ 또는 $a=1$

02-3 ①

예제 03

오른쪽 그림의 파스칼의 삼각형을 이용하여

$$_2C_0+_3C_1+_4C_2+\cdots+_{20}C_{18}$$

의 값을 $_mC_n$ 꼴로 나타내어라. (단, m, n은 자연수이다.)

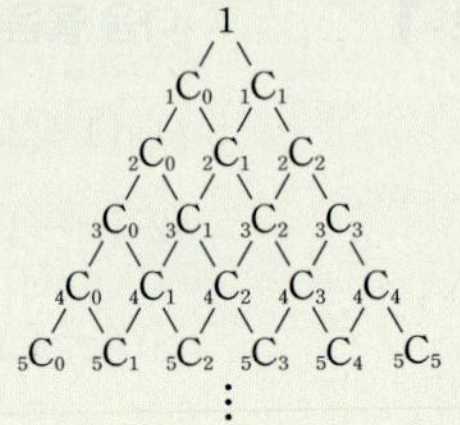

접근 방법

파스칼의 삼각형에서 한 줄 내려가면 전체의 개수가 1씩 커지고, ╱ 방향의 대각선으로 내려가면 뽑는 개수가 같습니다.

따라서 다음과 같이 거꾸로 세워진 삼각형 모양에서

$$_3C_1+_3C_2$$
$$=_4C_2$$

뽑는 개수가 같습니다.

전체 개수가 1 커집니다.

가 성립합니다.

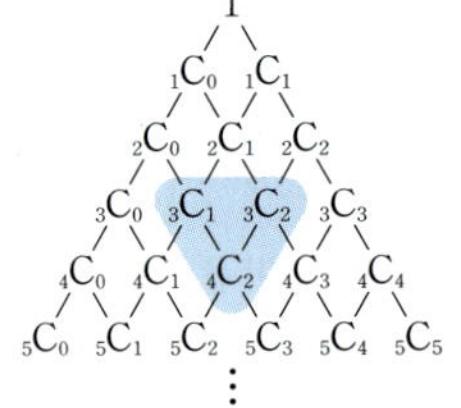

Bible

$$_{n-1}C_{r-1}+_{n-1}C_r$$
$$=$$
$$_nC_r$$

상세 풀이

$_nC_r=_{n-1}C_{r-1}+_{n-1}C_r$이고, $_2C_0=_3C_0$이므로

$$_2C_0+_3C_1+_4C_2+\cdots+_{20}C_{18}$$
$$=(_3C_0+_3C_1)+_4C_2+\cdots+_{20}C_{18} \qquad \leftarrow {}_2C_0=_3C_0$$
$$=(_4C_1+_4C_2)+_5C_3+\cdots+_{20}C_{18}$$
$$=(_5C_2+_5C_3)+\cdots+_{20}C_{18}$$
$$\vdots$$
$$=_{20}C_{17}+_{20}C_{18}=_{21}C_{18}$$

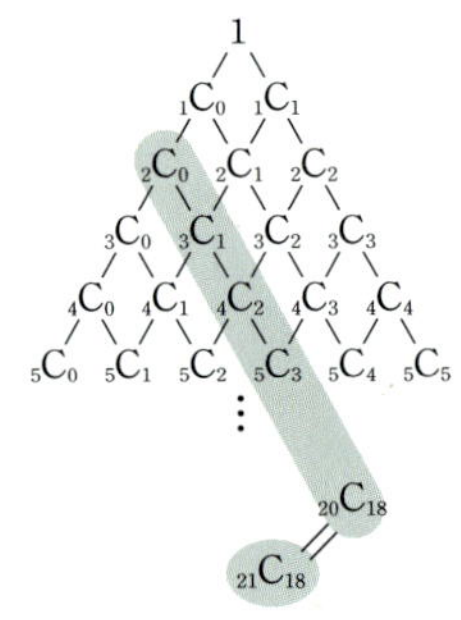

정답 ➡ $_{21}C_{18}$

보충 설명

$_nC_r=_{n-1}C_{r-1}+_{n-1}C_r$와 같은 원리로

$$_nC_r+_nC_{r+1}=_{n+1}C_{r+1} \quad \Leftarrow \quad _nC_r+_nC_{r+1}$$
$$=$$
$$_{n+1}C_{r+1}$$

전체 개수가 1 커집니다.　뽑는 개수가 같습니다.

이 성립합니다.

숫자 바꾸기

03-1 오른쪽 그림의 파스칼의 삼각형을 이용하여 다음 식의 값을 $_mC_n$ 꼴로 나타내어라. (단, m, n은 자연수이다.)

(1) $_3C_0 + {_4C_1} + {_5C_2} + \cdots + {_{30}C_{27}}$

(2) $_3C_3 + {_4C_3} + {_5C_3} + \cdots + {_{30}C_3}$

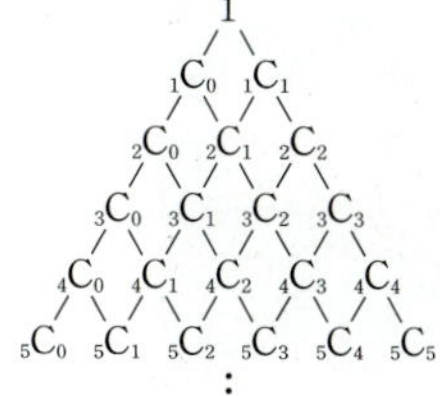

표현 바꾸기

◆ 다른 풀이

03-2 다음 중 오른쪽의 색칠한 부분에 있는 수의 합과 같은 것은?

① $_{11}C_5$ ② $_{11}C_6$ ③ $_{11}C_7$

④ $_{11}C_8$ ⑤ $_{11}C_9$

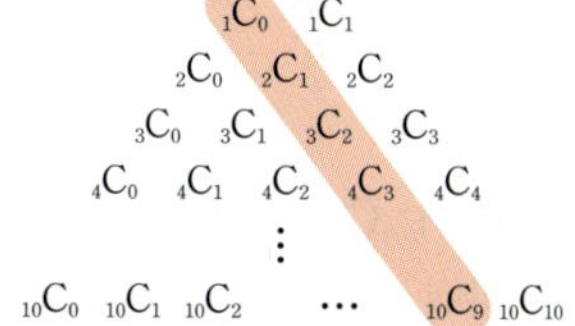

개념 넓히기 ★★☆

03-3 오른쪽 그림의 파스칼의 삼각형에서
$$_2C_2 + {_3C_2} + {_4C_2} + \cdots + {_nC_2}$$
$$= \frac{1}{6}(an^3 + bn^2 + cn + d)\ (n \geq 2)$$
가 성립한다. 상수 a, b, c, d에 대하여 $a^2 + b^2 + c^2 + d^2$의 값을 구하여라.

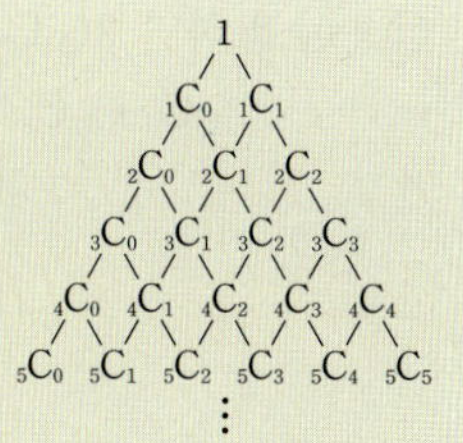

정답   **03-1** (1) $_{31}C_{27}$ (2) $_{31}C_4$ **03-2** ⑤   **03-3** 2

예제 04

다음 물음에 답하여라.

(1) $_nC_0 + _nC_1 + _nC_2 + \cdots + _nC_n < 2000$을 만족시키는 자연수 n의 최댓값을 구하여라.

(2) $_{49}C_0 + _{49}C_1 + _{49}C_2 + \cdots + _{49}C_{24}$의 값을 구하여라.

(3) $_{23}C_0 + _{23}C_2 + _{23}C_4 + \cdots + _{23}C_{22}$의 값을 구하여라.

접근 방법

이항계수의 합에 대한 문제는 $(a+b)^n = \sum\limits_{r=0}^{n} {}_nC_r a^{n-r} b^r$에 적절한 수를 대입하여 주어진 식을 유도하도록 합니다.

> **Bible** $\quad _nC_0 + _nC_1 + _nC_2 + \cdots + _nC_n = 2^n, \quad _nC_0 - _nC_1 + _nC_2 - \cdots + (-1)^n {}_nC_n = 0$

상세 풀이

(1) $_nC_0 + _nC_1 + _nC_2 + \cdots + _nC_n = 2^n$이므로 $_nC_0 + _nC_1 + _nC_2 + \cdots + _nC_n < 2000$에서 $2^n < 2000$

이때, $2^{10} = 1024$, $2^{11} = 2048$이므로 구하는 자연수 n의 최댓값은 10입니다.

(2) $_{49}C_0 + _{49}C_1 + _{49}C_2 + \cdots + _{49}C_{24} = S \qquad\qquad \cdots\cdots$ ㉠라 하면

$_nC_r = _nC_{n-r}$이므로 $_{49}C_{49} + _{49}C_{48} + _{49}C_{47} + \cdots + _{49}C_{25} = S \qquad \cdots\cdots$ ㉡

㉠ + ㉡을 하면 $2S = _{49}C_0 + _{49}C_1 + _{49}C_2 + \cdots + _{49}C_{24} + _{49}C_{25} + \cdots + _{49}C_{47} + _{49}C_{48} + _{49}C_{49}$

$2S = 2^{49} \qquad \therefore S = 2^{48}$

(3) $_{23}C_0 + _{23}C_1 + _{23}C_2 + \cdots + _{23}C_{23} = 2^{23} \qquad \cdots\cdots$ ㉠

$_{23}C_0 - _{23}C_1 + _{23}C_2 - \cdots - _{23}C_{23} = 0 \qquad \cdots\cdots$ ㉡

㉠ + ㉡을 하면 $2(_{23}C_0 + _{23}C_2 + _{23}C_4 + \cdots + _{23}C_{22}) = 2^{23}$

$\therefore _{23}C_0 + _{23}C_2 + _{23}C_4 + \cdots + _{23}C_{22} = 2^{22}$

정답 ➡ (1) 10 (2) 2^{48} (3) 2^{22}

보충 설명

이항계수의 가장 중요한 두 가지 성질을 다시 한 번 유도해 보고, 꼭 기억해두도록 합시다.

$(a+b)^n = _nC_0 a^n + _nC_1 a^{n-1} b + \cdots + _nC_r a^{n-r} b^r + \cdots + _nC_n b^n$에서

(i) $a=1$, $b=1$을 대입하면 $2^n = _nC_0 + _nC_1 + _nC_2 + \cdots + _nC_n$

(ii) $a=1$, $b=-1$을 대입하면 $0 = _nC_0 - _nC_1 + _nC_2 - \cdots + (-1)^n {}_nC_n$

숫자 바꾸기

04-1 다음 물음에 답하여라.

(1) $2000 < {}_n\mathrm{C}_1 + {}_n\mathrm{C}_2 + {}_n\mathrm{C}_3 + \cdots + {}_n\mathrm{C}_n < 3000$을 만족시키는 자연수 n의 값을 구하여라.

(2) ${}_{21}\mathrm{C}_1 + {}_{21}\mathrm{C}_3 + {}_{21}\mathrm{C}_5 + \cdots + {}_{21}\mathrm{C}_{21}$의 값을 구하여라.

(3) ${}_{19}\mathrm{C}_2 + {}_{19}\mathrm{C}_4 + {}_{19}\mathrm{C}_6 + \cdots + {}_{19}\mathrm{C}_{18}$의 값을 구하여라.

표현 바꾸기

04-2 다음 물음에 답하여라.

(1) ${}_{99}\mathrm{C}_{50} + {}_{99}\mathrm{C}_{51} + {}_{99}\mathrm{C}_{52} + \cdots + {}_{99}\mathrm{C}_{99}$의 값을 구하여라.

(2) ${}_{30}\mathrm{C}_0 + {}_{30}\mathrm{C}_1 \times 5 + {}_{30}\mathrm{C}_2 \times 5^2 + \cdots + {}_{30}\mathrm{C}_{30} \times 5^{30}$의 값을 구하여라.

개념 넓히기 ★★☆

04-3 다음 물음에 답하여라.

(1) ${}_{50}\mathrm{C}_1 - {}_{50}\mathrm{C}_2 + {}_{50}\mathrm{C}_3 - {}_{50}\mathrm{C}_4 + \cdots + {}_{50}\mathrm{C}_{49}$의 값을 구하여라.

(2) $\dfrac{{}_{16}\mathrm{C}_1 + {}_{16}\mathrm{C}_3 + {}_{16}\mathrm{C}_5 + \cdots + {}_{16}\mathrm{C}_{15}}{{}_7\mathrm{C}_0 + {}_7\mathrm{C}_1 + {}_7\mathrm{C}_2 + {}_7\mathrm{C}_3} = 2^n$을 만족시키는 자연수 n의 값을 구하여라.

정답 **04-1** (1) 11 (2) 2^{20} (3) $2^{18} - 1$ **04-2** (1) 2^{98} (2) 6^{30} **04-3** (1) 2 (2) 9

03-1 다음 물음에 답하여라.

(1) $\dfrac{(1+2x)^4(2+x^2)^3+1}{x}$ 의 전개식에서 x의 계수를 구하여라.

(2) $x,\ y$에 대한 식 $\left(x^2-\dfrac{3}{x}+2y\right)^6$을 전개할 때, x^6의 계수를 구하여라.

03-2 $({}_n\mathrm{C}_0+{}_n\mathrm{C}_1x+{}_n\mathrm{C}_2x^2+\cdots+{}_n\mathrm{C}_nx^n)^3$의 전개식에서 x^{n+1}의 계수는?

① ${}_{2n}\mathrm{C}_n$ 　　　　　② ${}_{3n}\mathrm{C}_n$ 　　　　　③ ${}_{2n}\mathrm{C}_{n+1}$

④ ${}_{2n}\mathrm{C}_{n-1}$ 　　　　　⑤ ${}_{3n}\mathrm{C}_{n+1}$

03-3 $\left(x^5+\dfrac{1}{x^9}\right)^n$의 전개식에서 상수항이 존재하도록 하는 자연수 n의 최솟값을 구하여라.

03-4 n이 4 이상의 자연수일 때, $(1+x)^n(1+x^2)^n$의 전개식에서 x^4의 계수는?

① ${}_n\mathrm{C}_1\times{}_n\mathrm{C}_2\times{}_n\mathrm{C}_3+{}_n\mathrm{C}_4$ 　　　　　② ${}_n\mathrm{C}_1+{}_n\mathrm{C}_2+{}_n\mathrm{C}_3+{}_n\mathrm{C}_4$

③ ${}_n\mathrm{C}_2+{}_n\mathrm{C}_1\times{}_n\mathrm{C}_2+{}_n\mathrm{C}_4$ 　　　　　④ ${}_n\mathrm{C}_2+{}_n\mathrm{C}_1\times{}_n\mathrm{C}_3+{}_n\mathrm{C}_4$

⑤ ${}_n\mathrm{C}_4\times{}_n\mathrm{C}_1+{}_n\mathrm{C}_3+{}_n\mathrm{C}_1$

03-5 다음 물음에 답하여라.

(1) $(1+x)+(1+x)^2+(1+x)^3+\cdots+(1+x)^{10}$의 전개식에서 x^2의 계수를 구하여라.

(2) $(1+x^2)+(1+x^2)^2+(1+x^2)^3+\cdots+(1+x^2)^{20}$의 전개식에서 x^4의 계수를 구하여라.

03-6 다음 식의 값을 구하여라.

(1) $_6\mathrm{P}_1 + \dfrac{_6\mathrm{P}_2}{2!} + \dfrac{_6\mathrm{P}_3}{3!} + \dfrac{_6\mathrm{P}_4}{4!} + \dfrac{_6\mathrm{P}_5}{5!} + \dfrac{_6\mathrm{P}_6}{6!}$

(2) $_5\mathrm{C}_2 + {}_5\mathrm{C}_3 + {}_6\mathrm{C}_4 + {}_7\mathrm{C}_5 + {}_8\mathrm{C}_6 + {}_9\mathrm{C}_7$

(3) $_3\mathrm{C}_0 + {}_4\mathrm{C}_1 + {}_5\mathrm{C}_2 + {}_6\mathrm{C}_3 + \cdots + {}_{12}\mathrm{C}_9$

03-7 자연수 n에 대하여 $(x+x^2)^n$의 전개식에서 x^k의 계수를 a_k라고 하자. $a_0 + a_2 + \cdots + a_{2n} = 1024$일 때, n의 값을 구하여라.

03-8 다음 식의 값을 구하여라.

(1) $\displaystyle\sum_{k=0}^{30} 2^k \times {}_{30}\mathrm{C}_k \left(\dfrac{1}{3}\right)^{30}$

(2) $\displaystyle\sum_{k=0}^{100} {}_{100}\mathrm{C}_k \times \dfrac{101}{k+1}$

03-9 오른쪽 그림과 같은 수의 배열을 파스칼의 삼각형이라고 한다. 색칠한 부분의 모든 수들의 합을 구하여라.

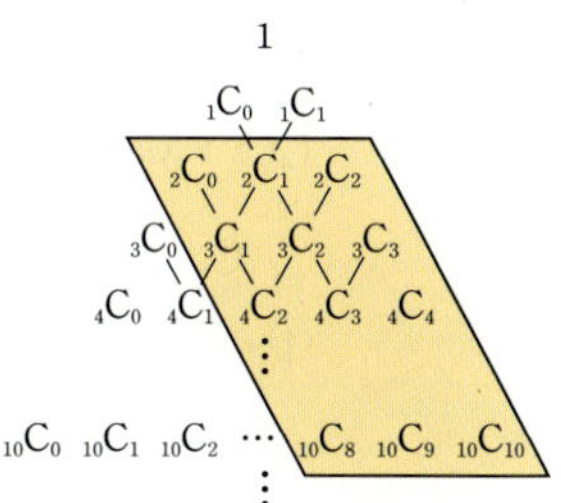

03-10 n명이 서로 악수하는 모든 경우의 수를 $f(n)$이라고 하면 $\displaystyle\sum_{n=2}^{10} f(n) = {}_{11}\mathrm{C}_a$이다. 가능한 모든 자연수 a의 값의 합을 구하여라. (단, $n \geq 2$)

03-11 자연수 N에 대하여

$$N = 9^2 \times {}_4C_1 + 9^3 \times {}_4C_2 + 9^4 \times {}_4C_3 + 9^5 \times {}_4C_4$$

일 때, N의 각 자리의 숫자의 합은?

① 32   ② 34   ③ 36
④ 38   ⑤ 40

03-12 $x^n\left(x + \dfrac{1}{x^2}\right)^5$의 전개식에서 0이 아닌 상수항이 존재하기 위한 10 이하의 자연수 n의 값들의 합은?

① 20   ② 22   ③ 24
④ 26   ⑤ 28

03-13 $(1-x) + (1-x^2)^2 + (1-x^3)^3 + \cdots + (1-x^{20})^{20}$의 전개식에서 x^{20}의 계수는?

① -30 ② -10 ③ 0
④ 10   ⑤ 30

03-14 $({}_4C_0 + {}_4C_4) + ({}_5C_1 + {}_5C_4) + ({}_6C_2 + {}_6C_4) + ({}_7C_3 + {}_7C_4) + 2 \times {}_8C_4$의 값과 같은 것은?

① ${}_9C_5$ ② ${}_9C_6$ ③ ${}_9C_7$
④ ${}_{10}C_5$ ⑤ ${}_{10}C_6$

03-15 $(1+x)^{2n} = (1+x)^n (1+x)^n$의 전개식에서 x^n의 계수를 이용하여

$$({}_nC_0)^2 + ({}_nC_1)^2 + ({}_nC_2)^2 + \cdots + ({}_nC_n)^2$$

의 값과 같은 것을 구하면?

① 2^{2n} ② $({}_{2n}C_n)^3$ ③ ${}_{2n}C_n$
④ 3^n ⑤ ${}_{3n}C_n$

03-16 다항식 $(1+x)^n$을 x에 대한 오름차순으로 전개하였을 때, 16번째 항과 26번째 항의 계수가 같았다. ${}_n\mathrm{C}_0+{}_n\mathrm{C}_2+{}_n\mathrm{C}_4+\cdots+{}_n\mathrm{C}_n$의 값을 구하여라.

03-17 $(1+x)^n=\displaystyle\sum_{r=0}^{n}{}_n\mathrm{C}_r x^r$임을 이용하여 다음 물음에 답하여라.

(1) 12^{20}을 121로 나누었을 때의 나머지를 구하여라.

(2) 21^{21}의 일의 자리, 십의 자리, 백의 자리의 숫자를 각각 a, b, c라고 할 때, $a+b+c$의 값을 구하여라.

03-18 함수 $f(x)=a_0+a_1x+a_2x^2+\cdots+a_9x^9$에 대하여
$$f(x-1)=1+x+x^2+\cdots+x^9$$
이 성립할 때, a_2의 값을 구하여라. (단, $a_0, a_1, a_2, \cdots, a_9$는 상수이다.)

03-19 ${}_{20}\mathrm{C}_5\times{}_{10}\mathrm{C}_{10}+{}_{20}\mathrm{C}_6\times{}_{10}\mathrm{C}_9+{}_{20}\mathrm{C}_7\times{}_{10}\mathrm{C}_8+\cdots+{}_{20}\mathrm{C}_{14}\times{}_{10}\mathrm{C}_1+{}_{20}\mathrm{C}_{15}\times{}_{10}\mathrm{C}_0={}_a\mathrm{C}_b$일 때, 자연수 a, b에 대하여 $a+b$의 값을 구하여라.

03-20 다항식 $2(x+a)^n$의 전개식에서 x^{n-1}의 계수와 다항식 $(x-1)(x+a)^n$의 전개식에서 x^{n-1}의 계수가 같게 되는 모든 순서쌍 (a, n)에 대하여 an의 최댓값을 구하여라.
(단, a는 자연수이고, n은 $n\geq2$인 자연수이다.)

04

확률의 뜻과 성질

확률은 흥미롭게도 17세기에 도박의 승률을 계산하려 했던 수학자들의 관심에서 출발했습니다. 실생활에서도 로또의 당첨 확률, 야구 선수의 타율, 지하철을 5분 이상 기다릴 확률 등 다양한 확률이 존재합니다. 중학교 때 이미 확률의 정의와 경우의 수를 이용한 확률의 계산을 배웠지만, 이번 단원에서는 우리가 흔히 사용해 오던 확률을 수학적으로 엄밀하게 정의해 보고 확률의 여러 종류에 대해서도 공부해 보겠습니다.

01 시행과 사건

시행과 사건의 뜻을 알 수 있다.

02 확률의 뜻

① 통계적 확률과 수학적 확률의 의미를 이해한다.
② 확률의 기본 성질을 이해한다.

03 확률의 덧셈정리

① 확률의 덧셈정리를 이해하고, 이를 활용할 수 있다.
② 여사건의 확률의 뜻을 알고, 이를 활용할 수 있다.

01 시행과 사건

1 시행과 사건

(1) 시행 : 같은 조건에서 반복할 수 있고 그 결과가 우연에 의하여 결정되는 관찰이나 실험

(2) 사건 : 어떤 시행에서 일어날 수 있는 모든 결과의 집합인 표본공간의 부분집합

2 배반사건과 여사건

표본공간 S의 부분집합인 두 사건 A, B에 대하여

(1) A와 B가 서로 배반사건 : 두 사건 A, B가 동시에 일어나지 않는다. $\Longleftrightarrow A \cap B = \varnothing$

(2) A의 여사건 : 사건 A가 일어나지 않는다. $\Longleftrightarrow A^c = S - A$

02 확률의 뜻

1 수학적 확률

어떤 시행에서 각 근원사건이 일어날 가능성이 같은 정도로 기대될 때, 표본공간 S의 원소의 개수를 $n(S)$, 사건 A의 원소의 개수를 $n(A)$라고 하면 사건 A가 일어날 확률 $\mathrm{P}(A)$는

$$\mathrm{P}(A) = \frac{n(A)}{n(S)} = \frac{(\text{사건 } A \text{가 일어날 경우의 수})}{(\text{일어날 수 있는 모든 경우의 수})}$$

2 확률의 기본 성질

(1) 임의의 사건 A에 대하여 $0 \leq \mathrm{P}(A) \leq 1$

(2) 전사건 S에 대하여 $\mathrm{P}(S) = 1$

(3) 공사건 $\varnothing$에 대하여 $\mathrm{P}(\varnothing) = 0$

03 확률의 덧셈정리

1 확률의 덧셈정리

(1) 표본공간 S의 부분집합인 두 사건 A, B에 대하여

$$\mathrm{P}(A \cup B) = \mathrm{P}(A) + \mathrm{P}(B) - \mathrm{P}(A \cap B)$$

(2) 표본공간 S의 부분집합인 두 사건 A, B가 서로 배반사건일 때

$$\mathrm{P}(A \cup B) = \mathrm{P}(A) + \mathrm{P}(B)$$

2 여사건의 확률

표본공간 S의 부분집합인 사건 A의 여사건 A^c의 확률은

$$\mathrm{P}(A^c) = 1 - \mathrm{P}(A)$$

01 시행과 사건

1 시행과 사건

동전을 한 개 던지면 그 결과로 앞면, 뒷면 중 어느 하나가 나옵니다. 또한 4개의 윷짝을 던지면 그 결과로 도, 개, 걸, 윷, 모 중 어느 하나가 나옵니다.

이와 같이 동전이나 윷짝을 던지는 것처럼 같은 조건에서 여러 번 반복할 수 있고 그 결과가 우연에 의하여 결정되는 관찰이나 실험을 시행이라고 하며, 어떤 시행에서 일어날 수 있는 모든 결과 전체의 집합을 표본공간이라고 합니다. 표본공간(Sample space)은 보통 S로 나타냅니다. 또한 표본공간의 부분집합을 사건이라 하고, '사건 A가 일어난다.'는 것은 시행의 결과로 집합 A의 원소 중의 하나가 나온다는 것을 뜻합니다.

> **Example** 한 개의 주사위를 던져서 나오는 눈의 수를 관찰하는 실험은 시행이고, 이 시행에서 일어날 수 있는 모든 결과는 1, 2, 3, 4, 5, 6의 눈이 나오는 것이므로 표본공간을 S라고 하면
> $$S=\{1, 2, 3, 4, 5, 6\}$$
> 입니다. 또한 이 시행에서 '1의 눈이 나온다.', '짝수의 눈이 나온다.' 등은 사건이며, 이 두 사건을 각각 A, B라고 하면
> $$A=\{1\},\ B=\{2, 4, 6\}$$
> 과 같이 나타낼 수 있습니다.
> 이때, $A \subset S$, $B \subset S$입니다.

이와 같이 사건과 집합을 대응시키면 편리합니다.

특히, 위의 **Example** 에서 집합 A와 같이 표본공간의 부분집합 중에서 한 개의 원소로 이루어진 사건을 근원사건이라고 합니다. 표본공간은 집합으로 나타낼 때, 전체집합과 같은 뜻을 가지고 있습니다.

또한 표본공간 S 자신의 집합 $\{1, 2, 3, 4, 5, 6\}$을 전사건이라 하고, 공집합 $\varnothing$에 대응되는 사건을 공사건이라고 합니다. 즉, 전사건은 반드시 일어나는 사건이며, 공사건은 절대로 일어나지 않는 사건입니다.

> **Example** 한 개의 주사위를 던지는 시행에서 근원사건은 $\{1\}$, $\{2\}$, $\{3\}$, $\{4\}$, $\{5\}$, $\{6\}$입니다.
> 또한 '6 이하의 눈이 나오는 사건'은 전사건이고, '7의 눈이 나오는 사건'은 공사건입니다.

1 시행 : 같은 조건에서 여러 번 반복할 수 있고 그 결과가 우연에 의하여 결정되는 관찰이나 실험
2 표본공간 : 어떤 시행에서 일어날 수 있는 모든 결과 전체의 집합
3 사건 : 시행의 결과 (표본공간의 부분집합)
4 근원사건 : 표본공간의 부분집합 중에서 한 개의 원소로 이루어진 사건
5 전사건 : 어떤 시행에서 반드시 일어나는 사건 (표본공간)
6 공사건 : 어떤 시행에서 절대로 일어나지 않는 사건

② 합사건과 곱사건

한 개의 주사위를 던지는 시행에서 다음의 사건 A와 사건 B를 생각해 봅시다.

사건 A : 홀수의 눈이 나오는 사건 ➡ $A=\{1,\ 3,\ 5\}$

사건 B : 소수의 눈이 나오는 사건 ➡ $B=\{2,\ 3,\ 5\}$

그러면 이 사건들로부터 다음과 같은 새로운 사건을 생각할 수 있습니다.

사건 C : 홀수 또는 소수의 눈이 나오는 사건 ➡ $C=\{1,\ 2,\ 3,\ 5\}$

사건 D : 홀수이면서 소수의 눈이 나오는 사건 ➡ $D=\{3,\ 5\}$

위에서 나열한 네 사건의 상호관계를 생각하면 사건 C는 '사건 A 또는 사건 B가 일어나는 사건'을 말하는 것이고, 사건 D는 '사건 A와 사건 B가 동시에 일어나는 사건'을 의미합니다.

일반적으로 표본공간 S의 부분집합인 두 사건 A, B에 대하여 A 또는 B가 일어나는 사건을 A와 B의 합사건이라 하고, A와 B가 동시에 일어나는 사건을 A와 B의 곱사건이라고 합니다.

이때, 사건을 주어진 시행에 대한 표본공간의 부분집합으로 표현할 수 있듯이, 둘 이상의 사건으로 이루어지는 합사건과 곱사건도 집합을 이용하여 표현할 수 있습니다.

앞의 예를 각각 집합으로 나타내면

사건 A와 사건 B의 합사건 C

➡ $C=\{1,\ 2,\ 3,\ 5\}=\{1,\ 3,\ 5\}\cup\{2,\ 3,\ 5\}=A\cup B$

사건 A와 사건 B의 곱사건 D

➡ $D=\{3,\ 5\}=\{1,\ 3,\ 5\}\cap\{2,\ 3,\ 5\}=A\cap B$

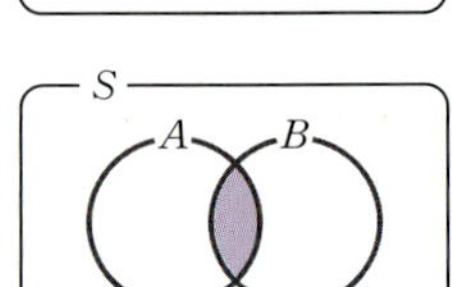

입니다. 즉, 사건 A와 사건 B의 합사건은 $A\cup B$, 사건 A와 사건 B의 곱사건은 $A\cap B$입니다.

따라서 두 사건의 합사건은 각 사건을 나타내는 집합의 합집합에 대응되고, 곱사건은 각 사건을 나타내는 집합의 교집합에 대응됩니다.

표본공간 S의 부분집합인 두 사건 A, B에 대하여

1　A와 B의 합사건 : A 또는 B가 일어나는 사건 $\Longleftrightarrow A \cup B$

2　A와 B의 곱사건 : A와 B가 동시에 일어나는 사건 $\Longleftrightarrow A \cap B$

Plus+

전체집합 U의 두 부분집합 A, B에 대하여

(1) 합집합 : $A \cup B = \{x \,|\, x \in A$ 또는 $x \in B\}$

(2) 교집합 : $A \cap B = \{x \,|\, x \in A$ 그리고 $x \in B\}$

3　배반사건과 여사건

표본공간 S의 부분집합인 두 사건 A, B에 대하여

$$A \cap B = \varnothing$$

일 때, 즉 두 사건 A, B가 동시에 일어나지 않을 때, A와 B는 서로 **배반**이라 하고, 이 두 사건을 서로 **배반사건**이라고 합니다.

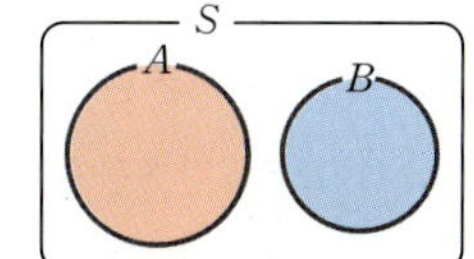

Example　한 개의 주사위를 던지는 시행에서 짝수의 눈이 나오는 사건을 A, 3의 눈이 나오는 사건을 B라고 하면 $A = \{2, 4, 6\}$, $B = \{3\}$에서

$$A \cap B = \varnothing$$

이므로 두 사건 A, B는 서로 배반사건입니다.

또한 어떤 사건 A에 대하여 A가 일어나지 않는 사건을 A의 **여사건**이라 하고, 이것을 기호로 A^C와 같이 나타냅니다.

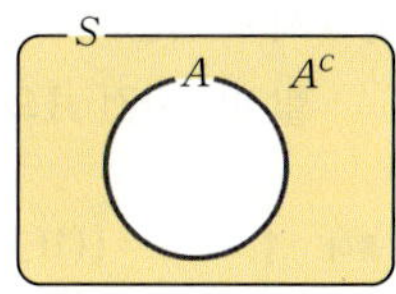

Example　한 개의 주사위를 던지는 시행에서 짝수의 눈이 나오는 사건 A의 여사건은

'짝수의 눈이 나오지 않는 사건' $\Longleftrightarrow$ '홀수의 눈이 나오는 사건'

입니다. 이를 집합으로 표현하면 $A = \{2, 4, 6\}$의 여사건은 $A^C = \{1, 3, 5\}$가 됩니다.

한편, 사건 A가 일어나면서 동시에 일어나지 않을 수는 없겠죠? 즉, 사건 A와 그 여사건 A^C는 $A \cap A^C = \varnothing$이므로 서로 배반사건입니다.

표본공간 S의 부분집합인 두 사건 A, B에 대하여

1 A와 B가 서로 배반사건 :

　두 사건 A, B가 동시에 일어나지 않는다. $\Longleftrightarrow A \cap B = \varnothing$

2 A의 여사건 : 사건 A가 일어나지 않는다. $\Longleftrightarrow A^C = S - A$

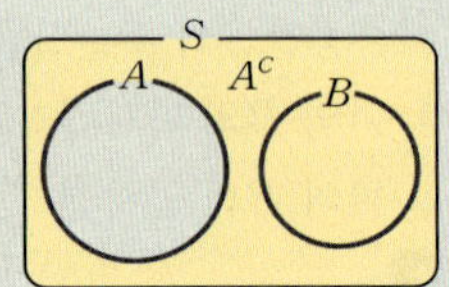

Plus+

일반적으로 어떤 사건과 그 사건의 여사건은 반드시 서로 배반사건이지만, 역으로 배반사건인 두 사건이 반드시 그 사건의 여사건인 것은 아니다. 예를 들어, 한 개의 주사위를 던지는 시행에서 짝수의 눈이 나오는 사건을 A, 3의 눈이 나오는 사건을 B라고 하면 $A=\{2, 4, 6\}$, $B=\{3\}$일 때, $A \cap B = \varnothing$이므로 두 사건 A, B는 서로 배반사건이지만 $\underset{\llcorner \{1,\, 3,\, 5\}}{A^C} \neq B$이므로 사건 B는 사건 A의 여사건이 아니다.

개념 콕콕

1 동전의 앞면을 H, 뒷면을 T라고 하자. 한 개의 동전을 2회 던지는 시행에서 첫 번째에 앞면이 나오고 두 번째에 뒷면이 나오는 시행의 결과를 (H, T)와 같이 나타내기로 할 때, 다음 물음에 답하여라.

(1) 표본공간 S를 구하여라.

(2) 앞면이 적어도 한 번 나오는 사건 A를 구하여라.

2 1부터 12까지의 자연수가 각 면에 하나씩 적혀 있는 정십이면체를 던져 윗면에 적힌 수를 읽는 시행에서 소수가 나오는 사건을 A, 12의 약수가 나오는 사건을 B라고 할 때, 사건 A와 사건 B의 합사건과 곱사건을 구하여라.

3 한 개의 주사위를 던지는 시행에서 홀수의 눈이 나오는 사건을 A라고 할 때, 사건 A와 배반인 사건을 모두 구하고 그 개수를 구하여라.

4 서로 다른 두 개의 주사위를 동시에 던지는 시행에서 두 눈의 수의 합이 10 이하인 사건을 A라고 할 때, 사건 A의 여사건을 구하여라.

풀이　**1** (1) $S = \{(H, H), (H, T), (T, H), (T, T)\}$

　　(2) $A = \{(H, H), (H, T), (T, H)\}$

2 표본공간 S와 두 사건 A, B를 집합으로 나타내면

$$S = \{1, 2, 3, \cdots, 12\}, \ A = \{2, 3, 5, 7, 11\}, \ B = \{1, 2, 3, 4, 6, 12\}$$

이므로 사건 A와 사건 B의 합사건은 $A \cup B = \{1, 2, 3, 4, 5, 6, 7, 11, 12\}$, 곱사건은 $A \cap B = \{2, 3\}$

3 표본공간 $S = \{1, 2, 3, 4, 5, 6\}$에 대하여 홀수의 눈이 나오는 사건 A는 $A = \{1, 3, 5\}$

이때, 사건 A의 여사건은 $A^C = \{2, 4, 6\}$이므로 $A \cap A^C = \varnothing$

즉, 사건 A와 여사건 A^C는 서로 배반사건이므로 사건 A와 배반인 사건은 여사건 A^C의 부분집합

$$\varnothing, \ \{2\}, \ \{4\}, \ \{6\}, \ \{2, 4\}, \ \{2, 6\}, \ \{4, 6\}, \ \{2, 4, 6\}$$

이고, 사건 A와 배반인 사건의 개수는 8이다.

4 사건 A의 여사건은 두 눈의 수의 합이 10보다 큰 사건이므로 $A^C = \{(5, 6), (6, 5), (6, 6)\}$

① 수학적 확률

일반적으로 어떤 사건이 일어날 가능성의 정도를 수치로 나타낸 것을 그 사건이 일어날 확률이라고 합니다. 이때, 어떤 사건이 드물게 일어나면 확률이 낮다고 말하고, 자주 일어나면 확률이 높다고 말합니다. 또한 확률의 값은 계속 커지거나 작아지는 것이 아니라 0에서 1까지의 값으로만 나타납니다.

한편, 사건 A가 일어날 확률을 기호로 $\mathrm{P}(A)$와 같이 나타내는데, $\mathrm{P}(A)$의 P는 확률을 뜻하는 Probability의 첫 글자입니다.

사건 A가 일어날 확률 $\mathrm{P}(A)$를 수학적으로 표현해 보도록 하겠습니다.

예를 들어, 한 개의 주사위를 던지는 시행에서 짝수의 눈이 나오는 경우를 사건 A라고 할 때, 사건 A의 확률 $\mathrm{P}(A)$의 값은 $\frac{1}{2}$이 될 것이라고 직관적으로 쉽게 생각할 수 있습니다. 그럼 이 값이 나온 과정을 수학적으로 추론해 보면 다음과 같이 단계별로 나타낼 수 있을 것입니다.

❶ 정육면체 모양의 주사위의 눈의 수는 모두 여섯 개입니다.

❷ 어떤 눈이든 나올 가능성은 모두 같습니다.

❸ 짝수의 눈은 2, 4, 6의 세 개입니다.

❹ 구하는 확률은 $\frac{3}{6}$, 즉 $\frac{1}{2}$이 될 것입니다.

위와 같은 추론의 과정에서 가장 중요한 부분은 바로 ❷의 내용입니다. 각각의 눈이 나올 것으로 기대되는 정도가 서로 다르다면 위와 같은 방법으로 확률을 구할 수 없기 때문입니다. 이처럼 어떤 시행에서 각 근원사건이 일어날 가능성이 모두 같다고 생각될 때, 이 근원사건은 같은 정도로 기대된다고 말합니다. 그리고 앞으로 특별한 말이 없는 한 어떤 시행에서 일어날 수 있는 각 근원사건들이 일어날 가능성은 같은 정도로 기대된다고 생각합시다.

이제 수학적 확률을 정의해 봅시다. 어떤 시행에서 표본공간 S가 n개의 근원사건으로 이루어져 있고, 각 근원사건이 일어날 가능성이 모두 같은 정도로 기대될 때, 사건 A가 r개의 근원사건으로 이루어져 있으면 사건 A가 일어날 확률 $\mathrm{P}(A)$를

$$\mathrm{P}(A)=\frac{n(A)}{n(S)}=\frac{\text{(사건 } A \text{가 일어날 경우의 수)}}{\text{(일어날 수 있는 모든 경우의 수)}}$$

와 같이 정의하고, 이것을 사건 A의 **수학적 확률**이라고 합니다.

 앞의 예를 수학적 확률로 살펴보면 한 개의 주사위를 던질 때, 표본공간 $S=\{1, 2, 3, 4, 5, 6\}$
이고, 짝수의 눈이 나오는 사건 $A=\{2, 4, 6\}$이므로

$$n(S)=6,\ n(A)=3$$

따라서 사건 A가 일어날 수학적 확률은 $\mathrm{P}(A)=\dfrac{n(A)}{n(S)}=\dfrac{3}{6}=\dfrac{1}{2}$입니다.

Bible Point　수학적 확률

어떤 시행에서 각 근원사건이 일어날 가능성이 같은 정도로 기대될 때, 표본공간 S의 원소의 개수를 $n(S)$, 사건 A의 원소의 개수를 $n(A)$라고 하면 사건 A가 일어날 확률 $\mathrm{P}(A)$는

$$\mathrm{P}(A)=\frac{n(A)}{n(S)}=\frac{\text{(사건 } A \text{가 일어날 경우의 수)}}{\text{(일어날 수 있는 모든 경우의 수)}}$$

2 확률의 기본 성질

이제부터는 어떤 시행에서 일어날 수 있는 모든 경우의 집합 S의 각 원소가 일어날 가능성이 모두 같은 경우에 대하여만 생각하기로 하였습니다. 어떤 시행에서 임의의 사건 A를 생각할 때, 사건 A는 표본공간 S의 부분집합이므로 $\varnothing \subset A \subset S$입니다. 공사건, 즉 절대로 일어나지 않는 사건은 $\varnothing$입니다.

이때, 집합의 원소의 개수의 관계도 같으므로 $0 \leq n(A) \leq n(S)$가 성립합니다.

이 부등식의 각 변을 $n(S)$로 나누면

$$0 \leq \frac{n(A)}{n(S)} \leq 1 \qquad \therefore\ 0 \leq \mathrm{P}(A) \leq 1$$

처음 이야기할 때 언급했던 '확률은 0에서 1까지의 값으로 나타난다.' 는 것을 수학적으로 확인한 셈입니다.

특히, 사건 A가 반드시 일어나는 전사건일 때, 즉 $A=S$일 때

$$\mathrm{P}(A)=\frac{n(S)}{n(S)}=1$$

또한 사건 A가 절대로 일어나지 않는 공사건일 때, 즉 $A=\varnothing$일 때

$$\mathrm{P}(A)=\frac{n(\varnothing)}{n(S)}=0 \quad \leftarrow n(\varnothing)=0$$

1 임의의 사건 A에 대하여 $0 \le P(A) \le 1$
2 전사건 S에 대하여 $P(S) = 1$
3 공사건 $\varnothing$에 대하여 $P(\varnothing) = 0$

약점 휘어잡기   근원사건의 기대 정도가 같아야 한다!

확률의 정의에서 각 근원사건이 일어날 가능성이 같아야 하는데, 이것 때문에 순열, 조합과 확률 사이에 미묘한 차이가 생깁니다.

서로 다른 n개 중에서 r개를 뽑는 것이 조합이므로 A, B, C 중에서 1개를 뽑는 방법의 수는

$$\text{ⒶB C} \qquad \text{AⒷC} \qquad \text{A BⒸ} \qquad \Rightarrow \ {}_3C_1$$

하지만 서로 같은 흰 공 3개 중에서 1개를 뽑는 방법의 수는 1입니다. 즉, 다음은 서로 같은 경우가 됩니다.

$$\Rightarrow 1 \qquad \cdots\cdots \ \boxed{ㄱ}$$

한편, 확률에서는 오른쪽 그림과 같이 흰 공 2개, 검은 공 1개가 들어 있는 주머니에서 한 개의 공을 임의로 꺼낼 때, 흰 공이 나올 확률은

$$\frac{{}_2C_1}{{}_3C_1} = \frac{2}{3}$$

가 됩니다. 이때, 흰 공 2개 중에서 1개의 흰 공을 꺼내는 방법의 수를 ${}_2C_1$이라고 계산하는데, 이것은 ㄱ과 분명한 차이가 있습니다.

여기서 주머니 속에 흰 공과 검은 공 2종류의 공이 있고 그중에 흰 공을 뽑는 것이라 하여 흰 공이 나올 확률을 $\frac{1}{2}$이라고 하면 안 됩니다. 확률에서는 확률의 분모를 이루는 표본공간의 근원사건의 기대 정도가 같아야 하는데, 확률을 $\frac{1}{2}$이라고 할 때의 근원사건은 흰 공과 검은 공으로 두 근원사건의 기대 정도가 다르기 때문입니다.

즉, 주머니 속에 흰 공 2개와 검은 공 1개, 총 3개의 공이 있는데, 각각의 공이 뽑힐 가능성이 같으므로 흰 공이 나올 확률은 $\dfrac{{}_2C_1}{{}_3C_1} = \dfrac{2}{3}$입니다.

마찬가지 방법으로 각 면에 1, 1, 1, 2, 2, 3의 숫자가 하나씩 적혀 있는 정육면체 모양의 상자를 던져 윗면에 적힌 수를 읽기로 할 때, 홀수가 나올 확률은 $\dfrac{{}_4C_1}{{}_6C_1} = \dfrac{4}{6} = \dfrac{2}{3}$입니다.

3 통계적 확률

수학적 확률은 어떤 시행의 각 경우가 일어날 가능성이 같은 정도로 기대된다는 가정 아래에서 정의하였습니다. 그러나 실제로 자연 현상이나 사회 현상 중에는 어떤 사건이 일어날 가능성이 같은 정도일 것이라고 기대할 수 없는 경우들이 많습니다.

예를 들어, 윷짝은 동전과 달리 안쪽 면과 바깥쪽 면이 대칭적인 모양이 아니므로 윷짝 한 개를 던질 때 두 면이 나올 가능성이 같다고 기대하기 어렵습니다. 이러한 경우에는 실제로 윷짝을 던지는 시행을 여러 번 반복하면서 얻은 결과를 관찰하여 전체적인 경향을 짐작할 수 있습니다.

다음 표는 윷짝 한 개를 던져서 안쪽 면이 나온 횟수와 그 상대도수를 조사한 것입니다.

던진 횟수	100	200	300	400	…	1000
안쪽 면이 나온 횟수	66	131	192	248	…	610
상대도수	0.66	0.655	0.64	0.62	…	0.61

위의 표에 의하면 시행 횟수가 커짐에 따라 안쪽 면이 나오는 경우의 상대도수는 대략 0.6에 가까워집니다. 따라서 윷짝 한 개를 한 번 던질 때 안쪽 면이 나오는 사건을 A라고 하면 $P(A)=0.6$이라고 생각할 수 있습니다.

일반적으로 같은 시행을 n번 반복하여 사건 A가 일어난 횟수를 r_n이라고 할 때, n을 한없이 크게 하면 그 상대도수 $\dfrac{r_n}{n}$은 일정한 값 p에 점점 가까워집니다. 이 일정한 값 p를 사건 A의 **통계적 확률**이라고 합니다.

특정한 시기에 비가 올 확률, 20세의 남자가 앞으로 50년간 생존할 확률, 공장에서 불량품이 생산될 확률 등은 고려해야 할 여러 가지 요소가 복잡하게 얽혀 있기 때문에 수학적 확률로 구할 수 없습니다. 이때에는 과거의 경험과 통계 자료를 바탕으로 확률을 정할 수 있으며, 이와 같은 의미에서 통계적 확률을 경험적 확률이라고 부르기도 합니다.

그럼 통계적 확률과 수학적 확률의 관계는 어떠할까요?

주사위 한 개를 던져서 1의 눈이 나올 확률은 수학적 확률로는 $\dfrac{1}{6}$이지만, 통계적 확률로는 정확히 $\dfrac{1}{6}$이 아닐 수도 있습니다. 예를 들어, 주사위 한 개를 6번 던진다고 가정했을 때, 수학적 확률에 따라 1의 눈이 정확히 $6 \times \dfrac{1}{6} = 1$(번) 나오지는 않습니다. 한 번도 안 나올 때도 있고, 두 번이나 세 번 나올 때도 있습니다.

그런데 만약 주사위 한 개를 100번, 1000번, 10000번, …과 같이 던지는 횟수를 크게 하여 1의 눈이 나오는 경우를 살펴보면 어떻게 될까요? 아마도 구한 확률이 $\dfrac{1}{6}$에 가까워질 것이라고 추측할 수 있습니다.

수학자들은 이 추측이 맞는지 틀렸는지를 증명했는데, 그 결과 시행의 횟수를 크게 하면 할수록 통계적 확률이 수학적 확률의 값 $\dfrac{1}{6}$에 점점 가까워진다는 것을 알아냈습니다.

이와 같이 어떤 시행의 횟수를 한없이 크게 하면 통계적 확률이 수학적 확률에 가까워지는 것을 일컬어 큰 수의 법칙이라고 합니다. 큰 수의 법칙에 대한 자세한 설명은 **06 이산확률분포**에서 살펴보도록 하겠습니다.

따라서 시행의 횟수가 크면 클수록 우리는 수학적인 방법을 이용해서 실제 사건이 일어날 확률을 더 정확히 예측할 수 있습니다.

Bible Point 통계적 확률

동일한 조건에서 같은 시행을 n번 반복하여 사건 A가 일어난 횟수를 r_n이라고 할 때, n의 값을 한없이 크게 하면 상대도수 $\dfrac{r_n}{n}$이 일정한 값 p에 가까워진다. 이때, 이 일정한 값 p를 사건 A의 통계적 확률이라고 한다. 즉, 사건 A의 통계적 확률 $\mathrm{P}(A)$는

$$\mathrm{P}(A)=\dfrac{r_n}{n}$$

Plus+

현실적으로 시행의 횟수는 유한 번으로 끝내야 하므로 보통 n이 충분히 클 때의 상대도수 $\dfrac{r_n}{n}$을 통계적 확률 p로 간주한다.

---

4 기하학적 확률

앞에서 배운 수학적 확률에서의 예들은 표본공간과 사건이 $\{1, 2, 3, 4, 5, 6\}$ 혹은 $\{1, 3, 5\}$ 등과 같이 모두 원소나열법으로 표현이 가능한 경우였습니다.

이번에는 오른쪽 그림과 같이 수직선 위에 길이가 10인 선분 AB가 있고, 이 선분 위에 길이가 3인 선분 CD가 있을 때, 선분 AB 위의 임의의 점 P가 선분 CD 위에 있을 확률 p를 구해 봅시다.

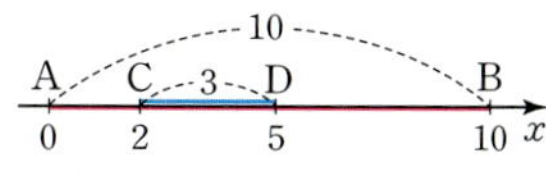

이 경우 표본공간은 선분 AB 위에 있는 임의의 점을 말합니다. 즉, 표본공간 S는

$$S=\{x\,|\,0\leq x\leq 10\}$$

이 되고, 마찬가지로 점 P를 잡을 때 그것이 선분 CD 위에 있는 경우를 집합 A로 표현하면

$$A=\{x\,|\,2\leq x\leq 5\}$$

가 됩니다.

수학적 확률의 정의에 의하여 확률의 계산을 위해서는 $n(S)$와 $n(A)$를 각각 구해야 합니다. 그런데 두 집합 S, A 모두 원소나열법으로 나타낼 수 없는 무수히 많은 수들로 이루어져 있으므로 원소의 개수를 셀 수 없습니다. 이런 경우에는 $n(S)$와 $n(A)$ 대신 각각의 집합이 나타내는 길이를 사용하여 확률 p를

$$p=\frac{(\overline{\mathrm{CD}}\text{의 길이})}{(\overline{\mathrm{AB}}\text{의 길이})}=\frac{3}{10}$$

과 같이 구합니다.

다른 예로 오른쪽 그림과 같이 전체 넓이가 $80\ \mathrm{cm}^2$인 과녁에 화살을 한 번 쏘았을 때, 10점을 받을 확률을 구해 봅시다. (단, 10이 적힌 영역의 넓이는 $5\ \mathrm{cm}^2$이고, 화살을 쏘았을 때 화살은 경계선에 꽂히지 않고 과녁을 맞히지 못하는 경우는 없습니다.)

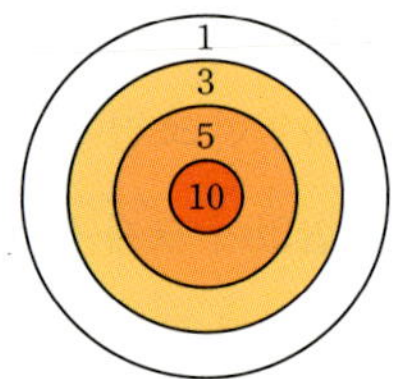

이 경우 표본공간은 과녁 위에 있는 전체 영역을 의미하며, 10점을 받으려면 과녁 위의 10이 적힌 영역을 맞혀야 합니다. 따라서 구하는 확률 p는

$$p=\frac{(10\text{점을 받을 수 있는 영역의 넓이})}{(\text{과녁 전체의 넓이})}=\frac{5}{80}=\frac{1}{16}$$

입니다.

이와 같이 길이, 넓이, 시간 등 경우의 수가 무한히 많아서 그 수를 측정하기 불가능할 때의 확률은 다음과 같이 기하학적 확률의 개념을 이용하여 구하면 됩니다.

Bible Point 기하학적 확률

연속적인 변량을 크기로 가지는 표본공간의 영역 S에서 각각의 점을 잡을 가능성이 같은 정도로 기대될 때, 영역 S에 포함되어 있는 영역 A에 대하여 영역 S에서 임의로 잡은 점이 영역 A에 포함될 확률 $\mathrm{P}(A)$는

$$\mathrm{P}(A)=\frac{(\text{영역 } A\text{의 크기})}{(\text{영역 } S\text{의 크기})}$$

1 한 개의 주사위를 던질 때, 다음 물음에 답하여라.

(1) 소수의 눈이 나올 확률을 구하여라.

(2) 4 이하의 눈이 나올 확률을 구하여라.

2 집합 $A=\{1,\ 2,\ 3\}$의 부분집합 중에서 임의로 하나의 부분집합을 택할 때, 원소 1이 포함되어 있을 확률을 구하여라.

3 흰 공이 5개 들어 있는 주머니에서 임의로 공 한 개를 꺼낼 때, 다음 물음에 답하여라.

(1) 흰 공이 나올 확률을 구하여라.

(2) 검은 공이 나올 확률을 구하여라.

4 어떤 프로 야구 선수가 100번의 타격 기회에서 15번의 홈런을 쳤다는 기록이 있다. 이 선수가 타석에 들어서서 홈런을 칠 확률 p를 구하여라.

5 Cool 백화점에서는 매시 15분, 30분, 50분에 셔틀 버스를 출발시켜 손님에게 편의를 제공하고 있다. 출발 시각을 모르는 고객이 Cool 백화점에서 용무를 끝낸 후 우연히 셔틀 버스를 탈 때까지 기다리는 시간이 5분 이내일 확률을 구하여라.

풀이 **1** 한 개의 주사위를 던져서 나오는 모든 경우의 수는 6이다.

(1) 소수의 눈이 나오는 경우는 2, 3, 5이므로 구하는 확률은 $\dfrac{3}{6}=\dfrac{1}{2}$

(2) 4 이하의 눈이 나오는 경우는 1, 2, 3, 4이므로 구하는 확률은 $\dfrac{4}{6}=\dfrac{2}{3}$

2 집합 A의 모든 부분집합의 개수는 $2^3=8$

원소 1을 포함하는 부분집합의 개수는 $2^{3-1}=2^2=4$

따라서 구하는 확률은 $\dfrac{4}{8}=\dfrac{1}{2}$

3 (1) 흰 공이 나오는 사건은 전사건이므로 구하는 확률은 **1**이다.

(2) 검은 공이 나오는 사건은 공사건이므로 구하는 확률은 **0**이다.

4 100번의 타격 기회에서 15번의 홈런을 쳤으므로 홈런을 칠 확률 p는 $p=\dfrac{15}{100}=\dfrac{3}{20}$

5

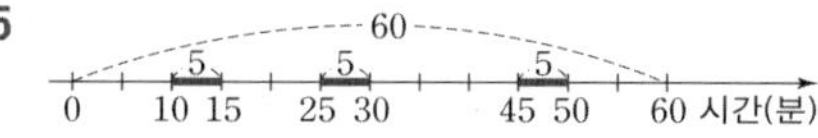

위의 그림에서 셔틀 버스를 기다리는 시간이 5분 이내인 곳은 수직선 위의 굵은 선 부분이므로 구하는 확률은

$$\dfrac{5\times 3}{60}=\dfrac{1}{4}$$

예제 01

다음 물음에 답하여라.

(1) 1, 2, 3, 4, 5, 6의 6개의 숫자가 있다. 이것을 모두 일렬로 나열할 때, 1과 3 사이에 2개의 짝수만이 들어갈 확률을 구하여라.

(2) 5개의 숫자 0, 1, 2, 3, 4에서 서로 다른 4개의 숫자를 택하여 네 자리 자연수를 만들 때, 이 수가 4의 배수일 확률을 구하여라.

접근 방법

순열을 이용하여 전체 경우의 수를 구한 후에, 분자에 해당하는 경우의 수를 구하면 됩니다.

> **Bible**
> $$(\text{확률}) = \frac{(\text{특정한 사건이 일어날 경우의 수})}{(\text{일어날 수 있는 모든 경우의 수})}$$

상세 풀이

(1) 6개의 숫자를 일렬로 나열하는 방법의 수는 $6!$

(i) 3개의 짝수 중에서 1과 3 사이에 들어갈 2개의 짝수를 뽑아 나열하는 방법의 수는 $_3P_2$

(ii) 1과 3을 나열하는 방법의 수는 $2!$

(iii) 1과 3, 그리고 그 사이에 들어가는 2개의 짝수를 묶어서 한 묶음으로 보고, 이것과 남은 숫자 2개를 함께 일렬로 나열하는 방법의 수는 $3!$

(i)~(iii)에서 1과 3 사이에 2개의 짝수만 들어가도록 6개의 숫자를 나열하는 방법의 수는 $_3P_2 \times 2! \times 3!$

따라서 구하는 확률은 $\dfrac{_3P_2 \times 2! \times 3!}{6!} = \dfrac{(3 \times 2) \times 2}{6 \times 5 \times 4} = \dfrac{1}{10}$

(2) 맨 앞자리는 0이 아니어야 하므로 만들 수 있는 네 자리 자연수의 개수는 $4 \times _4P_3 = 96$

(i) □□04인 경우 $_3P_2 = 3 \times 2 = 6$

(ii) □□12인 경우 천의 자리에 0이 올 수 없으므로 $2 \times 2 = 4$

(iii) □□20인 경우 $_3P_2 = 3 \times 2 = 6$

(iv) □□24인 경우 천의 자리에 0이 올 수 없으므로 $2 \times 2 = 4$

(v) □□32인 경우 천의 자리에 0이 올 수 없으므로 $2 \times 2 = 4$

(vi) □□40인 경우 $_3P_2 = 3 \times 2 = 6$

(i)~(vi)에서 만들 수 있는 4의 배수인 네 자리 자연수의 개수는 $6 + 4 + 6 + 4 + 4 + 6 = 30$

따라서 구하는 확률은 $\dfrac{30}{96} = \dfrac{5}{16}$

정답 ➡ (1) $\dfrac{1}{10}$ (2) $\dfrac{5}{16}$

보충 설명

참고로 이웃하지 않을 때의 순열의 수는 이웃해도 되는 것을 먼저 배열하여 구합니다. 즉,
(이웃해도 되는 것을 먼저 배열한 경우의 수) × (이웃하면 안 되는 것을 그 사이사이와 양 끝에 배열한 경우의 수)

이웃할 때의 순열의 수는 이웃하는 것을 하나로 묶어서 구합니다. 즉,
(한 묶음으로 생각하여 구한 순열의 수) × (한 묶음 안에서의 순열의 수)

숫자 바꾸기

01-1 다음 물음에 답하여라.

(1) 1, 2, 3, 4, 5, 6, 7의 7개의 숫자가 있다. 이것을 모두 일렬로 나열할 때, 2와 4 사이에 2개의 홀수만이 들어갈 확률을 구하여라.

(2) 5개의 숫자 0, 1, 3, 5, 7에서 서로 다른 4개의 숫자를 택하여 네 자리 자연수를 만들 때, 이 수가 5의 배수일 확률을 구하여라.

표현 바꾸기

◆ 보충 설명

01-2 태윤이를 포함한 남학생 4명과 상영이를 포함한 여학생 4명이 일렬로 서려고 한다. 남학생이 맨 앞에 서고 남학생과 여학생이 교대로 설 때, 태윤이와 상영이가 이웃할 확률을 구하여라.

개념 넓히기 ★★☆

01-3 상훈이를 포함한 5명의 학생이 쪽지시험을 본 후, 5장의 답안지를 섞은 다음에 임의로 하나씩 뽑는다. 상훈이만 자신의 답안지를 뽑고 나머지 4명은 다른 학생의 답안지를 뽑을 확률을 구하여라.

정답 **01-1** (1) $\dfrac{4}{35}$ (2) $\dfrac{7}{16}$ **01-2** $\dfrac{7}{16}$ **01-3** $\dfrac{3}{40}$

예제 02

다음 물음에 답하여라.

(1) BANANA의 6개의 문자 B, A, N, A, N, A를 일렬로 나열할 때, 두 개의 N이 서로 이웃할 확률을 구하여라.

(2) 부모를 포함하여 5명의 가족이 원탁에 둘러앉을 때, 부모가 서로 이웃하여 앉을 확률을 구하여라. (단, 회전하여 일치하는 것은 같은 것으로 본다.)

접근 방법

(1) 같은 것이 있는 순열을 이용하여 전체 경우의 수를 구한 후에, 분자에 해당하는 경우의 수를 구하면 됩니다.

(2) 원순열을 이용하여 전체 경우의 수를 구한 후에, 분자에 해당하는 경우의 수를 구하면 됩니다.

> **Bible**
> $(확률) = \dfrac{(특정한\ 사건이\ 일어날\ 경우의\ 수)}{(일어날\ 수\ 있는\ 모든\ 경우의\ 수)}$

상세 풀이

(1) B, A, N, A, N, A를 일렬로 나열하는 경우의 수는 $\dfrac{6!}{3!2!} = 60$

$$B,\ A,\ \boxed{N\ N},\ A,\ A$$

두 개의 N을 하나로 묶어서 일렬로 나열하는 경우의 수는 $\dfrac{5!}{3!} = 20$

따라서 구하는 확률은 $\dfrac{20}{60} = \dfrac{1}{3}$

(2) 5명이 원탁에 둘러앉는 방법의 수는

$$(5-1)! = 4! = 24$$

부모를 한 사람으로 생각하여 4명이 원탁에 둘러앉는 방법의 수는 $(4-1)! = 3!$이고, 부모가 서로 자리를 바꾸는 방법의 수는 $2!$이므로 부모가 서로 이웃하여 앉는 방법의 수는

$$3! \times 2! = 12$$

따라서 구하는 확률은 $\dfrac{12}{24} = \dfrac{1}{2}$

정답 ➡ (1) $\dfrac{1}{3}$ (2) $\dfrac{1}{2}$

보충 설명

(1) n개 중에서 서로 같은 것이 각각 p개, q개, $\cdots$, r개씩 있을 때, n개를 모두 일렬로 나열하는 순열의 수는

$$\dfrac{n!}{p!q!\cdots r!} \quad (단,\ p+q+\cdots+r=n)$$

(2) 서로 다른 n개를 원형으로 배열하는 원순열의 수는

$$n! \times \dfrac{1}{n} = (n-1)!$$

숫자 바꾸기

02-1 다음 물음에 답하여라.

(1) LOLLIPOP의 8개의 문자 L, O, L, L, I, P, O, P를 일렬로 나열할 때, 두 개의 P가 서로 이웃할 확률을 구하여라.

(2) 갑과 을을 포함한 7명이 원탁에 둘러앉을 때, 갑과 을이 서로 이웃하여 앉을 확률을 구하여라. (단, 회전하여 일치하는 것은 같은 것으로 본다.)

표현 바꾸기

02-2 B, I, B, L, E의 다섯 개의 문자를 일렬로 나열할 때, 모음은 모음끼리, 자음은 자음끼리 이웃하도록 일렬로 나열할 확률은?

① $\dfrac{1}{10}$ ② $\dfrac{1}{6}$ ③ $\dfrac{1}{5}$

④ $\dfrac{1}{4}$ ⑤ $\dfrac{1}{3}$

개념 넓히기 ★★★

◆ 다른 풀이

02-3 오른쪽 그림과 같이 15개의 자리가 있는 일자형 놀이기구에 5명이 타려고 할 때, 5명이 어느 누구와도 서로 이웃하지 않게 탈 확률은?

① $\dfrac{1}{26}$ ② $\dfrac{1}{13}$ ③ $\dfrac{3}{26}$

④ $\dfrac{2}{13}$ ⑤ $\dfrac{5}{26}$

정답 **02-1** (1) $\dfrac{1}{4}$ (2) $\dfrac{1}{3}$ **02-2** ③   **02-3** ④

예제 03

서로 다른 두 개의 주사위를 동시에 던질 때, 다음 물음에 답하여라.

(1) 두 눈의 수의 합이 10 이상일 확률을 구하여라.

(2) 한 주사위의 눈의 수가 다른 주사위의 눈의 수의 배수가 될 확률을 구하여라.

접근 방법

확률의 정의에서 각각의 근원사건이 일어날 가능성이 같으므로 '두 개의 주사위를 동시에 던질 때, 한 주사위의 눈의 수가 다른 주사위의 눈의 수의 배수가 될 확률'과 결과는 동일합니다.

'서로 다른 두 개의 주사위를 동시에 던질 때'가 구하는 확률의 분모에 해당하는데, 곱의 법칙에 의하여 전체 경우의 수는 $6 \times 6 = 36$입니다. 그 다음에 분자에 해당하는 것이 '~일 확률' 부분이므로 문제의 조건을 만족시키는 순서쌍을 모두 찾아서 그 개수를 구하면 됩니다.

Bible

n개의 주사위를 던질 때 $\Rightarrow$ (확률) $= \dfrac{(\text{특정한 사건이 일어날 경우의 수})}{6^n}$

상세 풀이

서로 다른 두 개의 주사위를 동시에 던질 때 일어날 수 있는 모든 경우의 수는 $6 \times 6 = 36$입니다.

(1) 두 눈의 수의 합이 10 또는 11 또는 12가 될 수 있으므로

　(ⅰ) 두 눈의 수의 합이 10인 경우 : $(4, 6)$, $(5, 5)$, $(6, 4)$ $\Rightarrow$ 3가지

　(ⅱ) 두 눈의 수의 합이 11인 경우 : $(5, 6)$, $(6, 5)$ $\Rightarrow$ 2가지

　(ⅲ) 두 눈의 수의 합이 12인 경우 : $(6, 6)$ $\Rightarrow$ 1가지

　(ⅰ)~(ⅲ)에서 $3 + 2 + 1 = 6$이므로 구하는 확률은 $\dfrac{6}{36} = \dfrac{1}{6}$

	1	2	3	4	5	6
1	2	3	4	5	6	7
2	3	4	5	6	7	8
3	4	5	6	7	8	9
4	5	6	7	8	9	10
5	6	7	8	9	10	11
6	7	8	9	10	11	12

(2) 한 주사위의 눈의 수가 다른 주사위의 눈의 수의 배수인 경우는

　(ⅰ) 두 눈의 수가 같은 경우

　　$(1, 1)$, $(2, 2)$, $(3, 3)$, $(4, 4)$, $(5, 5)$, $(6, 6)$ $\Rightarrow$ 6가지

　(ⅱ) 두 눈의 수가 다른 경우

　　$(1, 2)$, $(1, 3)$, $(1, 4)$, $(1, 5)$, $(1, 6)$, $(2, 4)$, $(2, 6)$, $(3, 6)$

　　$\Rightarrow$ 두 눈의 수가 서로 바뀌어 나오는 경우까지 생각하면

　　　$8 \times 2 = 16$(가지)

　(ⅰ), (ⅱ)에서 $6 + 16 = 22$이므로 구하는 확률은 $\dfrac{22}{36} = \dfrac{11}{18}$

	1	2	3	4	5	6
1	○	○	○	○	○	○
2	○	○		○		○
3	○		○			○
4	○	○		○		
5	○				○	
6	○	○	○			○

정답 $\Rightarrow$ (1) $\dfrac{1}{6}$　(2) $\dfrac{11}{18}$

보충 설명

주사위 두 개를 던질 때에 대한 경우의 수나 확률 문제를 풀 때에는 위의 풀이처럼 표의 가로, 세로에 1~6을 쓰고 그중에서 조건에 맞는 것을 찾아서 푸는 것이 편리합니다. 왜냐하면 순서쌍을 나열하는 경우에 간혹 빠뜨리고 세거나 두 눈의 수의 합이 10인 경우를 셀 때 '$(4, 6)$, $(5, 5)$의 2가지'와 같이 실수하는 경우가 많기 때문입니다.

숫자 바꾸기

03-1 서로 다른 두 개의 주사위를 동시에 던질 때, 다음 물음에 답하여라.

(1) 두 눈의 수의 곱이 완전제곱수가 될 확률을 구하여라.

(2) 두 눈의 수의 차가 3 이상일 확률을 구하여라.

표현 바꾸기

◆ 보충 설명

03-2 여섯 개의 면에 1, 1, 2, 2, 2, 3의 숫자가 각각 하나씩 적힌 정육면체 모양의 서로 다른 주사위 두 개를 동시에 던질 때, 다음 물음에 답하여라.

(1) 두 수의 합이 3일 확률을 구하여라.

(2) 두 수의 차가 1일 확률을 구하여라.

개념 넓히기 ★★☆

◆ 보충 설명

03-3 한 개의 주사위를 두 번 던질 때, 나오는 눈의 수를 차례로 m, n이라고 하자. $i^m \times (-i)^n$의 값이 1이 될 확률이 $\dfrac{q}{p}$일 때, $p+q$의 값을 구하여라.

(단, $i=\sqrt{-1}$이고, p와 q는 서로소인 자연수이다.)

정답 **03-1** (1) $\dfrac{2}{9}$ (2) $\dfrac{1}{3}$ **03-2** (1) $\dfrac{1}{3}$ (2) $\dfrac{1}{2}$ **03-3** 23

예제 04

주머니 속에 흰 공 5개, 검은 공 3개, 빨간 공 2개가 들어 있다. 다음 물음에 답하여라.

(1) 이 주머니에서 임의로 2개의 공을 꺼낼 때, 모두 흰 공일 확률을 구하여라.

(2) 이 주머니에서 임의로 3개의 공을 꺼낼 때, 모두 다른 색일 확률을 구하여라.

접근 방법

확률 계산의 기본은 분모에 들어갈 모든 경우의 수를 구하는 것입니다. 즉, '~일 때, ~일 확률'에서 '~일 때'에 해당하는 것이 분모이므로 일어날 수 있는 모든 경우의 수를 구해서 나타내면 됩니다.

또한 분자에 해당하는 것이 '~일 확률' 부분이므로 문제의 조건을 만족시키는 경우를 모두 찾아서 그 개수를 구하면 됩니다.

Bible

$$(확률) = \frac{(특정한 \ 사건이 \ 일어날 \ 경우의 \ 수)}{(일어날 \ 수 \ 있는 \ 모든 \ 경우의 \ 수)}$$

상세 풀이

(1) 10개의 공 중에서 2개의 공을 꺼내는 경우의 수는 $_{10}C_2 = \dfrac{10 \times 9}{2 \times 1} = 45$

5개의 흰 공 중에서 2개의 공을 꺼내는 경우의 수는 $_5C_2 = \dfrac{5 \times 4}{2 \times 1} = 10$

따라서 구하는 확률은

$$\frac{10}{45} = \frac{2}{9}$$

(2) 10개의 공 중에서 3개의 공을 꺼내는 경우의 수는 $_{10}C_3 = \dfrac{10 \times 9 \times 8}{3 \times 2 \times 1} = 120$

3개의 공이 모두 다른 색이려면 흰 공 중에서 1개, 검은 공 중에서 1개, 빨간 공 중에서 1개를 꺼내야 하므로 그 경우의 수는 $_5C_1 \times _3C_1 \times _2C_1 = 5 \times 3 \times 2 = 30$

따라서 구하는 확률은

$$\frac{30}{120} = \frac{1}{4}$$

정답 ➡ (1) $\dfrac{2}{9}$ (2) $\dfrac{1}{4}$

보충 설명

p.131의 [약점 휘어잡기]에서 배운 것처럼 확률의 계산에서는 각 근원사건의 기대 정도가 같아야 하기 때문에 [상세 풀이]처럼 공을 뽑는 문제에서 같은 색 공이라도 다르게 보고 조합을 이용하여 확률을 구하면 됩니다.

또한 경우의 수 내용인 순열과 조합은 확률을 잘 구하기 위한 가장 기본적인 개념이므로 문제를 풀 때마다 기억이 나지 않거나 혼동되는 것이 있으면 순열과 조합의 해당 부분을 찾아 반드시 다시 공부해야 합니다.

숫자 바꾸기

04-1 주머니 속에 흰 공 3개, 검은 공 3개, 빨간 공 3개가 들어 있다. 다음 물음에 답하여라.

(1) 이 주머니에서 임의로 2개의 공을 꺼낼 때, 모두 빨간 공일 확률을 구하여라.

(2) 이 주머니에서 임의로 3개의 공을 꺼낼 때, 모두 다른 색일 확률을 구하여라.

04

표현 바꾸기

04-2 9개의 제품 중에 3개의 불량품이 있다고 한다. 이 9개의 제품 중에서 임의로 3개를 꺼낼 때, 다음 물음에 답하여라.

(1) 3개 모두 불량품이 아닐 확률을 구하여라.

(2) 2개는 불량품이 아니고 1개는 불량품일 확률을 구하여라.

개념 넓히기 ★★☆

04-3 주머니 속에 n개의 흰 바둑돌과 3개의 검은 바둑돌이 들어 있다. 이 주머니에서 임의로 2개의 바둑돌을 꺼낼 때, 2개 모두 검은 바둑돌일 확률이 $\dfrac{1}{12}$이다. 자연수 n의 값을 구하여라.

정답   **04-1** (1) $\dfrac{1}{12}$ (2) $\dfrac{9}{28}$ **04-2** (1) $\dfrac{5}{21}$ (2) $\dfrac{15}{28}$ **04-3** 6

예제 05

오른쪽 그림과 같이 한 변의 길이가 2인 정사각형 ABCD의 내부에 한 점 P를 임의로 택할 때, 삼각형 ABP가 둔각삼각형이 될 확률은?

① $\dfrac{\pi}{16}$ ② $\dfrac{\pi}{8}$ ③ $\dfrac{\pi}{4}$

④ $1-\dfrac{\pi}{8}$ ⑤ $1-\dfrac{\pi}{16}$

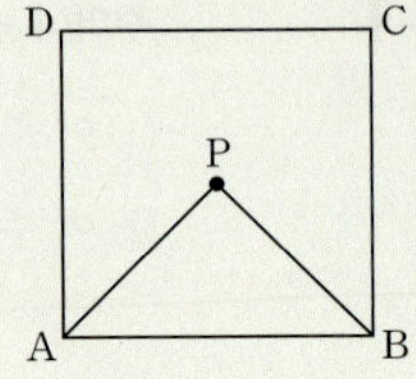

접근 방법

원주각의 성질에 의하여 한 원에서 반원에 대한 원주각의 크기는 $90°$입니다. 즉, 지름의 양 끝점과 원 위의 한 점을 이어서 만든 삼각형은 항상 직각삼각형입니다.

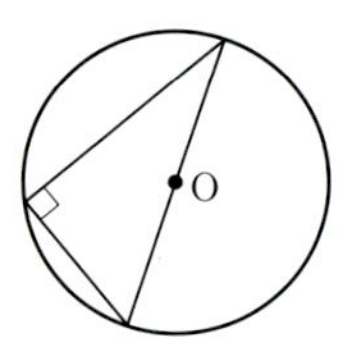

Bible 길이, 넓이에 대한 확률 ⇒ $P(A) = \dfrac{(\text{사건 } A\text{가 일어날 영역의 크기})}{(\text{전체 영역의 크기})}$

상세 풀이

정사각형 ABCD의 내부에 $\overline{AB}$를 지름으로 하는 반원을 그려 보면 오른쪽 그림과 같습니다. 이때, 반원 위의 임의의 한 점과 두 점 A, B를 연결하면 직각삼각형이 만들어지므로 둔각삼각형을 만들기 위해서는 점 P가 반원의 내부에 존재해야 합니다. 전체 영역인 정사각형 ABCD의 넓이는 $2^2=4$이고, 반원의 넓이는

$$\frac{1}{2} \times \pi \times 1^2 = \frac{\pi}{2}$$

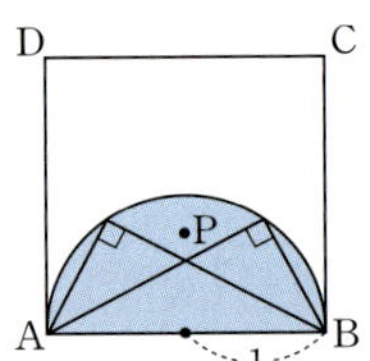

따라서 구하는 확률은 $\dfrac{(\text{반원의 넓이})}{(\square ABCD\text{의 넓이})} = \dfrac{\dfrac{\pi}{2}}{4} = \dfrac{\pi}{8}$

정답 ➡ ②

보충 설명

피타고라스 정리에 의하여 삼각형 ABC의 세 변 중 길이가 가장 긴 변의 길이가 a일 때, 크기가 가장 큰 각은 $\angle A$가 됩니다.

즉, 다음과 같이 삼각형 ABC의 모양을 판단합니다.

① $a^2 < b^2 + c^2$이면 삼각형 ABC는 예각삼각형

② $a^2 = b^2 + c^2$이면 삼각형 ABC는 직각삼각형

③ $a^2 > b^2 + c^2$이면 삼각형 ABC는 둔각삼각형

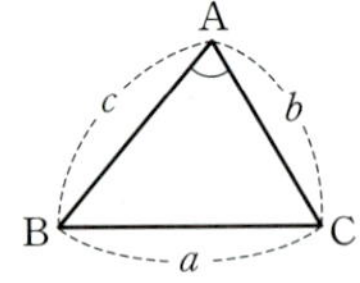

숫자 바꾸기

05-1 오른쪽 그림과 같이 한 변의 길이가 4인 정사각형 ABCD의 내부에 한 점 P를 임의로 택할 때, 삼각형 ABP가 예각삼각형이 될 확률을 구하여라.

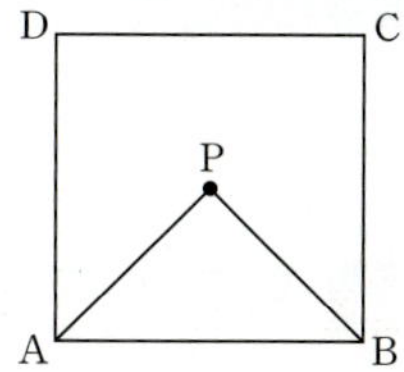

표현 바꾸기

05-2 원 모양을 4등분하고 그 중 하나를 제외한 나머지를 다시 각각 2등분, 3등분, 4등분하여 오른쪽 그림과 같이 점수를 매긴 과녁이 있다. 이 과녁에 한 발의 화살을 쏠 때, 1점에 맞을 확률을 구하여라. (단, 화살을 쏘았을 때 화살은 경계선에 꽂히지 않고 과녁을 맞히지 못하는 경우는 없다.)

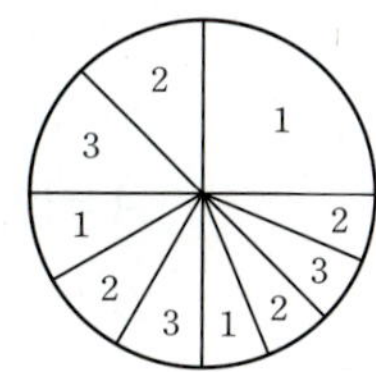

개념 넓히기 ★★☆

05-3 $-5 \le a \le 5$인 실수 a에 대하여 이차방정식 $x^2 + 4ax + 4a = 0$이 실근을 가질 확률을 구하여라.

정답 **05-1** $1 - \dfrac{\pi}{8}$ **05-2** $\dfrac{19}{48}$ **05-3** $\dfrac{9}{10}$

1 확률의 덧셈정리

다음과 같은 문제를 생각해 봅시다.

> 한 개의 주사위를 던져서 짝수의 눈이나 소수의 눈이 나올 확률 p를 구하여라.

위의 문제를 풀기 위하여 앞에서 배운 여러 개념들을 이용해 봅시다.

한 개의 주사위를 던지는 시행에서 표본공간 S와 짝수의 눈이 나오는 사건 A, 소수의 눈이 나오는 사건 B에 대응되는 집합들은 각각 다음과 같습니다.

$$S=\{1, 2, 3, 4, 5, 6\}$$
$$A=\{2, 4, 6\}$$
$$B=\{2, 3, 5\}$$

수학적 확률의 정의에 의하여 위의 문제의 답을 구하려면 짝수의 눈이나 소수의 눈이 나오는 사건을 나타내는 집합을 찾아내야 합니다. 이는 바로 사건 A와 사건 B의 합사건 $A \cup B$로

$$A \cup B=\{2, 3, 4, 5, 6\}$$

입니다. 따라서 구하는 확률 p는

$$p=\frac{n(A \cup B)}{n(S)}=\frac{5}{6}$$

이제 합집합의 원소의 개수에 대한 성질을 생각해 봅시다.

$$n(A \cup B)=n(A)+n(B)-n(A \cap B)$$

이므로 위의 식의 양변을 $n(S)$로 나누면 다음과 같이 두 사건 A, B의 합사건 $A \cup B$의 확률을 구하는 식을 알 수 있습니다.

$$\frac{n(A \cup B)}{n(S)}=\frac{n(A)}{n(S)}+\frac{n(B)}{n(S)}-\frac{n(A \cap B)}{n(S)}$$

$$\therefore \mathrm{P}(A \cup B)=\mathrm{P}(A)+\mathrm{P}(B)-\mathrm{P}(A \cap B)$$

이와 같은 방법으로 사건 A와 사건 B의 합사건의 확률을 구하는 것을 확률의 덧셈정리라고 합니다.

앞의 예를 확률의 덧셈정리를 이용하여 풀면 구하는 확률 p는

$$p = (\text{짝수의 눈이 나올 확률}) + (\text{소수의 눈이 나올 확률})$$
$$- (\text{짝수이면서 소수의 눈이 나올 확률})$$
$$= \frac{3}{6} + \frac{3}{6} - \frac{1}{6} = \frac{5}{6}$$

가 되어 처음 계산한 결과와 같음을 알 수 있습니다.

또한 두 사건 A, B의 곱사건이 공사건인 경우, 즉 A, B가 서로 배반사건인 경우 확률의 덧셈정리를 변형할 수 있는데, 다음의 문제를 통하여 살펴보겠습니다.

한 개의 주사위를 던져서 3의 배수의 눈이 나오거나 5의 배수의 눈이 나올 확률을 구하여라.

표본공간 S에 대하여 3의 배수가 나오는 사건과 5의 배수가 나오는 사건을 각각 A와 B라고 하면 $A \cap B = \varnothing$가 되므로 두 사건 A, B는 서로 배반사건입니다.

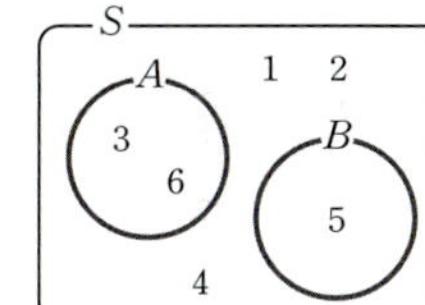

이 경우 구하고자 하는 확률은 $P(A \cap B) = 0$임을 이용하여

$$P(A \cup B) = P(A) + P(B) - P(A \cap B)$$
$$= P(A) + P(B)$$
$$= \frac{2}{6} + \frac{1}{6} = \frac{3}{6} = \frac{1}{2}$$

임을 알 수 있습니다.

이와 같이 두 사건 A, B가 서로 배반사건일 때, 확률의 덧셈정리는 다음과 같이 간단한 형태가 됩니다.

$$P(A \cup B) = P(A) + P(B)$$

일반적으로 n개의 사건 A_1, A_2, $\cdots$, A_n이 서로 배반사건이면

$$P(A_1 \cup A_2 \cup \cdots \cup A_n) = P(A_1) + P(A_2) + \cdots + P(A_n)$$

이 성립합니다.

Bible Point 확률의 덧셈정리

1 표본공간 S의 부분집합인 두 사건 A, B에 대하여
$$P(A \cup B) = P(A) + P(B) - P(A \cap B)$$

2 표본공간 S의 부분집합인 두 사건 A, B가 서로 배반사건일 때
$$P(A \cup B) = P(A) + P(B)$$

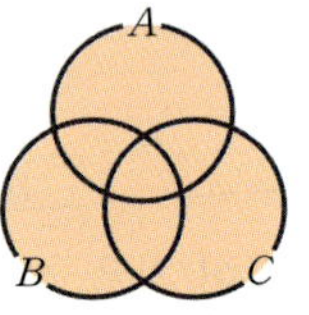

수학〈하〉의 **01 집합**에서 세 집합 A, B, C의 합집합의 원소의 개수를 구하는 식은 다음과 같았습니다.

$$n(A \cup B \cup C) = n(A) + n(B) + n(C)$$
$$- n(A \cap B) - n(B \cap C)$$
$$- n(C \cap A) + n(A \cap B \cap C)$$

따라서 세 사건 A, B, C에 대한 합사건의 확률을 구하는 식은 다음과 같이 쓸 수 있습니다.

$$P(A \cup B \cup C) = P(A) + P(B) + P(C)$$
$$- P(A \cap B) - P(B \cap C) - P(C \cap A)$$
$$+ P(A \cap B \cap C)$$

2 여사건의 확률

표본공간 S의 어떤 사건 A와 그 여사건 A^C는 항상 곱사건이 공사건이 되는 서로 배반사건이므로 앞에서 배운 확률의 덧셈정리를 이용하면

$$P(A \cup A^C) = P(A) + P(A^C)$$

를 얻을 수 있습니다.

그런데 임의의 사건 A에 대하여 $A \cup A^C = S$에서 $P(A \cup A^C) = 1$이므로

$$1 = P(A) + P(A^C)$$
$$\therefore P(A^C) = 1 - P(A)$$

이와 같이 주어진 사건 A에 대한 여사건의 확률에 관한 정리를 얻을 수 있습니다.

실제로 문제를 풀다 보면 여사건의 확률을 이용하여 쉽게 풀 수 있는 경우가 많습니다. 다음과 같은 문제를 생각해 봅시다.

Example　　서로 다른 2개의 주사위를 동시에 던져서 나온 눈의 수의 합이 4 이상일 확률을 구해 봅시다.

위의 확률을 직접 구하려면 주사위의 두 눈의 수의 합이 $4, 5, 6, \cdots, 11, 12$가 되는 경우로 나누어 각각의 경우의 수를 더하여 확률을 구해야 합니다. 이 경우 계산이 불가능한 것은 아니지만, 여사건의 확률을 이용하면 답을 보다 더 쉽게 구할 수 있습니다.

구하고자 하는 사건에 대한 여사건은 두 눈의 수의 합이 3 이하인 경우입니다.

즉, 모든 경우의 수 $6 \times 6 = 36$ 중에서 여사건은 $(1, 1), (1, 2), (2, 1)$의 세 가지 경우만 해당되므로 구하는 확률은

$$1 - \frac{3}{36} = \frac{11}{12}$$

표본공간 S의 부분집합인 사건 A의 여사건 A^c의 확률은
$$\mathrm{P}(A^c) = 1 - \mathrm{P}(A)$$

Plus+

'적어도 ~일 확률', '~ 이상일 확률' 등의 문제에서는 구하는 확률을 여사건의 확률을 이용해서 구하는 것이 편리하다.

개념 **콕콕**

1 두 사건 A, B에 대하여 $\mathrm{P}(A) + \mathrm{P}(B) = \dfrac{7}{9}$, $\mathrm{P}(A \cap B) = \dfrac{2}{9}$일 때, $\mathrm{P}(A \cup B)$의 값을 구하여라.

2 1부터 15까지의 자연수가 각각 하나씩 적혀 있는 15장의 카드 중에서 임의로 한 장을 뽑을 때, 4의 배수 또는 6의 배수가 적힌 카드가 나올 확률을 구하여라.

3 두 개의 주사위를 동시에 던질 때, 나오는 두 눈의 수의 합이 3 또는 5일 확률을 구하여라.

4 주머니 속에 흰 공 5개와 검은 공 3개가 들어 있다. 이 주머니에서 임의로 두 개의 공을 꺼낼 때, 적어도 한 개가 흰 공일 확률을 구하여라.

풀이

1 $\mathrm{P}(A \cup B) = \mathrm{P}(A) + \mathrm{P}(B) - \mathrm{P}(A \cap B) = \dfrac{7}{9} - \dfrac{2}{9} = \dfrac{5}{9}$

2 4의 배수가 적힌 카드가 나올 확률은 $\dfrac{3}{15}$, 6의 배수가 적힌 카드가 나올 확률은 $\dfrac{2}{15}$
　　（4, 8, 12）　　　　　　　　　　　　　　（6, 12）

4와 6의 최소공배수는 12이고 12의 배수가 적힌 카드는 12뿐이므로 그 카드가 나올 확률은 $\dfrac{1}{15}$

따라서 확률의 덧셈정리에 의하여 구하는 확률은 $\dfrac{3}{15} + \dfrac{2}{15} - \dfrac{1}{15} = \dfrac{4}{15}$

3 두 눈의 수의 합이 3이 되는 경우는 $(1, 2), (2, 1)$이므로 그 확률은 $\dfrac{2}{36}$

두 눈의 수의 합이 5가 되는 경우는 $(1, 4), (4, 1), (2, 3), (3, 2)$이므로 그 확률은 $\dfrac{4}{36}$

따라서 확률의 덧셈정리에 의하여 구하는 확률은 $\dfrac{2}{36} + \dfrac{4}{36} = \dfrac{1}{6}$

4 적어도 한 개의 흰 공이 나오는 사건의 여사건은 두 개 모두 검은 공이 나오는 사건이므로 구하는 확률은

$$1 - \frac{{}_3\mathrm{C}_2}{{}_8\mathrm{C}_2} = 1 - \frac{3}{28} = \frac{25}{28}$$

예제 06

다음 물음에 답하여라.

(1) 흰 공 5개, 검은 공 4개가 들어 있는 주머니에서 임의로 2개의 공을 꺼낼 때, 2개가 같은 색일 확률을 구하여라.

(2) 백일장에 참가할 학교 대표 2명을 선발하는데 1학년, 2학년, 3학년 학생이 각각 5명, 4명, 3명이 신청하였다. 신청자 중 임의로 뽑은 학교 대표 2명이 같은 학년일 확률을 구하여라.

접근 방법

(1) 2개가 같은 색이려면 2개 모두 흰 공이거나 검은 공이어야 합니다.

(2) 2명이 같은 학년이려면 2명 모두 1학년이거나 2학년이거나 3학년이어야 합니다.

그런데 각각의 사건은 동시에 일어날 수 없으므로 서로 배반사건입니다. 따라서 각각의 사건이 서로 배반사건일 때의 확률의 덧셈정리를 이용하여 확률을 구할 수 있습니다.

> **Bible** 두 사건 A, B가 서로 배반사건, 즉 $A \cap B = \varnothing$일 때
> $$P(A \cup B) = P(A) + P(B)$$

상세 풀이

(1) 9개의 공 중에서 2개를 꺼낼 때, 2개 모두 흰 공이 나오는 사건을 A, 2개 모두 검은 공이 나오는 사건을 B라고 하면

$$P(A) = \frac{{}_5C_2}{{}_9C_2} = \frac{10}{36}, \ P(B) = \frac{{}_4C_2}{{}_9C_2} = \frac{6}{36}$$

이때, 두 사건 A, B는 서로 배반사건이므로 구하는 확률은

$$P(A \cup B) = P(A) + P(B) = \frac{10}{36} + \frac{6}{36} = \frac{16}{36} = \frac{4}{9}$$

(2) 신청한 12명의 학생 중에서 대표 2명을 선발할 때, 1학년 학생 2명이 선발되는 사건을 A, 2학년 학생 2명이 선발되는 사건을 B, 3학년 학생 2명이 선발되는 사건을 C라고 하면

$$P(A) = \frac{{}_5C_2}{{}_{12}C_2} = \frac{10}{66}, \ P(B) = \frac{{}_4C_2}{{}_{12}C_2} = \frac{6}{66}, \ P(C) = \frac{{}_3C_2}{{}_{12}C_2} = \frac{3}{66}$$

이때, 세 사건 A, B, C는 서로 배반사건이므로 구하는 확률은

$$P(A \cup B \cup C) = P(A) + P(B) + P(C) = \frac{10}{66} + \frac{6}{66} + \frac{3}{66} = \frac{19}{66}$$

정답 ➡ (1) $\dfrac{4}{9}$ (2) $\dfrac{19}{66}$

보충 설명

일반적으로는 두 사건 A, B에 대하여 A 또는 B가 일어날 확률은 $P(A \cup B) = P(A) + P(B) - P(A \cap B)$와 같이 계산합니다.

숫자 바꾸기

06-1 다음 물음에 답하여라.

(1) 흰 공 2개, 검은 공 3개, 빨간 공 4개가 들어 있는 주머니에서 임의로 2개의 공을 꺼낼 때, 2개가 같은 색일 확률을 구하여라.

(2) 상자 안에 5부터 24까지의 자연수가 각각 하나씩 적힌 20개의 공이 들어 있다. 이 상자에서 임의로 한 개의 공을 꺼낼 때, 공에 적힌 수가 3의 배수 또는 한 자리 수일 확률을 구하여라.

04

표현 바꾸기

06-2 숫자 1이 적힌 카드가 1장, 2가 적힌 카드가 2장, 3이 적힌 카드가 3장, 4가 적힌 카드가 4장, 5가 적힌 카드가 5장 있다. 이 15장의 카드를 모두 섞은 후 임의로 두 장의 카드를 뽑을 때, 두 장의 카드에 적힌 숫자가 같을 확률은?

① $\dfrac{4}{21}$ ② $\dfrac{1}{5}$ ③ $\dfrac{8}{35}$

④ $\dfrac{5}{21}$ ⑤ $\dfrac{9}{35}$

개념 넓히기 ★☆☆

06-3 1부터 10까지의 자연수가 각각 하나씩 적힌 10장의 카드가 있다. 다음 물음에 답하여라.

(1) 임의로 두 장의 카드를 선택할 때, 두 장의 카드에 적힌 두 수의 곱이 짝수일 확률을 구하여라.

(2) 임의로 세 장의 카드를 선택할 때, 세 장의 카드에 적힌 세 수의 합이 홀수일 확률을 구하여라.

정답   **06-1** (1) $\dfrac{5}{18}$ (2) $\dfrac{1}{2}$ **06-2** ①   **06-3** (1) $\dfrac{7}{9}$ (2) $\dfrac{1}{2}$

예제 07

서로 다른 세 개의 주사위를 동시에 던질 때, 다음 물음에 답하여라.

(1) 적어도 두 개의 주사위의 눈의 수가 같을 확률을 구하여라.

(2) 세 눈의 수의 곱이 3의 배수가 될 확률을 구하여라.

[접근 방법]

(1) '적어도 ~' 라는 말이 있으면 여사건의 확률을 생각합니다.

(2) 세 수 a, b, c의 곱이 3의 배수가 되려면 a, b, c 중에서 한 개 이상이 3의 배수이어야 합니다. 그런데 이를 만족시키는 경우의 수는 너무 많으므로 여사건을 이용해서 확률을 구하는 것이 편리합니다.

> **Bible** '적어도 ~일 확률' ⟹ 여사건의 확률을 이용하자!

[상세 풀이]

(1) 세 개의 주사위의 눈의 수가 모두 다른 사건을 A라고 하면 적어도 두 개의 주사위의 눈의 수가 같은 사건은 A^c라고 할 수 있습니다. 이때, 세 개의 주사위의 눈의 수가 모두 다르다는 것은 1부터 6까지의 수 중에서 서로 다른 세 수를 차례로 뽑는 것과 같으므로

$$P(A) = \frac{{}_6P_3}{6^3} = \frac{6 \times 5 \times 4}{6^3} = \frac{5}{9}$$

$$\therefore P(A^c) = 1 - P(A) = 1 - \frac{5}{9} = \frac{4}{9}$$

(2) 세 눈의 수의 곱이 3의 배수가 아닌 사건을 B라고 하면 3의 배수가 되는 사건은 B^c라고 할 수 있습니다. 그런데 세 눈의 수의 곱이 3의 배수가 아니려면 세 개의 주사위에서 모두 3의 배수가 아닌 수, 즉 1, 2, 4, 5가 나와야 하므로

$$P(B) = \frac{4^3}{6^3} = \frac{8}{27}$$

$$\therefore P(B^c) = 1 - P(B) = 1 - \frac{8}{27} = \frac{19}{27}$$

정답 ➡ (1) $\dfrac{4}{9}$ (2) $\dfrac{19}{27}$

[보충 설명]

(2)와 같이 '적어도 ~' 라는 말이 없더라도 구하려는 사건의 경우의 수를 일일이 구하기 어려울 때는 여사건의 확률, 즉 임의의 사건 A와 여사건 A^c에 대하여

$$P(A^c) = 1 - P(A)$$

임을 이용하면 간단해지는 문제가 종종 있습니다.

숫자 바꾸기

07-1 1부터 10까지의 자연수가 각각 하나씩 적힌 10장의 카드가 있다. 이 중에서 임의로 3장의 카드를 뽑을 때, 다음 물음에 답하여라.

(1) 3장의 카드에 적힌 수가 모두 소수가 아닐 확률을 구하여라.

(2) 적어도 한 장의 카드에 적힌 수가 소수일 확률을 구하여라.

표현 바꾸기　　　　　　　　　　　　　　　　　　　　　　　　　　◆ 보충 설명

07-2 집합 $S=\{a,\ b,\ c,\ d,\ e,\ f\}$의 부분집합 중에서 임의로 3개의 집합을 택할 때, 원소 a를 포함하는 집합이 적어도 한 개 있을 확률을 구하여라.

개념 넓히기 ★★☆　　　　　　　　　　　　　　　　　　　　　　◆ 보충 설명

07-3 흰 공 2개와 검은 공 3개가 들어 있는 상자가 있다. 이 상자에서 임의로 한 개의 공을 골라 그 색을 조사한 후 다시 넣고, 그 공과 같은 색의 공을 하나 더 상자에 넣는다. 그다음에 상자에서 임의로 2개의 공을 꺼낼 때, 흰 공이 적어도 한 개 포함될 확률은?

① $\dfrac{3}{5}$　　　　　　② $\dfrac{17}{25}$　　　　　　③ $\dfrac{19}{25}$

④ $\dfrac{4}{5}$　　　　　　⑤ $\dfrac{21}{25}$

정답　**07-1** (1) $\dfrac{1}{6}$ (2) $\dfrac{5}{6}$　　**07-2** $\dfrac{37}{42}$　　**07-3** ②

04-1 표본공간 S의 두 사건 A, B에 대하여 다음 물음에 답하여라. (단, A^c는 A의 여사건이다.)

(1) $P(A)=\dfrac{3}{4}$, $P(A\cap B^c)=\dfrac{2}{3}$일 때, $P(A\cap B)$의 값을 구하여라.

(2) $P(A^c\cap B^c)=\dfrac{1}{3}$, $P(A\cap B^c)=\dfrac{1}{4}$일 때, $P(B)$의 값을 구하여라.

(3) $P(A\cap B^c)=P(A^c\cap B)=\dfrac{1}{6}$, $P(A\cup B)=\dfrac{2}{3}$일 때, $P(A\cap B)$의 값을 구하여라.

04-2 흰 구슬과 검은 구슬을 합하여 12개가 들어 있는 주머니에서 임의로 3개의 구슬을 꺼내어 색깔을 확인하고 다시 넣는 시행을 여러 번 반복하였더니 11번에 한 번 꼴로 3개가 모두 흰 구슬이었다. 주머니 속에 들어 있는 흰 구슬의 개수를 구하여라.

04-3 다음 확률을 구하여라.

(1) 서로 다른 세 개의 주사위를 동시에 던질 때, 나오는 세 눈의 수의 합이 5가 될 확률

(2) 서로 다른 세 개의 주사위를 동시에 던질 때, 나오는 세 눈의 수의 곱이 24가 될 확률

04-4 9개의 수 $2, 2^2, 2^3, \cdots, 2^9$이 오른쪽 표와 같이 배열되어 있다. 각 가로줄에서 한 개씩 임의로 선택한 세 수의 곱을 3으로 나눈 나머지가 1이 될 확률은?

2^1	2^2	2^3
2^4	2^5	2^6
2^7	2^8	2^9

① $\dfrac{10}{27}$ ② $\dfrac{4}{9}$ ③ $\dfrac{14}{27}$

④ $\dfrac{16}{27}$ ⑤ $\dfrac{2}{3}$

04-5 다음 물음에 답하여라.

(1) 9명의 학생들이 3명씩 3개의 팀으로 나누어 게임을 하려고 할 때, 특정한 3명이 한 팀이 될 확률을 구하여라.

(2) 1부터 9까지의 자연수가 각각 하나씩 적힌 9장의 카드에서 임의로 4장을 뽑을 때, 카드에 적힌 네 수의 합이 홀수가 될 확률을 구하여라.

04-6 오른쪽 그림과 같이 5개의 정사각형 중 한 개에서 두더지 인형이 튀어나왔다 들어가고, 다시 한 정사각형에서 두더지 인형이 튀어나왔다 들어가기를 반복하는 오락 기계가 있다. 이 오락 기계의 두더지 인형이 두 번 튀어나왔다가 들어갈 때, 두더지 인형이 나온 두 정사각형이 서로 이웃할 확률을 구하여라. (단, 한 변만을 공유하는 두 정사각형을 서로 이웃하는 정사각형이라 하고, 각 정사각형에서 두더지 인형이 나올 가능성은 모두 같다.)

04-7 흰 공 5개, 검은 공 3개, 파란 공 2개가 들어 있는 주머니에서 임의로 3개의 공을 꺼낼 때, 꺼낸 공의 색깔이 2가지 이상일 확률을 구하여라.

04-8 상자 안에 1, 2, 3, 4의 번호가 하나씩 적힌 카드가 각각 4장, 3장, 2장, 1장씩 들어 있다. 이 10장의 카드 중에서 임의로 3장을 꺼낼 때, 꺼낸 카드에 적힌 번호의 합이 5 이하일 확률은?

① $\dfrac{7}{60}$ ② $\dfrac{11}{60}$ ③ $\dfrac{17}{60}$

④ $\dfrac{23}{60}$ ⑤ $\dfrac{49}{120}$

04-9 대표 2명, 부대표 3명, 부원 4명인 어느 모임에서 대표 2명은 각자 나머지 7명과 모두 악수를 하였고, 부대표 3명은 각자 나머지 4명의 부원과 모두 악수를 하였다. 이 모임의 9명 중 임의로 3명을 택했을 때, 3명이 모두 서로 악수를 나눈 사람일 확률을 구하여라.

04-10 세 명의 축구 선수가 페널티킥을 성공시킬 확률이 각각 $\dfrac{1}{6}$, $\dfrac{1}{3}$, $\dfrac{q}{p}$이다. 세 명의 축구 선수가 한 번씩 페널티킥을 찰 때, 적어도 한 명의 선수가 페널티킥에 성공할 확률이 $\dfrac{19}{24}$이다. $p+q$의 값을 구하여라. (단, p와 q는 서로소인 자연수이다.)

04-11 주머니 속에 1, 1, 2, 3, 4의 숫자가 각각 하나씩 적혀 있는 5개의 공이 들어 있다. 이 주머니에서 임의로 4개의 공을 꺼내어 일렬로 나열하고, 나열된 순서 대로 공에 적혀 있는 수를 a, b, c, d라고 할 때, $a \leq b \leq c \leq d$일 확률은?

① $\dfrac{1}{15}$ ② $\dfrac{1}{12}$ ③ $\dfrac{1}{9}$

④ $\dfrac{1}{6}$ ⑤ $\dfrac{1}{3}$

04-12 상자 안에 검은 공 3개와 흰 공 5개가 들어 있다. 이 상자에서 공을 모두 꺼낼 때까지 임의로 한 개씩 공을 꺼낸다고 할 때, 5번 만에 검은 공을 모두 꺼낼 확률은?

(단, 꺼낸 공은 다시 넣지 않는다.)

① $\dfrac{1}{28}$ ② $\dfrac{1}{14}$ ③ $\dfrac{3}{28}$

④ $\dfrac{1}{7}$ ⑤ $\dfrac{5}{28}$

04-13 표본공간 S는 $S=\{1, 2, 3, 4, 5\}$이고 모든 근원사건의 확률이 같을 때, 표본공간 S의 두 사건 A, B가 서로 배반사건이고, $0 < \mathrm{P}(B) < \mathrm{P}(A)$가 되도록 두 사건 A, B를 선택하는 경우의 수는?

① 45   ② 50   ③ 55

④ 60   ⑤ 65

04-14 상자 안에 무늬 ♠, ♥, ♣가 각각 하나씩 새겨진 열쇠 고리가 모두 합하여 199개 들어 있다. ♥가 새겨진 열쇠 고리의 개수는 ♠가 새겨진 열쇠 고리의 개수보다 24개가 더 많다. 이 상자 에서 첫 번째는 ♠가 새겨진 열쇠 고리를 뽑고, 두 번째는 ♣가 새겨진 열쇠 고리를 뽑으려고 한다. 확률이 최대가 되기 위해 필요한 ♠가 새겨진 열쇠 고리의 개수는?

(단, 열쇠 고리는 한 개씩 뽑고, 뽑은 열쇠 고리는 다시 상자에 넣는다.)

① 40   ② 42   ③ 44

④ 46   ⑤ 48

04-15 어느 공장에서 생산직 근로자는 일주일 단위로 주간근무만 하거나 야간근무만 하는데, 앞으로 10주 동안 4주는 야간근무, 6주는 주간근무를 한다. 회사에서 어떤 근로자에게 주간근무를 하는 주와 야간근무를 하는 주를 임의의 순서로 배정할 때, 이 근로자가 2주 이상 연속하여 야간근무를 하지 않을 확률을 구하여라.

04-16 좌우가 구별되는 서로 다른 5켤레의 신발 10개가 있다. 이 중에서 임의로 4개의 신발을 선택할 때, 한 켤레만 짝이 맞을 확률을 구하여라.

04-17 주머니 속에 1부터 9까지의 번호가 각각 하나씩 적힌 9개의 공이 들어 있다. 이 주머니에서 임의로 한 개의 공을 꺼내어 번호를 확인한 다음 다시 주머니 속에 넣는다. 이와 같은 시행을 9번 반복할 때, 모든 번호의 공이 한 번씩 나올 확률을 a, 번호가 2부터 9까지인 공은 적어도 한 번씩 나오고 번호가 1인 공은 나오지 않을 확률을 b라고 하자. $\dfrac{b}{a}$의 값을 구하여라.

challenge

04-18 다음 그림과 같이 9개의 동전을 모두 앞면이 나타나도록 책상 위에 늘어 놓은 후, 이 중 4개를 임의로 뽑아 뒤집어 놓았다.

다시 9개 중 4개를 뽑아 뒤집어 놓을 때, 앞면이 보이는 동전의 개수가 5일 확률을 구하여라.

challenge

04-19 다음 그림과 같이 1, 2, 3, 4의 숫자가 하나씩 적혀 있는 카드가 각각 3장씩 12장이 있다. 이 12장의 카드 중에서 임의로 3장의 카드를 선택할 때, 선택한 카드 중에 같은 숫자가 적혀 있는 카드가 2장 이상일 확률을 구하여라.

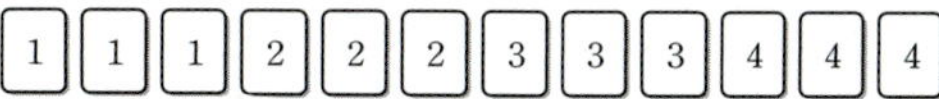

challenge

04-20 집합 $\{1,\ 2,\ 3,\ \cdots,\ 16\}$에서 선택한 임의의 두 원소 m, n에 대하여 3^m+8^n의 일의 자리의 숫자가 3일 확률을 구하여라.

조건부확률

동전과 주사위를 동시에 던져 동전의 앞면과 주사위의 짝수의 눈이 나올 확률을 생각해 봅시다. 이 경우 두 가지 시행이 동시에 일어나는 상황에서 원하는 사건이 일어나는 것을 따져 주어야 하는데, 이때, 확률의 곱셈정리를 이용하면 간단히 계산할 수 있습니다. 이번 단원에서는 조건부확률을 배운 다음 그것을 이용해 확률의 곱셈정리를 유도해 보겠습니다. 또한 독립시행의 확률을 이해하고, 그와 관련된 여러 가지 문제들을 풀어 보겠습니다.

01 조건부확률

① 조건부확률의 의미를 이해하고, 이를 구할 수 있다.
② 사건의 독립과 종속의 의미를 이해하고, 이를 설명할 수 있다.
③ 확률의 곱셈정리를 이해하고, 이를 활용할 수 있다.

02 독립시행의 확률

독립시행의 확률을 이해하고, 이를 활용할 수 있다.

01 조건부확률

1 조건부확률

사건 A가 일어났다고 가정했을 때, 사건 B가 일어날 확률을 사건 A가 일어났을 때의 사건 B의 조건부확률이라 하고, 기호로 $\mathrm{P}(B|A)$와 같이 나타낸다.

또한 사건 A가 일어났을 때의 사건 B의 조건부확률은 다음과 같다.

$$\mathrm{P}(B|A)=\frac{\mathrm{P}(A\cap B)}{\mathrm{P}(A)}\ (\text{단, } \mathrm{P}(A)>0)$$

2 확률의 곱셈정리

두 사건 A, B가 동시에 일어날 확률 $\mathrm{P}(A\cap B)$는

$$\mathrm{P}(A\cap B)=\mathrm{P}(A)\mathrm{P}(B|A)=\mathrm{P}(B)\mathrm{P}(A|B)\ (\text{단, } \mathrm{P}(A)>0,\ \mathrm{P}(B)>0)$$

3 사건의 독립과 종속

(1) 두 사건 A, B에 대하여 사건 A가 일어나는 것이 사건 B가 일어나는 (또는 사건 B가 일어나는 것이 사건 A가 일어나는) 확률에 영향을 미치지 않을 때, 두 사건 A, B는 서로 독립이라고 한다. 즉,

$$\mathrm{P}(B|A)=\mathrm{P}(B|A^{c})=\mathrm{P}(B)$$
$$\mathrm{P}(A|B)=\mathrm{P}(A|B^{c})=\mathrm{P}(A)$$

(2) 두 사건 A, B가 서로 독립이 아닐 때, 두 사건 A, B는 서로 종속이라고 한다.

(3) 두 사건 A, B가 독립이기 위한 필요충분조건은

$$\mathrm{P}(A\cap B)=\mathrm{P}(A)\mathrm{P}(B)\ (\text{단, } \mathrm{P}(A)>0,\ \mathrm{P}(B)>0)$$

02 독립시행의 확률

1 독립시행

어떤 시행을 여러 번 반복할 때, 각 시행에서 일어나는 사건이 서로 독립인 경우의 시행

2 독립시행의 확률

어떤 시행에서 사건 A가 일어날 확률이 p일 때, 이 시행을 n회 반복하는 독립시행에서 사건 A가 r회 일어날 확률은

$$_{n}\mathrm{C}_{r}\,p^{r}(1-p)^{n-r}\ (\text{단, } r=0,\ 1,\ 2,\ \cdots,\ n)$$

1 조건부확률

지금까지 확률을 구할 때 $\mathrm{P}(A) = \dfrac{n(A)}{n(S)}$와 같이 표본공간 전체에 대한 각 사건의 비율을 계산했습니다. 즉, 사건의 크기 $n(A)$를 표본공간의 크기 $n(S)$로 나누었는데, 이것은 사건 A가 일어날 확률을 표본공간 전체를 기준으로 생각하기 때문입니다. 그런데 두 개의 사건이 서로 어떠한 영향을 미치는지 조사할 때에는 표본공간 전체를 기준으로 확률을 생각하기보다 어떤 사건을 기준으로 확률을 생각하는 것이 편리합니다.

다음과 같은 예를 생각해 봅시다.

오른쪽 표는 학생 수가 35명인 어떤 학급에서 제2외국어 선택 과목을 조사한 것입니다. 이때, 다음과 같은 질문을 생각해 봅시다.

성별 \ 과목	베트남어 (B)	아랍어 (B^c)	합계
남학생 (A)	6	9	15
여학생 (A^c)	14	6	20
합계	20	15	35

- 전체 학생 중 임의로 뽑은 한 학생이 베트남어를 선택할 확률은 얼마인가?
- 임의로 뽑은 한 명의 학생이 남자였을 때, 그 학생이 베트남어를 선택할 확률은 얼마인가?

우선 전체 학생 중 임의로 뽑은 한 학생이 베트남어를 선택할 확률을 구하면

$$\mathrm{P}(B) = \frac{(\text{베트남어를 선택한 사람의 수})}{(\text{학급 전체 학생의 수})} = \frac{6+14}{35} = \frac{20}{35} = \frac{4}{7}$$

입니다.

다음으로 임의로 뽑은 한 명의 학생이 남자(사건 A)일 때, 그 학생이 베트남어를 선택할 확률은 전체 남학생의 수 중 베트남어를 선택한 남학생의 수의 비율이므로

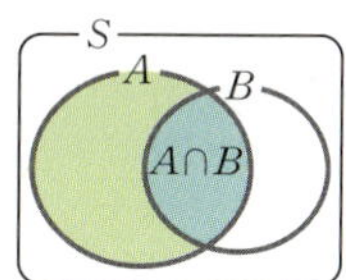

$$\frac{n(A \cap B)}{n(A)} = \frac{6}{15} = \frac{2}{5}$$

입니다.

여기서 두 번째 계산 과정에 주목해야 합니다. $\dfrac{n(A \cap B)}{n(A)}$는 사건 A를 새로운 표본공간으로 생각하고 사건 A에서 사건 $A \cap B$가 일어날 확률을 뜻합니다.

이와 같이 확률이 0이 아닌 두 사건 A, B에 대하여 사건 A가 일어났을 때, 사건 B가 일어날 확률을 사건 A가 일어났을 때의 사건 B의 조건부확률이라 하고, 이것을 기호로

$$\mathrm{P}(B|A)$$

와 같이 나타냅니다. 여기서 기호 '|' 뒤에 있는 것이 조건이 되는 사건, 앞에 있는 것이 확률을 구하려는 사건이라는 것을 명심합시다.

조건부확률의 의미를 벤 다이어그램을 이용하여 다시 한 번 정리해 보겠습니다.

• 사건 B가 일어날 확률

$$\mathrm{P}(B) = \frac{(\text{사건 } B\text{가 일어나는 경우의 수})}{(\text{일어날 수 있는 모든 경우의 수})}$$

$$= \frac{n(B)}{n(S)}$$

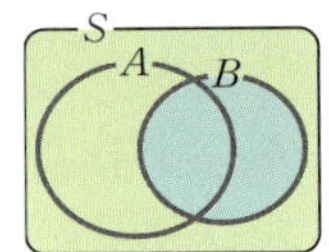

• 사건 A가 일어났을 때의 사건 B의 조건부확률

$$\mathrm{P}(B|A) = \frac{(\text{사건 } A\text{와 사건 } B\text{가 동시에 일어나는 경우의 수})}{(\text{사건 } A\text{가 일어나는 모든 경우의 수})}$$

$$= \frac{n(A \cap B)}{n(A)}$$

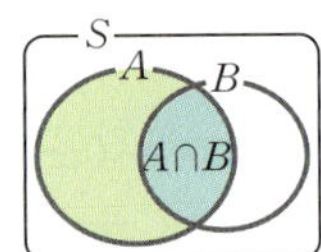

위의 벤 다이어그램에서 알 수 있듯이 사건 B의 조건부확률은 전체 표본공간을 사건 A로 보고 확률을 구하는 것을 의미합니다.

즉, 사건 A가 일어났다는 전제 하에 확률을 계산하기 때문에 사건 B의 조건부확률을 구할 때에는 $A \cap B$를 이용해야 한다는 사실에 주의합니다.

이제 경우의 수가 아닌 확률을 이용하여 조건부확률을 구해 보겠습니다.

표본공간 S에서 사건 A가 일어났을 때의 사건 B의 조건부확률은

$$\mathrm{P}(B|A) = \frac{n(A \cap B)}{n(A)}$$

이므로 이 식의 우변의 분자, 분모를 각각 $n(S)$로 나누면

$$\mathrm{P}(B|A) = \frac{\dfrac{n(A \cap B)}{n(S)}}{\dfrac{n(A)}{n(S)}} = \frac{\mathrm{P}(A \cap B)}{\mathrm{P}(A)} \qquad \leftarrow \mathrm{P}(A) = \frac{n(A)}{n(S)}, \ \mathrm{P}(A \cap B) = \frac{n(A \cap B)}{n(S)}$$

가 성립합니다. 또한 표본공간 S에서 사건 B가 일어났을 때의 사건 A의 조건부확률은

$$\mathrm{P}(A|B) = \frac{n(A \cap B)}{n(B)} = \frac{\mathrm{P}(A \cap B)}{\mathrm{P}(B)}$$

입니다.

 조건부확률

1 확률이 0이 아닌 두 사건 A, B에 대하여 사건 A가 일어났을 때, 사건 B가 일어날 확률을 사건 A가 일어났을 때의 사건 B의 조건부확률이라 하고, 기호로 $\mathrm{P}(B|A)$와 같이 나타낸다.

2 사건 A가 일어났을 때의 사건 B의 조건부확률은

$$\mathrm{P}(B|A)=\frac{\mathrm{P}(A\cap B)}{\mathrm{P}(A)}\ (\text{단, } \mathrm{P}(A)>0)$$

Plus+

벤 다이어그램을 이용하여 세 확률 $\mathrm{P}(B|A)$, $\mathrm{P}(B)$, $\mathrm{P}(A\cap B)$ 사이의 차이점을 꼭 알아두자.

① $\mathrm{P}(B|A)=\dfrac{n(A\cap B)}{n(A)}$　　② $\mathrm{P}(B)=\dfrac{n(B)}{n(S)}$　　③ $\mathrm{P}(A\cap B)=\dfrac{n(A\cap B)}{n(S)}$

⇨ A 안에서 B의 비율　　　⇨ 전체에서 B의 비율　　　⇨ 전체에서 $A\cap B$의 비율

 한 개의 주사위를 던져서 홀수의 눈이 나왔을 때, 그 수가 소수일 확률을 구해 봅시다.

한 개의 주사위를 던졌을 때 항상 홀수의 눈이 나오는 것이 아니므로 구해야 하는 확률은 표본공간 중 일부만을 확률의 분모로 가지는 조건부확률입니다.

즉, 홀수의 눈이 나오는 사건을 A, 소수의 눈이 나오는 사건을 B라고 하면

표본공간 S는 $S=\{1, 2, 3, 4, 5, 6\}$이고

$$A=\{1, 3, 5\},\ B=\{2, 3, 5\},\ A\cap B=\{3, 5\}$$

이므로 각 사건의 확률은

$$\mathrm{P}(A)=\frac{3}{6},\ \mathrm{P}(B)=\frac{3}{6},\ \mathrm{P}(A\cap B)=\frac{2}{6}$$

따라서 사건 A가 일어났을 때의 사건 B의 조건부확률은

$$\mathrm{P}(B|A)=\frac{\mathrm{P}(A\cap B)}{\mathrm{P}(A)}=\frac{\frac{2}{6}}{\frac{3}{6}}=\frac{2}{3}$$

← 한 개의 주사위를 던질 때, 홀수인 소수의 눈이 나올 확률 $\frac{2}{6}$와 구별됩니다!

2 확률의 곱셈정리

조건부확률에서

$$\mathrm{P}(B|A)=\frac{\mathrm{P}(A\cap B)}{\mathrm{P}(A)},\ \mathrm{P}(A|B)=\frac{\mathrm{P}(A\cap B)}{\mathrm{P}(B)}$$

이므로 왼쪽 식의 양변에 $\mathrm{P}(A)$를 곱하고, 오른쪽 식의 양변에 $\mathrm{P}(B)$를 곱하여 정리하면

$$P(A \cap B) = P(A)P(B|A) = P(B)P(A|B)$$

가 성립합니다.

이상으로부터 두 사건 A, B가 동시에 일어날 확률, 즉 곱사건에 대한 확률을 구하는 방법인 확률의 곱셈정리를 얻게 됩니다.

두 사건 A, B에 대하여
$$P(A \cap B) = P(A)P(B|A) = P(B)P(A|B) \quad (\text{단, } P(A) > 0, \, P(B) > 0)$$

3 사건의 독립과 종속

다음의 두 사건의 관계에 대하여 생각해 봅시다.

한 개의 주사위를 던지는 시행에서 홀수의 눈이 나오는 사건을 A, 3의 배수의 눈이 나오는 사건을 B라고 하면 표본공간 $S = \{1, 2, 3, 4, 5, 6\}$이고
$$A = \{1, 3, 5\}, \; B = \{3, 6\}$$
입니다. 이때, $A \cap B = \{3\}$이므로 $P(A)$와 $P(A|B)$를 각각 계산해 보면

$$P(A) = \frac{3}{6} = \frac{1}{2}, \; P(A|B) = \frac{P(A \cap B)}{P(B)} = \frac{\frac{1}{6}}{\frac{1}{3}} = \frac{1}{2}$$

입니다. 따라서 사건 B가 일어나더라도 사건 A의 확률이 일정함을 알 수 있습니다.

또한 사건 B가 일어나지 않을 때의 사건 A의 조건부확률도 구해 보면

$$P(A|B^c) = \frac{P(A \cap B^c)}{P(B^c)} = \frac{\frac{1}{3}}{\frac{2}{3}} = \frac{1}{2}$$

이므로 사건 A의 확률과 같습니다. 따라서 사건 B가 일어나거나 일어나지 않거나 사건 A의 확률이 일정하므로 사건 A는 사건 B에 영향을 받지 않습니다. 즉, 이것을 식으로 표현하면
$$P(A) = P(A|B) = P(A|B^c)$$
입니다. 이와 같이 사건 B가 일어나는 것에 상관없이 사건 A의 확률이 일정할 때 두 사건 A, B는 서로 독립이라 하고, 서로 독립인 두 사건을 독립사건이라고 합니다. 즉, 두 사건이 서로 영향을 받지 않고 독립적으로 일어난다는 뜻입니다.

예를 들어, 앞에서 살펴본 남학생, 여학생의 성별과 제 2외국어 과목을 선택하는 방법은 서로 독립입니다.

한편, 두 사건 A, B가 서로 독립이 아닐 때, 두 사건 A, B는 서로 **종속**이라 하고, 서로 종속인 두 사건을 종속사건이라고 합니다.

한 개의 주사위를 던지는 시행에서 짝수의 눈이 나오는 사건을 A, 3의 배수의 눈이 나오는 사건을 B, 4의 약수의 눈이 나오는 사건을 C라고 하면 표본공간 S는 $S=\{1, 2, 3, 4, 5, 6\}$이고 $A=\{2, 4, 6\}$, $B=\{3, 6\}$, $C=\{1, 2, 4\}$입니다.

이때, $A \cap B=\{6\}$이므로

$$\mathrm{P}(B|A)=\frac{\mathrm{P}(A \cap B)}{\mathrm{P}(A)}=\frac{\frac{1}{6}}{\frac{3}{6}}=\frac{1}{3}, \ \mathrm{P}(B)=\frac{2}{6}=\frac{1}{3}$$

$$\therefore \mathrm{P}(B|A)=\mathrm{P}(B)$$

즉, 두 사건 A, B는 서로 독립입니다.

한편, $A \cap C=\{2, 4\}$이므로

$$\mathrm{P}(C|A)=\frac{\mathrm{P}(A \cap C)}{\mathrm{P}(A)}=\frac{\frac{2}{6}}{\frac{3}{6}}=\frac{2}{3}, \ \mathrm{P}(C)=\frac{3}{6}=\frac{1}{2}$$

$$\therefore \mathrm{P}(C|A) \neq \mathrm{P}(C)$$

즉, 두 사건 A, C는 서로 종속입니다.

두 사건 A, B에 대하여 $\mathrm{P}(A)>0$, $\mathrm{P}(B)>0$일 때, 두 사건 A와 B가 서로 독립이면

$$\mathrm{P}(B|A)=\mathrm{P}(B), \ \mathrm{P}(A|B)=\mathrm{P}(A)$$

이므로 확률의 곱셈정리에 의하여

$$\mathrm{P}(A \cap B)=\mathrm{P}(A)\mathrm{P}(B|A)=\mathrm{P}(A)\mathrm{P}(B)$$
$$=\mathrm{P}(B)\mathrm{P}(A|B)=\mathrm{P}(B)\mathrm{P}(A)$$

가 성립합니다.

역으로 $\mathrm{P}(A \cap B)=\mathrm{P}(A)\mathrm{P}(B)$이면 확률의 곱셈정리에 의하여

$$\mathrm{P}(A \cap B)=\mathrm{P}(A)\mathrm{P}(B)=\mathrm{P}(A)\mathrm{P}(B|A)$$

이므로 $\mathrm{P}(B|A)=\mathrm{P}(B)$입니다.

즉, 두 사건 A와 B는 서로 독립입니다.

따라서 확률의 곱셈정리를 이용하면 두 사건이 서로 독립인지 서로 종속인지 확인할 수 있으므로 꼭 기억해 둡시다.

Example 앞의 Example 의 $P(A)=\dfrac{3}{6}$, $P(B)=\dfrac{2}{6}$, $P(A\cap B)=\dfrac{1}{6}$에서

$P(A\cap B)=P(A)P(B)$가 성립하므로 두 사건 A, B는 서로 독립입니다.

또한 $P(A)=\dfrac{3}{6}$, $P(C)=\dfrac{3}{6}$, $P(A\cap C)=\dfrac{2}{6}$에서

$P(A\cap C)\neq P(A)P(C)$가 성립하므로 두 사건 A, C는 서로 종속입니다.

앞에서 다룬 두 개의 Example 에서 두 사건 A, B는 서로 독립이고, 두 사건 A, C는 서로 종속임을 확인하였습니다. 하지만 이것은 계산으로 확인한 것일 뿐 실제로 세 사건 A, B, C에 대하여 사건 A의 발생 여부가 사건 B가 일어날 확률에는 영향을 주지 않고, 사건 C가 일어날 확률에는 영향을 준다는 것이 잘 느껴지지 않습니다.

그러므로 이번에는 그림을 그려서 사건의 독립과 종속을 설명해 보겠습니다.

오른쪽 그림에서 사건 B가 표본공간 S에 대하여 차지하는 비율은 $\dfrac{1}{3}$로 사건 A에 대하여 차지하는 비율인 $\dfrac{1}{3}$과 같습니다. 즉, $P(B)$는 사건 A가 일어났다는 조건 하에 사건 B가 일어날 확률 $P(B\,|\,A)$와 같으므로 사건 A의 발생 여부는 사건 B가 일어날 확률에 영향을 주지 않습니다.

즉, 두 사건 A, B는 서로 독립입니다.

마찬가지 방법으로 두 사건 A, C를 그림으로 표현해 보면 오른쪽 그림과 같습니다. 이때, 사건 C가 표본공간 S에 대하여 차지하는 비율은 $\dfrac{1}{2}$이지만, 사건 C가 사건 A에 대하여 차지하는 비율은 $\dfrac{2}{3}$로 서로 다른 값을 가집니다. 즉, $P(C)$는 사건 A가 일어났다는 조건 하에 사건 C가 일어날 확률 $P(C\,|\,A)$와 다르므로 사건 A의 발생 여부가 사건 C가 일어날 확률에 영향을 줍니다.

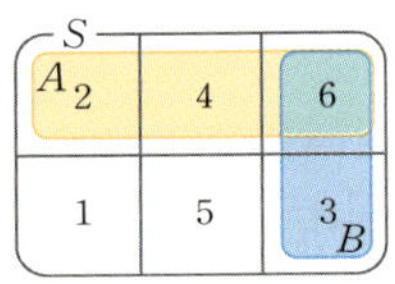

즉, 두 사건 A, C는 서로 종속입니다.

1 두 사건 A, B에 대하여

  (1) 두 사건이 서로 독립 $\Longleftrightarrow P(B)=P(B\,|\,A)=P(B\,|\,A^{C})$

                    $\Longleftrightarrow P(A)=P(A\,|\,B)=P(A\,|\,B^{C})$

  (2) 두 사건이 서로 독립이 아닐 때, 서로 종속이라고 한다.

2 두 사건 A, B가 서로 독립이기 위한 필요충분조건은

      $P(A\cap B)=P(A)P(B)$ (단, $P(A)>0$, $P(B)>0$)

표본공간이 S인 두 사건 A, B에 대하여 다음 명제의 참, 거짓을 판별해 보겠습니다. 은 근히 헷갈리는 명제이므로 정의나 성질을 이용하여 주어진 명제의 참, 거짓을 판별해야 합니다. (단, $\mathrm{P}(A) \neq 0$, $\mathrm{P}(B) \neq 0$)

(1) $A \subset B$이면 $\mathrm{P}(B \mid A) = 1$이다.

$A \subset B$이므로 $A \cap B = A$

$$\therefore \mathrm{P}(B \mid A) = \frac{\mathrm{P}(A \cap B)}{\mathrm{P}(A)} = \frac{\mathrm{P}(A)}{\mathrm{P}(A)} = 1 \text{ (참)}$$

(2) $\mathrm{P}(A \cup B) = 1$이면 B는 A의 여사건이다.

[반례] 오른쪽 그림과 같이 $B \subset A = S$인 경우

$$\mathrm{P}(A \cup B) = 1 \text{이지만 } B \neq A^C \text{ (거짓)}$$

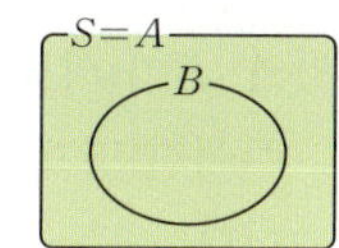

(3) $\mathrm{P}(B \mid A) + \mathrm{P}(B^C \mid A) = 1$

$\mathrm{P}(B \mid A) + \mathrm{P}(B^C \mid A)$

$$= \frac{\mathrm{P}(B \cap A)}{\mathrm{P}(A)} + \frac{\mathrm{P}(B^C \cap A)}{\mathrm{P}(A)} = \frac{\mathrm{P}(B \cap A) + \mathrm{P}(B^C \cap A)}{\mathrm{P}(A)} = \frac{\mathrm{P}(A)}{\mathrm{P}(A)} = 1 \text{ (참)}$$

(4) A, B가 서로 배반사건이면 $\mathrm{P}(B \mid A) = 0$이다.

A, B가 서로 배반사건이면 $\mathrm{P}(A \cap B) = 0$이므로

$$\mathrm{P}(B \mid A) = \frac{\mathrm{P}(A \cap B)}{\mathrm{P}(A)} = 0 \text{ (참)}$$

(5) A, B가 서로 배반사건이면 $\mathrm{P}(A) + \mathrm{P}(B) \leq 1$이다.

A, B가 서로 배반사건이므로 $\mathrm{P}(A \cup B) = \mathrm{P}(A) + \mathrm{P}(B)$

확률의 정의에 의하여

$$0 < \mathrm{P}(A) + \mathrm{P}(B) = \mathrm{P}(A \cup B) \leq 1 \text{ (참)}$$

(6) A, B가 서로 배반사건이면 A, B는 서로 종속이다.

A, B가 서로 배반사건이면 $\mathrm{P}(A \cap B) = \mathrm{P}(A)\mathrm{P}(B \mid A) = 0$에서 $\mathrm{P}(A) \neq 0$이므로

$$\mathrm{P}(B \mid A) = 0$$

그런데 $\mathrm{P}(B) \neq 0$이므로 $\mathrm{P}(B) \neq \mathrm{P}(B \mid A)$

따라서 두 사건 A, B는 서로 독립이 아닙니다. 즉, 서로 종속입니다. (참)

(7) A, B가 서로 독립이면 A, B는 서로 배반사건이 아니다.

(6)번 명제의 대우이므로 참인 명제입니다.

한편, 두 사건 A, B가 서로 독립이면 A^C와 B^C에 대하여 A와 B^C, A^C와 B, A^C와 B^C도 각각 서로 독립입니다.

Proof

두 사건 A, B가 서로 독립이면 두 사건 A^C, B^C도 서로 독립임을 증명하기 위하여
$\mathrm{P}(A^C \cap B^C) = \mathrm{P}(A^C)\mathrm{P}(B^C)$임을 보여 봅시다.
$\mathrm{P}(A \cup B) = \mathrm{P}(A) + \mathrm{P}(B) - \mathrm{P}(A \cap B)$이므로

$$\begin{aligned}
\mathrm{P}(A^C \cap B^C) &= \mathrm{P}((A \cup B)^C) = 1 - \mathrm{P}(A \cup B) \\
&= 1 - \{\mathrm{P}(A) + \mathrm{P}(B) - \mathrm{P}(A \cap B)\} \\
&= 1 - \mathrm{P}(A) - \mathrm{P}(B) + \mathrm{P}(A \cap B) \\
&= 1 - \mathrm{P}(A) - \mathrm{P}(B) + \mathrm{P}(A)\mathrm{P}(B) \\
&= \{1 - \mathrm{P}(A)\}\{1 - \mathrm{P}(B)\} \\
&= \mathrm{P}(A^C)\mathrm{P}(B^C)
\end{aligned}$$

두 사건 A, B가 서로
독립이므로
$\mathrm{P}(A \cap B) = \mathrm{P}(A)\mathrm{P}(B)$

따라서 두 사건 A^C, B^C는 서로 독립입니다.

(8) A, B가 서로 종속이면 A^C, B도 서로 종속이다.

주어진 명제의 대우 'A^C, B가 서로 독립이면 A, B도 서로 독립이다.'를 증명해 봅니다.

A^C, B가 서로 독립이면

$$\mathrm{P}(A^C \cap B) = \mathrm{P}(A^C)\mathrm{P}(B) \qquad \cdots\cdots \text{㉠}$$
$$\mathrm{P}(A^C \cap B) = \mathrm{P}(B) - \mathrm{P}(A \cap B) \qquad \cdots\cdots \text{㉡}$$

이므로 ㉠, ㉡에서

$$\begin{aligned}
\mathrm{P}(A^C)\mathrm{P}(B) &= \mathrm{P}(B) - \mathrm{P}(A \cap B) \\
\therefore\ \mathrm{P}(A \cap B) &= \mathrm{P}(B) - \mathrm{P}(A^C)\mathrm{P}(B) \\
&= \mathrm{P}(B)\{1 - \mathrm{P}(A^C)\} \\
&= \mathrm{P}(B)\mathrm{P}(A)
\end{aligned}$$

이것은 A, B가 서로 독립임을 의미하므로 주어진 명제의 대우는 참입니다.
따라서 원래의 명제도 참입니다. (참)

참고로 (3)에서

$$\mathrm{P}(B \mid A) \qquad \leftarrow \text{사건 } A\text{가 일어난다는 가정 하에 사건 } B\text{가 일어날 확률}$$
$$\mathrm{P}(B^C \mid A) \qquad \leftarrow \text{사건 } A\text{가 일어난다는 가정 하에 사건 } B\text{가 일어나지 않을 확률}$$

은 서로 여사건의 확률이므로 그 합이 위의 풀이와 같이 1이 되는 것입니다.
또한 $\mathrm{P}(B \mid A) + \mathrm{P}(B \mid A^C) \neq 1$이라는 점에 주의해야 합니다. 즉,
$\mathrm{P}(B \mid A) = \mathrm{P}(B \mid A^C)$이면 두 사건 A, B가 독립이라는 것을 뜻하지만 서로 여사건
의 확률은 아니므로 그 합이 1이 아닙니다.
한편, (7)에서 두 사건이 서로 독립이면 한 사건이 일어나는 것이 다른 사건이 일어날
확률에 영향을 주지 않으므로 두 사건은 동시에 일어날 수 있습니다. 이것은 두 사건이
서로 배반사건이 아님을 뜻합니다.

1 짱이네 반 학생 30명을 대상으로 이투스 서점의 회원인 학생 수를 조사하였더니 오른쪽 표와 같았다. 이 학생들 중 임의로 한 명을 뽑을 때, 다음 물음에 답하여라.

	회원	비회원
남학생	8	8
여학생	10	4

(1) 임의로 뽑은 한 명이 여학생이었을 때, 그 학생이 이투스 서점의 회원일 확률을 구하여라.

(2) 임의로 뽑은 한 명이 이투스 서점의 회원일 때, 그 학생이 여학생일 확률을 구하여라.

2 흰 공이 5개, 검은 공이 3개 들어 있는 주머니에서 한 개씩 차례대로 2개의 공을 꺼낼 때, 2개 모두 흰 공이 나올 확률을 구하여라. (단, 꺼낸 공은 다시 넣지 않는다.)

3 한 개의 주사위와 한 개의 동전을 동시에 던질 때, 주사위는 홀수의 눈이 나오고 동전은 앞면이 나올 확률을 구하여라.

4 표본공간 S의 두 사건 A, B에 대하여 $\mathrm{P}(A \cap B) = \dfrac{1}{9}$, $\mathrm{P}(B|A) = \dfrac{1}{2}$일 때, $\mathrm{P}(A^c)$의 값을 구하여라.

5 집합 $A = \{1, 2, 3, 4, 5, 6\}$의 부분집합 중에서 임의로 한 개의 집합을 선택하였더니 3이 속해 있는 집합이었다. 그 집합에 4도 속해 있을 확률을 구하여라.

풀이

1 임의로 뽑은 한 명이 여학생인 사건을 A, 이투스 서점의 회원인 사건을 B라고 하면

$$\mathrm{P}(A) = \frac{14}{30}, \mathrm{P}(B) = \frac{18}{30}, \mathrm{P}(A \cap B) = \frac{10}{30}$$

(1) $\mathrm{P}(B|A) = \dfrac{\mathrm{P}(A \cap B)}{\mathrm{P}(A)} = \dfrac{\frac{10}{30}}{\frac{14}{30}} = \dfrac{10}{14} = \dfrac{5}{7}$

(2) $\mathrm{P}(A|B) = \dfrac{\mathrm{P}(A \cap B)}{\mathrm{P}(B)} = \dfrac{\frac{10}{30}}{\frac{18}{30}} = \dfrac{10}{18} = \dfrac{5}{9}$

2 첫 번째에 흰 공이 나오는 사건을 A, 두 번째에 흰 공이 나오는 사건을 B라고 하면 $\mathrm{P}(A) = \dfrac{5}{8}$이고

첫 번째에 흰 공이 나왔을 때, 두 번째에도 흰 공이 나올 확률은 $\mathrm{P}(B|A) = \dfrac{4}{7}$

따라서 구하는 확률은 $\mathrm{P}(A \cap B) = \mathrm{P}(A)\mathrm{P}(B|A) = \dfrac{5}{8} \times \dfrac{4}{7} = \dfrac{5}{14}$

3 주사위에서 홀수의 눈이 나오는 사건을 A, 동전에서 앞면이 나오는 사건을 B라고 하면 두 사건 A, B는 서로 독립이므로 $\mathrm{P}(A \cap B) = \mathrm{P}(A)\mathrm{P}(B) = \dfrac{1}{2} \times \dfrac{1}{2} = \dfrac{1}{4}$

4 $\mathrm{P}(B|A) = \dfrac{\mathrm{P}(A \cap B)}{\mathrm{P}(A)} = \dfrac{1}{2}$이므로 $\mathrm{P}(A) = 2\mathrm{P}(A \cap B) = 2 \times \dfrac{1}{9} = \dfrac{2}{9}$ $\therefore \mathrm{P}(A^c) = 1 - \dfrac{2}{9} = \dfrac{7}{9}$

5 집합 $A = \{1, 2, 3, 4, 5, 6\}$의 부분집합의 개수는 $2^6 = 64$

이때, 집합 A의 부분집합 중에서 원소 3이 들어 있는 부분집합의 개수는 집합 $\{1, 2, 4, 5, 6\}$의 부분집합의 개수와 같으므로 $2^5 = 32$

이 중 4도 들어 있는 부분집합의 개수는 $\{1, 2, 5, 6\}$의 부분집합의 개수와 같으므로 $2^4 = 16$

따라서 원소 3이 들어 있는 부분집합일 사건을 E, 4가 들어 있는 부분집합일 사건을 F라고 하면

$$\mathrm{P}(E) = \frac{32}{64} = \frac{1}{2}, \mathrm{P}(E \cap F) = \frac{16}{64} = \frac{1}{4}$$이므로 $\mathrm{P}(F|E) = \dfrac{\mathrm{P}(E \cap F)}{\mathrm{P}(E)} = \dfrac{\frac{1}{4}}{\frac{1}{2}} = \dfrac{1}{2}$

예제 01

서로 다른 두 개의 주사위를 동시에 던질 때, 다음 물음에 답하여라.

(1) 두 눈의 수의 합이 4의 배수이고 두 눈의 수의 차가 2일 확률을 구하여라.

(2) 두 눈의 수의 합이 4의 배수일 때, 두 눈의 수의 차가 2일 확률을 구하여라.

(3) 두 눈의 수의 차가 2일 때, 두 눈의 수의 합이 4의 배수일 확률을 구하여라.

접근 방법

(1)은 두 조건을 동시에 만족시키는 확률을 구하는 문제이고, (2)와 (3)은 사건 A가 일어났을 때 사건 B가 일어날 확률, 즉 조건부확률을 구하는 문제입니다.

> **Bible**
>
> 조건부확률 $P(B|A) = \dfrac{P(A \cap B)}{P(A)}$ (단, $P(A) > 0$)

상세 풀이

두 개의 주사위를 동시에 던질 때, 일어날 수 있는 모든 경우의 수는 $6 \times 6 = 36$이고, 두 눈의 수의 합이 4의 배수인 사건을 A, 두 눈의 수의 차가 2인 사건을 B라고 하면

(1) 두 눈의 수의 합이 4의 배수인 경우는

   (i) 두 눈의 수의 합이 4일 때, $(1, 3)$, $(2, 2)$, $(3, 1)$의 3가지

   (ii) 두 눈의 수의 합이 8일 때, $(2, 6)$, $(3, 5)$, $(4, 4)$, $(5, 3)$, $(6, 2)$의 5가지

   (iii) 두 눈의 수의 합이 12일 때, $(6, 6)$의 1가지

   (i)~(iii)에서 두 눈의 수의 합이 4의 배수인 경우는 모두 9가지이고, 이 중에서 두 눈의 수의 차가

   2인 경우는 $(1, 3)$, $(3, 1)$, $(3, 5)$, $(5, 3)$의 4가지이므로 $P(A \cap B) = \dfrac{4}{36} = \dfrac{1}{9}$

(2) 주어진 사건의 확률은 $P(B|A)$이고, (1)에서 $P(A) = \dfrac{9}{36}$, $P(A \cap B) = \dfrac{1}{9}$이므로

$$P(B|A) = \frac{P(A \cap B)}{P(A)} = \frac{\dfrac{1}{9}}{\dfrac{9}{36}} = \frac{4}{9}$$

(3) 주어진 사건의 확률은 $P(A|B)$이고, 두 눈의 수의 차가 2인 경우는 $(1, 3)$, $(3, 1)$, $(2, 4)$,

   $(4, 2)$, $(3, 5)$, $(5, 3)$, $(4, 6)$, $(6, 4)$의 8가지이므로 $P(B) = \dfrac{8}{36}$

$$\therefore P(A|B) = \frac{P(A \cap B)}{P(B)} = \frac{\dfrac{1}{9}}{\dfrac{8}{36}} = \frac{1}{2}$$

정답 ⇒ (1) $\dfrac{1}{9}$ (2) $\dfrac{4}{9}$ (3) $\dfrac{1}{2}$

숫자 바꾸기

01-1 서로 다른 두 개의 주사위를 동시에 던질 때, 다음 물음에 답하여라.

(1) 두 눈의 수의 곱이 홀수일 때, 두 눈의 수의 합이 6의 배수일 확률을 구하여라.

(2) 두 눈의 수의 합이 6의 배수일 때, 두 눈의 수의 곱이 홀수일 확률을 구하여라.

표현 바꾸기

01-2 어느 학급은 남학생 18명, 여학생 16명으로 이루어져 있다. 이 학급의 모든 학생은 중국어와 일본어 중 한 과목만 수업을 받는다고 한다. 남학생 중에서 중국어 수업을 받는 학생은 12명이고, 여학생 중에서 일본어 수업을 받는 학생은 7명이다. 이 학급에서 임의로 선택된 한 학생이 중국어 수업을 받는 학생이었을 때, 이 학생이 여학생일 확률을 구하여라.

개념 넓히기 ★★☆

01-3 갑, 을, 병 세 명을 포함한 10명이 일렬로 줄을 서는데 갑과 을이 이웃하여 서 있었다고 할 때, 을과 병이 이웃하여 서 있을 확률은?

① $\dfrac{1}{10}$ ② $\dfrac{1}{9}$ ③ $\dfrac{1}{5}$

④ $\dfrac{2}{9}$ ⑤ $\dfrac{3}{10}$

정답   **01-1** (1) $\dfrac{1}{3}$ (2) $\dfrac{1}{2}$ **01-2** $\dfrac{3}{7}$ **01-3** ②

예제 02

A 주머니에는 흰 공 3개, 검은 공 5개가 들어 있고, B 주머니에는 흰 공 3개, 검은 공 4개가 들어 있다. A 주머니에서 한 개의 공을 임의로 꺼내어 B 주머니에 넣은 다음 다시 B 주머니에서 한 개의 공을 꺼내기로 한다. B 주머니에서 꺼낸 공이 흰 공일 때, A 주머니에서 B 주머니로 옮겨진 공이 흰 공일 확률을 구하여라.

접근 방법

B 주머니에서 흰 공을 꺼내는 사건을 A, A 주머니에서 흰 공을 꺼내는 사건을 B라고 하면

$$P(B|A) = \frac{\text{(A 주머니에서 B 주머니로 옮겨진 공과 B 주머니에서 꺼낸 공이 모두 흰 공일 확률)}}{\text{(B 주머니에서 꺼낸 공이 흰 공일 확률)}}$$

이때, B 주머니에서 꺼낸 공이 흰 공일 때, A 주머니에서 B 주머니로 옮겨진 공은 흰 공일 수도 있고 검은 공일 수도 있다는 점에 주의해서 조건부확률을 구해야 합니다.

Bible

$$P(B|A) = \frac{P(A \cap B)}{P(A)} = \frac{P(A \cap B)}{P(A \cap B) + P(A \cap B^c)}$$

상세 풀이

B 주머니에서 흰 공을 꺼내는 사건을 A, A 주머니에서 흰 공을 꺼내는 사건을 B라고 하면 B 주머니에서 꺼낸 공이 흰 공인 경우는 다음의 두 가지이므로 각각의 확률을 구하면

(i) A 주머니에서 B 주머니로 옮겨진 공이 흰 공이고, B 주머니에서 꺼낸 공이 흰 공인 경우

$$P(A \cap B) = \frac{{}_3C_1}{{}_8C_1} \times \frac{{}_4C_1}{{}_8C_1} = \frac{3}{8} \times \frac{4}{8} = \frac{12}{64}$$

(ii) A 주머니에서 B 주머니로 옮겨진 공이 검은 공이고, B 주머니에서 꺼낸 공이 흰 공인 경우

$$P(A \cap B^c) = \frac{{}_5C_1}{{}_8C_1} \times \frac{{}_3C_1}{{}_8C_1} = \frac{5}{8} \times \frac{3}{8} = \frac{15}{64}$$

(i), (ii)에서 구하는 확률은

$$P(B|A) = \frac{P(A \cap B)}{P(A)} = \frac{P(A \cap B)}{P(A \cap B) + P(A \cap B^c)} = \frac{\dfrac{12}{64}}{\dfrac{12}{64} + \dfrac{15}{64}} = \frac{12}{27} = \frac{4}{9}$$

정답 ⇒ $\dfrac{4}{9}$

보충 설명

오른쪽 벤 다이어그램에서 알 수 있는 것처럼 조건부확률에서

$$P(B|A) = \frac{P(A \cap B)}{P(A)} = \frac{P(A \cap B)}{P(A \cap B) + P(A \cap B^c)}$$

이므로 보통은 위와 같이 $P(A \cap B)$, $P(A \cap B^c)$를 구해서 확률을 구하는 것이 편리합니다.

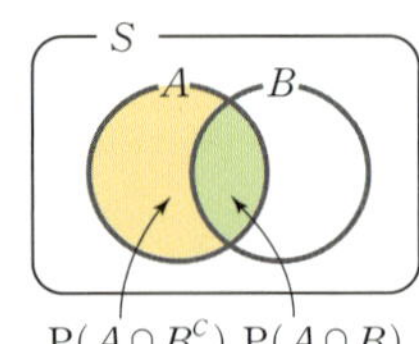

숫자 바꾸기

02-1 A 주머니에는 흰 공 2개, 검은 공 5개가 들어 있고, B 주머니에는 흰 공 4개, 검은 공 3개가 들어 있다. A 주머니에서 한 개의 공을 임의로 꺼내어 B 주머니에 넣은 다음 다시 B 주머니에서 한 개의 공을 꺼내기로 한다. B 주머니에서 꺼낸 공이 흰 공일 때, A 주머니에서 B 주머니로 옮겨진 공이 흰 공일 확률을 구하여라.

표현 바꾸기

02-2 어느 회사의 스마트폰을 만드는 두 개의 공장 A, B는 각각 그 회사의 스마트폰 전체 생산량의 40 %, 60 %를 만들고, 공장에서 생산하는 제품 중 불량품은 각각 2 %, 3 %라고 한다. 제품 중 임의로 선택한 하나의 스마트폰이 불량품이었을 때, 그 스마트폰이 공장 A에서 만든 스마트폰일 확률을 구하여라.

개념 넓히기 ★★☆

02-3 빨간 공 6개, 파란 공 3개, 노란 공 1개가 들어 있는 주머니에서 차례대로 한 개씩 공을 꺼낼 때, 세 번째 꺼낸 공이 파란 공이었다. 첫 번째 꺼낸 공도 파란 공이었을 확률은?

(단, 꺼낸 공은 다시 넣지 않는다.)

① $\dfrac{7}{36}$ ② $\dfrac{2}{9}$ ③ $\dfrac{3}{10}$

④ $\dfrac{1}{3}$ ⑤ $\dfrac{1}{2}$

정답   02-1 $\dfrac{1}{3}$ 02-2 $\dfrac{4}{13}$ 02-3 ②

예제 03

1부터 12까지의 자연수가 각 면에 하나씩 적힌 정십이면체 모양의 주사위를 한 번 던질 때, 홀수가 나오는 사건을 A, 3의 배수가 나오는 사건을 B, 11 이상의 수가 나오는 사건을 C라고 하자. 다음 두 사건이 서로 독립인지 종속인지 말하여라.

(1) A와 B (2) A와 C (3) B와 C

접근 방법

두 사건 A, B가 서로 독립일 필요충분조건은 $\mathrm{P}(A \cap B) = \mathrm{P}(A)\mathrm{P}(B)$이고, 종속일 필요충분조건은 $\mathrm{P}(A \cap B) \neq \mathrm{P}(A)\mathrm{P}(B)$입니다.

따라서 두 사건 A, B가 서로 독립인지 종속인지를 보일 때에는 $\mathrm{P}(A \cap B)$와 $\mathrm{P}(A)$, $\mathrm{P}(B)$를 곱했을 때를 비교하면 됩니다.

> **Bible**   두 사건 A, B가 서로 독립 $\Longleftrightarrow$ $\mathrm{P}(A \cap B) = \mathrm{P}(A)\mathrm{P}(B)$ (단, $\mathrm{P}(A) > 0$, $\mathrm{P}(B) > 0$)

상세 풀이

표본공간을 S라고 하면 $S = \{1, 2, 3, 4, 5, 6, 7, 8, 9, 10, 11, 12\}$이고

$$A = \{1, 3, 5, 7, 9, 11\}, \ B = \{3, 6, 9, 12\}, \ C = \{11, 12\},$$
$$A \cap B = \{3, 9\}, \ A \cap C = \{11\}, \ B \cap C = \{12\}$$

이므로 각 사건의 확률을 구해 보면

$$\mathrm{P}(A) = \frac{6}{12} = \frac{1}{2}, \ \mathrm{P}(B) = \frac{4}{12} = \frac{1}{3}, \ \mathrm{P}(C) = \frac{2}{12} = \frac{1}{6},$$
$$\mathrm{P}(A \cap B) = \frac{2}{12} = \frac{1}{6}, \ \mathrm{P}(A \cap C) = \frac{1}{12}, \ \mathrm{P}(B \cap C) = \frac{1}{12}$$

(1) $\mathrm{P}(A \cap B) = \dfrac{1}{6} = \dfrac{1}{2} \times \dfrac{1}{3} = \mathrm{P}(A)\mathrm{P}(B)$이므로 두 사건 A, B는 서로 독립입니다.

(2) $\mathrm{P}(A \cap C) = \dfrac{1}{12} = \dfrac{1}{2} \times \dfrac{1}{6} = \mathrm{P}(A)\mathrm{P}(C)$이므로 두 사건 A, C는 서로 독립입니다.

(3) $\mathrm{P}(B \cap C) = \dfrac{1}{12} \neq \dfrac{1}{3} \times \dfrac{1}{6} = \mathrm{P}(B)\mathrm{P}(C)$이므로 두 사건 B, C는 서로 종속입니다.

정답 ➡ (1) 독립 (2) 독립 (3) 종속

보충 설명

다음은 두 사건 A, B가 서로 독립이기 위한 필요충분조건입니다. 자주 사용되는 것이므로 꼭 기억해 두기 바랍니다.

$$\text{두 사건 } A, B \text{가 서로 독립} \Longleftrightarrow \mathrm{P}(B) = \mathrm{P}(B \mid A) = \mathrm{P}(B \mid A^c)$$
$$\Longleftrightarrow \mathrm{P}(A \cap B) = \mathrm{P}(A)\mathrm{P}(B)$$
$$\Longleftrightarrow A \text{와 } B^c, \ A^c \text{와 } B, \ A^c \text{와 } B^c \text{도 서로 독립}$$

숫자 바꾸기

03-1 자연수 1, 2, 3, …, 12가 각각 하나씩 적힌 12개의 공이 들어 있는 상자에서 임의로 1개의 공을 꺼낼 때, 홀수가 나오는 사건을 X, 짝수가 나오는 사건을 Y, 3의 배수가 나오는 사건을 Z라고 하자. 다음 두 사건이 서로 독립인지 종속인지 말하여라.

(1) X와 Y　　　　　(2) X와 Z　　　　　(3) Y와 Z

표현 바꾸기

03-2 오른쪽 표는 어느 회사에서 전체 직원 360명을 대상으로 재직 연수와 새로운 조직 개편안에 대한 찬반 여부를 조사한 것이다. 재직 연수가 10년 미만인 사건과 조직 개편안에 찬성하는 사건이 서로 독립일 때, 상수 a의 값을 구하여라.

(단위 : 명)

재직 연수 ＼ 찬반 여부	찬성	반대	합계
10년 미만	a	b	120
10년 이상	c	d	240
합계	150	210	360

개념 넓히기 ★★☆

03-3 한 개의 주사위를 던질 때, 3의 배수의 눈이 나오는 사건을 A라고 하자. 사건 A와 독립이고 $n(A \cap X)=1$인 사건 X의 개수는? (단, $n(A)$는 집합 A의 원소의 개수이다.)

① 8　　　　　② 10　　　　　③ 12
④ 14　　　　　⑤ 16

정답　**03-1** (1) 종속 (2) 독립 (3) 독립　　　**03-2** 50
03-3 ③

예제 04

두 사건 A, B에 대하여 다음 물음에 답하여라.

(1) $P(A)=\dfrac{3}{10}$, $P(A\cap B)=\dfrac{1}{5}$, $P(A^c\cap B^c)=\dfrac{2}{5}$일 때, $P(A|B)$를 구하여라.

(2) 두 사건 A, B가 서로 독립이고 $P(B)=\dfrac{3}{5}$, $P(A\cap B)=\dfrac{1}{5}$일 때, $P(A\cup B)$를 구하여라.

접근 방법

확률의 정의와 성질에서 집합의 기호나 연산 등을 이용하므로 확률의 계산 문제를 풀 때에는 벤 다이어그램과 집합의 연산법칙을 적절하게 이용하는 것이 편리합니다.

> **Bible** 집합 기호로 표시된 확률의 계산은 집합의 연산을 이용하자!

상세 풀이

(1) 오른쪽 벤 다이어그램과 같이

$$\begin{aligned}
P(A^c\cap B^c)&=P((A\cup B)^c)=1-P(A\cup B)\\
&=1-\{P(A)+P(B)-P(A\cap B)\}\\
&=1-\left\{\frac{3}{10}+P(B)-\frac{1}{5}\right\}=\frac{2}{5}
\end{aligned}$$

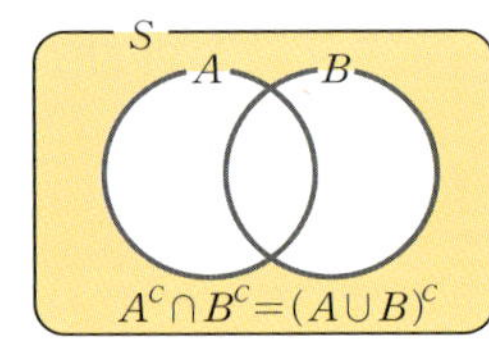

즉, $P(B)=\dfrac{1}{2}$이므로 $P(A|B)=\dfrac{P(A\cap B)}{P(B)}=\dfrac{\frac{1}{5}}{\frac{1}{2}}=\dfrac{2}{5}$

(2) 두 사건 A, B가 서로 독립이므로

$$P(A\cap B)=P(A)P(B)=P(A)\times\frac{3}{5}=\frac{1}{5}$$

즉, $P(A)=\dfrac{1}{3}$이므로 $P(A\cup B)=P(A)+P(B)-P(A\cap B)=\dfrac{1}{3}+\dfrac{3}{5}-\dfrac{1}{5}=\dfrac{11}{15}$

정답 ➡ (1) $\dfrac{2}{5}$ (2) $\dfrac{11}{15}$

보충 설명

(1) 두 사건 A, B에 대하여

① $P(A\cup B)=P(A)+P(B)-P(A\cap B)$　　　② $P(A^c)=1-P(A)$

(2) 확률의 계산에서 집합의 연산과 다르므로 주의해야 하는 것은 조건부확률 $P(B|A)=\dfrac{P(A\cap B)}{P(A)}$와 두 사건 A, B가 서로 독립일 필요충분조건 $P(A\cap B)=P(A)P(B)$입니다.

숫자 바꾸기

◆ 보충 설명

04-1
두 사건 A, B에 대하여 다음 물음에 답하여라.

(1) $P(A)=0.7$, $P(B)=0.4$, $P(A^c \cap B^c)=0.1$일 때, $P(A|B)$를 구하여라.

(2) $P(A)=\dfrac{1}{2}$, $P(B)=\dfrac{1}{3}$, $P(A|B)=\dfrac{3}{4}$일 때, $P(A^c \cap B^c)$를 구하여라.

(3) $P(A)=\dfrac{1}{3}$, $P(A|B)=\dfrac{1}{5}$, $P(A \cup B)=\dfrac{2}{3}$일 때, $P(B|A)$를 구하여라.

(4) 두 사건 A, B가 서로 독립이고 $P(A|B)=0.4$, $P(B|A)=0.5$일 때, $P(A \cap B)$를 구하여라.

표현 바꾸기

◆ 보충 설명

04-2
두 사건 A, B에 대하여 $P(A|B)=\dfrac{1}{9}$, $P(A|B^c)=\dfrac{1}{9}$, $P(A \cup B)=\dfrac{7}{9}$일 때, 다음을 구하여라.

(1) $P(A^c|B^c)$
(2) $P(B^c|A^c)$

개념 넓히기 ★★☆

04-3
두 사건 A, B가 서로 독립이고 $P(A \cup B)=0.7$, $P(A \cap B)=0.2$, $P(A)<P(B)$일 때, $P(A)$는?

① $\dfrac{1}{3}$
② $\dfrac{2}{5}$
③ $\dfrac{1}{2}$

④ $\dfrac{3}{5}$
⑤ $\dfrac{2}{3}$

정답 **04-1** (1) 0.5 (2) $\dfrac{5}{12}$ (3) $\dfrac{1}{4}$ (4) 0.2　　**04-2** (1) $\dfrac{8}{9}$ (2) $\dfrac{1}{4}$
04-3 ②

예제 05

5장의 당첨 복권이 포함되어 있는 10장의 복권이 상자에 들어 있다. 창희와 경도가 차례대로 한 장씩 뽑을 때, 다음 물음에 답하여라. (단, 뽑은 복권은 다시 넣지 않는다.)

(1) 창희와 경도가 모두 당첨 복권을 뽑을 확률을 구하여라.

(2) 창희는 당첨 복권을 뽑지 못하고, 경도는 당첨 복권을 뽑을 확률을 구하여라.

(3) 경도가 당첨 복권을 뽑을 확률을 구하여라.

접근 방법

창희가 경도보다 먼저 복권을 뽑기 때문에 창희가 어떤 복권을 뽑느냐가 경도가 당첨 복권을 뽑을 확률에 영향을 미칩니다. 즉, 두 사건은 서로 종속입니다.

> **Bible** 종속인 두 사건 A, B가 동시에 일어날 확률 $\Rightarrow$ $\mathrm{P}(A \cap B) = \mathrm{P}(A)\mathrm{P}(B|A)$

상세 풀이

창희가 당첨 복권을 뽑는 사건을 A, 경도가 당첨 복권을 뽑는 사건을 B라고 하면

(1) 창희가 당첨 복권을 뽑을 확률은 $\mathrm{P}(A) = \dfrac{5}{10} = \dfrac{1}{2}$

창희가 당첨 복권을 뽑았을 때, 경도가 당첨 복권을 뽑을 확률은 $\mathrm{P}(B|A) = \dfrac{4}{9}$

따라서 창희와 경도가 모두 당첨 복권을 뽑을 확률은

$$\mathrm{P}(A \cap B) = \mathrm{P}(A)\mathrm{P}(B|A) = \frac{1}{2} \times \frac{4}{9} = \frac{2}{9}$$

(2) 창희가 당첨 복권을 뽑지 못할 확률은 $\mathrm{P}(A^C) = \dfrac{5}{10} = \dfrac{1}{2}$

창희가 당첨 복권을 뽑지 못했을 때, 경도가 당첨 복권을 뽑을 확률은 $\mathrm{P}(B|A^C) = \dfrac{5}{9}$

따라서 창희는 당첨 복권을 뽑지 못하고, 경도는 당첨 복권을 뽑을 확률은

$$\mathrm{P}(A^C \cap B) = \mathrm{P}(A^C)\mathrm{P}(B|A^C) = \frac{1}{2} \times \frac{5}{9} = \frac{5}{18}$$

(3) 경도가 당첨 복권을 뽑을 확률은 창희가 당첨 복권을 뽑고 경도가 당첨 복권을 뽑는 경우와 창희가 당첨 복권을 뽑지 못하고 경도가 당첨 복권을 뽑는 경우가 있는데, 서로 배반사건이므로

$$\mathrm{P}(B) = \mathrm{P}(A \cap B) + \mathrm{P}(A^C \cap B) = \frac{2}{9} + \frac{5}{18} = \frac{9}{18} = \frac{1}{2}$$

정답 $\Rightarrow$ (1) $\dfrac{2}{9}$ (2) $\dfrac{5}{18}$ (3) $\dfrac{1}{2}$

보충 설명

(1)과 (3)에서 창희와 경도가 당첨 복권을 뽑을 확률이 $\dfrac{1}{2}$로 같다는 것을 알 수 있는데, 이것은 처음에 뽑든 나중에 뽑든 당첨 복권을 뽑을 확률은 뽑는 순서와는 관계가 없음을 의미합니다.

숫자 바꾸기

05-1
흰 공 4개, 검은 공 6개가 들어 있는 주머니에서 한 개씩 차례대로 2개의 공을 꺼낼 때, 첫 번째에는 흰 공, 두 번째에는 검은 공이 나올 확률을 구하여라.

(단, 꺼낸 공은 다시 넣지 않는다.)

표현 바꾸기

05-2
어느 은행에서 현금카드를 이용하여 현금을 인출할 때, 비밀번호를 세 번 안에 정확히 입력하지 않으면 인출할 수 없다고 한다. 현금카드의 비밀번호는 4자리 수로 이루어져 있는데, 마지막 2자리 수를 기억하지 못하는 어떤 사람이 임의로 숫자를 선택하여 입력할 때, 현금을 인출하게 될 확률을 구하여라.

05

개념 넓히기 ★★★

05-3
두 주머니 A, B에는 각각 1, 2, 3, 4, 5의 숫자가 하나씩 적힌 5장의 카드가 들어 있다. 주머니 A에서 임의로 1장을 꺼내서 주머니 B에 넣은 후에 다시 주머니 B에서 임의로 2장을 동시에 꺼내서 주머니 A에 넣을 때, 주머니 A에 있는 카드의 숫자의 합이 짝수일 확률은?

① $\dfrac{7}{25}$　　　② $\dfrac{9}{25}$　　　③ $\dfrac{11}{25}$

④ $\dfrac{13}{25}$　　　⑤ $\dfrac{3}{5}$

정답　**05-1** $\dfrac{4}{15}$　　　**05-2** $\dfrac{3}{100}$　　　**05-3** ④

예제 06

사격 선수인 재욱이와 경민이의 명중률은 각각 0.8, 0.9이다. 두 선수가 동시에 총을 쏠 때, 다음 물음에 답하여라.

(1) 재욱이는 명중시키고, 경민이는 명중시키지 못할 확률을 구하여라.

(2) 재욱이 또는 경민이가 명중시킬 확률을 구하여라.

접근 방법

앞의 **예제 05**에서 복권을 뽑는 문제와는 달리 재욱이가 총을 쏘았을 때 명중시키든 명중시키지 못하든 경민이가 총을 쏘는 데는 영향을 미치지 않습니다. 즉, 두 사건은 서로 독립입니다.

> **Bible** 두 사건 A, B가 서로 독립 $\Longleftrightarrow$ $\mathrm{P}(A \cap B) = \mathrm{P}(A)\mathrm{P}(B)$

상세 풀이

재욱이가 명중시키는 사건을 A, 경민이가 명중시키는 사건을 B라고 하면

$$\mathrm{P}(A) = 0.8, \ \mathrm{P}(B) = 0.9$$

이고, 두 사건 A, B는 서로 독립입니다.

(1) 두 사건 A, B가 서로 독립이므로 두 사건 A, B^c도 서로 독립입니다.

사건 A와 사건 B^c가 동시에 일어날 확률은 $\mathrm{P}(A \cap B^c)$이므로

$$\begin{aligned}
\mathrm{P}(A \cap B^c) &= \mathrm{P}(A)\mathrm{P}(B^c) \\
&= 0.8 \times (1 - 0.9) = 0.08
\end{aligned}$$

(2) 사건 A 또는 사건 B가 일어날 확률은 $\mathrm{P}(A \cup B)$이므로

$$\begin{aligned}
\mathrm{P}(A \cup B) &= \mathrm{P}(A) + \mathrm{P}(B) - \mathrm{P}(A \cap B) \\
&= \mathrm{P}(A) + \mathrm{P}(B) - \mathrm{P}(A)\mathrm{P}(B) \quad \leftarrow \mathrm{P}(A \cap B) = \mathrm{P}(A)\mathrm{P}(B) \\
&= 0.8 + 0.9 - 0.8 \times 0.9 = 0.98
\end{aligned}$$

정답 ➡ (1) 0.08 (2) 0.98

보충 설명

두 사건 A, B가 서로 독립일 때, A와 B^c, A^c와 B, A^c와 B^c도 각각 서로 독립이므로 여사건의 확률을 이용하여 (2)를 다음과 같이 풀 수도 있습니다.

즉, 재욱이 또는 경민이가 명중시키는 사건 $A \cup B$의 여사건은 $(A \cup B)^c = A^c \cap B^c$이므로

$$\begin{aligned}
\mathrm{P}((A \cup B)^c) &= \mathrm{P}(A^c \cap B^c) \quad \leftarrow \text{재욱이와 경민이가 모두 명중시키지 못할 확률} \\
&= \mathrm{P}(A^c)\mathrm{P}(B^c) \\
&= (1 - 0.8) \times (1 - 0.9) = 0.2 \times 0.1 = 0.02
\end{aligned}$$

따라서 재욱이 또는 경민이가 명중시킬 확률은

$$1 - \mathrm{P}((A \cup B)^c) = 1 - 0.02 = 0.98$$

풀이집 p.86

숫자 바꾸기

◆ 다른 풀이

06-1 축구 경기에서 승부차기의 성공률이 각각 0.6, 0.8인 두 축구 선수 훈이, 준이가 차례대로 승부차기를 할 때, 다음 물음에 답하여라.

(1) 훈이와 준이가 모두 성공할 확률을 구하여라.

(2) 훈이는 성공하고 준이는 성공하지 못할 확률을 구하여라.

(3) 훈이는 성공하지 못하고 준이는 성공할 확률을 구하여라.

(4) 훈이 또는 준이가 성공할 확률을 구하여라.

표현 바꾸기

◆ 보충 설명

06-2 흰 공 4개, 붉은 공 3개가 들어 있는 주머니에서 한 개씩 차례대로 2개의 공을 꺼낼 때, 다음 각 경우에 대하여 두 개가 모두 흰 공일 확률을 구하여라.

(1) 첫 번째에 꺼낸 공을 다시 넣지 않는 경우

(2) 첫 번째에 꺼낸 공을 다시 넣는 경우

개념 넓히기 ★★☆

06-3 오른쪽 그림과 같이 4개의 스위치 A, B, C, D를 가지고 있는 회로가 있다. 각각의 스위치가 $\frac{1}{2}$의 확률로 열리거나 닫힌다고 할 때, P에서 Q로 전류가 흐를 확률을 구하여라. (단, 각 스위치가 열리고 닫히는 것은 서로 독립이다.)

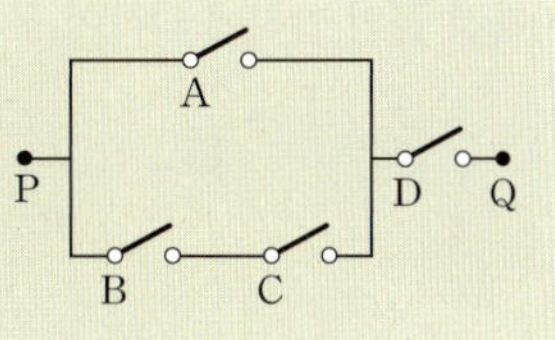

정답 **06-1** (1) 0.48　(2) 0.12　(3) 0.32　(4) 0.92

06-2 (1) $\dfrac{2}{7}$　(2) $\dfrac{16}{49}$　　　　**06-3** $\dfrac{5}{16}$

예제 07

A, B, C, D, E, F의 6팀이 오른쪽 그림과 같은 토너먼트에 따라 경기를 한다. 이들은 숫자 1, 2, 3, 4, 5, 6이 각각 하나씩 적힌 카드가 들어 있는 주머니에서 카드를 임의로 한 장씩 꺼내어 나온 번호에 위치한다. A팀과 B팀이 1회전에서 맞붙을 확률을 구하여라.

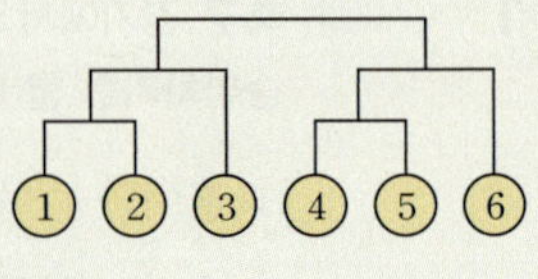

접근 방법

토너먼트에 대한 확률 문제는 **02 조합** p.74의 **예제 05**와 p.75의 [표현] 바꾸기 **05-2**에서 배운 것처럼 경우의 수를 이용하여 풀 수도 있지만 다음과 같이 자리를 선택하는 것으로 생각하면 아주 쉽게 풀 수 있습니다.

> **Bible** 토너먼트에 대한 확률 ➡ 자리를 선택할 확률을 생각하라!

상세 풀이

A팀의 자리를 정한 다음 B팀을 A팀과 같은 조에 배정하여 두 팀이 1회전에서 맞붙을 확률을 구합니다. 즉, A팀과 B팀이 1회전에서 맞붙으려면 A팀은 대진표 상의 6개의 자리 중에서 부전승의 위치를 제외한 1, 2, 4, 5의 자리 중 한 자리를 뽑으면 됩니다.

즉, A팀이 문제 조건에 맞도록 자리를 정할 확률은 $\dfrac{4}{6}$입니다.

또한 이 각각의 경우에 대하여 B팀이 A팀과 같은 조에 배치될 확률은 남은 5개의 자리 중 A팀의 바로 옆자리에 배치되어야 하므로 $\dfrac{1}{5}$입니다.

따라서 곱의 법칙에 의하여 구하는 확률은

$$\frac{4}{6} \times \frac{1}{5} = \frac{2}{15}$$

정답 ➡ $\dfrac{2}{15}$

보충 설명

02 조합의 **예제 05**와 [표현] 바꾸기 **05-2**에서 구한 것처럼 위와 같은 토너먼트에서 1회전 시합 방법의 수는 90이고, A팀과 B팀이 1회전에서 맞붙는 방법의 수는 12이므로 A팀과 B팀이 1회전에서 맞붙을 확률은 $\dfrac{12}{90} = \dfrac{2}{15}$로 위에서 구한 확률과 같습니다.

한편, 오른쪽 [표현] 바꾸기 **07-2**처럼 결승전까지 올라갈 확률 문제의 경우에는 경우의 수를 이용해서 푸는 것이 쉽지 않으므로 자리를 선택할 확률을 이용해서 푸는 것이 좋습니다.

숫자 바꾸기

07-1
A, B의 2팀이 다음 그림과 같은 토너먼트에 따라 경기를 하는 어느 대회에 참가하였다. 이들은 참가 팀 수에 맞춰 준비된 숫자 카드가 들어 있는 주머니에서 카드를 임의로 한 장씩 꺼내어 나온 번호에 위치한다. 다음과 같은 토너먼트에서 A팀과 B팀이 1회전에서 맞붙을 확률을 구하여라.

(1) 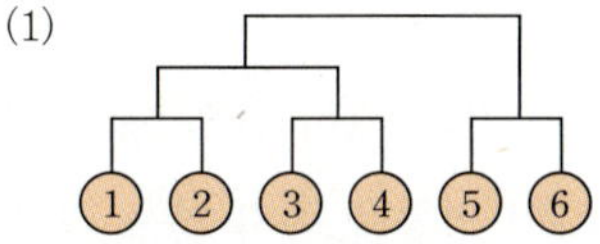   (2) 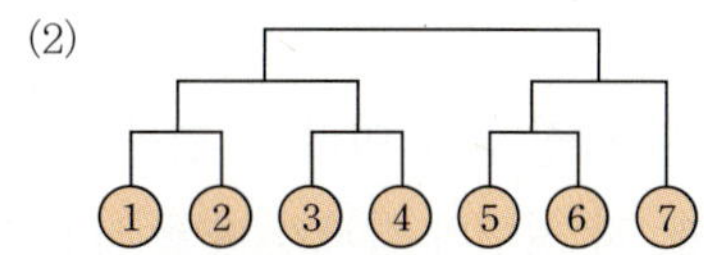

표현 바꾸기

◆ 보충 설명

07-2
A, B, C, D 4명이 오른쪽 그림과 같은 토너먼트에 따라 경기를 한다. 이들은 숫자 1, 2, 3, 4가 각각 하나씩 적힌 카드가 들어 있는 주머니에서 카드를 임의로 한 장씩 꺼내어 나온 번호에 위치한다. A가 C, D와 경기할 때 이길 확률이 모두 $\frac{2}{3}$이고, B가 C, D와 경기할 때 이길 확률이 모두 $\frac{1}{2}$이라고 하자. A와 B가 결승에서 만날 확률을 구하여라. (단, 각 경기에서 무승부는 없다.)

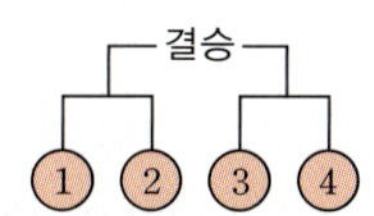

개념 넓히기 ★★☆

07-3
A, B, C, D, E 5명이 오른쪽 그림과 같은 토너먼트에 따라 경기를 한다. 이들은 숫자 1, 2, 3, 4, 5가 각각 하나씩 적힌 카드가 들어 있는 주머니에서 카드를 임의로 한 장씩 꺼내어 나온 번호에 위치한다. A가 1의 자리에 위치한다고 할 때, A와 B가 맞붙을 확률을 구하여라. (단, A, B 두 사람이 C, D, E와의 경기에서 이길 확률은 모두 $\frac{1}{2}$이고, 각 경기에서 무승부는 없다.)

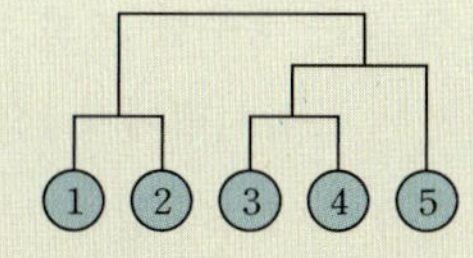

정답 **07-1** (1) $\frac{1}{5}$ (2) $\frac{1}{7}$ **07-2** $\frac{2}{9}$ **07-3** $\frac{3}{8}$

02 독립시행의 확률

1 독립시행

주사위나 동전 등을 여러 번 반복하여 던지는 경우와 같이 매회 같은 조건에서 어떤 시행을 반복할 때, 각 시행의 결과가 다른 시행의 결과에 아무런 영향을 주지 않을 경우, 즉 각 시행에서 일어나는 사건이 서로 독립인 경우, 이러한 시행을 **독립시행**이라고 합니다.

다음과 같은 예를 생각해 봅시다.

　　　한 개의 주사위를 5번 던질 때 1의 눈이 2번 나올 확률

　　　슛 성공률이 30 %인 농구 선수가 슛을 10번 할 때 다섯 골을 넣을 확률

위에서 예로 든 시행을 잘 살펴보면 주사위를 던지거나, 슛을 하는 경우 모두 이전의 시행의 결과가 다음의 시행에 영향을 미치지 않으므로 모두 독립시행입니다.

독립시행의 확률에서 구하고 싶은 것은 '어떤 독립시행을 n회 반복했을 때, 특정한 사건 A가 r회 일어날 확률' 입니다.

예를 들어, 한 개의 주사위를 5번 던져서 1의 눈이 2번 나올 확률을 구하여 봅시다.

각 시행에서 1의 눈이 나오는 경우를 ○, 1의 눈이 나오지 않는 경우를 ×로 나타내면 한 개의 주사위를 5번 던지는 독립시행에서 1의 눈이 2번 나오는 경우의 수는 오른쪽 표에서와 같이

$$_5C_2 = 10$$

입니다.

1회	2회	3회	4회	5회
○	○	×	×	×
○	×	○	×	×
○	×	×	○	×
○	×	×	×	○
×	○	○	×	×
×	○	×	○	×
×	○	×	×	○
×	×	○	○	×
×	×	○	×	○
×	×	×	○	○

또한 각각의 시행은 서로 독립이고 주사위를 1번 던질 때, 1의 눈이 나올 확률은 $\dfrac{1}{6}$, 1 이외의 눈이 나올 확률은 $\dfrac{5}{6}$이므로 앞의 표에서 첫 번째 경우에 1회, 2회에서 1의 눈이 나오고 3회, 4회, 5회에서는 1 이외의 눈이 나올 확률은 독립시행의 정의에 의하여

$$\frac{1}{6} \times \frac{1}{6} \times \frac{5}{6} \times \frac{5}{6} \times \frac{5}{6} = \left(\frac{1}{6}\right)^2 \left(\frac{5}{6}\right)^3$$

입니다.

마찬가지 방법으로 그 이외의 경우도 일어날 확률이 모두 같고, $_5C_2=10$(가지)의 사건이 서로 배반사건이므로 구하는 확률은 다음과 같습니다.

$$\underbrace{\left(\frac{1}{6}\right)^2\left(\frac{5}{6}\right)^3+\left(\frac{1}{6}\right)^2\left(\frac{5}{6}\right)^3+\cdots+\left(\frac{1}{6}\right)^2\left(\frac{5}{6}\right)^3}_{_5C_2=10개}=\left(\frac{1}{6}\right)^2\left(\frac{5}{6}\right)^3\times{}_5C_2={}_5C_2\left(\frac{1}{6}\right)^2\left(\frac{5}{6}\right)^3$$

이제, 일반적인 경우에 대하여 정리해 봅시다.

독립시행의 확률을 이용하면 어떤 독립시행을 n회 반복했을 때, 사건 A가 r회 일어날 확률을 구할 수 있습니다. 매회의 시행에서 사건 A가 일어날 확률이 p로 일정할 때, A가 r회 일어나면 A가 $(n-r)$회 일어나지 않아야 하므로 $p^r(1-p)^{n-r}$이라는 확률을 가지게 됩니다. 이때, 이러한 경우가 $_nC_r$가지가 있으므로 구하는 확률은

$$_nC_r\,p^r(1-p)^{n-r}$$

입니다. 이와 같이 독립시행의 확률은 각 사건의 경우의 수와 각 사건이 일어날 확률을 곱해서 계산할 수 있습니다.

Bible Point 독립시행의 확률

어떤 시행에서 사건 A가 일어날 확률이 p로 일정할 때, 이 시행을 n회 반복한 독립시행에서 사건 A가 r회 일어날 확률은

$$_nC_r\,p^r(1-p)^{n-r} \ (단, r=0, 1, 2, \cdots, n)$$

Plus+

① 독립시행의 예 : 동전 던지기, 주사위 던지기, 화살(총)쏘기, 우량품/불량품의 복원추출,

　　　　　　　　　프로야구 한국시리즈(7전 4승제), 축구의 승부차기, …

② 독립시행의 특징 : ㉠ 같은 시행을 여러 번 반복한다.

　　　　　　　　　㉡ 각 시행의 결과는 다른 시행의 결과에 아무런 영향을 받지 않는다. 즉, 각 시행에서 어떤

　　　　　　　　　　 사건이 일어날 확률이 항상 일정하다.

개념 콕콕

1 한 개의 동전을 네 번 던질 때, 앞면이 세 번 나올 확률을 구하여라.

풀이 **1** 동전을 한 번 던질 때, 앞면이 나올 확률은 $\frac{1}{2}$이고 나오지 않을 확률은 $\frac{1}{2}$이다.

따라서 4회의 독립시행에서 앞면이 세 번 나올 확률은 $_4C_3\left(\frac{1}{2}\right)^3\left(\frac{1}{2}\right)^1=\dfrac{1}{4}$

예제 08

한 개의 주사위를 6번 던질 때, 다음 물음에 답하여라.

(1) 3의 배수의 눈이 3번 나올 확률을 구하여라.

(2) 짝수의 눈이 4번 이상 나올 확률을 구하여라.

(3) 홀수의 눈이 적어도 2번 나올 확률을 구하여라.

접근 방법

주사위를 여러 번 반복하여 던질 때마다 각 눈이 나올 확률은 $\dfrac{1}{6}$로 일정합니다. 즉, 주사위를 여러 번 던지는 것은 독립시행이므로 독립시행의 확률을 구하면 됩니다.

> **Bible** 동일한 시행을 반복하는데 각 시행이 독립이면 독립시행의 확률을 생각하자!

상세 풀이

(1) 주사위를 한 번 던질 때 3의 배수의 눈이 나올 확률은 $\dfrac{2}{6}=\dfrac{1}{3}$

따라서 3의 배수의 눈이 3번 나올 확률은 ${}_6C_3\left(\dfrac{1}{3}\right)^3\left(\dfrac{2}{3}\right)^3=20\times\dfrac{8}{729}=\dfrac{160}{729}$

(2) 주사위를 한 번 던질 때 짝수의 눈이 나올 확률은 $\dfrac{3}{6}=\dfrac{1}{2}$

짝수의 눈이 4번 이상 나오려면 짝수의 눈이 4번 또는 5번 또는 6번 나와야 하므로 구하는 확률은

$${}_6C_4\left(\dfrac{1}{2}\right)^4\left(\dfrac{1}{2}\right)^2+{}_6C_5\left(\dfrac{1}{2}\right)^5\left(\dfrac{1}{2}\right)^1+{}_6C_6\left(\dfrac{1}{2}\right)^6=15\times\dfrac{1}{64}+6\times\dfrac{1}{64}+1\times\dfrac{1}{64}=\dfrac{11}{32}$$

(3) 홀수의 눈이 적어도 2번 나올 확률은 전체 확률에서 홀수의 눈이 한 번도 나오지 않거나 한 번 나올 확률을 빼면 됩니다.

주사위를 한 번 던질 때 홀수의 눈이 나올 확률은 $\dfrac{3}{6}=\dfrac{1}{2}$

홀수의 눈이 한 번도 나오지 않거나 한 번 나올 확률은

$${}_6C_0\left(\dfrac{1}{2}\right)^6+{}_6C_1\left(\dfrac{1}{2}\right)^1\left(\dfrac{1}{2}\right)^5=1\times\dfrac{1}{64}+6\times\dfrac{1}{64}=\dfrac{7}{64}$$

따라서 홀수의 눈이 적어도 2번 나올 확률은

$$1-\dfrac{7}{64}=\dfrac{57}{64}$$

정답 ➡ (1) $\dfrac{160}{729}$ (2) $\dfrac{11}{32}$ (3) $\dfrac{57}{64}$

보충 설명

1회의 시행에서 사건 A가 일어날 확률을 p라고 할 때, n회의 독립시행에서 사건 A가 r회 일어날 확률 P_r는

$$P_r={}_nC_r\,p^r q^{n-r} \quad (\text{단},\ p+q=1,\ r=0,\ 1,\ 2,\ \cdots,\ n)$$

숫자 바꾸기

08-1 한 개의 동전을 4번 던질 때, 다음 물음에 답하여라.

(1) 앞면이 2번 나올 확률을 구하여라.

(2) 앞면이 3번 이상 나올 확률을 구하여라.

(3) 앞면이 적어도 2번 나올 확률을 구하여라.

표현 바꾸기

08-2 A, B 두 팀이 축구 경기에서 연장전까지 $0 : 0$으로 승부를 가리지 못하여 승부차기를 하였다. 각 팀당 5명의 선수가 A팀부터 시작하여 1명씩 교대로 승부차기를 할 때, B팀이 $5 : 4$로 이길 확률은?

(단, 각 선수의 승부차기는 독립시행이고, 각 선수들이 성공할 확률은 0.8이다.)

① 0.2×0.8^8 ② 0.8^8 ③ 0.2×0.8^9

④ 0.8^9 ⑤ 0.8^{10}

개념 넓히기 ★★★

◆ 보충 설명

08-3 프로 농구 챔피언 결정전은 5번 경기를 해서 먼저 3번을 이기면 우승한다. H, S 두 팀이 프로 농구 챔피언 결정전에서 맞붙게 되었을 때, 다음 물음에 답하여라.

$$\left(\text{단, 두 팀이 비기는 경우는 없고, 각 팀이 승리할 확률은 모두 } \frac{1}{2}\text{이다.}\right)$$

(1) 4번째 경기에서 H팀이 우승할 확률을 구하여라.

(2) 5번째 경기에서 우승팀이 결정될 확률을 구하여라.

정답 **08-1** (1) $\dfrac{3}{8}$ (2) $\dfrac{5}{16}$ (3) $\dfrac{11}{16}$ **08-2** ④

08-3 (1) $\dfrac{3}{16}$ (2) $\dfrac{3}{8}$

예제 09

좌표평면 위의 원점에 동점 P가 있다. 한 개의 주사위를 던져서 3의 배수의 눈이 나오면 x축의 방향으로 1만큼, y축의 방향으로 2만큼 평행이동하고, 그 이외의 눈이 나오면 x축의 방향으로 2만큼 평행이동한다. 점 P가 점 $(7, 6)$에 있을 확률을 구하여라.

접근 방법

주사위를 던지는 것은 독립시행이므로 주사위를 몇 번 던져야 하고, 그리고 그 중에서 3의 배수의 눈이 몇 번 나와야 하는지를 구합니다.

> **Bible** 일어날 확률이 p인 사건을 n회 독립시행했을 때 사건이 r회 일어날 확률은
> $$_n\mathrm{C}_r\, p^r (1-p)^{n-r} \ (\text{단}, \ r=0, 1, 2, \cdots, n)$$

상세 풀이

주사위를 한 번 던질 때, 3의 배수의 눈이 나올 확률은 $\dfrac{2}{6}=\dfrac{1}{3}$이고 그 이외의 눈이 나올 확률은 $\dfrac{2}{3}$입니다.

3의 배수의 눈이 a번, 3의 배수가 아닌 눈이 b번 나와서 점 P가 점 $(7, 6)$에 있다고 하면

$$a+2b=7, \ 2a=6 \quad \cdots\cdots \ \bigcirc$$
$$\therefore a=3, \ b=2$$

즉, 점 P가 점 $(7, 6)$에 있으려면 주사위를 5번 던져서 3의 배수의 눈이 3번, 3의 배수가 아닌 눈이 2번 나와야 합니다.

따라서 구하는 확률은

$$_5\mathrm{C}_3\left(\frac{1}{3}\right)^3\left(\frac{2}{3}\right)^2 = 10 \times \frac{1}{27} \times \frac{4}{9} = \frac{40}{243} \quad \cdots\cdots \ \bigcirc$$

정답 ⇒ $\dfrac{40}{243}$

보충 설명

독립시행의 확률은 다양한 형태로 활용될 수 있는데, 이 문제는 어떤 사건이 몇 번 일어나고 일어나지 않아야 하는지가 주어져 있지 않습니다. 이때는 $\bigcirc$과 같은 과정을 거쳐서 시행 횟수를 구해야 합니다.

또한 $\bigcirc$에서 주사위를 5번 던졌을 때 3의 배수의 눈이 3번, 3의 배수가 아닌 눈이 2번 나오는 경우의 수가

$_5\mathrm{C}_3=\dfrac{5!}{3!2!}$ 이고, 이 각각의 경우에 대하여 일어날 확률이 $\left(\dfrac{1}{3}\right)^3\left(\dfrac{2}{3}\right)^2$으로 일정하므로 $_5\mathrm{C}_3\left(\dfrac{1}{3}\right)^3\left(\dfrac{2}{3}\right)^2$으로 계산한 것입니다.

따라서 독립시행의 확률에 대한 문제는 주어진 조건을 만족시키는 경우가 몇 가지인지를 잘 구해야 합니다.

숫자 바꾸기

09-1 수직선 위를 움직이는 점 P가 원점에 있다. 동전 한 개를 던져서 앞면이 나오면 점 P를 양의 방향으로 1만큼 이동시키고, 뒷면이 나오면 음의 방향으로 1만큼 이동시키기로 하였다. 동전 한 개를 4번 던졌을 때, 점 P가 2의 위치에 있을 확률을 구하여라.

표현 바꾸기

09-2 오른쪽 그림과 같이 한 변의 길이가 1인 정오각형이 있다. 동전 한 개를 던져서 앞면이 나오면 2, 뒷면이 나오면 1만큼 시계 방향으로 정오각형의 변 위를 움직이는 점 P가 있다. 동전 한 개를 6번 던졌을 때, 점 A를 출발한 점 P가 점 B에 올 확률을 구하여라.

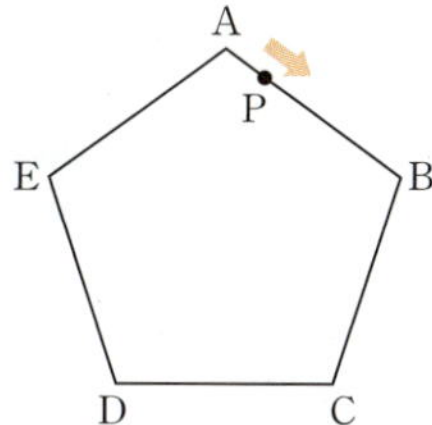

05

개념 넓히기 ★★★

09-3 어느 음료 회사는 사은 행사로 음료수를 구입할 때 경품을 주기로 하고, '컵 1개', '컵 2개', '다음 기회에' 중 하나의 문구를 병뚜껑의 안쪽에 써넣었다. '컵 1개'가 나올 확률은 $\dfrac{p}{10}$, '컵 2개'가 나올 확률은 $\dfrac{p}{100}$, '다음 기회에'가 나올 확률은 p이다. 이와 같은 행사에서 음료수 3병을 구입하였을 때, 경품으로 3개의 컵을 받을 확률은?

(단, '다음 기회에'는 경품이 없음을 뜻한다.)

① $\dfrac{3}{1000}p^3$ ② $\dfrac{7}{1000}p^3$ ③ $\dfrac{9}{1000}p^3$

④ $\dfrac{11}{1000}p^3$ ⑤ $\dfrac{13}{1000}p^3$

정답 09-1 $\dfrac{1}{4}$ 09-2 $\dfrac{7}{64}$ 09-3 ②

예제 10

서로 다른 2개의 주사위를 동시에 던져 나온 눈의 수가 같으면 한 개의 동전을 4번 던지고, 나온 눈의 수가 다르면 한 개의 동전을 2번 던진다. 이 시행에서 동전의 앞면이 나온 횟수와 뒷면이 나온 횟수가 같을 때, 동전을 4번 던졌을 확률을 구하여라.

접근 방법

주사위와 동전 던지기는 대표적인 독립시행의 확률입니다. 그런데 동전의 앞면이 나오는 횟수와 뒷면이 나오는 횟수가 같다는 보장이 없으므로 조건부확률임에 주의합니다. 즉, "~ 일 때, ~ 일" 확률에서 확률의 분모에 해당하는 "~ 일 때"가 표본공간의 일부일 때에는 조건부확률을 떠올립니다.

Bible 　조건부확률 $P(B|A) = \dfrac{P(A \cap B)}{P(A)}$ 의 분모는 표본공간의 일부이다.

상세 풀이

동전의 앞면이 나온 횟수와 뒷면이 나온 횟수가 같을 확률은

(ⅰ) 서로 다른 2개의 주사위를 던져 나온 눈의 수가 같을 때

두 눈의 수가 같을 확률은 $\dfrac{1}{6}$ 이고 동전을 4번 던졌을 때, 앞면과 뒷면이 각각 2번씩 나올 확률은

$_4C_2 \left(\dfrac{1}{2} \right)^4 = \dfrac{3}{8}$ 이므로 구하는 확률은 $\dfrac{1}{6} \times \dfrac{3}{8} = \dfrac{1}{16}$

(ⅱ) 서로 다른 2개의 주사위를 던져 나온 눈의 수가 다를 때

두 눈의 수가 다를 확률은 $\dfrac{5}{6}$ 이고 동전을 2번 던졌을 때, 앞면과 뒷면이 각각 1번씩 나올 확률은

$_2C_1 \left(\dfrac{1}{2} \right)^2 = \dfrac{1}{2}$ 이므로 구하는 확률은 $\dfrac{5}{6} \times \dfrac{1}{2} = \dfrac{5}{12}$

(ⅰ), (ⅱ)에서 구하는 확률은 $\dfrac{\dfrac{1}{16}}{\dfrac{1}{16} + \dfrac{5}{12}} = \dfrac{3}{23}$

정답 ⇨ $\dfrac{3}{23}$

보충 설명

동전의 앞면이 나온 횟수와 뒷면이 나온 횟수가 같은 사건을 A, 동전을 4번 던지는 사건을 B라고 할 때, 사건 A가 일어날 확률은

$$P(A) = \frac{6}{36} \times {_4C_2} \left(\frac{1}{2} \right)^2 \left(\frac{1}{2} \right)^2 + \frac{30}{36} \times {_2C_1} \left(\frac{1}{2} \right)^1 \left(\frac{1}{2} \right)^1 = \frac{1}{6} \times \frac{3}{8} + \frac{5}{6} \times \frac{1}{2} = \frac{23}{48}$$

또한 사건 A와 사건 B가 동시에 일어날 확률은 $P(A \cap B) = \dfrac{6}{36} \times {_4C_2} \left(\dfrac{1}{2} \right)^2 \left(\dfrac{1}{2} \right)^2 = \dfrac{1}{16}$

따라서 구하는 확률은 $P(B|A) = \dfrac{P(A \cap B)}{P(A)} = \dfrac{\dfrac{1}{16}}{\dfrac{23}{48}} = \dfrac{3}{23}$

숫자 바꾸기

10-1 서로 다른 2개의 주사위를 동시에 던져 나온 눈의 수가 같으면 한 개의 동전을 6번 던지고, 나온 눈의 수가 다르면 한 개의 동전을 4번 던진다. 이 시행에서 동전의 앞면이 나온 횟수와 뒷면이 나온 횟수가 같을 때, 동전을 4번 던졌을 확률을 구하여라.

표현 바꾸기

10-2 한 개의 주사위를 던져 나오는 눈의 수가 1 또는 2이면 5000원의 상금을 받고, 3 또는 4이면 10000원의 상금을 받으며, 5 또는 6이면 상금을 받지 않는다. 한 개의 주사위를 세 번 던져 15000원의 상금을 받을 때, 소수의 눈이 적어도 한 번 나올 확률은?

① $\dfrac{137}{216}$　　　　② $\dfrac{139}{216}$　　　　③ $\dfrac{20}{27}$

④ $\dfrac{3}{4}$　　　　⑤ $\dfrac{7}{8}$

개념 넓히기 ★★☆

10-3 주머니에 1, 2, 2, 3, 3, 3의 숫자가 하나씩 적혀 있는 6개의 공이 들어 있다. 이 주머니에서 임의로 한 개씩 3개의 공을 차례로 꺼낸다. 꺼낸 3개의 공에 적힌 수의 합이 홀수일 때, 첫 번째로 꺼낸 공에 적힌 수가 홀수이었을 확률은?

(단, 꺼낸 공은 주머니에 다시 넣지 않는다.)

① $\dfrac{2}{5}$　　　　② $\dfrac{7}{15}$　　　　③ $\dfrac{8}{15}$

④ $\dfrac{3}{5}$　　　　⑤ $\dfrac{2}{3}$

정답　**10-1** $\dfrac{6}{7}$　　　　**10-2** ⑤　　　　**10-3** ⑤

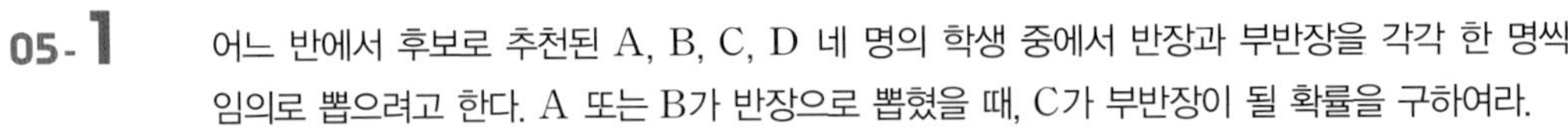

05-1 어느 반에서 후보로 추천된 A, B, C, D 네 명의 학생 중에서 반장과 부반장을 각각 한 명씩 임의로 뽑으려고 한다. A 또는 B가 반장으로 뽑혔을 때, C가 부반장이 될 확률을 구하여라.

05-2 A 상자에는 흰 공 3개, 검은 공 3개가 들어 있고 B 상자에는 흰 공 4개, 검은 공 2개가 들어 있다. 두 상자 A, B 중에서 임의로 한 상자를 택하여 2개의 공을 동시에 꺼냈더니 2개 모두 흰 공이었을 때, 그 공이 A 상자에서 나왔을 확률을 구하여라.

05-3 네 학생 A, B, C, D가 각각 자신의 수학 교과서를 한 권씩 꺼내어 4권을 섞어 놓고, 한 권씩 임의로 선택하기로 하였다. D가 먼저 A의 교과서를 선택하였을 때, 나머지 세 학생이 아무도 자신의 교과서를 선택하지 못할 확률을 구하여라.

05-4 주머니 속에 흰 공 6개가 들어 있다. 주사위를 한 번 던져서 나온 눈의 수만큼 주머니 속의 흰 공을 검은 공으로 교체한 후, 주머니 속의 공을 잘 섞은 다음 임의로 5개의 공을 동시에 꺼낼 때, 검은 공이 5개 나올 확률을 구하여라.

05-5 학생이 30명인 어느 학급의 좌석 배치가 오른쪽 그림과 같고, 자리는 출석 번호 순서대로 제비를 뽑아 정한다. 출석 번호가 1번이어서 맨 먼저 제비를 뽑는 학생과 출석 번호가 30번이어서 맨 마지막에 제비를 뽑는 학생이 서로 짝이 될 확률을 구하여라.

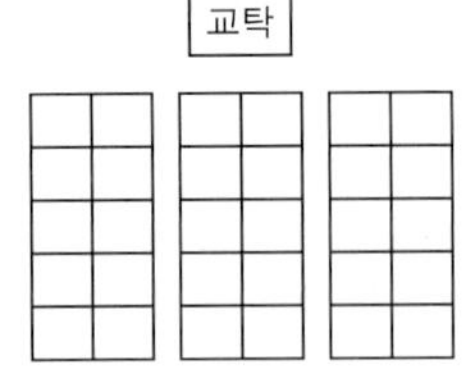

05-6 주머니 A와 B에는 1, 2, 3, 4, 5의 숫자가 하나씩 적혀 있는 다섯 개의 구슬이 각각 들어 있다. 혜영이는 주머니 A에서, 태희는 주머니 B에서 각자 구슬을 임의로 한 개씩 꺼내어 두 구슬에 적혀 있는 숫자를 확인한 후 다시 넣지 않는다. 이와 같은 시행을 반복할 때, 첫 번째 꺼낸 두 구슬에 적혀 있는 숫자가 서로 다르고, 두 번째 꺼낸 두 구슬에 적혀 있는 숫자가 같을 확률은?

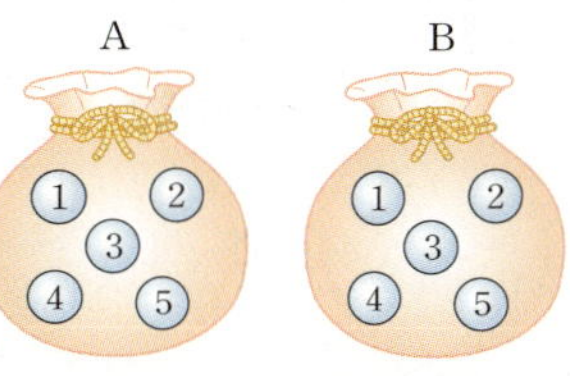

① $\dfrac{3}{20}$　　　② $\dfrac{1}{5}$　　　③ $\dfrac{1}{4}$

④ $\dfrac{3}{10}$　　　⑤ $\dfrac{7}{20}$

05-7 오른쪽 그림과 같이 X역을 출발한 열차가 Y역까지 갈 때 이용할 수 있는 철로는 ⓐ, ⓑ, ⓒ가 있다. 각 철로 ⓐ, ⓑ, ⓒ가 열차 운행이 불가능하게 되는 사건은 서로 독립이고, 그 확률은 각각 $\dfrac{1}{4}$이다. X역에서 Y역으로의 열차 운행이 불가능하게 될 확률을 구하여라.

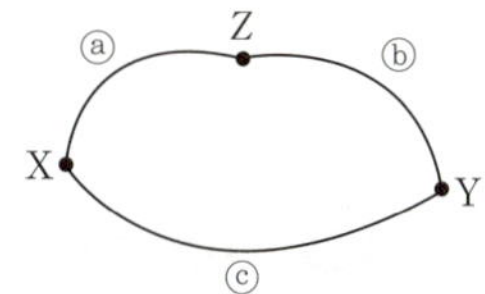

05-8 비가 온 날의 다음 날에 비가 올 확률이 $\dfrac{1}{2}$이고, 비가 오지 않은 날의 다음 날에 비가 올 확률은 $\dfrac{1}{3}$이라고 한다. 월요일에 비가 왔을 때, 같은 주 목요일에 비가 올 확률을 구하여라.

05-9 흰 공 2개, 검은 공 2개가 들어 있는 상자에서 1개의 공을 꺼내어 그것이 흰 공이면 동전을 3회 던지고 검은 공이면 동전을 4회 던질 때, 앞면이 3회 나올 확률을 구하여라.

(단, 동전의 앞면과 뒷면이 나올 확률은 같다.)

05-10 각 면에 1, 1, 1, 2의 숫자가 하나씩 적혀 있는 정사면체 모양의 상자가 있다. 이 상자를 던져서 밑면에 적힌 숫자가 1이면 오른쪽 그림의 영역 A에, 숫자가 2이면 영역 B에 색을 칠하기로 하였다. 두 영역에 색이 모두 칠해질 때까지 이 상자를 계속 던질 때, 3번째에 마칠 확률을 구하여라.

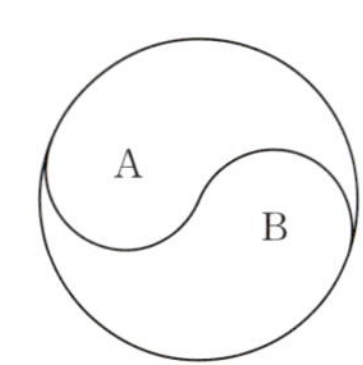

05-11 서로 다른 세 주사위를 동시에 던져 나온 눈의 수의 곱이 짝수일 때, 그 세 눈의 수의 합이 홀수일 확률은?

① $\dfrac{1}{4}$ ② $\dfrac{1}{3}$ ③ $\dfrac{2}{5}$

④ $\dfrac{3}{7}$ ⑤ $\dfrac{1}{2}$

05-12 어느 농구 대회의 챔피언 결정전에서 5번 경기 중에 어느 팀이 3번을 먼저 이기면 우승을 한다. 한 번의 경기에서 A팀이 B팀을 이길 확률이 $\dfrac{2}{3}$이고, A팀과 B팀의 챔피언 결정전의 네 번째 경기에서 우승팀이 결정되었다고 할 때, A팀이 첫 번째 경기에서 승리했을 확률을 구하여라. (단, 비기는 경우는 없다.)

05-13 여섯 개의 수 -3, -2, -1, 0, 1, 2에서 중복을 허용하여 뽑은 세 수를 차례대로 x, y, z라고 할 때, 이들 세 수 x, y, z의 곱이 양수가 될 확률을 구하여라.

05-14 수직선 위를 움직이는 점 P가 있다. 한 개의 주사위를 던져서 짝수의 눈이 나오면 오른쪽으로 1만큼, 홀수의 눈이 나오면 왼쪽으로 1만큼 점 P가 움직인다. 주사위를 4번 던진 후 원점에서 출발한 점 P가 다시 원점으로 돌아왔을 때, 점 P가 점 $A(1)$을 들러 왔을 확률을 구하여라.

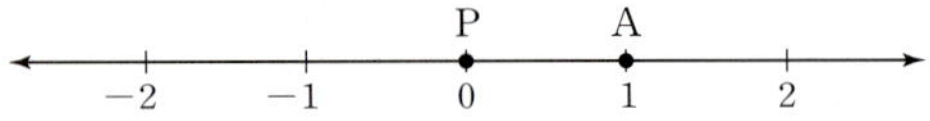

05-15 오른쪽 그림과 같은 도로망에서 동점 P는 주사위를 한 번 던질 때마다 다음 규칙에 따라 움직인다. 한 개의 주사위를 5번 던질 때, A지점에 있는 동점 P가 B지점에 있게 될 확률을 구하여라.

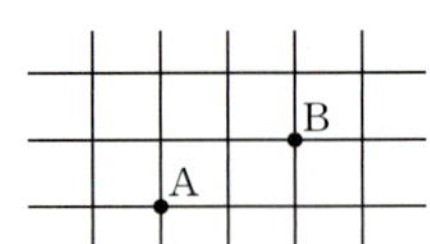

> (개) 3 이하의 눈이 나오면 오른쪽으로 1칸 이동한다.
> (내) 4 또는 5의 눈이 나오면 왼쪽으로 1칸 이동한다.
> (대) 6의 눈이 나오면 위쪽으로 1칸 이동한다.

05-16 5개의 보기 ⓐ, ⓑ, ⓒ, ⓓ, ⓔ 중 정답을 1개 고르는 5지 선다형 문항이 5문제 출제된 시험에서 보기 ⓐ가 정답인 문항이 2문제였다. 임의로 답을 표기하여 3문제를 맞혔을 때, 보기 ⓐ가 정답인 2문제를 모두 맞혔을 확률을 구하여라.

05-17 오른쪽 그림과 같이 강을 사이에 두고 있는 두 지역 A, B가 0부터 6까지의 번호가 붙여져 있는 7개의 다리로 연결되어 있다. 희수는 동전 6개를 던져 나오는 앞면의 개수가 n이면 번호가 n인 다리를 건너고, 혜영이는 각 면에 1부터 6까지 적힌 주사위 한 개를 던져 나오는 수가 m이면 번호가 m인 다리를 건너기로 하였다. 희수는 A에서 B로, 혜영이는 B에서 A로 가기로 할 때, 희수와 혜영이가 같은 다리를 건너서 만나게 될 확률을 구하여라.

05-18 한 개의 박테리아가 10분 후에 2개, 1개, 0개로 될 확률이 각각 $\dfrac{1}{2}$, $\dfrac{1}{3}$, $\dfrac{1}{6}$이다. 처음 한 개의 박테리아가 20분 후에 4개가 되고 30분 후에 6개가 될 확률을 구하여라.

challenge

05-19 A, B, C, D의 4개의 축구팀이 있다. 이들은 각각 다른 모든 팀과 1경기씩을 치르게 되고, 각각의 팀이 경기에서 이길 확률은 $\dfrac{1}{2}$이다. 경기에서 모두 이기거나, 경기에서 모두 진 팀이 생길 확률을 구하여라. (단, 비기는 경우는 없다.)

challenge

05-20 각 면에 1, 1, 2, 2, 3, 3의 숫자가 각각 하나씩 적힌 주사위 A와 1, 2, 3, 4, 5, 6의 숫자가 각각 하나씩 적힌 주사위 B가 있다. 이 두 주사위를 A, B, A, B의 순서로 4번 던질 때, 적어도 2회 연속하여 홀수가 나올 확률를 구하여라.

06

이산확률분포

확률 단원에서는 어떤 시행에 대하여 각 사건의 확률을 구했었는데, 이번 단원에서는 이들의 확률을 모아서 분포 상태를 살펴보겠습니다. 이것을 확률변수와 확률분포라고 하는데, 중학교 때 도수분포표를 이용하여 구한 평균, 표준편차와 어떤 밀접한 관련이 있는지를 알아보고 확률을 이용하여 평균과 분산, 표준편차를 다시 정의해 보겠습니다. 또한 이항분포를 정의한 후 이항분포의 평균, 분산, 표준편차를 계산하는 방법을 배워 보겠습니다.

01 이산확률분포

① 확률변수와 확률분포의 뜻을 안다.
② 이산확률변수의 기댓값(평균)과 표준편차를 구할 수 있다.

02 이항분포

이항분포의 뜻을 알고, 평균과 표준편차를 구할 수 있다.

01 이산확률분포

1 이산확률변수의 기댓값(평균), 분산, 표준편차

이산확률변수 X의 확률질량함수가 $\mathrm{P}(X=x_i)=p_i\,(i=1,\,2,\,3,\,\cdots,\,n)$일 때

(1) 기댓값(평균) : $\mathrm{E}(X)=\displaystyle\sum_{i=1}^{n} x_i p_i$

(2) 분산 : $\mathrm{V}(X)=\mathrm{E}((X-m)^2)=\displaystyle\sum_{i=1}^{n}(x_i-m)^2 p_i=\mathrm{E}(X^2)-\{\mathrm{E}(X)\}^2$ (단, $m=\mathrm{E}(X)$)

(3) 표준편차 : $\sigma(X)=\sqrt{\mathrm{V}(X)}$

2 이산확률변수 $aX+b$의 평균, 분산, 표준편차

이산확률변수 X와 두 상수 $a\,(a\neq0)$, b에 대하여

(1) $\mathrm{E}(aX+b)=a\mathrm{E}(X)+b$

(2) $\mathrm{V}(aX+b)=a^2\mathrm{V}(X)$

(3) $\sigma(aX+b)=|a|\sigma(X)$

02 이항분포

1 이항분포

한 번의 시행에서 사건 A가 일어날 확률이 p로 일정할 때, n번의 독립시행에서 사건 A가 일어나는 횟수를 확률변수 X라고 하면 X의 확률질량함수는

$$\mathrm{P}(X=x)={}_n\mathrm{C}_x\,p^x q^{n-x}\ (x=0,\,1,\,2,\,\cdots,\,n,\ q=1-p)$$

이므로 확률변수 X의 확률분포를 표로 나타내면 다음과 같다.

X	0	1	2	$\cdots$	n	합계
$\mathrm{P}(X=x)$	${}_n\mathrm{C}_0\,p^0 q^n$	${}_n\mathrm{C}_1\,p^1 q^{n-1}$	${}_n\mathrm{C}_2\,p^2 q^{n-2}$	$\cdots$	${}_n\mathrm{C}_n\,p^n q^0$	1

이와 같은 확률분포를 이항분포라 하고, 기호로 $\mathrm{B}(n,\,p)$와 같이 나타낸다.

2 이항분포의 평균, 분산, 표준편차

확률변수 X가 이항분포 $\mathrm{B}(n,\,p)$를 따를 때 (단, $q=1-p$)

(1) 평균 : $\mathrm{E}(X)=np$

(2) 분산 : $\mathrm{V}(X)=npq$

(3) 표준편차 : $\sigma(X)=\sqrt{npq}$

이산확률분포

1 평균과 표준편차

2학년 1반과 2반 중에서 어느 반의 수학 성적이 더 좋은지 알아보려고 할 때, 두 반 학생들의 수학 점수를 일일이 비교하기보다는 두 반의 수학 점수의 평균을 비교하는 것이 더 편리합니다.

하지만 두 반의 수학 점수의 평균은 같더라도 수학 성적의 분포는 다를 수 있습니다.

자료 전체의 특징을 하나의 수로 나타낸 것을 그 자료의 대푯값이라고 합니다. 대푯값에는 평균, 중앙값, 최빈값 등이 있는데 이 중에서 평균이 가장 많이 쓰입니다. 한편, 산포도는 변량들이 흩어져 있는 정도를 하나의 수로 나타낸 것으로 산포도에는 여러 가지가 있으나 분산과 표준편차가 가장 많이 쓰입니다.

일반적으로 두 집단의 우열을 비교하기 위해서는 각 자료의 평균을 비교하고, 자료의 분포 상태를 비교하기 위해서는 각 자료의 표준편차를 비교합니다.

평균과 표준편차에 대해서는 중학교 때 이미 배웠지만, 다음에 공부할 확률분포를 이해하는 데 꼭 필요한 내용이므로 간단하게 정리해 보겠습니다.

예를 들어, 2학년 2반 학생 5명의 윗몸일으키기 횟수가 다음과 같을 때, 윗몸일으키기 횟수의 표준편차는 다음과 같은 순서로 구합니다.

이름	은지	재욱	희수	태희	혜영
횟수(개)	10	9	8	12	6

❶ 변량의 합을 변량의 개수로 나눈 값인 평균을 구합니다.

$$(평균)=\frac{10+9+8+12+6}{5}=9\,(개)$$

❷ 각 변량에서 평균을 뺀 값인 편차를 구합니다.   ← 편차는 변량에서 평균을 뺀 값입니다.

$$1,\ 0,\ -1,\ 3,\ -3 \quad ←\ (편차의\ 합)=1+0+(-1)+3+(-3)=0$$

❸ 편차의 제곱의 평균인 분산을 구합니다.

$$(분산)=\frac{1^2+0^2+(-1)^2+3^2+(-3)^2}{5}=4$$

이때, (변량의 제곱의 평균) $-$ (평균의 제곱)으로 분산을 구할 수도 있습니다.

$$(분산)=\frac{10^2+9^2+8^2+12^2+6^2}{5}-9^2=4$$

❹ 분산의 양의 제곱근인 표준편차를 구합니다.

$$(\text{표준편차}) = \sqrt{4} = 2\,(\text{개})$$

한편, 편차의 제곱은 변량이 평균에서 멀수록 커지고 가까울수록 작아지므로 편차를 제곱한 값의 평균(분산)을 이용하여 변량들이 평균으로부터 얼마나 멀리 떨어져 분포(산포도)하고 있는지를 나타낼 수 있습니다.

따라서 변량이 평균 주위에 가까이 모여 있을수록, 즉 변량이 고르게 분포되어 있을수록 표준편차는 작아집니다.

Bible Point 평균, 분산, 표준편차

n개의 변량 $x_1, x_2, x_3, \cdots, x_n$에 대하여

1 $(\text{평균}) = \dfrac{x_1 + x_2 + x_3 + \cdots + x_n}{n}$

2 $(\text{분산}) = \dfrac{(x_1 - m)^2 + (x_2 - m)^2 + (x_3 - m)^2 + \cdots + (x_n - m)^2}{n}$

$\qquad\quad = \dfrac{x_1^2 + x_2^2 + x_3^2 + \cdots + x_n^2}{n} - m^2$ (단, m은 평균)

3 $(\text{표준편차}) = \sqrt{(\text{분산})}$

Plus +

n개의 변량 $x_1, x_2, x_3, \cdots, x_n$에 대응하는 도수가 각각 $f_1, f_2, f_3, \cdots, f_n$일 때

① $(\text{평균}) = \dfrac{x_1 f_1 + x_2 f_2 + x_3 f_3 + \cdots + x_n f_n}{f_1 + f_2 + f_3 + \cdots + f_n}$

② $(\text{분산}) = \dfrac{(x_1 - m)^2 f_1 + (x_2 - m)^2 f_2 + (x_3 - m)^2 f_3 + \cdots + (x_n - m)^2 f_n}{f_1 + f_2 + f_3 + \cdots + f_n}$

$\qquad\quad = \dfrac{x_1^2 f_1 + x_2^2 f_2 + x_3^2 f_3 + \cdots + x_n^2 f_n}{f_1 + f_2 + f_3 + \cdots + f_n} - m^2$ (단, m은 평균)

③ $(\text{표준편차}) = \sqrt{(\text{분산})}$

Example

오른쪽 표는 2학년 1반 학생 10명이 인터넷에서 가입한 카페의 수를 조사하여 나타낸 도수분포표입니다. 가입한 카페의 수의 평균과 표준편차를 구해 보겠습니다.

먼저 가입한 카페의 수의 평균을 구해 보면

$$(\text{평균}) = \frac{1 \times 4 + 2 \times 3 + 3 \times 2 + 4 \times 1}{10}$$

$$= \frac{20}{10} = 2\,(\text{개})$$

이때, 편차가 -1, 0, 1, 2이므로 분산은

가입한 카페의 수(개)	인원(명)
1	4
2	3
3	2
4	1
합계	10

$$(\text{분산})=\frac{(-1)^2\times4+0^2\times3+1^2\times2+2^2\times1}{10}=1$$

따라서 (표준편차)$=\sqrt{1}=1$(개)입니다.

2 확률변수와 확률분포

한 개의 동전을 두 번 던지는 시행에서 앞면을 H, 뒷면을 T라고 하면 일어날 수 있는 모든 경우의 집합, 즉 표본공간 S는

$$S=\{HH,\ HT,\ TH,\ TT\}$$

입니다. 이 시행의 결과로 나오는 앞면 H의 횟수를 X라고 하면 집합 S의 각 원소에 대응하는 X의 값은 0, 1, 2 중 하나입니다.

이때, X는 0, 1, 2의 값을 취하는 변수이고, 변수 X의 값에 대응하는 확률은 오른쪽 그림과 같습니다.

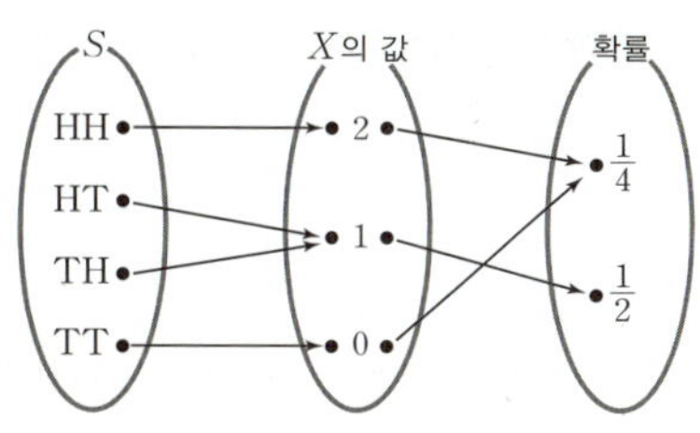

이와 같이 어떤 시행의 결과에 따라 실수 값이 정해지고, 그 값에 대응하는 확률이 정해지는 변수를 확률변수라고 합니다. 또한 확률변수 X가 어떤 값 x를 가질 확률을 기호로

$$\mathrm{P}(X=x)$$

와 같이 나타냅니다.

확률변수는 표본공간을 정의역으로 하고 실수 전체의 집합을 공역으로 하는 함수이지만 변수의 역할을 하므로 확률변수라고 하는 것입니다. 확률변수는 보통 알파벳 대문자 $X,\ Y,\ Z,\ \cdots$로 나타내고, 확률변수가 가지는 값은 소문자 $x,\ y,\ z,\ \cdots$로 나타냅니다.

위의 예에서 확률변수 X는 0, 1, 2 중 하나의 값을 가집니다. 이와 같이 확률변수 X가 가지는 값이 유한개이거나 자연수와 같이 셀 수 있을 때, X를 이산확률변수라고 합니다.

> 이산(離散)이란 하나하나 흩어져 있음을 뜻합니다.

이산확률변수 X가 가지는 값이 $x_1,\ x_2,\ x_3,\ \cdots,\ x_n$이고 X가 이 값을 가질 확률이 각각 $p_1,\ p_2,\ p_3,\ \cdots,\ p_n$일 때, $x_1,\ x_2,\ x_3,\ \cdots,\ x_n$과 $p_1,\ p_2,\ p_3,\ \cdots,\ p_n$ 사이의 대응 관계를 이산확률변수 X의 확률분포라고 합니다.

또한 이 확률분포를 나타내는 함수

$$\mathrm{P}(X=x_i)=p_i\ (i=1,\ 2,\ 3,\ \cdots,\ n)$$

를 이산확률변수 X의 확률질량함수라고 합니다.

확률질량함수를 나타낼 때에는 일반적인 함수와는 다른 표현을 쓰는데, 확률변수 X의 값이 x_i일 때의 확률을 $\mathrm{P}(x_i)$가 아니라 $\mathrm{P}(X=x_i)$와 같이 표현한다는 점에 주의합니다.

이산확률변수 X의 확률질량함수가 $\mathrm{P}(X=x_i)=p_i\ (i=1,\ 2,\ 3,\ \cdots,\ n)$일 때, X의 확률분포는 다음과 같이 표와 그래프로 나타낼 수 있습니다.

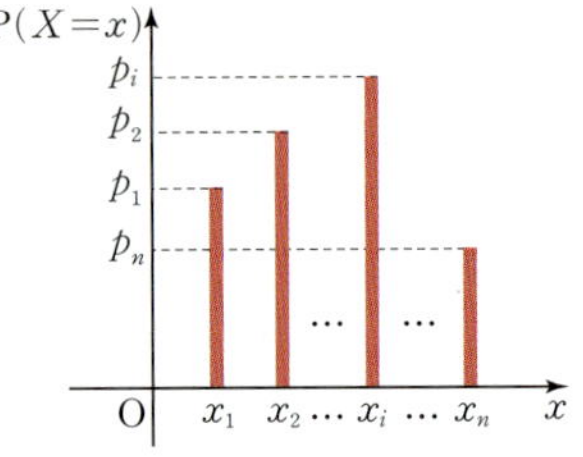

X	x_1	x_2	$\cdots$	x_i	$\cdots$	x_n	합계
$\mathrm{P}(X=x)$	p_1	p_2	$\cdots$	p_i	$\cdots$	p_n	1

Example
빨간 공 2개, 파란 공 3개가 들어 있는 주머니에서 임의로 2개의 공을 꺼낼 때, 나오는 빨간 공의 개수를 확률변수 X라고 하면 X가 가지는 값은 0, 1, 2입니다.

5개의 공 중에서 임의로 2개의 공을 꺼내는 방법의 수는 $_5\mathrm{C}_2$이고, 꺼낸 공 중에 빨간 공이 x개인 경우의 수는 $_2\mathrm{C}_x \times _3\mathrm{C}_{2-x}$이므로 확률변수 X의 확률질량함수는

$$\mathrm{P}(X=x)=\frac{_2\mathrm{C}_x \times _3\mathrm{C}_{2-x}}{_5\mathrm{C}_2}\ (x=0,\ 1,\ 2)$$

입니다. 이때, X의 각 x의 값에 대한 확률은

$$\mathrm{P}(X=0)=\frac{_2\mathrm{C}_0 \times _3\mathrm{C}_2}{_5\mathrm{C}_2}=\frac{3}{10},\ \mathrm{P}(X=1)=\frac{_2\mathrm{C}_1 \times _3\mathrm{C}_1}{_5\mathrm{C}_2}=\frac{3}{5}$$

$$\mathrm{P}(X=2)=\frac{_2\mathrm{C}_2 \times _3\mathrm{C}_0}{_5\mathrm{C}_2}=\frac{1}{10}$$

따라서 X의 확률분포를 표로 나타내면 오른쪽과 같습니다.

X	0	1	2	합계
$\mathrm{P}(X=x)$	$\dfrac{3}{10}$	$\dfrac{3}{5}$	$\dfrac{1}{10}$	1

이산확률변수 X의 확률질량함수가 $\mathrm{P}(X=x_i)=p_i\ (i=1,\ 2,\ 3,\ \cdots,\ n)$일 때, 확률의 기본 성질에 의하여

$$0 \leq p_i \leq 1\ (i=1,\ 2,\ 3,\ \cdots,\ n) \quad \leftarrow \text{임의의 사건 } A \text{에 대하여 } 0 \leq \mathrm{P}(A) \leq 1$$

$$\sum_{i=1}^{n} p_i = 1 \quad \leftarrow \text{전사건 } S \text{에 대하여 } \mathrm{P}(S)=1$$

이 성립합니다. 또한 확률변수 X가 x_i 이상 x_j 이하의 값을 가질 확률은 $\mathrm{P}(x_i \leq X \leq x_j)$와 같이 나타내고

$$\mathrm{P}(x_i \leq X \leq x_j) = \mathrm{P}(X=x_i) + \mathrm{P}(X=x_{i+1}) + \mathrm{P}(X=x_{i+2}) + \cdots + \mathrm{P}(X=x_j)$$

$$= \sum_{k=i}^{j} \mathrm{P}(X=x_k) = \sum_{k=i}^{j} p_k\ (\text{단},\ i,\ j=1,\ 2,\ 3,\ \cdots,\ n,\ i \leq j)$$

가 성립합니다.

Example 앞의 Example 에서 빨간 공을 한 개 이상 꺼낼 확률은

$$P(X \geq 1) = P(X=1) + P(X=2) = \frac{3}{5} + \frac{1}{10} = \frac{7}{10}$$

Bible Point 확률질량함수의 성질

이산확률변수 X의 확률질량함수 $P(X=x_i) = p_i \ (i=1, 2, 3, \cdots, n)$에 대하여

1 $0 \leq p_i \leq 1$ ← 확률은 0에서 1까지의 값을 가집니다.

2 $\displaystyle\sum_{i=1}^{n} p_i = p_1 + p_2 + p_3 + \cdots + p_n = 1$ ← 모든 확률의 합은 1입니다.

3 $\displaystyle P(x_i \leq X \leq x_j) = \sum_{k=i}^{j} P(X=x_k) = \sum_{k=i}^{j} p_k$ (단, $j=1, 2, 3, \cdots, n, \ i \leq j$)

Plus +

$P(X=x_i \ 또는 \ X=x_j) = P(X=x_i) + P(X=x_j) = p_i + p_j$ (단, $i \neq j$)

3 이산확률변수의 기댓값(평균), 분산, 표준편차

1. 이산확률변수의 기댓값(평균)

도수분포표를 이용하여 변량의 평균을 다시 한 번 계산해 보겠습니다.

예를 들어, 한 개의 동전을 세 번 던지는 시행에서 앞면을 H, 뒷면을 T라고 하면 표본공간 S는

$$S = \{HHH, HHT, HTH, HTT, THH, THT, TTH, TTT\}$$

입니다. 이때, 앞면이 나오는 횟수를 확률변수 X라고 하면 X가 가질 수 있는 값은 0, 1, 2, 3이고, 이것을 도수분포표로 나타내면 오른쪽과 같습니다.

변량 X	0	1	2	3	합계
도수 f_i	1	3	3	1	8

따라서 평균 m은

$$m = \frac{0 \times 1 + 1 \times 3 + 2 \times 3 + 3 \times 1}{8} = \frac{3}{2}$$

이고, 위의 식은 다음과 같이 변형할 수 있습니다.

$$m = 0 \times \frac{1}{8} + 1 \times \frac{3}{8} + 2 \times \frac{3}{8} + 3 \times \frac{1}{8} = \frac{3}{2} \qquad \cdots\cdots ㉠$$

한편, 확률변수 X의 값 0, 1, 2, 3에 각각의 확률을 대응시키면 X의 확률분포를 오른쪽 표와 같이 나타낼 수 있습니다.

X	0	1	2	3	합계
$P(X=x)$	$\frac{1}{8}$	$\frac{3}{8}$	$\frac{3}{8}$	$\frac{1}{8}$	1

이때, $P(X=1)=\dfrac{3}{8}$이라는 것은 전체 8가지 경우 중에서 확률변수 X가 1인 경우가 3가지라는 뜻입니다.

앞의 확률분포를 나타낸 표를 보면 ㉠에서 X의 평균은 확률변수 X의 각 값과 그에 대응하는 확률을 곱하여 더한 것과 같음을 알 수 있습니다.

이제 이것을 일반화해 보겠습니다.

다음 도수분포표에서 평균 m을 구해 보면 다음과 같습니다.

변량 X	x_1	x_2	x_3	$\cdots$	x_n	합계
도수 f_i	f_1	f_2	f_3	$\cdots$	f_n	N

$$m=\frac{x_1f_1+x_2f_2+x_3f_3+\cdots+x_nf_n}{f_1+f_2+f_3+\cdots+f_n}=\frac{1}{N}\sum_{i=1}^{n}x_if_i \qquad \cdots\cdots ㉡$$

여기서 N은 도수의 총합을 의미하므로 확률분포에 대해서 생각해 보면 모든 경우의 수라고 생각할 수 있고, 수학적 확률의 정의는 모든 경우의 수에 대한 그 사건의 경우의 수의 비율입니다.

따라서 도수분포표에서 도수 f_i를 도수의 총합 N으로 나눈 값, 즉 상대도수 $\dfrac{f_i}{N}$는 확률변수 X의 값이 x_i일 때의 확률 $P(X=x_i)$와 같습니다. 즉,

$$P(X=x_i)=\frac{f_i}{N}=p_i$$

입니다. 이것을 이용하여 ㉡의 식을 변형해 보면

$$\begin{aligned}
m&=\frac{1}{N}\sum_{i=1}^{n}x_if_i \\
&=\frac{x_1f_1+x_2f_2+x_3f_3+\cdots+x_nf_n}{N} \\
&=x_1\times\frac{f_1}{N}+x_2\times\frac{f_2}{N}+x_3\times\frac{f_3}{N}+\cdots+x_n\times\frac{f_n}{N} \\
&=x_1p_1+x_2p_2+x_3p_3+\cdots+x_np_n \\
&=\sum_{i=1}^{n}x_ip_i
\end{aligned}$$

입니다. 따라서 위의 결과를 이용하면 이산확률변수 X의 확률분포가 다음 표와 같을 때

X	x_1	x_2	x_3	$\cdots$	x_n	합계
$P(X=x)$	p_1	p_2	p_3	$\cdots$	p_n	1

$$x_1p_1+x_2p_2+x_3p_3+\cdots+x_np_n=\sum_{i=1}^{n}x_ip_i$$

를 이산확률변수 X의 **기댓값** 또는 평균이라 하고, 이것을 기호로

$$\mathbf{E}(\boldsymbol{X}) \quad \leftarrow \text{각 값과 그에 대응하는 확률을 곱하여 더한 것입니다.}$$

와 같이 나타냅니다. 이때, $\mathrm{E}(X)$의 E는 기댓값을 뜻하는 영어 Expectation의 첫 글자입니다. 또한 $\mathrm{E}(X)$는 평균을 뜻하는 영어 mean의 첫 글자 m으로 나타내기도 합니다.

확률변수 X의 확률분포가 다음 표와 같을 때

X	1	2	3	4	5	합계
$\mathrm{P}(X=x)$	0.1	0.3	0.3	0.2	0.1	1

X의 기댓값 $\mathrm{E}(X)$는
$$\mathrm{E}(X)=1\times0.1+2\times0.3+3\times0.3+4\times0.2+5\times0.1=2.9$$

Bible Point 이산확률변수의 기댓값(평균)

이산확률변수 X의 확률질량함수가 $\mathrm{P}(X=x_i)=p_i\ (i=1,\ 2,\ 3,\ \cdots,\ n)$일 때, 확률변수 X의 기댓값(평균)은
$$\mathrm{E}(X)=x_1p_1+x_2p_2+x_3p_3+\cdots+x_np_n=\sum_{i=1}^{n}x_ip_i$$

Plus+

확률변수 X의 평균을 $\mathrm{E}(X)$로 나타내는 것처럼 확률변수 Y의 평균은 $\mathrm{E}(Y)$로 나타낼 수 있다.

2. 이산확률변수의 분산과 표준편차

자료의 값들이 평균으로부터 얼마나 멀리 떨어져 있는지의 정도를 수치로 나타낸 것이 분산과 표준편차입니다.

앞에서 배운 것처럼 편차의 합은 항상 0이므로 편차의 제곱을 이용하여 자리의 흩어진 정도를 조사하는 것입니다.

일반적으로 확률변수 X의 기댓값 $\mathrm{E}(X)$를 m이라고 하면 편차의 제곱 $(X-m)^2$은 $(x_1-m)^2,\ (x_2-m)^2,\ \cdots,\ (x_n-m)^2$의 값을 가지는 확률변수로, X가 m으로부터 떨어진 정도를 나타냅니다. 이때, $(X-m)^2$의 기댓값 $\mathrm{E}((X-m)^2)$을 확률변수 X의 분산이라고 합니다.

먼저 다음과 같은 도수분포표에서 분산을 구해 보도록 하겠습니다.

변량 X	x_1	x_2	x_3	$\cdots$	x_n	합계
도수 f_i	f_1	f_2	f_3	$\cdots$	f_n	N

분산은 편차의 제곱의 평균이므로 평균을 m이라고 하면 분산 σ^2은
$$\sigma^2=\frac{(x_1-m)^2f_1+(x_2-m)^2f_2+(x_3-m)^2f_3+\cdots+(x_n-m)^2f_n}{f_1+f_2+f_3+\cdots+f_n}$$
$$=\frac{1}{N}\sum_{i=1}^{n}(x_i-m)^2f_i \qquad \cdots\cdots\ \text{㉠}$$

입니다.

식 ㉠을 $P(X=x_i)=\dfrac{f_i}{N}=p_i$ 임을 이용하여 변형해 보겠습니다.

$$\sigma^2=\frac{(x_1-m)^2f_1+(x_2-m)^2f_2+(x_3-m)^2f_3+\cdots+(x_n-m)^2f_n}{N}$$

$$=(x_1-m)^2\times\frac{f_1}{N}+(x_2-m)^2\times\frac{f_2}{N}+(x_3-m)^2\times\frac{f_3}{N}+\cdots+(x_n-m)^2\times\frac{f_n}{N}$$

$$=(x_1-m)^2p_1+(x_2-m)^2p_2+(x_3-m)^2p_3+\cdots+(x_n-m)^2p_n$$

$$=\sum_{i=1}^{n}(x_i-m)^2p_i$$

입니다.

따라서 위의 결과를 이용하면 이산확률변수 X의 확률분포가 다음 표와 같을 때

X	x_1	x_2	x_3	$\cdots$	x_n	합계
$P(X=x)$	p_1	p_2	p_3	$\cdots$	p_n	1

$$\sigma^2=\sum_{i=1}^{n}(x_i-m)^2p_i=E((X-m)^2)$$

을 이산확률변수 X의 분산이라고 합니다. 즉, 이산확률변수 X의 평균을 $E(X)=m$이라고 할 때, 편차의 제곱 $(X-m)^2$의 평균을 이산확률변수 X의 분산이라 하고, 이것을 기호로

$$V(X)$$

와 같이 나타냅니다. 이때, $V(X)$의 V는 분산을 뜻하는 영어 Variance의 첫 글자입니다.

또한 분산 $V(X)$의 양의 제곱근 $\sqrt{V(X)}$를 확률변수 X의 표준편차라 하고, 이것을 기호로

$$\sigma(X) \quad \leftarrow \sigma(X)=\sqrt{V(X)}$$

와 같이 나타냅니다. 이때, $\sigma(X)$의 σ는 표준편차를 뜻하는 영어 standard deviation의 첫 글자 s에 해당하는 그리스 문자로 시그마라고 읽습니다.

Example   p.203에서 제시한 한 개의 동전을 세 번 던지는 시행에서 앞면이 나오는 횟수인 확률변수 X의 분산과 표준편차를 각각 구해 봅시다.

먼저 확률변수 X의 평균은 $E(X)=\dfrac{3}{2}$입니다. 이때, $E(X)=m$이라 하고, $X-m$의 값을 구하여 표로 나타내면 다음과 같습니다.

X	0	1	2	3	합계
$X-m$	$-\dfrac{3}{2}$	$-\dfrac{1}{2}$	$\dfrac{1}{2}$	$\dfrac{3}{2}$	0
$P(X=x)$	$\dfrac{1}{8}$	$\dfrac{3}{8}$	$\dfrac{3}{8}$	$\dfrac{1}{8}$	1

따라서 확률변수 X의 분산과 표준편차는 각각

$$V(X)=\left(-\frac{3}{2}\right)^2\times\frac{1}{8}+\left(-\frac{1}{2}\right)^2\times\frac{3}{8}+\left(\frac{1}{2}\right)^2\times\frac{3}{8}+\left(\frac{3}{2}\right)^2\times\frac{1}{8}=\frac{3}{4}$$

$$\sigma(X)=\sqrt{\frac{3}{4}}=\frac{\sqrt{3}}{2}$$

한편, 분산을 구하는 식은 (변량의 제곱의 평균)$-$(평균의 제곱) 꼴로 변형할 수 있습니다.

$$\begin{aligned}
V(X)&=\sum_{i=1}^{n}(x_i-m)^2 p_i\\
&=\sum_{i=1}^{n}(x_i^2-2mx_i+m^2)p_i\\
&=\sum_{i=1}^{n}x_i^2 p_i-2m\sum_{i=1}^{n}x_i p_i+m^2\sum_{i=1}^{n}p_i\\
&=\sum_{i=1}^{n}x_i^2 p_i-2m^2+m^2 \quad \leftarrow \sum_{i=1}^{n}x_i p_i=m,\ \sum_{i=1}^{n}p_i=1\\
&=\sum_{i=1}^{n}x_i^2 p_i-m^2
\end{aligned}$$

여기서 $\sum_{i=1}^{n}x_i^2 p_i$는 확률변수 x_i를 제곱한 값에 확률 p_i를 곱한 것의 합이므로 간단하게 말하면 변량의 제곱의 평균이 됩니다. 따라서 분산 $V(X)$를

$$V(X)=\sum_{i=1}^{n}x_i^2 p_i-m^2=E(X^2)-\{E(X)\}^2$$

으로 나타낼 수도 있습니다.

Example p.206의 Example 에서 $E(X)=\frac{3}{2}$이고

$$E(X^2)=0^2\times\frac{1}{8}+1^2\times\frac{3}{8}+2^2\times\frac{3}{8}+3^2\times\frac{1}{8}=3$$

이므로 분산 $V(X)$는 다음과 같이 구할 수도 있습니다.

$$V(X)=E(X^2)-\{E(X)\}^2=3-\left(\frac{3}{2}\right)^2=\frac{3}{4}$$

Bible **Point** 이산확률변수의 분산과 표준편차

이산확률변수 X의 확률질량함수가 $P(X=x_i)=p_i\,(i=1,\ 2,\ 3,\ \cdots,\ n)$이고, $E(X)=m$일 때

1 분산 : $V(X)=E((X-m)^2)=\sum_{i=1}^{n}(x_i-m)^2 p_i=\sum_{i=1}^{n}x_i^2 p_i-m^2=E(X^2)-\{E(X)\}^2$

2 표준편차 : $\sigma(X)=\sqrt{V(X)}$

Plus＋

확률변수 X의 분산을 $V(X)$로 나타내는 것처럼 확률변수 Y의 분산은 $V(Y)$로 나타낼 수 있다.

평균은 자료 전체의 대푯값이므로 변량에 일정한 값을 더하거나 곱하면 그 값이 변하게 됩니다. 예를 들어, 짱이네 반 모든 학생들의 수학 점수를 10점씩 올려주면 수학 점수의 평균은 10점이 올라가고, 모든 학생들의 수학 점수를 2배씩 올려주면 수학 점수의 평균도 2배가 됩니다.

한편, 표준편차는 자료의 흩어진 정도를 나타내므로 변량 전체에 일정한 값을 곱하면 표준편차는 변하지만 일정한 값을 더하면 흩어진 정도는 변화가 없으므로 표준편차는 변하지 않습니다.

이제 이것을 일반화해 봅시다.

이산확률변수 X의 확률분포가 다음 표와 같을 때, 확률변수

$Y=aX+b\,(a,\ b$는 상수, $a\neq0)$의 평균, 분산, 표준편차를 각각 구해 봅시다.

X	x_1	x_2	x_3	$\cdots$	x_n	합계
$\mathrm{P}(X=x)$	p_1	p_2	p_3	$\cdots$	p_n	1

$y_i=ax_i+b$라고 하면 $\mathrm{P}(Y=y_i)=\mathrm{P}(X=x_i)=p_i$이므로

$$(1)\ \mathrm{E}(Y)=\sum_{i=1}^{n} y_i p_i=\sum_{i=1}^{n}(ax_i+b)p_i$$

$$=a\sum_{i=1}^{n} x_i p_i+b\sum_{i=1}^{n} p_i=a\mathrm{E}(X)+b \quad\leftarrow\ \sum_{i=1}^{n} x_i p_i=\mathrm{E}(X),\ \sum_{i=1}^{n} p_i=1$$

$$(2)\ \mathrm{V}(Y)=\sum_{i=1}^{n}\{y_i-\mathrm{E}(Y)\}^2 p_i=\sum_{i=1}^{n}[(ax_i+b)-\{a\mathrm{E}(X)+b\}]^2 p_i$$

$$=a^2\sum_{i=1}^{n}\{x_i-\mathrm{E}(X)\}^2 p_i=a^2\mathrm{V}(X)$$

$$(3)\ \sigma(Y)=\sqrt{\mathrm{V}(Y)}=\sqrt{a^2\mathrm{V}(X)}=|a|\sigma(X)$$

위의 계산 결과로부터 확률변수 X에 a를 곱하고 b를 더하면 평균은 똑같이 a를 곱하고 b를 더한 값이 되고, 분산은 a^2배, 표준편차는 $|a|$배가 되는 것을 알 수 있습니다. 즉, 각 변량에 b를 더하면 평균은 b만큼 커지지만 분산과 표준편차는 변량들이 평균을 중심으로 어느 정도 흩어져 있는지를 나타내는 것이므로 b의 영향을 받지 않습니다.

Bible Point 이산확률변수 $aX+b$의 평균, 분산, 표준편차

이산확률변수 X와 임의의 두 상수 $a,\ b$에 대하여

1 $\mathrm{E}(aX+b)=a\mathrm{E}(X)+b$

2 $\mathrm{V}(aX+b)=a^2\mathrm{V}(X)$

3 $\sigma(aX+b)=|a|\sigma(X)$

Plus+

연속확률변수에서도 위와 같은 성질이 성립합니다.

세 자료

$$X : 1부터 50까지의 자연수 (1, 2, 3, \cdots, 50)$$
$$Y : 51부터 100까지의 자연수 (51, 52, 53, \cdots, 100)$$
$$Z : 1부터 100까지의 짝수 (2, 4, 6, \cdots, 100)$$

의 표준편차 $\sigma(X)$, $\sigma(Y)$, $\sigma(Z)$ 사이의 대소 관계를 구해 봅시다.

먼저 $51=1+50$, $52=2+50$, $53=3+50$, $\cdots$, $100=50+50$에서 자료 Y는 자료 X에 각각 50을 더한 것과 같으므로, 즉 $Y=X+50$이므로 자료 Y와 자료 X의 흩어진 정도는 같습니다. 따라서 자료 Y와 자료 X의 표준편차는 같습니다.

$$\therefore \sigma(Y)=\sigma(X) \qquad \cdots\cdots ㉠$$

또한 $2=1\times2$, $4=2\times2$, $6=3\times2$, $\cdots$, $100=50\times2$에서 자료 Z는 자료 X에 각각 2를 곱한 것과 같습니다. 즉, $Z=2X$이므로 자료 Z의 흩어진 정도는 자료 X의 흩어진 정도의 2배가 됩니다. 따라서 자료 Z의 표준편차는 자료 X의 표준편차의 2배입니다.

$$\therefore \sigma(Z)=2\sigma(X) \qquad \cdots\cdots ㉡$$

㉠, ㉡에서 $\sigma(X)=\sigma(Y)<\sigma(Z)$임을 알 수 있습니다.

이와 같이 세 자료의 표준편차의 대소 관계는 세 자료의 변량 사이의 관계를 이용하여 구할 수도 있습니다.

개념 **콕콕**

1 한 개의 동전을 두 번 던지는 시행에서 앞면이 나오는 횟수를 확률변수 X라고 하자. X의 평균, 분산, 표준편차를 각각 구하여라.

2 확률변수 X에 대하여 $\mathrm{E}(X)=2$, $\mathrm{V}(X)=3$일 때, 확률변수 $-3X+5$의 평균, 분산, 표준편차를 각각 구하여라.

풀이 **1** 확률변수 X의 확률분포를 표로 나타내면 오른쪽과 같으므로

X	0	1	2	합계
$\mathrm{P}(X=x)$	$\dfrac{1}{4}$	$\dfrac{1}{2}$	$\dfrac{1}{4}$	1

$$\mathrm{E}(X)=0\times\frac{1}{4}+1\times\frac{1}{2}+2\times\frac{1}{4}=\mathbf{1}$$
$$\mathrm{V}(X)=\mathrm{E}(X^2)-\{\mathrm{E}(X)\}^2$$
$$=\left(0^2\times\frac{1}{4}+1^2\times\frac{1}{2}+2^2\times\frac{1}{4}\right)-1^2=\mathbf{\frac{1}{2}}$$
$$\sigma(X)=\sqrt{\mathrm{V}(X)}=\frac{\sqrt{2}}{2}$$

2 $\mathrm{E}(-3X+5)=-3\mathrm{E}(X)+5=-3\times2+5=\mathbf{-1}$, $\mathrm{V}(-3X+5)=(-3)^2\mathrm{V}(X)=9\times3=\mathbf{27}$

$\sigma(-3X+5)=|-3|\sigma(X)=3\times\sqrt{3}=\mathbf{3\sqrt{3}}$

예제 01

다음 표는 WKBL 프로농구에서 활약하고 있는 J선수의 최근 6경기에서의 득점을 나타낸 것이다.

경기	8월 8일	8월 11일	8월 13일	8월 15일	8월 18일	8월 19일
득점(점)	31	30		22	31	18

6경기에서의 평균 득점이 26점일 때, 득점의 표준편차를 구하여라.

접근 방법

평균 득점이 26점임을 이용하여 8월 13일 경기의 득점을 먼저 구합니다.

> **Bible**
>
> n개의 변량 x_1, x_2, $\cdots$, x_n에 대하여
>
> $$(\text{평균})=\frac{x_1+x_2+\cdots+x_n}{n}$$
>
> $$(\text{분산})=\frac{(x_1-m)^2+(x_2-m)^2+\cdots+(x_n-m)^2}{n} \quad (\text{단, } m\text{은 평균})$$

상세 풀이

8월 13일 경기의 득점을 x라고 하면 평균 득점이 26점이므로

$$\frac{31+30+x+22+31+18}{6}=26$$

$$\therefore x=24$$

이때, 평균 26점에 대한 편차가 각각 5, 4, -2, -4, 5, -8이므로

$$(\text{분산})=\frac{5^2+4^2+(-2)^2+(-4)^2+5^2+(-8)^2}{6}=25$$

따라서 득점의 표준편차는 $\sqrt{25}=5$(점)입니다.

정답 ⇒ 5점

보충 설명

분산을 구하는 방법은 편차의 제곱의 평균을 구하거나 변량의 제곱의 평균에서 평균의 제곱을 빼는 두 가지 방법이 있는데, 위의 문제와 같이 변량이 큰 경우에는 변량을 제곱하면 계산이 복잡해지므로 편차의 제곱의 평균을 이용하는 것이 편리합니다.

숫자 바꾸기

01-1

다음 표는 작년 12월 25일에 5개 지역에 내린 눈의 적설량을 조사한 것이다. 이들 5개 지역의 평균 적설량이 $34\,\text{mm}$일 때, 적설량의 표준편차를 구하여라.

지역	서울	인천	수원	강화	이천
적설량(mm)	28		37	35	31

표현 바꾸기

01-2

다음 표는 2학년 2반 학생 8명의 키의 평균을 구하여 편차를 조사한 것이다. 이 학생들의 키의 표준편차는?

학생	성훈	규빈	민오	민규	민호	지원	준희	정우
편차(cm)	2	-4	-3	5		-5	2	6

① $2\,\text{cm}$　　　　② $2\sqrt{2}\,\text{cm}$　　　　③ $3\,\text{cm}$

④ $2\sqrt{3}\,\text{cm}$　　　　⑤ $4\,\text{cm}$

개념 넓히기 ★★☆

◆ 다른 풀이

01-3

각각의 둘레의 길이가 20인 n개의 직사각형 $A_1B_1C_1D_1$, $A_2B_2C_2D_2$, $\cdots$, $A_nB_nC_nD_n$이 있다. 변 A_1B_1, A_2B_2, $\cdots$, A_nB_n의 길이의 평균이 7이고 표준편차가 2일 때, 이 직사각형들의 넓이의 평균은?

① 11　　　　② 13　　　　③ 15

④ 17　　　　⑤ 19

정답　**01-1** $4\,\text{mm}$　　　　**01-2** ⑤　　　　**01-3** ④

예제 02

이산확률변수 X의 확률분포가 다음 표와 같을 때, X의 평균과 분산을 각각 구하여라.

X	3	6	9	12	합계
$P(X=x)$	a^2	a	a	$2a^2$	1

접근 방법

확률의 총합이 1임을 이용하여 상수 a의 값을 구한 다음

$$\text{평균 } E(X) \Rightarrow \text{제곱의 평균 } E(X^2) \Rightarrow \text{분산 } V(X)=E(X^2)-\{E(X)\}^2$$

의 순서로 구합니다.

> **Bible** 확률분포를 나타낸 표에서 확률의 총합은 1이다.

상세 풀이

확률의 총합은 1이므로

$$a^2+a+a+2a^2=1,\ 3a^2+2a-1=0,\ (a+1)(3a-1)=0$$

$$\therefore a=-1 \text{ 또는 } a=\frac{1}{3}$$

이때, $0 \leq a \leq 1$에서 $a=\frac{1}{3}$이므로 X의 확률분포를 표로 나타내면 오른쪽과 같습니다.

X	3	6	9	12	합계
$P(X=x)$	$\frac{1}{9}$	$\frac{1}{3}$	$\frac{1}{3}$	$\frac{2}{9}$	1

따라서 확률변수 X의 평균과 분산을 각각 구하면

$$E(X)=3\times\frac{1}{9}+6\times\frac{1}{3}+9\times\frac{1}{3}+12\times\frac{2}{9}=8$$

$$V(X)=\left(3^2\times\frac{1}{9}+6^2\times\frac{1}{3}+9^2\times\frac{1}{3}+12^2\times\frac{2}{9}\right)-8^2=8$$

정답 ➡ 평균 : 8, 분산 : 8

보충 설명

이산확률변수 X의 평균 ⇨ $E(X)=\sum_{i=1}^{n} x_i\, p_i=m$

이산확률변수 X의 제곱의 평균 ⇨ $E(X^2)=\sum_{i=1}^{n} x_i^2\, p_i$

이산확률변수 X의 편차의 제곱의 평균 ⇨ $E((X-m)^2)=\sum_{i=1}^{n} (x_i-m)^2\, p_i=V(X)$

여기서 평균을 구할 때, 확률을 곱한다는 것을 꼭 명심하기 바랍니다.

[숫자] 바꾸기

02-1 이산확률변수 X의 확률분포가 다음 표와 같을 때, X의 평균과 분산을 각각 구하여라.

X	2	4	6	8	합계
$P(X=x)$	$2a$	$2a^2$	a	$2a^2$	1

[표현] 바꾸기

02-2 이산확률변수 X의 확률분포가 다음 표와 같다. X의 평균이 5일 때, X의 분산은?

X	1	2	4	8	합계
$P(X=x)$	$\dfrac{1}{4}$	a	$\dfrac{1}{8}$	b	1

① $\dfrac{17}{4}$ ② $\dfrac{13}{2}$ ③ $\dfrac{29}{4}$

④ $\dfrac{17}{2}$ ⑤ $\dfrac{39}{4}$

[개념] 넓히기 ★☆☆

02-3 이산확률변수 X의 확률분포가 오른쪽 표와 같고, $E(X)=\dfrac{5}{4}$, $V(X)=\dfrac{7}{16}$일 때, $P(X=2)$를 구하여라.

X	0	1	2	합계
$P(X=x)$	a	b	c	1

정답 **02-1** 평균 : 4, 분산 : 5   **02-2** ⑤   **02-3** $\dfrac{3}{8}$

예제 03

1, 2, 3, 4의 숫자가 각 면에 하나씩 적힌 정사면체 모양의 서로 다른 주사위 2개를 동시에 던질 때, 바닥에 닿은 면에 적힌 두 수의 합을 확률변수 X라고 하자. X의 평균과 분산을 각각 구하여라.

접근 방법

확률변수 X가 가질 수 있는 값에 대한 각각의 확률을 구하여 확률분포를 표로 나타낸 후 앞에서 배운 공식을 이용하면 평균과 분산을 구할 수 있습니다.

> **Bible** 이산확률변수의 평균과 분산을 구할 때에는 반드시 확률분포를 표로 나타낸다.

상세 풀이

바닥에 닿은 면에 적힌 두 수를 a, b라 하면 순서쌍 (a, b)에 대하여
두 수의 합이
(ⅰ) 2인 경우 : $(1, 1)$ (ⅱ) 3인 경우 : $(1, 2)$, $(2, 1)$ (ⅲ) 4인 경우 : $(1, 3)$, $(2, 2)$, $(3, 1)$
(ⅳ) 5인 경우 : $(1, 4)$, $(2, 3)$, $(3, 2)$, $(4, 1)$ (ⅴ) 6인 경우 : $(2, 4)$, $(3, 3)$, $(4, 2)$
(ⅵ) 7인 경우 : $(3, 4)$, $(4, 3)$ (ⅶ) 8인 경우 : $(4, 4)$
이므로 X의 확률분포를 표로 나타내면 다음과 같습니다.

X	2	3	4	5	6	7	8	합계
$\mathrm{P}(X=x)$	$\dfrac{1}{16}$	$\dfrac{2}{16}$	$\dfrac{3}{16}$	$\dfrac{4}{16}$	$\dfrac{3}{16}$	$\dfrac{2}{16}$	$\dfrac{1}{16}$	1

따라서 확률변수 X의 평균과 분산을 각각 구하면

$$\mathrm{E}(X)=2\times\frac{1}{16}+3\times\frac{2}{16}+4\times\frac{3}{16}+5\times\frac{4}{16}+6\times\frac{3}{16}+7\times\frac{2}{16}+8\times\frac{1}{16}=5$$

$$\mathrm{V}(X)=(2-5)^2\times\frac{1}{16}+(3-5)^2\times\frac{2}{16}+(4-5)^2\times\frac{3}{16}+(5-5)^2\times\frac{4}{16}+(6-5)^2\times\frac{3}{16}$$

$$+(7-5)^2\times\frac{2}{16}+(8-5)^2\times\frac{1}{16}$$

$$=\frac{5}{2}$$

정답 ➡ 평균 : 5, 분산 : $\dfrac{5}{2}$

보충 설명

이산확률분포를 표로 나타낼 때에는 확률변수 X의 최댓값과 최솟값을 구하여 X가 가질 수 있는 값의 범위를 구합니다. 위의 예제에서는 바닥에 닿은 면에 적힌 두 수의 합이 확률변수 X이므로 두 수가 모두 1일 때 X가 최소, 두 수가 모두 4일 때 X가 최대가 됩니다. 즉, X는 2와 8 사이의 값을 가진다는 것을 알 수 있습니다.
또한 확률의 총합이 1이 되는지 반드시 확인하여 검산하도록 하고, 평균이나 분산을 계산할 때 공통인수로 묶어 낼 수 있도록 약분을 하지 않으면 계산 과정이 편리해 집니다.

풀이집 p.103

숫자 바꾸기 ◆보충 설명

03-1 100원짜리 동전 3개를 동시에 던져서 앞면이 나오는 동전을 상금으로 받을 때, 이 상금의 액수를 확률변수 X라고 하자. X의 평균과 표준편차를 각각 구하여라.

표현 바꾸기 ◆보충 설명

03-2 1부터 8까지의 숫자가 각각 하나씩 적힌 8개의 공이 들어 있는 주머니에서 임의로 2개의 공을 동시에 꺼낼 때, 꺼낸 공에 적힌 두 수의 차를 확률변수 X라고 하자. X의 평균과 분산의 합은?

① 2 ② 3 ③ 4
④ 5 ⑤ 6

개념 넓히기 ★★☆

03-3 숫자 1, 1, 2, 3이 각각 하나씩 적혀 있는 공 4개가 들어 있는 주머니가 있다. 이 주머니에서 임의로 2개의 공을 동시에 꺼낼 때, 꺼낸 공에 적혀 있는 두 수의 합을 확률변수 X라고 하자. X의 기댓값을 m이라고 할 때, $\mathrm{P}(-1 \leq X - m \leq 1)$은?

① $\dfrac{1}{3}$ ② $\dfrac{1}{2}$ ③ $\dfrac{2}{3}$
④ $\dfrac{3}{4}$ ⑤ $\dfrac{4}{5}$

정답 **03-1** 평균 : 150원, 표준편차 : $50\sqrt{3}$원 **03-2** ⑤
03-3 ③

예제 04

흰 공 3개, 검은 공 3개가 들어 있는 상자에서 임의로 3개의 공을 동시에 꺼낼 때, 나오는 흰 공의 개수를 확률변수 X라고 하자. 확률변수 $Y=2X+1$의 평균과 분산을 각각 구하여라.

접근 방법

확률변수 X에 대하여 확률변수 $Y=aX+b$(a, b는 상수, $a\neq0$)의 평균과 분산은 Y의 확률분포를 표로 만들어 구할 수도 있지만 $\mathrm{E}(aX+b)=a\mathrm{E}(X)+b$, $\mathrm{V}(aX+b)=a^2\mathrm{V}(X)$임을 이용하는 것이 더 편리합니다.

Bible 평균은 확률변수에 곱하거나 더한만큼 변하고, 분산과 표준편차는 곱했을 때에만 변한다.

상세 풀이

확률변수 X가 가질 수 있는 값은 0, 1, 2, 3이고, 그 각각의 확률은 $\mathrm{P}(X=x)=\dfrac{{}_3\mathrm{C}_x \times {}_3\mathrm{C}_{3-x}}{{}_6\mathrm{C}_3}$이므로 X의 확률분포를 표로 나타내면 다음과 같습니다.

X	0	1	2	3	합계
$\mathrm{P}(X=x)$	$\dfrac{1}{20}$	$\dfrac{9}{20}$	$\dfrac{9}{20}$	$\dfrac{1}{20}$	1

$$\therefore \mathrm{E}(X)=0\times\frac{1}{20}+1\times\frac{9}{20}+2\times\frac{9}{20}+3\times\frac{1}{20}=\frac{3}{2}$$

$$\mathrm{V}(X)=\left(0^2\times\frac{1}{20}+1^2\times\frac{9}{20}+2^2\times\frac{9}{20}+3^2\times\frac{1}{20}\right)-\left(\frac{3}{2}\right)^2=\frac{9}{20}$$

따라서 확률변수 $Y=2X+1$의 평균과 분산은 각각

$$\mathrm{E}(Y)=\mathrm{E}(2X+1)=2\mathrm{E}(X)+1=2\times\frac{3}{2}+1=4$$

$$\mathrm{V}(Y)=\mathrm{V}(2X+1)=2^2\mathrm{V}(X)=4\times\frac{9}{20}=\frac{9}{5}$$

정답 ➡ 평균 : 4, 분산 : $\dfrac{9}{5}$

보충 설명

확률변수 $Y=2X+1$의 확률분포를 표로 나타내면 오른쪽과 같으므로

Y	1	3	5	7	합계
$\mathrm{P}(Y=y)$	$\dfrac{1}{20}$	$\dfrac{9}{20}$	$\dfrac{9}{20}$	$\dfrac{1}{20}$	1

$$\mathrm{E}(Y)=1\times\frac{1}{20}+3\times\frac{9}{20}+5\times\frac{9}{20}+7\times\frac{1}{20}=4$$

$$\mathrm{V}(Y)=\left(1^2\times\frac{1}{20}+3^2\times\frac{9}{20}+5^2\times\frac{9}{20}+7^2\times\frac{1}{20}\right)-4^2=\frac{9}{5}$$

숫자 바꾸기

04-1 흰 공 2개, 검은 공 2개가 들어 있는 상자에서 임의로 2개의 공을 동시에 꺼낼 때, 나오는 흰 공의 개수를 확률변수 X라고 하자. 확률변수 $Y=3X-1$의 평균과 분산을 각각 구하여라.

표현 바꾸기

04-2 3개의 당첨제비가 들어 있는 5개의 제비 중에서 임의로 2개를 뽑을 때, 나오는 당첨제비의 개수를 확률변수 X라고 하자. 확률변수 $Y=aX+b$에 대하여 $\mathrm{E}(Y)=7$, $\mathrm{V}(Y)=9$일 때, $a+b$의 값은? (단, a, b는 상수, $a>0$이다.)

① 4   ② 5   ③ 6
④ 7   ⑤ 8

개념 넓히기 ★★☆

04-3 주사위를 한 번 던질 때 나오는 눈의 수 a에 대하여 이차방정식 $x^2-2ax+6a-8=0$의 실근의 개수를 확률변수 X라고 하자. 확률변수 $3X+2$의 평균을 구하여라.

(단, 중근은 1개의 실근으로 생각한다.)

정답 **04-1** 평균 : 2, 분산 : 3   **04-2** ③   **04-3** 6

1 이항분포

한 개의 주사위를 세 번 던질 때, 1의 눈이 나오는 횟수를 확률변수 X라고 하면 확률변수 X가 가질 수 있는 값은 0, 1, 2, 3이고, 그 각각에 대한 확률은 독립시행의 확률에 의하여

$$P(X=x)={}_3C_x\left(\frac{1}{6}\right)^x\left(\frac{5}{6}\right)^{3-x} \ (x=0,\,1,\,2,\,3)$$

입니다. 따라서 X의 확률분포를 표로 나타내면 다음과 같습니다.

X	0	1	2	3	합계
$P(X=x)$	${}_3C_0\left(\frac{1}{6}\right)^0\left(\frac{5}{6}\right)^3$	${}_3C_1\left(\frac{1}{6}\right)^1\left(\frac{5}{6}\right)^2$	${}_3C_2\left(\frac{1}{6}\right)^2\left(\frac{5}{6}\right)^1$	${}_3C_3\left(\frac{1}{6}\right)^3\left(\frac{5}{6}\right)^0$	1

이를 일반적인 경우로 확장해 봅시다. '3번 던진 것'을 'n번의 독립시행'으로, '1의 눈이 나올 확률 $\frac{1}{6}$'을 '확률 p'로 바꿔서 생각하면 됩니다. 즉, 한 번의 시행에서 사건 A가 일어날 확률을 p라 하고, n번의 독립시행에서 사건 A가 일어나는 횟수를 X라고 하면 X는 0, 1, 2, $\cdots$, n의 값을 가지는 확률변수이고, X의 확률질량함수는

$$P(X=x)={}_nC_x p^x q^{n-x} \ (x=0,\,1,\,2,\,\cdots,\,n,\,q=1-p)$$

입니다. 따라서 X의 확률분포를 표로 나타내면 다음과 같습니다.

X	0	1	2	$\cdots$	x	$\cdots$	n	합계
$P(X=x)$	${}_nC_0\,p^0q^n$	${}_nC_1\,p^1q^{n-1}$	${}_nC_2\,p^2q^{n-2}$	$\cdots$	${}_nC_x\,p^xq^{n-x}$	$\cdots$	${}_nC_n\,p^nq^0$	1

위의 표에서 각 확률은 $(p+q)^n$을 이항정리에 의하여 전개한 식

$$(p+q)^n={}_nC_0\,p^0q^n+{}_nC_1\,p^1q^{n-1}+{}_nC_2\,p^2q^{n-2}+\cdots+{}_nC_n\,p^nq^0$$

의 우변의 각 항과 같습니다. 이때, $p+q=1$이므로 확률의 총합은 $\displaystyle\sum_{x=0}^{n}{}_nC_x p^x q^{n-x}=(p+q)^n=1$임을 알 수 있습니다.

이와 같은 이산확률변수 X의 확률분포를 **이항분포**라 하고, 이것을 기호로

$$\mathbf{B}(\boldsymbol{n},\,\boldsymbol{p}) \quad \leftarrow n\text{은 시행 횟수이고, } p\text{는 1회 시행에서 사건 } A\text{가 일어날 확률입니다.}$$

와 같이 나타냅니다. 이때, 이산확률변수 X는 이항분포 $B(n,\,p)$를 따른다고 하고, $B(n,\,p)$의 B는 이항분포를 뜻하는 영어 Binomial distribution의 첫 글자입니다.

 한 개의 주사위를 세 번 던질 때, 1의 눈이 나오는 횟수를 확률변수 X라고 하면 X는 이항분포 $\mathrm{B}\left(3, \dfrac{1}{6}\right)$을 따릅니다.

 이항분포

한 번의 시행에서 사건 A가 일어날 확률이 p로 일정할 때, n번의 독립시행에서 사건 A가 일어나는 횟수를 확률변수 X라고 하면 X의 확률질량함수는

$$\mathrm{P}(X=x)={}_nC_x p^x q^{n-x} \quad (x=0,\,1,\,2,\,\cdots,\,n,\,q=1-p)$$

이다. 이와 같은 확률분포를 이항분포라 하고, 기호로 $\mathrm{B}(n,\,p)$와 같이 나타낸다.

2 이항분포의 평균, 분산, 표준편차

확률변수 X가 이항분포 $\mathrm{B}(n,\,p)$를 따를 때, X의 평균, 분산, 표준편차를 각각 구해 봅시다.

이항분포를 따르는 확률변수도 이산확률변수의 한 종류이므로 앞에서 배운 이산확률변수의 평균, 분산을 구하는 방법을 그대로 적용할 수 있습니다. 하지만 증명 과정이 복잡하기 때문에 여기서는 평균을 구하는 증명만 해보고 분산을 구하는 증명은 뒤에 개념 확장하기에서 따로 소개하겠습니다.

 평균은 확률변수의 각 값과 그에 대응하는 확률을 곱하여 더한 것이므로 **1**에서 확률분포를 나타낸 표를 이용하여 평균을 구해 보면

$$\mathrm{E}(X)=0\times{}_nC_0\,p^0 q^n+1\times{}_nC_1\,p^1 q^{n-1}+2\times{}_nC_2\,p^2 q^{n-2}+\cdots+n\times{}_nC_n\,p^n q^0$$

$$=\sum_{x=0}^{n} x\times{}_nC_x p^x q^{n-x}$$

$$=\sum_{x=0}^{n} x\times\frac{n!}{x!(n-x)!}p^x q^{n-x}$$

$$=\sum_{x=1}^{n} \frac{n\times(n-1)!}{(x-1)!(n-x)!}p\times p^{x-1}q^{n-x}$$

$$=np\sum_{x=1}^{n} \frac{(n-1)!}{(x-1)!(n-x)!}p^{x-1}q^{n-x}$$

$$=np\sum_{x=1}^{n} {}_{n-1}C_{x-1}\,p^{x-1}q^{n-x}$$

$$=np(p+q)^{n-1}$$

$$=np$$

$$x\times\frac{n!}{x!}=\frac{n\times(n-1)!}{(x-1)!}$$

np는 $\sum$ 밖으로 나갑니다.

$$\frac{(n-1)!}{(x-1)!(n-x)!}={}_{n-1}C_{x-1}$$

$$p+q=1$$

증명 과정은 복잡하지만 결과는 간단하므로 결과를 확실히 기억해 둡시다.

일반적으로 확률변수 X가 이항분포 $\mathrm{B}(n, p)$를 따를 때, X의 평균, 분산, 표준편차는 각각 다음과 같습니다. (단, $q=1-p$)

(1) $\mathrm{E}(X)=np$

(2) $\mathrm{V}(X)=npq$

(3) $\sigma(X)=\sqrt{\mathrm{V}(X)}=\sqrt{npq}$

위의 식을 자세히 살펴보면 이항분포를 따르는 확률변수 X의 평균, 분산, 표준편차는 독립시행의 시행 횟수 n과 한 번의 시행에서 사건이 일어날 확률 p에 의하여 결정됨을 알 수 있습니다. 즉, n과 p를 알면 이항분포의 평균, 분산, 표준편차를 모두 구할 수 있습니다.

이 결과를 이산확률변수에서 구했던 평균, 분산과 비교해 보겠습니다.

한 개의 주사위를 세 번 던질 때, 1의 눈이 나오는 횟수를 X라고 하면, 확률변수 X의 확률분포를 표로 나타내면 다음과 같습니다.

X	0	1	2	3	합계
$\mathrm{P}(X=x)$	${}_3\mathrm{C}_0\left(\dfrac{1}{6}\right)^0\left(\dfrac{5}{6}\right)^3$	${}_3\mathrm{C}_1\left(\dfrac{1}{6}\right)^1\left(\dfrac{5}{6}\right)^2$	${}_3\mathrm{C}_2\left(\dfrac{1}{6}\right)^2\left(\dfrac{5}{6}\right)^1$	${}_3\mathrm{C}_3\left(\dfrac{1}{6}\right)^3\left(\dfrac{5}{6}\right)^0$	1

이산확률변수 X의 평균과 분산을 구해 보면

$$\mathrm{E}(X)=0\times{}_3\mathrm{C}_0\left(\frac{1}{6}\right)^0\left(\frac{5}{6}\right)^3+1\times{}_3\mathrm{C}_1\left(\frac{1}{6}\right)^1\left(\frac{5}{6}\right)^2+2\times{}_3\mathrm{C}_2\left(\frac{1}{6}\right)^2\left(\frac{5}{6}\right)^1$$
$$+3\times{}_3\mathrm{C}_3\left(\frac{1}{6}\right)^3\left(\frac{5}{6}\right)^0$$
$$=\frac{1}{2}$$

$$\mathrm{V}(X)=\left\{0^2\times{}_3\mathrm{C}_0\left(\frac{1}{6}\right)^0\left(\frac{5}{6}\right)^3+1^2\times{}_3\mathrm{C}_1\left(\frac{1}{6}\right)^1\left(\frac{5}{6}\right)^2+2^2\times{}_3\mathrm{C}_2\left(\frac{1}{6}\right)^2\left(\frac{5}{6}\right)^1\right.$$
$$\left.+3^2\times{}_3\mathrm{C}_3\left(\frac{1}{6}\right)^3\left(\frac{5}{6}\right)^0\right\}-\left(\frac{1}{2}\right)^2$$
$$=\frac{5}{12}$$

한편, 확률변수 X는 이항분포 $\mathrm{B}\left(3, \dfrac{1}{6}\right)$을 따르므로 이항분포에서의 식을 이용하여 평균과 분산을 구해 보면

$$\mathrm{E}(X)=3\times\frac{1}{6}=\frac{1}{2} \quad \leftarrow \mathrm{E}(X)=np$$

$$\mathrm{V}(X)=3\times\frac{1}{6}\times\frac{5}{6}=\frac{5}{12} \quad \leftarrow \mathrm{V}(X)=npq$$

위의 Example 에서 이산확률분포의 계산법을 이용한 값과 이항분포에서의 식을 이용한 값이 서로 같음을 알 수 있습니다.

확률변수 X가 이항분포 $\mathrm{B}(n, p)$를 따를 때 (단, $q=1-p$)

1 평균 : $\mathrm{E}(X)=np$

2 분산 : $\mathrm{V}(X)=npq$

3 표준편차 : $\sigma(X)=\sqrt{npq}$

개념 확장하기 이항분포의 분산 $\mathrm{V}(X)=npq$의 증명

확률변수 X가 이항분포 $\mathrm{B}(n, p)$를 따를 때, $\mathrm{V}(X)=\mathrm{E}(X^2)-\{\mathrm{E}(X)\}^2$임을 이용하여 $\mathrm{V}(X)=npq\,(q=1-p)$임을 증명해 보겠습니다.

$$\mathrm{V}(X)=\mathrm{E}(X^2)-\{\mathrm{E}(X)\}^2$$

$$=\sum_{x=0}^{n} x^2 \times {}_n\mathrm{C}_x p^x q^{n-x}-(np)^2 \quad \leftarrow \mathrm{E}(X)=np$$

$$=\sum_{x=0}^{n} (x^2-x+x)\,{}_n\mathrm{C}_x p^x q^{n-x}-(np)^2$$

$$=\sum_{x=0}^{n} x(x-1)\,{}_n\mathrm{C}_x p^x q^{n-x}+\sum_{x=0}^{n} x\times {}_n\mathrm{C}_x p^x q^{n-x}-(np)^2$$

$$=n(n-1)p^2 \sum_{x=2}^{n} {}_{n-2}\mathrm{C}_{x-2} p^{x-2} q^{n-x}+np-(np)^2 \quad \leftarrow \begin{array}{l} x(x-1)\,{}_n\mathrm{C}_x \\ =n(n-1)\,{}_{n-2}\mathrm{C}_{x-2} \end{array}$$

$$=n(n-1)p^2 \sum_{k=0}^{n-2} {}_{n-2}\mathrm{C}_k p^k q^{n-2-k}+np-(np)^2 \quad \leftarrow \begin{array}{l} x-2=k \text{로 놓으면} \\ x=2+k \end{array}$$

$$=n(n-1)p^2 (p+q)^{n-2}+np-n^2 p^2 \quad \leftarrow p+q=1$$

$$=n(n-1)p^2+np-n^2 p^2$$

$$=np(1-p) \quad \leftarrow 1-p=q$$

$$=npq$$

---

3 큰 수의 법칙

한 개의 주사위를 n번 던지는 시행에서 1의 눈이 나오는 횟수를 X라고 할 때, 상대도수 $\dfrac{X}{n}$와

한 개의 주사위를 한 번 던질 때 1의 눈이 나올 수학적 확률 $\dfrac{1}{6}$ 사이의 관계를 알아봅시다.

다음은 $n=10,\ 20,\ 30,\ 40,\ 50$일 때, 이항분포 $\mathrm{B}\!\left(n,\ \dfrac{1}{6}\right)$에서의 확률

$$\mathrm{P}(X=x)={}_{n}\mathrm{C}_{x}\!\left(\frac{1}{6}\right)^{x}\!\left(\frac{5}{6}\right)^{n-x}\ \ (x=0,\ 1,\ 2,\ \cdots,\ n)$$

을 각각 표와 그래프로 나타낸 것입니다.

X \ n	10	20	30	40	50
0	0.162	0.026	0.004	0.001	0.000
1	0.323	0.104	0.025	0.005	0.001
2	0.291	0.198	0.073	0.021	0.005
3	0.155	0.238	0.137	0.054	0.017
4	0.054	0.202	0.185	0.099	0.040
5	0.013	0.129	0.192	0.143	0.075
6	0.002	0.065	0.160	0.167	0.112
7	0.000	0.026	0.110	0.162	0.140
8	$\cdots$	0.008	0.063	0.134	0.151
9	$\cdots$	0.002	0.031	0.095	0.141
10	$\cdots$	0.000	0.013	0.059	0.116
11	$\cdots$	$\cdots$	0.005	0.032	0.084
12	$\cdots$	$\cdots$	0.001	0.016	0.055
13	$\cdots$	$\cdots$	0.000	0.007	0.032
14	$\cdots$	$\cdots$	$\cdots$	0.003	0.017
15	$\cdots$	$\cdots$	$\cdots$	0.001	0.008
16	$\cdots$	$\cdots$	$\cdots$	0.000	0.004
17	$\cdots$	$\cdots$	$\cdots$	$\cdots$	0.001
18	$\cdots$	$\cdots$	$\cdots$	$\cdots$	0.001
19	$\cdots$	$\cdots$	$\cdots$	$\cdots$	0.000

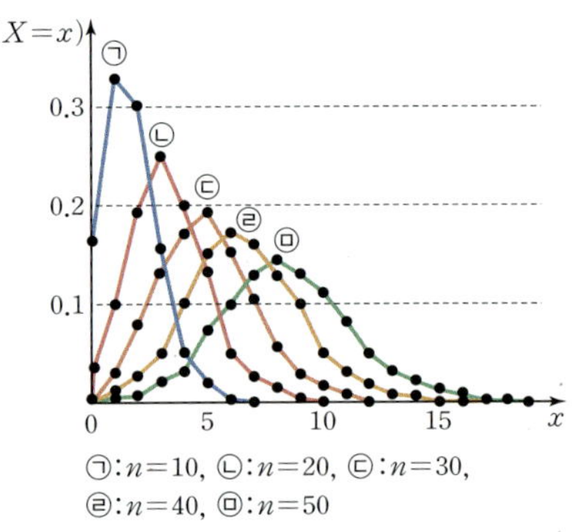

위의 표를 이용하여 $n=10,\ 30,\ 50$일 때, 상대도수 $\dfrac{X}{n}$와 수학적 확률 $\dfrac{1}{6}$의 차가 0.1보다 작

을 확률 $\mathrm{P}\!\left(\left|\dfrac{X}{n}-\dfrac{1}{6}\right|<0.1\right)$을 구해 봅시다.

(i) $n=10$일 때

$$\mathrm{P}\!\left(\left|\frac{X}{10}-\frac{1}{6}\right|<0.1\right)=\mathrm{P}(0.66\cdots<X<2.66\cdots)$$
$$=\mathrm{P}(X=1)+\mathrm{P}(X=2)$$
$$=0.323+0.291=0.614$$

(ii) $n=30$일 때

$$\mathrm{P}\!\left(\left|\frac{X}{30}-\frac{1}{6}\right|<0.1\right)=\mathrm{P}(2<X<8)$$
$$=\mathrm{P}(X=3)+\mathrm{P}(X=4)+\cdots+\mathrm{P}(X=7)$$
$$=0.137+0.185+0.192+0.160+0.110=0.784$$

(iii) $n=50$일 때

$$\mathrm{P}\left(\left|\frac{X}{50}-\frac{1}{6}\right|<0.1\right)=\mathrm{P}(3.33\cdots<X<13.33\cdots)$$

$$=\mathrm{P}(X=4)+\mathrm{P}(X=5)+\cdots+\mathrm{P}(X=13)$$

$$=0.040+0.075+0.112+0.140+0.151+0.141$$

$$+0.116+0.084+0.055+0.032$$

$$=0.946$$

이로부터 확률 $\mathrm{P}\left(\left|\dfrac{X}{n}-\dfrac{1}{6}\right|<0.1\right)$은 n의 값이 커짐에 따라 1에 가까워짐을 알 수 있습니다.

또한 이 결과는 0.1을 0.01, 0.001, $\cdots$과 같이 임의의 작은 양수로 바꾸어도 성립합니다. 즉, 주사위를 던지는 횟수 n의 값이 커질수록 1의 눈이 나올 상대도수 $\dfrac{X}{n}$는 1의 눈이 나올 수학적 확률 $\dfrac{1}{6}$에 가까워짐을 알 수 있습니다.

이와 같이 상대도수 $\dfrac{X}{n}$와 수학적 확률 p 사이에 성립하는 다음과 같은 성질을 **큰 수의 법칙**이라고 합니다.

Bible Point 큰 수의 법칙

어떤 시행에서 사건 A가 일어날 수학적 확률이 p일 때, n번의 독립시행에서 사건 A가 일어나는 횟수를 X라고 하면 아무리 작은 양수 h를 택하여도 확률 $\mathrm{P}\left(\left|\dfrac{X}{n}-p\right|<h\right)$는 횟수 n이 커짐에 따라 1에 가까워진다.

Plus+

큰 수의 법칙에 의하여 시행 횟수 n을 충분히 크게 하면 상대도수 $\dfrac{X}{n}$는 수학적 확률 p에 가까워짐을 알 수 있다.

따라서 수학적 확률을 모를 때에는 시행 횟수를 충분히 크게 하여 얻은 사건 A의 상대도수 $\dfrac{X}{n}$를 사건 A가 일어날 확률 $\mathrm{P}(A)$로 사용할 수 있다. 그러므로 자연 현상이나 사회 현상과 같이 수학적 확률을 구하기 어려운 경우에는 통계적 확률을 대신 사용할 수 있다.

개념 콕콕

1 확률변수 X가 이항분포 $\mathrm{B}\left(720,\dfrac{1}{6}\right)$을 따를 때, X의 평균, 분산, 표준편차를 각각 구하여라.

풀이 1 $\mathrm{E}(X)=720\times\dfrac{1}{6}=\mathbf{120}$, $\mathrm{V}(X)=720\times\dfrac{1}{6}\times\dfrac{5}{6}=\mathbf{100}$, $\sigma(X)=\sqrt{100}=\mathbf{10}$

예제 05

한 개의 동전을 세 번 던져서 앞면이 나오는 횟수를 확률변수 X라고 할 때, X의 평균, 분산, 표준편차를 각각 구하여라.

접근 방법

이항분포의 평균과 분산은 쉽게 구할 수 있습니다. 시행 횟수가 n이고, 1회 시행에서 어떤 사건이 일어날 확률이 p인, 즉 이항분포 $B(n, p)$를 따르는 확률변수 X의 평균과 분산은

$$E(X)=np, \ V(X)=npq \ (q=1-p)$$

입니다.

> **Bible** 매회 사건이 일어날 확률이 일정하면 이항분포이다.

상세 풀이

한 개의 동전을 한 번 던져서 앞면이 나올 확률은 $\dfrac{1}{2}$이므로 확률변수 X는 이항분포 $B\left(3, \dfrac{1}{2}\right)$을 따릅니다. 따라서 확률변수 X의 평균, 분산, 표준편차를 각각 구하면

$$E(X)=3\times\frac{1}{2}=\frac{3}{2}$$

$$V(X)=3\times\frac{1}{2}\times\frac{1}{2}=\frac{3}{4}$$

$$\sigma(X)=\sqrt{\frac{3}{4}}=\frac{\sqrt{3}}{2}$$

정답 ➡ 평균 : $\dfrac{3}{2}$, 분산 : $\dfrac{3}{4}$, 표준편차 : $\dfrac{\sqrt{3}}{2}$

보충 설명

이항분포 역시 이산확률분포이므로 **예제 03**과 같은 방법으로 평균과 분산을 구할 수도 있습니다.

즉, 이항분포 $B(n, p)$를 따르는 확률변수 X의 확률질량함수는

$$P(X=x)={}_n C_x p^x q^{n-x} \ (x=0, 1, 2, \cdots, n, \ q=1-p)$$

이므로 위의 예제에서의 확률변수 X의 확률분포를 표로 나타내면 다음과 같습니다.

X	0	1	2	3	합계
$P(X=x)$	${}_3C_0\left(\dfrac{1}{2}\right)^0\left(\dfrac{1}{2}\right)^3=\dfrac{1}{8}$	${}_3C_1\left(\dfrac{1}{2}\right)^1\left(\dfrac{1}{2}\right)^2=\dfrac{3}{8}$	${}_3C_2\left(\dfrac{1}{2}\right)^2\left(\dfrac{1}{2}\right)^1=\dfrac{3}{8}$	${}_3C_3\left(\dfrac{1}{2}\right)^3\left(\dfrac{1}{2}\right)^0=\dfrac{1}{8}$	1

$$\therefore E(X)=0\times\frac{1}{8}+1\times\frac{3}{8}+2\times\frac{3}{8}+3\times\frac{1}{8}=\frac{3}{2}$$

$$V(X)=\left(0^2\times\frac{1}{8}+1^2\times\frac{3}{8}+2^2\times\frac{3}{8}+3^2\times\frac{1}{8}\right)-\left(\frac{3}{2}\right)^2=\frac{3}{4}$$

숫자 바꾸기

05-1 한 개의 주사위를 90번 던질 때, 3의 배수의 눈이 나오는 횟수를 확률변수 X라고 하자. X의 평균, 분산, 표준편차를 각각 구하여라.

표현 바꾸기

05-2 확률변수 X가 이항분포 $\mathrm{B}\left(100, \dfrac{1}{5}\right)$을 따를 때, 확률변수 $3X-4$의 표준편차는?

① 12 ② 15 ③ 18
④ 21 ⑤ 24

개념 넓히기 ★★☆

05-3 서로 다른 4개의 동전을 동시에 던질 때, 앞면이 나오는 동전의 개수를 확률변수 X라고 하자. X의 평균을 m, 표준편차를 σ라고 할 때, $\mathrm{P}(|X-m|<\sigma)$는?

① $\dfrac{1}{16}$ ② $\dfrac{1}{4}$ ③ $\dfrac{3}{8}$
④ $\dfrac{11}{16}$ ⑤ $\dfrac{7}{8}$

정답 **05-1** 평균 : 30, 분산 : 20, 표준편차 : $2\sqrt{5}$ **05-2** ①
05-3 ③

예제 06

다음 물음에 답하여라.

(1) 서로 다른 두 개의 주사위를 동시에 n번 던질 때, 두 눈의 수의 곱이 홀수가 나오는 횟수를 확률변수 X라고 하자. X의 표준편차가 3일 때, n의 값을 구하여라.

(2) 이항분포 $\mathrm{B}(n,\,p)$를 따르는 확률변수 X가 있다. X의 평균이 12, 표준편차가 2일 때, $n,\,p$의 값을 각각 구하여라.

⎡접근 방법⎤

확률변수 X가 이항분포 $\mathrm{B}(n,\,p)$를 따르면 $\mathrm{E}(X)=np$, $\mathrm{V}(X)=np(1-p)$임을 이용하여 미지수의 값을 구합니다.

> **Bible** 이항분포 $\mathrm{B}(n,\,p)$에서 n 또는 p가 미지수로 주어지면 평균과 분산을 이용한다.

⎡상세 풀이⎤

(1) 서로 다른 두 개의 주사위를 동시에 한 번 던질 때, 두 눈의 수의 곱이 홀수가 되려면 두 주사위 모두 홀수의 눈이 나와야 하므로 그 확률은 $\dfrac{3\times3}{6^2}=\dfrac{1}{4}$입니다.

따라서 확률변수 X는 이항분포 $\mathrm{B}\!\left(n,\,\dfrac{1}{4}\right)$을 따릅니다.

이때, 확률변수 X의 표준편차가 3, 즉 분산이 9이므로

$$n\times\frac{1}{4}\times\frac{3}{4}=9 \qquad \therefore n=48$$

(2) 확률변수 X가 이항분포 $\mathrm{B}(n,\,p)$를 따르고 X의 평균이 12, 표준편차가 2이므로

$$\mathrm{E}(X)=np=12 \qquad \cdots\cdots \ \bigcirc$$
$$\sigma(X)=\sqrt{np(1-p)}=2 \qquad \cdots\cdots \ \bigcirc\!\!\!\!\!\!\bigcirc$$

$\bigcirc$을 $\bigcirc\!\!\!\!\!\!\bigcirc$에 대입하면 $\sqrt{12(1-p)}=2$

이 식의 양변을 제곱하면 $12(1-p)=4 \qquad \therefore p=\dfrac{2}{3}$

따라서 $p=\dfrac{2}{3}$를 $\bigcirc$에 대입하면 $\dfrac{2}{3}n=12 \qquad \therefore n=18$

정답 ➡ (1) 48 (2) $n=18,\ p=\dfrac{2}{3}$

⎡보충 설명⎤

이항분포의 평균 $\mathrm{E}(X)=np$와 분산 $\mathrm{V}(X)=np(1-p)$가 주어진 문제에서는 평균을 분산에 대입하여 $1-p$의 값을 구한 후, 확률 p와 시행 횟수 n의 값을 구하는 것이 일반적인 해법입니다.

숫자 바꾸기

06-1 다음 물음에 답하여라.

(1) 한 개의 주사위를 n번 던질 때, 짝수의 눈이 나오는 횟수를 확률변수 X라고 하자. X의 표준편차가 4일 때, n의 값을 구하여라.

(2) 이항분포 $\mathrm{B}(n,\ p)$를 따르는 확률변수 X가 있다. X의 평균이 12, 표준편차가 3일 때, $n,\ p$의 값을 각각 구하여라.

표현 바꾸기

06-2 이항분포 $\mathrm{B}(n,\ p)$를 따르는 확률변수 X가

$$\mathrm{E}(X)=\frac{24}{25},\ \mathrm{E}(X^2)=2\{\mathrm{E}(X)\}^2$$

을 만족시킬 때, n의 값을 구하여라.

개념 넓히기 ★★☆

06-3 한 개의 주사위를 36번 던질 때, 1의 눈이 나오는 횟수를 확률변수 X라고 하자. $\mathrm{E}((X-a)^2)$이 $a=\alpha$에서 최솟값 β를 가질 때, $\alpha+\beta$의 값은?

① 7   ② 8   ③ 9
④ 10   ⑤ 11

정답

06-1 (1) 64 (2) $n=48,\ p=\dfrac{1}{4}$ **06-2** 24

06-3 ⑤

예제 07

이산확률변수 X가 값 x를 가질 확률이
$$P(X=x)={}_nC_x p^x(1-p)^{n-x}\ (x=0,\ 1,\ 2,\ \cdots,\ n \text{이고 } 0<p<1)$$
이다. $E(X)=1$, $V(X)=\dfrac{9}{10}$일 때, $P(X<2)=a\times\dfrac{9^9}{10^{10}}$ 이다. 자연수 a의 값을 구하여라.

접근 방법

이항분포 $B(n,\ p)$를 따르는 확률변수 X의 확률질량함수는
$$P(X=x)={}_nC_x p^x q^{n-x}\ (x=0,\ 1,\ 2,\ \cdots,\ n,\ q=1-p)$$
입니다.

> **Bible** 확률변수 X가 이항분포 $B(n,\ p)$를 따를 때 (단, $q=1-p$)
> (1) 평균 : $E(X)=np$
> (2) 분산 : $V(X)=npq$
> (3) $P(X=x)={}_nC_x p^x q^{n-x}\ (x=0,\ 1,\ 2,\ \cdots,\ n)$

상세 풀이

주어진 확률변수 X는 이항분포 $B(n,\ p)$를 따르므로 확률변수 X의 평균과 분산은
$$E(X)=np=1 \qquad\qquad \cdots\cdots\ \text{㉠}$$
$$V(X)=npq=\frac{9}{10}\ (\text{단},\ q=1-p) \qquad \cdots\cdots\ \text{㉡}$$
㉠을 ㉡에 대입하면
$$q=\frac{9}{10} \qquad \therefore p=\frac{1}{10},\ n=10$$
따라서 확률변수 X는 이항분포 $B\left(10,\ \dfrac{1}{10}\right)$을 따르므로
$$P(X<2)=P(X=0)+P(X=1)$$
$$={}_{10}C_0\left(\frac{9}{10}\right)^{10}+{}_{10}C_1\left(\frac{1}{10}\right)\left(\frac{9}{10}\right)^9=19\times\frac{9^9}{10^{10}} \qquad \therefore a=19$$

정답 ➡ 19

보충 설명

이산확률분포에서 확률을 구할 때에는 등호에 주의해야 합니다. 즉,
$$P(X<2)=P(X=0)+P(X=1)$$
$$P(X\leq2)=P(X=0)+P(X=1)+P(X=2)$$
입니다.

숫자 바꾸기

07-1

이산확률변수 X가 값 x를 가질 확률이
$$\mathrm{P}(X=x)={}_nC_x p^x(1-p)^{n-x}\,(x=0,\ 1,\ 2,\ \cdots,\ n\text{이고 } 0<p<1)$$
이다. $\mathrm{E}(X)=4$, $\mathrm{V}(X)=3$일 때, $\mathrm{P}(X\leq2)=a\times\dfrac{3^{14}}{4^{16}}$ 이다. 자연수 a의 값을 구하여라.

표현 바꾸기

07-2

평균이 12, 분산이 3인 이항분포를 따르는 확률변수 X에 대하여 $\dfrac{\mathrm{P}(X=3)}{\mathrm{P}(X=2)}$ 의 값을 구하여라.

개념 넓히기 ★★★

07-3

이항분포 $\mathrm{B}(n,\ p)$를 따르는 확률변수 X가 다음 조건을 만족시킬 때, X의 평균을 구하여라.

> (개) X의 분산은 $\dfrac{9}{4}$이다.
>
> (내) X의 값이 $n-1$일 때의 확률은 X의 값이 n일 때의 확률의 4배이다.

정답 **07-1** 177   **07-2** 14   **07-3** 9

예제 08

다음 식의 값을 구하여라.

(1) $\displaystyle\sum_{x=0}^{6} {}_6\mathrm{C}_x\left(\frac{1}{3}\right)^x\left(\frac{2}{3}\right)^{6-x}$

(2) $\displaystyle\sum_{x=0}^{6} x\times{}_6\mathrm{C}_x\left(\frac{1}{3}\right)^x\left(\frac{2}{3}\right)^{6-x}$

(3) $\displaystyle\sum_{x=0}^{6} (x-2)^2\times{}_6\mathrm{C}_x\left(\frac{1}{3}\right)^x\left(\frac{2}{3}\right)^{6-x}$

(4) $\displaystyle\sum_{x=0}^{6} x^2\times{}_6\mathrm{C}_x\left(\frac{1}{3}\right)^x\left(\frac{2}{3}\right)^{6-x}$

접근 방법

이산확률변수 X의 확률질량함수가 $\mathrm{P}(X=x_i)=p_i\ (i=1,\,2,\,3,\,\cdots,\,n)$일 때, $\mathrm{E}(X)=\displaystyle\sum_{i=1}^{n} x_i p_i$입니다.

한편, 이항분포 $\mathrm{B}(n,\,p)$를 따르는 확률변수 X의 확률질량함수는

$\mathrm{P}(X=x)={}_n\mathrm{C}_x\,p^x(1-p)^{n-x}\ (x=0,\,1,\,2,\,\cdots,\,n)$이므로 $\mathrm{E}(X)=\displaystyle\sum_{x=0}^{n} x\times{}_n\mathrm{C}_x\,p^x(1-p)^{n-x}$입니다.

Bible 변량에 확률을 곱하여 더한 것이 평균이다.

상세 풀이

확률질량함수가 $\mathrm{P}(X=x)={}_6\mathrm{C}_x\left(\frac{1}{3}\right)^x\left(\frac{2}{3}\right)^{6-x}\ (x=0,\,1,\,2,\,\cdots,\,6)$인 확률변수 X는 이항분포 $\mathrm{B}\!\left(6,\,\frac{1}{3}\right)$을 따릅니다.

(1) 주어진 식은 확률의 총합이므로 $\displaystyle\sum_{x=0}^{6} {}_6\mathrm{C}_x\left(\frac{1}{3}\right)^x\left(\frac{2}{3}\right)^{6-x}=1$

(2) 주어진 식은 변량 x에 확률 $\mathrm{P}(X=x)={}_6\mathrm{C}_x\left(\frac{1}{3}\right)^x\left(\frac{2}{3}\right)^{6-x}$을 곱하여 더한 것이므로 확률변수 X의 평균을 뜻합니다. 즉,

$$\sum_{x=0}^{6} x\times{}_6\mathrm{C}_x\left(\frac{1}{3}\right)^x\left(\frac{2}{3}\right)^{6-x}=\mathrm{E}(X)=6\times\frac{1}{3}=2$$

(3) 주어진 식은 변량에서 평균 2를 뺀 편차의 제곱 $(x-2)^2$에 확률 $\mathrm{P}(X=x)={}_6\mathrm{C}_x\left(\frac{1}{3}\right)^x\left(\frac{2}{3}\right)^{6-x}$을 곱하여 더한 것이므로 확률변수 X의 분산을 뜻합니다. 즉,

$$\sum_{x=0}^{6} (x-2)^2\times{}_6\mathrm{C}_x\left(\frac{1}{3}\right)^x\left(\frac{2}{3}\right)^{6-x}=\mathrm{V}(X)=6\times\frac{1}{3}\times\frac{2}{3}=\frac{4}{3}$$

(4) 주어진 식은 변량의 제곱 x^2에 확률 $\mathrm{P}(X=x)={}_6\mathrm{C}_x\left(\frac{1}{3}\right)^x\left(\frac{2}{3}\right)^{6-x}$을 곱하여 더한 것이므로 확률변수 X의 제곱의 평균을 뜻합니다. 즉,

$$\sum_{x=0}^{6} x^2\times{}_6\mathrm{C}_x\left(\frac{1}{3}\right)^x\left(\frac{2}{3}\right)^{6-x}=\mathrm{E}(X^2)=\mathrm{V}(X)+\{\mathrm{E}(X)\}^2=\frac{4}{3}+2^2=\frac{16}{3}$$

정답 ➡ (1) 1　(2) 2　(3) $\dfrac{4}{3}$　(4) $\dfrac{16}{3}$

숫자 바꾸기

08-1 다음 식의 값을 구하여라.

(1) $\sum\limits_{x=0}^{16} {}_{16}\mathrm{C}_x\left(\dfrac{1}{4}\right)^x\left(\dfrac{3}{4}\right)^{16-x}$
(2) $\sum\limits_{x=0}^{16} x\times{}_{16}\mathrm{C}_x\left(\dfrac{1}{4}\right)^x\left(\dfrac{3}{4}\right)^{16-x}$

(3) $\sum\limits_{x=0}^{16} (x-4)^2\times{}_{16}\mathrm{C}_x\left(\dfrac{1}{4}\right)^x\left(\dfrac{3}{4}\right)^{16-x}$
(4) $\sum\limits_{x=0}^{16} x^2\times{}_{16}\mathrm{C}_x\left(\dfrac{1}{4}\right)^x\left(\dfrac{3}{4}\right)^{16-x}$

표현 바꾸기

08-2 한 개의 주사위를 45번 던질 때, 3의 배수의 눈이 나오는 횟수를 확률변수 X라고 하자.
$\sum\limits_{x=0}^{45} (3x-30)\times{}_{45}\mathrm{C}_x\left(\dfrac{1}{3}\right)^x\left(\dfrac{2}{3}\right)^{45-x}$ 의 값을 구하여라.

개념 넓히기 ★★☆

◆ 보충 설명

08-3 다음 표는 $k=0,\ 1,\ 2,\ 3,\ 4$일 때, $p_k={}_{30}\mathrm{C}_k\left(\dfrac{1}{6}\right)^k\left(\dfrac{5}{6}\right)^{30-k}$ 의 값을 소수점 아래 셋째 자리까지 나타낸 것이다.

k	0	1	2	3	4
p_k	0.004	0.025	0.073	0.137	0.185

한 개의 주사위를 30번 던져서 1의 눈이 나오는 횟수를 확률변수 X라고 할 때, 위의 표를 이용하여 $\sum\limits_{x=3}^{30} x\times\mathrm{P}(X=x)$의 값을 구한 것은?

① 4.765 ② 4.829 ③ 4.902
④ 4.946 ⑤ 4.971

정답 **08-1** (1) 1 (2) 4 (3) 3 (4) 19 　　**08-2** 15
08-3 ②

06-1   2, 4, 6, 8의 숫자가 각 면에 하나씩 적혀 있는 정사면체 모양의 주사위가 있다. 이 주사위를 한 번 던지는 시행에서 바닥에 닿는 면을 제외한 나머지 세 면에 적힌 숫자의 합을 확률변수 X라고 할 때, X의 분산은?

① 1   ② 2   ③ 3
④ 4   ⑤ 5

06-2   확률변수 X의 확률분포가 오른쪽 표와 같을 때, X의 분산이 1이 되도록 하는 상수 p, q에 대하여 $3p+q$의 값을 구하여라.

X	0	1	2	3	합계
$P(X=x)$	p	$\dfrac{1}{4}$	q	$\dfrac{1}{12}$	1

06-3   확률변수 X의 확률분포가 다음 표와 같을 때, $P(X^2-7X+10\leq 0)$의 최댓값은?

X	1	2	3	4	5	6	합계
$P(X=x)$	a	0.2	0.15	0.3	b	0.15	1

① 0.7   ② 0.75   ③ 0.8
④ 0.85   ⑤ 0.9

06-4   주사위를 한 번 던져서 나오는 눈의 수를 4로 나눈 나머지를 확률변수 X라고 할 때, $V(6X-5)$의 값을 구하여라.

06-5   확률변수 X의 확률질량함수가
$$P(X=x)=ax+b \ (x=1,\ 2,\ 3,\ 4,\ 5)$$
이다. $E(X)=4$일 때, $V(2X)$의 값을 구하여라. (단, a, b는 상수이다.)

06- 6 확률변수 X에 대하여 $Y=3X-1$이라고 하면
$$\mathrm{E}(Y)=11,\ \mathrm{E}(Y^2)=157$$
이다. X의 평균 m과 표준편차 σ에 대하여 $m+\sigma$의 값을 구하여라.

06- 7 다음과 같이 정의된 세 확률변수 $X,\ Y,\ Z$의 분산의 대소 관계를 바르게 나타낸 것은?

> X : 연속하는 100개의 자연수에서 임의로 뽑은 두 수의 차
> Y : 연속하는 100개의 홀수에서 임의로 뽑은 두 수의 차
> Z : 연속하는 100개의 짝수에서 임의로 뽑은 두 수의 차

① $\mathrm{V}(X)<\mathrm{V}(Y)<\mathrm{V}(Z)$ ② $\mathrm{V}(X)=\mathrm{V}(Y)=\mathrm{V}(Z)$
③ $\mathrm{V}(X)>\mathrm{V}(Y)=\mathrm{V}(Z)$ ④ $\mathrm{V}(X)=\mathrm{V}(Y)<\mathrm{V}(Z)$
⑤ $\mathrm{V}(X)<\mathrm{V}(Y)=\mathrm{V}(Z)$

06- 8 세 확률변수 $X,\ Y,\ Z$가 각각 이항분포 $\mathrm{B}\!\left(n,\dfrac{1}{2}\right)$, $\mathrm{B}\!\left(n,\dfrac{1}{3}\right)$, $\mathrm{B}\!\left(n,\dfrac{1}{4}\right)$을 따를 때, $\mathrm{V}(X):\mathrm{V}(Y):\mathrm{V}(Z)$의 값은? (단, n은 자연수이다.)

① $2:3:4$ ② $4:3:2$ ③ $3:4:6$
④ $6:4:3$ ⑤ $36:32:27$

06- 9 어느 공장에서 생산되는 제품의 불량률은 $5\,\%$이다. 이 공장에서 생산된 제품 더미에서 400개의 제품을 임의로 꺼낼 때, 이 중에 들어 있는 불량품의 개수를 확률변수 X라고 하자. X^2의 평균을 구하여라.

06- 10 확률변수 X의 확률질량함수가
$$\mathrm{P}(X=x)={}_{18}\mathrm{C}_x\left(\frac{1}{3}\right)^x\left(\frac{2}{3}\right)^{18-x}$$
일 때, $\displaystyle\sum_{x=0}^{18}x^2\,{}_{18}\mathrm{C}_x\left(\frac{1}{3}\right)^x\left(\frac{2}{3}\right)^{18-x}$ 의 값을 구하여라.

06-11 어떤 항공사에서 항공권을 예약한 사람이 비행기에 탑승하지 않을 확률은 $8\,\%$라고 한다. 좌석 수가 380석인 이 비행기에 400명이 예약했을 때, 남은 좌석 수의 평균은?

① 10석 　　　　　　② 12석 　　　　　　③ 14석

④ 18석 　　　　　　⑤ 20석

06-12 두 이산확률변수 X와 Y가 가지는 값이 각각 1부터 5까지의 자연수이고

$$P(Y=k)=\frac{1}{2}P(X=k)+\frac{1}{10}\ (k=1,\ 2,\ 3,\ 4,\ 5)$$

이다. $E(X)=4$일 때, $E(Y)$의 값은?

① $\dfrac{5}{2}$ 　　　　　　② $\dfrac{7}{2}$ 　　　　　　③ $\dfrac{9}{2}$

④ $\dfrac{11}{2}$ 　　　　　　⑤ $\dfrac{13}{2}$

06-13 한 개의 주사위를 30번 던져서 4 이하의 눈이 나오는 횟수 X에 대하여 4^X원의 상금을 받기로 하였다. 상금의 기댓값은?

① 2^{30} 　　　　　　② 3^{30} 　　　　　　③ 4^{30}

④ $\left(\dfrac{4}{3}\right)^{30}$ 　　　　　　⑤ $\left(\dfrac{8}{3}\right)^{30}$

06-14 한 개의 주사위를 20번 던질 때 1의 눈이 나오는 횟수를 확률변수 X라 하고, 한 개의 동전을 n번 던질 때 앞면이 나오는 횟수를 확률변수 Y라고 하자. Y의 분산이 X의 분산보다 크게 되도록 하는 자연수 n의 최솟값을 구하여라.

06-15 두 상자 A, B 속에 1부터 10까지의 자연수가 하나씩 적힌 10개의 공이 각각 들어 있다. 두 상자에서 각각 임의로 한 개의 공을 꺼내어 나오는 두 수 중에서 작지 않은 수를 확률변수 X라고 할 때, X의 기댓값을 구하여라.

06-16 검은 공 9개와 흰 공 1개가 들어 있는 주머니에서 임의로 한 개의 공을 뽑아 색을 확인한 후 다시 넣는 시행을 n번 반복할 때 나타난 흰 공의 개수를 확률변수 X라고 하자. $\mathrm{E}(X^2)>2$를 만족시키는 자연수 n의 최솟값을 구하여라.

06-17 1이 적혀 있는 구슬이 한 개, 2가 적혀 있는 구슬이 두 개, 3이 적혀 있는 구슬이 세 개, $\cdots$, n이 적혀 있는 구슬이 n개 들어 있는 주머니에서 임의로 한 개의 구슬을 꺼낼 때, 꺼낸 구슬에 적혀 있는 수를 확률변수 X라고 하자. X의 평균과 분산을 n을 이용하여 각각 나타내어라.

06-18 두 주사위 A, B를 동시에 던질 때, 나오는 각각의 눈의 수 m, n에 대하여 $m^2+n^2\leq25$가 되는 사건을 E라고 하자. 두 주사위 A, B를 동시에 던지는 12회의 독립시행에서 사건 E가 일어나는 횟수를 확률변수 X라고 할 때, $\mathrm{V}(X)=\dfrac{q}{p}$이다. $p+q$의 값을 구하여라.

(단, p, q는 서로소인 자연수이다.)

challenge

06-19 확률변수 X는 1, 2, 3, $\cdots$, n의 값을 가지고, $X=k(1\leq k\leq n)$일 때의 확률이
$$\mathrm{P}(X=k)=ck \ (c\text{는 상수})$$
이다. 확률변수 X의 표준편차가 $\sqrt6$이 되도록 하는 자연수 n의 값을 구하여라.

challenge

06-20 파란 구슬 4개와 빨간 구슬 6개가 들어 있는 주머니에서 두 개의 구슬을 동시에 꺼내어 색을 확인하고 다시 넣는 시행을 225번 반복할 때, 두 개 모두 파란 구슬이 나오는 횟수를 확률변수 X라고 하자. $f(x)=\sum\limits_{k=0}^{225}(x-k)^2\mathrm{P}(X=k)$의 최솟값을 구하여라.

연속확률분포

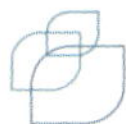

이번 단원에서는 앞에서 배운 이산확률분포와는 다르게 확률변수가 연속적인 값을 가지는 확률분포에 대하여 배워 보겠습니다. 이러한 확률분포를 연속확률분포라고 하며, 대표적인 연속확률분포인 정규분포, 그리고 정규분포를 표준정규분포로 변형하는 방법에 대하여 배워 보겠습니다. 또한 이산확률분포에서 배운 이항분포를 정규분포로 근사시켜 확률을 계산하는 과정에 대해서도 알아보도록 하겠습니다.

01 연속확률분포

연속확률변수의 뜻을 안다.

02 정규분포

정규분포의 뜻을 알고, 그 성질을 이해한다.

01 연속확률분포

$\alpha \leq X \leq \beta$에서 모든 실수 값을 가지는 연속확률변수 X에 대하여 $\alpha \leq x \leq \beta$에서 정의된 함수 $f(x)$가 다음 세 가지 성질을 만족시킬 때, 함수 $f(x)$를 연속확률변수 X의 확률밀도함수라고 한다.

(1) $f(x) \geq 0$ (단, $\alpha \leq x \leq \beta$)

(2) 함수 $y = f(x)$의 그래프와 x축 및 두 직선 $x = \alpha$, $x = \beta$로 둘러싸인 도형의 넓이는 1이다.

(3) 확률 $\mathrm{P}(a \leq X \leq b)$는 함수 $y = f(x)$의 그래프와 x축 및 두 직선 $x = a$, $x = b$로 둘러싸인 도형의 넓이와 같다. (단, $\alpha \leq a \leq b \leq \beta$)

02 정규분포

▌1 정규분포

실수 전체의 집합에서 정의된 연속확률변수 X의 확률밀도함수가

$$f(x) = \frac{1}{\sqrt{2\pi}\,\sigma} e^{-\frac{(x-m)^2}{2\sigma^2}} \quad (m,\ \sigma\ (\sigma > 0)\text{는 상수})$$

일 때, X의 확률분포를 정규분포라 하고, $f(x)$의 그래프를 정규분포곡선이라고 한다.
이때, 평균이 m이고 분산이 σ^2인 정규분포를 기호로 $\mathrm{N}(m, \sigma^2)$과 같이 나타낸다.

▌2 정규분포곡선의 성질

(1) 직선 $x = m$에 대하여 대칭인 종 모양의 곡선이다.

(2) 곡선과 x축 사이의 넓이는 1이다.

(3) x축을 점근선으로 하며, $x = m$일 때 최댓값을 가진다.

(4) σ의 값이 일정할 때, m의 값이 달라지면 대칭축의 위치는 바뀌지만 모양은 변하지 않는다.

(5) m의 값이 일정할 때, σ의 값이 커지면 곡선의 가운데 부분의 높이는 낮아지면서 양옆으로 퍼진 모양이 된다.

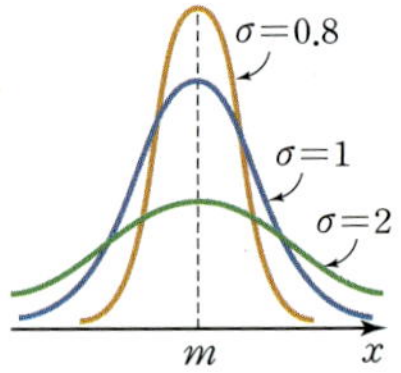

▌3 표준정규분포

(1) 평균이 0, 표준편차가 1인 정규분포 $\mathrm{N}(0, 1)$을 표준정규분포라고 하며, 확률변수 Z가 표준 정규분포 $\mathrm{N}(0, 1)$을 따를 때, Z의 확률밀도함수는 $f(z) = \dfrac{1}{\sqrt{2\pi}} e^{-\frac{z^2}{2}}$ 이다.

(2) 확률변수가 정규분포 $\mathrm{N}(m, \sigma^2)$을 따를 때, 확률변수 $Z = \dfrac{X - m}{\sigma}$ 은 표준정규분포 $\mathrm{N}(0, 1)$을 따른다.

01

연속확률분포

▮ 연속확률분포

06 이산확률분포에서는 한 개의 주사위를 던질 때 나오는 눈의 수나 공장에서 생산되는 상품의 불량품의 개수 등과 같이 셀 수 있거나 유한개의 값을 가지는 이산확률변수에 대하여 배웠습니다. 하지만 이산확률변수와 달리 버스를 기다리는 시간이나 사람의 키, 몸무게 등은 어떤 범위에 속하는 모든 실수 값을 가집니다.

이번 단원에서는 확률변수가 연속적인 값을 가지는 경우의 확률분포인 연속확률분포와 연속확률분포에서 확률을 나타내는 함수인 확률밀도함수에 대하여 알아보겠습니다.

오른쪽 그림과 같이 일정한 간격으로 눈금이 정해진 원판의 중심을 축으로 하여 자유롭게 회전할 수 있는 바늘이 있다고 할 때, 이 바늘을 회전시킨 후 바늘이 저절로 멈춘 곳에 해당하는 값을 X라고 하면 X는 $0 \le X \le 10$인 모든 실수 값을 가집니다.

이와 같이 확률변수 X가 어떤 범위에 속하는 모든 실수 값을 가질 때, X를 **연속확률변수**라 하고 이러한 확률변수의 분포를 연속확률분포라고 합니다.

그러면 이러한 확률분포는 어떻게 나타내면 좋을까요?

다음과 같은 예를 생각해 봅시다.

Example 경미가 8시와 8시 10분 사이의 임의의 시각에 도착하는 버스를 8시부터 기다릴 때, 버스를 기다리는 시간을 X분이라고 하면 확률변수 X는 0 이상 10 이하의 모든 값을 가집니다.

이때, 버스를 기다리는 시간이 4분 이상 8분 이하일 확률을 생각해 보면

$$P(4 \le X \le 8) = \frac{8}{10} - \frac{4}{10} = 0.4$$

입니다. 따라서 버스는 8시와 8시 10분 사이의 임의의 시각에 도착하므로 버스를 기다리는 시간이 a분 이상 b분 이하일 확률은 다음과 같습니다.

$$P(a \le X \le b) = \frac{b-a}{10} \quad (0 \le a \le b \le 10)$$

참고로 $P(a \le X \le b)$는 함수 $f(x) = \frac{1}{10}$의 그래프와 x축 및 두 직선 $x=a$와 $x=b$로 둘러싸인 도형의 넓이와 같습니다.

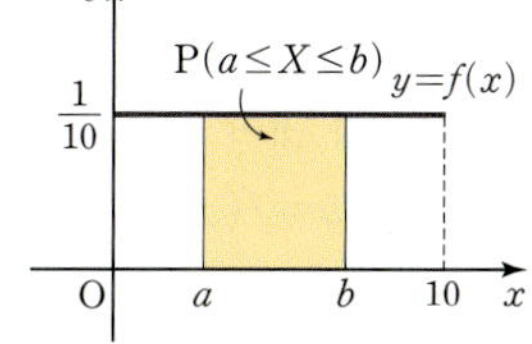

앞의 Example 과 같이 연속확률분포에서는 이산확률분포처럼 각각의 함숫값 $P(X=x_i)$로 확률이 정의되는 것이 아니라, 확률변수가 어떤 범위 사이에 있을 때 확률의 값 $P(a \le X \le b)$가 정해집니다.

즉, $\alpha \le X \le \beta$에서 모든 실수 값을 가지는 연속확률변수 X에 대하여 $\alpha \le x \le \beta$에서 정의된 함수 $f(x)$가 다음 세 가지 성질을 만족시킬 때, 이 함수 $f(x)$를 연속확률변수 X의 확률밀도함수라고 합니다. 따라서 다음과 같은 성질을 가지는 확률밀도함수를 정의하여 $P(a \le X \le b)$를 표현할 수 있습니다.

 확률밀도함수

$\alpha \le X \le \beta$에서 모든 실수 값을 가지는 연속확률변수 X에 대하여 $\alpha \le x \le \beta$에서 정의된 함수 $f(x)$가 다음 세 가지 성질을 만족시킬 때, 함수 $f(x)$를 연속확률변수 X의 확률밀도함수라고 한다.

1 $f(x) \ge 0$ (단, $\alpha \le x \le \beta$)

2 함수 $y=f(x)$의 그래프와 x축 및 두 직선 $x=\alpha$, $x=\beta$로 둘러싸인 도형의 넓이는 1이다.

3 확률 $P(a \le X \le b)$는 함수 $y=f(x)$의 그래프와 x축 및 두 직선 $x=a$, $x=b$로 둘러싸인 도형의 넓이와 같다. (단, $\alpha \le a \le b \le \beta$)

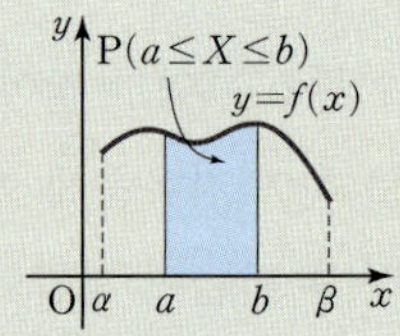

Plus+

연속확률분포에서 $P(X=a)=P(a \le X \le a)$이므로 $P(X=a)$는 함수 $y=f(x)$의 그래프와 x축 및 두 직선 $x=a$, $x=a$로 둘러싸인 도형의 넓이로 볼 수 있다. 하지만 둘러싸인 도형의 넓이를 정의할 수 없으므로 $P(X=a)=0$이 된다.

즉, 연속확률변수 X가 특정한 값을 가질 때의 확률은 0이 되는 것이다.

따라서 $P(a \le X \le b)=P(a \le X < b)+P(X=b)=P(a \le X < b)$이고, 마찬가지 방법으로 $P(a \le X \le b)=P(a \le X < b)=P(a < X \le b)=P(a < X < b)$가 성립한다.

개념 확장하기 적분을 이용한 연속확률분포의 평균과 분산 구하기!

확률밀도함수와 수학 Ⅱ에서 배운 적분을 이용하면 연속확률변수의 평균과 분산을 구할 수 있습니다.

확률밀도함수의 정의에 의하여 연속확률변수 X가 $\alpha \le X \le \beta$에서 모든 실수 값을 가질 때, X의 확률밀도함수가 $f(x)$이면 두 상수 a, b에 대하여 $P(a \le X \le b)$는 오른쪽 그림과 같이 $a \le x \le b$에서 함수 $y=f(x)$의 그래프와 x축으로 둘러싸인 도형의 넓이와 같습니다.

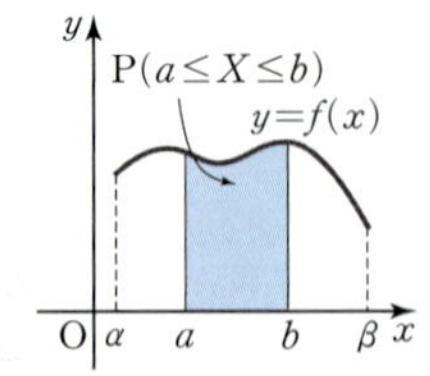

즉,

$$P(a \le X \le b) = \int_a^b f(x)dx \ (\alpha \le a \le b \le \beta)$$

와 같이 나타낼 수 있습니다. 특히, 확률의 합은 항상 1이므로

$$\int_\alpha^\beta f(x)dx = 1$$

이 성립합니다.

이산확률변수 X의 확률질량함수가 $P(X=x_i)=p_i \ (i=1,\ 2,\ \cdots,\ n)$일 때, X의 평균과 분산을 각각 다음과 같이 정의하였습니다.

$$\text{평균}:\text{E}(X)=m=\sum_{i=1}^n x_i p_i$$

$$\text{분산}:\text{V}(X)=\text{E}((X-m)^2)=\sum_{i=1}^n (x_i-m)^2 p_i$$

이때, 이산확률변수에서 쓰이는 $\sum$와 연속확률변수에서 쓰이는 $\int$은 같은 성질을 가지므로 $\alpha \le X \le \beta$에 속하는 모든 실수 값을 가지고 확률밀도함수가 $f(x)$인 연속확률변수 X의 평균과 분산은 각각 다음과 같이 정의합니다.

$$\text{평균}:\text{E}(X)=m=\int_\alpha^\beta xf(x)dx$$

$$\text{분산}:\text{V}(X)=\text{E}((X-m)^2)$$
$$=\int_\alpha^\beta (x-m)^2 f(x)dx$$

또한 분산 $\text{V}(X)$는 다음과 같이 계산할 수도 있습니다.

$$\begin{aligned}
\text{V}(X)&=\text{E}((X-m)^2)\\
&=\int_\alpha^\beta (x-m)^2 f(x)dx\\
&=\int_\alpha^\beta \{x^2 f(x)-2mxf(x)+m^2 f(x)\}dx\\
&=\int_\alpha^\beta x^2 f(x)dx-2m\int_\alpha^\beta xf(x)dx+m^2\int_\alpha^\beta f(x)dx\\
&=\int_\alpha^\beta x^2 f(x)dx-2m\times m+m^2\times 1 \quad \leftarrow \int_\alpha^\beta xf(x)dx=m,\ \int_\alpha^\beta f(x)dx=1\\
&=\int_\alpha^\beta x^2 f(x)dx-m^2\\
&=\text{E}(X^2)-\{\text{E}(X)\}^2
\end{aligned}$$

이것은 이산확률변수에서 배운 분산 공식의 변형과 같다는 것을 알 수 있습니다.

이상의 내용을 정리하면 다음과 같습니다.

연속확률변수 X의 확률밀도함수가 $f(x)\,(\alpha\le x\le\beta)$일 때

1 평균 : $\mathrm{E}(X)=m=\displaystyle\int_{\alpha}^{\beta}xf(x)dx$

2 분산 : $\mathrm{V}(X)=\mathrm{E}((X-m)^2)=\displaystyle\int_{\alpha}^{\beta}(x-m)^2f(x)dx$

$$=\mathrm{E}(X^2)-\{\mathrm{E}(X)\}^2=\int_{\alpha}^{\beta}x^2f(x)dx-m^2$$

3 표준편차 : $\sigma(X)=\sqrt{\mathrm{V}(X)}$

Example 연속확률변수 X의 확률밀도함수가 $f(x)=a(1-x^2)\,(-1\le x\le1)$일 때, X의 평균과 분산을 각각 구해 봅시다.

확률밀도함수 $f(x)$의 그래프와 x축으로 둘러싸인 도형의 넓이가 1, 즉 $\displaystyle\int_{-1}^{1}f(x)dx=1$ 이므로

$f(x)$가 우함수이면 $\displaystyle\int_{-a}^{a}f(x)dx=2\int_{0}^{a}f(x)dx$입니다.

$$\int_{-1}^{1}f(x)dx=\int_{-1}^{1}a(1-x^2)dx=2a\int_{0}^{1}(1-x^2)dx=2a\Big[x-\frac{1}{3}x^3\Big]_{0}^{1}=\frac{4}{3}a=1$$

$$\therefore a=\frac{3}{4}$$

따라서 확률밀도함수가 $f(x)=\dfrac{3}{4}(1-x^2)\ (-1\le x\le1)$이므로

확률밀도함수의 그래프가 직선 $x=0$에 대하여 대칭이므로 평균이 0이 됩니다.

$$\mathrm{E}(X)=\int_{-1}^{1}xf(x)dx=\int_{-1}^{1}\frac{3}{4}(x-x^3)dx=\frac{3}{4}\Big[\frac{1}{2}x^2-\frac{1}{4}x^4\Big]_{-1}^{1}=0$$

$$\mathrm{V}(X)=\int_{-1}^{1}x^2f(x)dx-\{\mathrm{E}(X)\}^2=2\int_{0}^{1}\frac{3}{4}(x^2-x^4)dx-0$$

$$=\frac{3}{2}\Big[\frac{1}{3}x^3-\frac{1}{5}x^5\Big]_{0}^{1}=\frac{3}{2}\Big(\frac{1}{3}-\frac{1}{5}\Big)=\frac{1}{5}$$

개념 콕콕

1 연속확률변수 X의 확률밀도함수가 $f(x)=kx\ (0\le x\le4)$일 때, 상수 k의 값과 $\mathrm{P}(0\le X\le2)$를 각각 구하여라.

풀이 1 함수 $y=f(x)$의 그래프와 x축 및 직선 $x=4$로 둘러싸인 도형의 넓이가 1이어야 하므로

$$\frac{1}{2}\times4\times4k=1 \qquad \therefore k=\frac{1}{8}$$

$\mathrm{P}(0\le X\le2)$는 오른쪽 그림의 색칠한 삼각형의 넓이와 같으므로

$$\mathrm{P}(0\le X\le2)=\frac{1}{2}\times2\times\frac{1}{4}=\frac{1}{4}$$

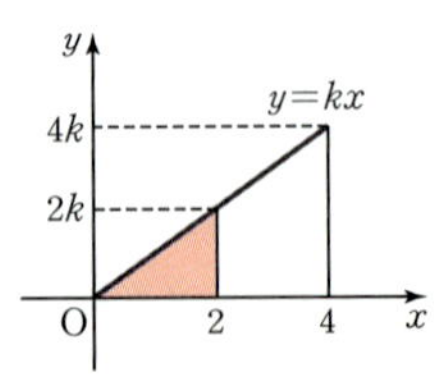

오른쪽 표는 어느 학교의 학생들이 하루 동안 스마트폰을 사용하는 시간을 조사한 후, 계급의 크기를 0.5시간 (=30분)으로 하여 각 계급의 상대도수를 나타낸 것입니다. 이때, 사용하는 시간을 X시간이라고 하면 확률변수 X는 1시간, 1.5시간, 2시간, …과 같이 하나하나 떨어진 값이 아니라 1시간 이상 4시간 미만의 모든 값을 가질 수 있습니

사용하는 시간(시간)	상대도수	(상대도수)/(계급의 크기)
1이상~1.5미만	0.05	0.1
1.5 ~ 2	0.25	0.5
2 ~2.5	0.40	0.8
2.5 ~ 3	0.15	0.3
3 ~3.5	0.10	0.2
3.5 ~ 4	0.05	0.1
합계	1	2

다. 즉, 확률변수 X는 1 이상 4 미만의 모든 실수 값을 가질 수 있는 연속확률변수입니다.

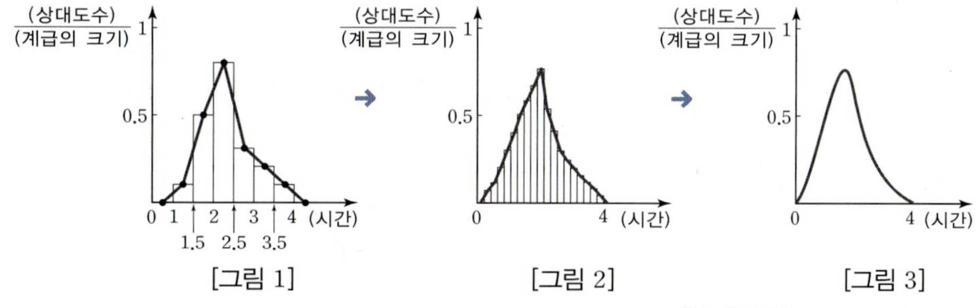

연속확률변수 X의 분포를 알아보기 위하여 각 계급에서 $\dfrac{(상대도수)}{(계급의 크기)}$를 구한 후, 그 값을 세로축의 값으로 하는 그래프를 히스토그램과 도수분포다각형의 모양으로 나타내면 [그림 1]과 같습니다. [그림 1]의 그래프에서 각 직사각형의 넓이는

$$(직사각형의 넓이) = (직사각형의 가로의 길이) \times (직사각형의 세로의 길이)$$

$$= (계급의 크기) \times \dfrac{(상대도수)}{(계급의 크기)} = (상대도수)$$

이므로 [그림 1]의 각 직사각형의 넓이가 각 계급의 상대도수를 나타낸다는 것을 알 수 있습니다. 상대도수의 합이 1이므로 [그림 1]의 모든 직사각형의 넓이의 합은 1이 됩니다.

또한 조사하는 학생 수를 늘리고 계급의 크기를 줄여 새롭게 나타낸 상대도수분포표를 이용하여 히스토그램과 도수분포다각형 모양으로 그래프를 그리면 [그림 2]와 같이 직사각형들이 조밀하게 그려집니다. 조사하는 학생 수를 한없이 늘리고 계급의 크기를 0에 가깝게 하면 [그림 3]과 같이 매끄러운 곡선에 가까워질 것입니다.

이때, 이 곡선은 항상 가로축 위에 있고, 이 곡선과 가로축으로 둘러싸인 도형의 넓이는 1이 됩니다. 이러한 그래프를 가지는 함수 $f(x)$를 연속확률변수 X의 확률밀도함수라고 합니다.

예제 01

연속확률변수 X의 확률밀도함수가
$$f(x)=2ax+a\,(0\leq x\leq 2)$$
일 때, 상수 a의 값과 $\mathrm{P}(0\leq X\leq 1)$을 각각 구하여라.

접근 방법

이산확률변수의 확률분포에서 전체 확률의 합이 1인 것과 같이 연속확률변수의 확률분포에서도 확률밀도함수의 정의에 따라 함수 $f(x)=2ax+a$의 그래프와 x축 및 두 직선 $x=0$, $x=2$로 둘러싸인 도형의 넓이가 1이 되도록하는 상수 a의 값을 구하면 됩니다.

> **Bible** 연속확률변수에서 확률은 그래프와 x축 및 두 직선으로 둘러싸인 도형의 넓이와 같다.

상세 풀이

주어진 함수의 그래프는 기울기가 $2a$, y절편이 a인 직선이고, $0\leq x\leq 2$에서 두 점 $(0,\,a)$, $(2,\,5a)$를 지납니다.

(i) 확률밀도함수의 정의에 따라 $f(x)\geq 0$이고, 함수 $y=f(x)$의 그래프와 x축 및 두 직선 $x=0$, $x=2$로 둘러싸인 도형의 넓이는 1입니다.

만약 $a<0$이면 $x=0$일 때 $f(0)=a<0$이므로 확률밀도함수가 될 수 없습니다.

따라서 $a>0$이므로 함수 $y=f(x)$의 그래프는 오른쪽 그림과 같고, 색칠한 사다리꼴의 넓이가 1이어야 하므로

$$\frac{1}{2}\times 2\times(a+5a)=6a=1 \qquad \therefore a=\frac{1}{6}$$

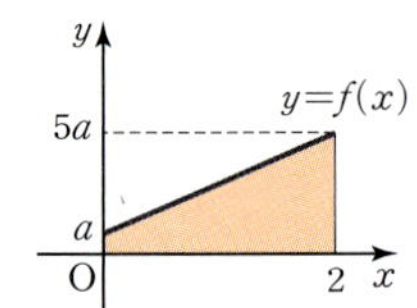

(ii) (i)에서 $f(x)=\dfrac{1}{3}x+\dfrac{1}{6}$이고, 구하는 확률은 함수 $y=f(x)$의 그래프와 x축 및 두 직선 $x=0$, $x=1$로 둘러싸인 도형의 넓이이므로 오른쪽 그림의 색칠한 사다리꼴의 넓이와 같습니다.

$$\therefore \mathrm{P}(0\leq X\leq 1)=\frac{1}{2}\times 1\times\left(\frac{1}{6}+\frac{1}{2}\right)=\frac{1}{3}$$

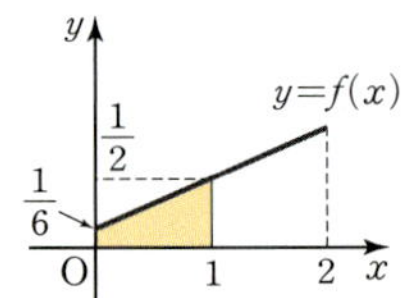

정답 ➡ $a=\dfrac{1}{6}$, $\mathrm{P}(0\leq X\leq 1)=\dfrac{1}{3}$

보충 설명

(1) 이산확률변수 ① 이산확률변수는 유한개의 값을 가집니다.

② $\mathrm{P}(\alpha\leq X\leq\beta)=\mathrm{P}(X=\alpha)+\mathrm{P}(X=\alpha+1)+\cdots+\mathrm{P}(X=\beta)$ (단, $\alpha<\beta$)

(2) 연속확률변수 ① 연속확률변수는 어떤 범위 내의 모든 실수 값을 가집니다.

② $\mathrm{P}(\alpha\leq X\leq\beta)$는 확률밀도함수 $y=f(x)$의 그래프와 x축 및 두 직선 $x=\alpha$, $x=\beta$로 둘러싸인 도형의 넓이입니다.

숫자 바꾸기

01-1 연속확률변수 X의 확률밀도함수가
$$f(x)=\begin{cases} kx & (0\le x\le 1) \\ 3kx-2k & (1\le x\le 2) \end{cases}$$
일 때, 상수 k의 값과 $\mathrm{P}(1\le X\le 2)$를 각각 구하여라.

표현 바꾸기

01-2 연속확률변수 X가 가지는 값의 범위가 $0\le X\le 3$이고, 확률밀도함수 $y=f(x)$의 그래프는 오른쪽 그림과 같다. $\mathrm{P}(m\le X\le 2)=\mathrm{P}(2\le X\le 3)$일 때, 상수 m의 값을 구하여라. (단, $0<m<2$)

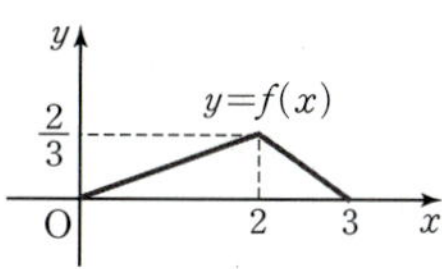

개념 넓히기 ★★☆

01-3 $-2\le X\le 4$의 모든 값을 취하는 확률변수 X의 확률밀도함수 $f(x)$가
$$f(1-x)=f(1+x)$$
를 만족시킨다. $\mathrm{P}(1\le X\le 3)=2\mathrm{P}(3\le X\le 4)$이고 $\mathrm{P}(0\le X\le 1)=\dfrac{1}{4}$일 때, $\mathrm{P}(0\le X\le 3)$의 값을 구하여라.

정답 **01-1** $k=\dfrac{1}{3}$, $\mathrm{P}(1\le X\le 2)=\dfrac{5}{6}$ **01-2** $\sqrt{2}$

01-3 $\mathrm{P}(0\le X\le 3)=\dfrac{7}{12}$

키, 몸무게, 시험 점수, 강수량 등 여러 가지 자연 현상이나 사회 현상과 관련된 확률변수의 확률밀도함수의 그래프는 어떤 값을 중심으로 대칭적으로 분포하며, 중심에서 멀어질수록 도수가 작아지는 종 모양의 곡선에 가까워집니다.

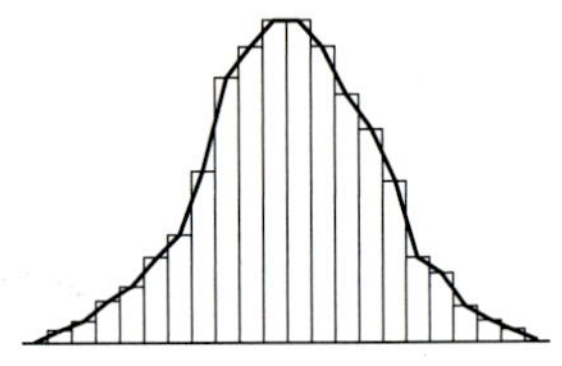

이번 단원에서는 이러한 확률밀도함수를 가지는 연속확률변수의 확률분포인 정규분포, 그리고 정규분포를 표준정규분포로 변형하는 방법에 대하여 배워 보겠습니다. 또한 **06 이산확률분포**에서 배운 이항분포와 정규분포의 관계를 알아보고, 이것을 이용하여 확률을 계산하는 과정을 알아보도록 하겠습니다.

■ 정규분포 ← 이항분포가 이산확률변수의 대표적인 확률분포라면 정규분포는 연속확률변수의 대표적인 확률분포입니다.

연속확률변수 X의 정의역이 실수 전체의 집합이고, X의 확률밀도함수 $f(x)$가

$$f(x) = \frac{1}{\sqrt{2\pi}\,\sigma} e^{-\frac{(x-m)^2}{2\sigma^2}} \quad (-\infty < x < \infty)$$

← e는 2.71828…인 무리수입니다.

일 때, X의 확률분포를 정규분포라고 합니다. 이때, 확률밀도함수 $f(x)$의 그래프를 정규분포곡선이라고 하며 여기서 m, σ $(\sigma > 0)$는 각각 확률변수 X의 평균과 표준편차를 나타내는 상수입니다. 이와 같이 평균이 m이고 표준편차가 σ, 즉 분산이 σ^2인 정규분포를 기호로

$$\mathrm{N}(m,\ \sigma^2)$$

과 같이 나타내고, 확률변수 X는 정규분포 $\mathrm{N}(m,\ \sigma^2)$을 따른다고 합니다. 이때, N은 Normal distribution(정규분포)의 첫 글자입니다.

정규분포곡선은 오른쪽 그림과 같이 종 모양의 곡선이며, 직선 $x=m$에 대하여 대칭입니다. 또한 확률밀도함수의 정의에 의하여 m, σ의 값에 상관없이 그래프와 x축 사이의 넓이는 항상 1이 됩니다.

정규분포는 연속확률변수의 확률분포이므로 연속확률변수 X가 정규분포 $\mathrm{N}(m,\ \sigma^2)$을 따를 때, 확률 $\mathrm{P}(a \leq X \leq b)$는 오른쪽 그림에서 정규분포곡선과 x축 및 두 직선 $x=a$, $x=b$로 둘러싸인 도형의 넓이와 같습니다.

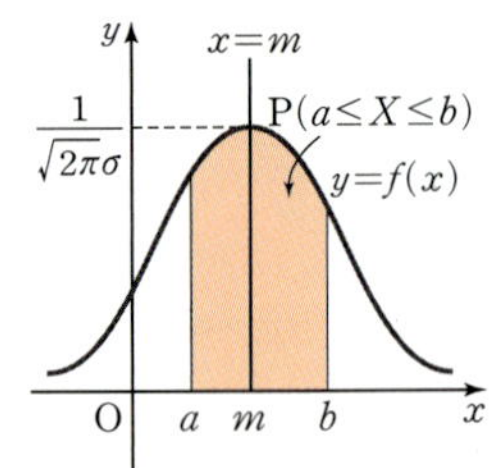

다음은 평균 m과 표준편차 σ에 따른 정규분포곡선의 개형을 그린 것입니다.

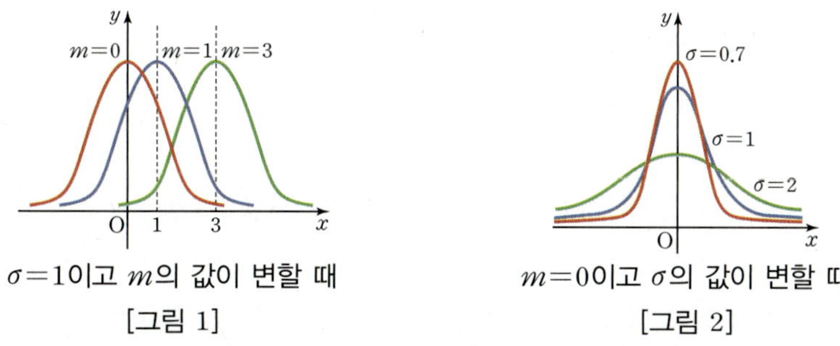

$\sigma=1$이고 m의 값이 변할 때 $m=0$이고 σ의 값이 변할 때

[그림 1]   [그림 2]

[그림 1]에서 알 수 있듯이 정규분포곡선은 σ의 값이 일정할 때, m의 값이 변하면 곡선의 모양은 같고 대칭축의 위치만 바뀝니다. 또한 [그림 2]와 같이 m의 값이 일정할 때, σ의 값이 커지면 곡선의 가운데 부분의 높이는 낮아지면서 양옆으로 넓게 퍼지고, σ의 값이 작아지면 곡선의 가운데 부분의 높이는 높아지면서 폭이 좁아지게 됩니다.

실제로 키의 분포나 성적, 농산물의 무게 분포 등과 같은 자연 속의 많은 데이터들의 분포가 위의 그래프와 아주 비슷하다는 것이 알려져 있습니다. 즉, 자연 속의 많은 데이터들이 정규분포를 따른다고 할 수 있습니다. 그래서 이 그래프의 이름도 보편적(normal)이라는 뜻의 정규분포곡선(normal distribution curve)이 된 것입니다.

Bible Point   정규분포

1 정규분포 : 실수 전체의 집합에서 정의된 연속확률변수 X의 확률밀도함수가

$$f(x)=\frac{1}{\sqrt{2\pi}\sigma}e^{-\frac{(x-m)^2}{2\sigma^2}} \ (m,\ \sigma\ (\sigma>0)\text{는 상수})$$

일 때, X의 확률분포를 정규분포라고 한다. 이때, 평균이 m이고 분산이 σ^2인 정규분포를 기호로 $\mathrm{N}(m,\ \sigma^2)$과 같이 나타낸다.

2 정규분포곡선 : 정규분포를 따르는 확률변수 X의 확률밀도함수 $f(x)$의 그래프

3 정규분포곡선의 성질

(1) 직선 $x=m$에 대하여 대칭인 종 모양의 곡선이다.

(2) 곡선과 x축 사이의 넓이는 1이다.

(3) x축을 점근선으로 하며, $x=m$일 때 최댓값을 가진다.

(4) σ의 값이 일정할 때, m의 값이 달라지면 대칭축의 위치는 바뀌지만 모양은 변하지 않는다.

(5) m의 값이 일정할 때, σ의 값이 커지면 곡선의 가운데 부분의 높이는 낮아지면서 양옆으로 퍼지고, σ의 값이 작아지면 곡선의 가운데 부분의 높이는 높아지면서 폭이 좁아진다.

Plus+

표준편차 σ의 값이 작을수록 평균 근처에 변량들이 많이 모여 있으므로 '분포가 더 고르다' 라는 표현을 사용한다.

② 표준정규분포

정규분포를 따르는 확률변수 X는 연속확률변수의 한 종류이므로 X에 대한 확률을 구하려면 확률밀도함수 $f(x)$의 그래프, 즉 정규분포곡선과 x축 사이의 넓이를 이용해서 구해야 합니다.

그런데 앞에서 본 것처럼 정규분포에서 확률밀도함수는 매우 복잡한 형태를 가지고 있으며, 정규분포곡선의 모양은 m, σ의 값에 따라 달라집니다. 즉, 확률밀도함수를 이용하여 확률을 구하기 위해서는 정규분포곡선과 x축 사이의 넓이를 일일이 계산해야 하는 번거로움이 있기 때문에 확률을 구하는 것이 결코 쉽지 않습니다. 그래서 보다 편리하게 확률을 구하기 위한 아이디어가 바로 정규분포를 표준정규분포로 변형하는 것인데, 가장 간단한 형태의 정규분포곡선을 골라 곡선과 x축 사이의 넓이를 미리 계산하여 표로 만들어 놓은 후, 그것을 이용하여 확률을 구하는 것입니다.

로그의 값을 구할 때 밑의 변환 공식을 이용하여 밑이 10인 상용로그로 변형하는 과정을 떠올리면 됩니다. 예를 들어, $\log_2 3.4$의 값을 구하려면 $\log_2 3.4 = \dfrac{\log 3.4}{\log 2}$ 로 변형한 후, 상용로그표를 이용하여 값을 구하면 됩니다.

이를 이용하면 다양한 평균과 표준편차를 가진 정규분포들도 평균이 0이고 표준편차가 1인 정규분포, 즉 표준정규분포로 변형하여 확률을 쉽게 구할 수 있습니다.

정규분포를 표준정규분포로 변형하는 것에 대하여 자세히 알아보겠습니다. 정규분포 $N(m, \sigma^2)$을 따르는 확률변수 X에 대하여 확률변수 Z를

$$Z = \frac{X-m}{\sigma}$$

← 일반적으로 표준정규분포를 따르는 확률변수는 Z로 나타냅니다.

과 같이 정의하면 확률변수 Z의 평균과 분산은 다음과 같습니다.

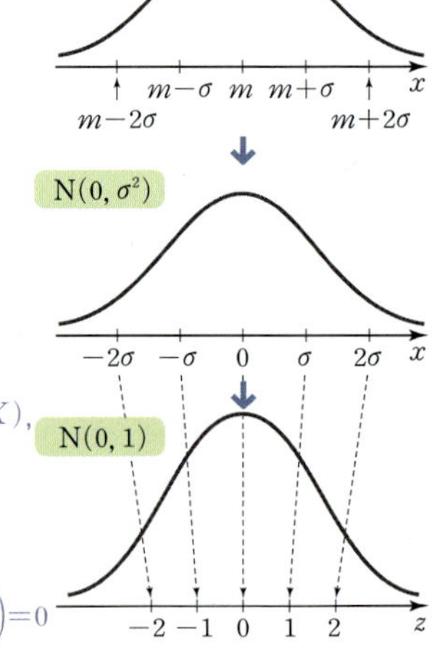

$$E(Z) = E\left(\frac{X-m}{\sigma}\right) = E\left(\frac{1}{\sigma}X - \frac{m}{\sigma}\right)$$

$$= \frac{1}{\sigma}E(X) - \frac{m}{\sigma} = \frac{m}{\sigma} - \frac{m}{\sigma} = 0 \leftarrow E\left(\frac{1}{\sigma}X\right) = \frac{1}{\sigma}E(X),$$

$$V(Z) = V\left(\frac{X-m}{\sigma}\right) = V\left(\frac{1}{\sigma}X - \frac{m}{\sigma}\right) \quad E\left(\frac{m}{\sigma}\right) = \frac{m}{\sigma}$$

$$= \frac{1}{\sigma^2}V(X) = \frac{\sigma^2}{\sigma^2} = 1 \leftarrow V\left(\frac{1}{\sigma}X\right) = \frac{1}{\sigma^2}V(X),\ V\left(\frac{m}{\sigma}\right) = 0$$

즉, 확률변수 Z는 정규분포 $N(0, 1)$을 따르게 됩니다.

이와 같이 평균이 0이고 표준편차가 1인 정규분포를 표준정규분포라 하고, 이것을 기호로 $N(0, 1)$과 같이 나타냅니다.

이때, 정규분포 $N(m, \sigma^2)$을 따르는 확률변수 X를 표준정규분포 $N(0, 1)$을 따르는 확률변수 Z로 바꾸는 것을 표준화한다고 합니다.

한편, 확률변수 Z가 표준정규분포 $N(0, 1)$을 따를 때, Z의 확률밀도함수는

$$f(z) = \frac{1}{\sqrt{2\pi}} e^{-\frac{z^2}{2}} \ (-\infty < z < \infty)$$

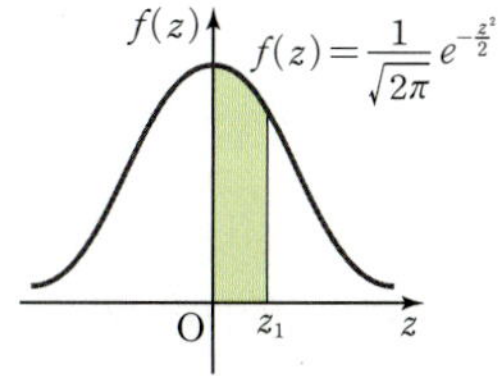

이고, 그 그래프는 오른쪽 그림과 같습니다.

또한 양수 z_1에 대하여 확률 $P(0 \le Z \le z_1)$은 위의 그림에서 색칠한 부분의 넓이와 같고, 그 값은 부록에 있는 표준정규분포표에서 찾을 수 있습니다.

표준정규분포표는 표준정규분포에 대한 넓이를 미리 구하여 표로 만들어 놓은 것이므로 표준정규분포표를 이용하면 색칠한 부분의 넓이를 손쉽게 구할 수 있습니다.

그러므로 표준화라는 과정을 거치면 다른 모든 종류의 정규분포에 대해서도 확률을 쉽게 구할 수 있습니다.

예를 들어, 표준정규분포표에서 확률 $P(0 \le Z \le 1.96)$의 값을 구하려면 오른쪽 그림과 같이 화살표를 따라 1.9가 적혀 있는 행과 0.06이 적혀 있는 열이 만나는 곳의 수 .4750을 찾으면 됩니다. 즉, 오른쪽 표준정규분포표에서 $P(0 \le Z \le 1.96) = 0.4750$임을 알 수 있습니다.

z	0.00	$\cdots$	0.06	$\cdots$
$\vdots$				
1.9			.4750	
$\vdots$				

이와 같이 표준정규분포표는 확률 $P(0 \le Z \le z)$를 계산하여 표로 만든 것이므로 정규분포를 표준화하여 확률을 구할 때에는 $P(0 \le Z \le z)$의 꼴을 이용할 수 있도록 식을 변형해야 합니다.

Example

확률변수 X가 정규분포 $N(16, 3^2)$을 따를 때, $Z = \dfrac{X-16}{3}$으로 놓으면 확률변수 Z는 표준정규분포 $N(0, 1)$을 따릅니다.

(1) X가 22 이상일 확률을 구해 보면

$$
\begin{aligned}
P(X \ge 22) &= P\left(\frac{X-16}{3} \ge \frac{22-16}{3}\right) = P(Z \ge 2) \\
&= P(Z \ge 0) - P(0 \le Z \le 2) \\
&= 0.5 - P(0 \le Z \le 2) \\
&= 0.5 - 0.4772 = 0.0228
\end{aligned}
$$

$P(0 \le Z \le 2) = 0.4772$

(2) 확률변수 X가 19 이상 22 이하일 확률을 구해 보면

$$
\begin{aligned}
P(19 \le X \le 22) &= P\left(\frac{19-16}{3} \le \frac{X-16}{3} \le \frac{22-16}{3}\right) \\
&= P(1 \le Z \le 2) \\
&= P(0 \le Z \le 2) - P(0 \le Z \le 1) \\
&= 0.4772 - 0.3413 = 0.1359
\end{aligned}
$$

$P(0 \le Z \le 2) = 0.4772,$
$P(0 \le Z \le 1) = 0.3413$

또한 표준정규분포표에는 확률변수 Z가 양수인 경우만 나와 있어 음수인 경우의 값은 알 수 없다고 생각할 수 있지만, 표준정규분포곡선은 직선 $z=0$에 대하여 대칭이므로 양수 a에 대하여

$$\mathrm{P}(Z\le 0)=\mathrm{P}(Z\ge 0)=0.5$$

$$\mathrm{P}(0\le Z\le a)=\mathrm{P}(-a\le Z\le 0)$$

$$\mathrm{P}(Z\ge a)=\mathrm{P}(Z\le -a)$$

가 성립합니다. 따라서 다음 Example 과 같이 확률변수 Z가 음수인 경우도 계산할 수 있습니다.

Example

확률변수 X가 정규분포 $\mathrm{N}(16,\ 3^2)$을 따를 때, $Z=\dfrac{X-16}{3}$으로 놓으면 확률변수 Z는 표준정규분포 $\mathrm{N}(0,\ 1)$을 따르므로 X가 13 이하일 확률을 구해 보면

$$\begin{aligned}
\mathrm{P}(X\le 13)&=\mathrm{P}\left(\frac{X-16}{3}\le \frac{13-16}{3}\right)\\
&=\mathrm{P}(Z\le -1)=\mathrm{P}(Z\ge 1)\\
&=0.5-\mathrm{P}(0\le Z\le 1)\\
&=0.5-0.3413=0.1587
\end{aligned}$$

$\mathrm{P}(0\le Z\le 1)=0.3413$

한편, 확률변수 X가 정규분포 $\mathrm{N}(m,\ \sigma^2)$을 따를 때, 확률변수 $Z=\dfrac{X-m}{\sigma}$은 표준정규분포 $\mathrm{N}(0,\ 1)$을 따르므로 다음이 성립합니다.

$$\begin{aligned}
\mathrm{P}(m-\sigma\le X\le m+\sigma)&=\mathrm{P}\left(\frac{m-\sigma-m}{\sigma}\le \frac{X-m}{\sigma}\le \frac{m+\sigma-m}{\sigma}\right)\\
&=\mathrm{P}(-1\le Z\le 1)=2\mathrm{P}(0\le Z\le 1)\\
&=2\times 0.3413=0.6826\ (약\ 68.3\ \%)
\end{aligned}$$

정규분포에서 특징적인 것은 평균 m과 표준편차 σ에 상관없이 확률 $\mathrm{P}(m-\sigma\le X\le m+\sigma)$가 항상 0.6826으로 일정하다는 것입니다.

즉, 정규분포를 따르는 모든 확률변수 X에 대하여

$$\mathrm{P}(m-\sigma\le X\le m+\sigma)=0.6826\ (약\ 68.3\%)$$

이 성립합니다.

마찬가지 방법으로

$$\mathrm{P}(m-2\sigma\le X\le m+2\sigma)=0.9544\ (약\ 95.4\ \%)$$

$$\mathrm{P}(m-3\sigma\le X\le m+3\sigma)=0.9974\ (약\ 99.7\ \%)$$

임을 알 수 있습니다.

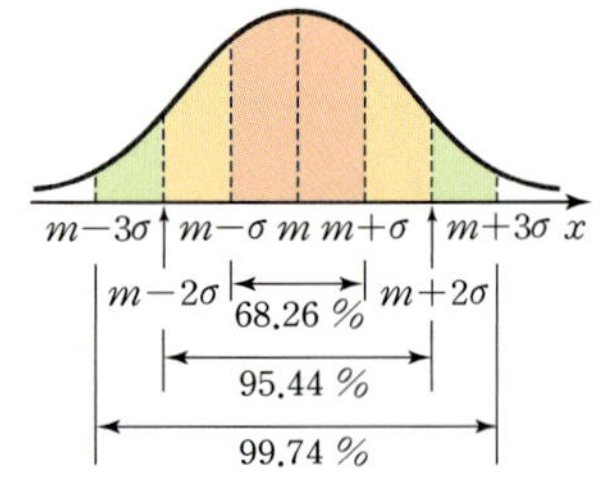

정규분포에서는 평균에서 표준편차의 1배만큼 갔을 때의 확률, 2배, 3배, …만큼 갔을 때의 확률이 어느 정규분포에서나 다 같습니다.

따라서 정규분포에서 확률변수 X의 값과 평균 m의 차가 σ, 2σ, 3σ 이내에 있을 확률은 각각 0.6826, 0.9544, 0.9974로 확률이 어느 정규분포에서나 다 같다는 것을 알 수 있습니다.

1 평균이 0, 표준편차가 1인 정규분포 $N(0, 1)$을 표준정규분포라고 하며, 확률변수 Z가 표준정규분포 $N(0, 1)$을 따를 때 Z의 확률밀도함수는 다음과 같다.

$$f(z) = \frac{1}{\sqrt{2\pi}} e^{-\frac{z^2}{2}}$$

2 확률변수 X가 정규분포 $N(m, \sigma^2)$을 따를 때

(1) 확률변수 $Z = \dfrac{X - m}{\sigma}$은 표준정규분포 $N(0, 1)$을 따른다.

(2) $P(a \le X \le b) = P\left(\dfrac{a - m}{\sigma} \le Z \le \dfrac{b - m}{\sigma}\right)$

Plus+

정규분포의 표준화는 분포 상태가 서로 다른 정규분포끼리의 상대적인 비교를 할 때 유용하다.

개념 확장하기 정규분포의 표준화의 활용

정규분포를 따르는 확률변수 X를 표준화하면 앞에서 다루었던 것과 같이 확률 계산을 쉽게 할 수 있게 되며, 이외에도 같은 성격의 확률변수를 비교할 수 있게 됩니다.

예를 들어, 짱이네 반 학생들의 교육청 학력평가의 수학 점수 X는 정규분포 $N(66, 8^2)$을 따르고, 영어 점수 Y는 정규분포 $N(68, 4^2)$을 따른다고 합시다. 이때, 수학이 82점, 영어가 80점인 짱이가 자기 반에서 상대적으로 수학 점수를 잘 받았는지, 영어 점수를 잘 받았는지를 판단해 보겠습니다.

단순히 수학 점수가 영어 점수보다 2점이 높다고 해서 수학 성적이 영어 성적보다 좋다고 할 수는 없습니다. 두 점수를 비교하려면 동일한 기준을 가지고 두 점수를 비교해야 하기 때문인데, 여기서 '동일한 기준을 가지게 하는 것'이 바로 표준화입니다.

즉, 다음 그림과 같이 $Z = \dfrac{X - m}{\sigma}$을 이용해서 수학 점수와 영어 점수를 표준화한 후, 수학 과목과 영어 과목의 점수 분포에 따른 위치를 비교해 보면 어느 과목이 자기 반에서 상대적으로 점수를 잘 받았는지 판단할 수 있습니다.

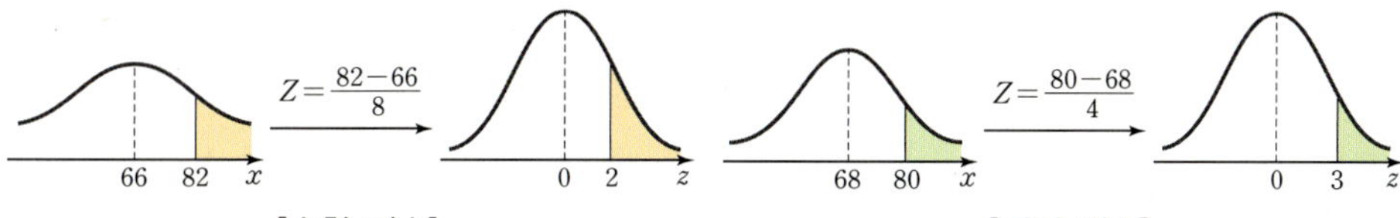

따라서 수학 점수가 $Z = \dfrac{82 - 66}{8} = 2$로, 영어 점수가 $Z = \dfrac{80 - 68}{4} = 3$으로 표준화되므로 짱이는 상대적으로 영어 점수를 더 잘 받았음을 알 수 있습니다.

06 이산확률분포에서 배운 이항분포 $\mathrm{B}(n,\,p)$는 평균과 분산을 구하기는 매우 쉬운 반면에 어떤 일이 일어날 확률을 계산하기는 어렵습니다.

예를 들어, 한 개의 주사위를 50회 던졌을 때, 1의 눈이 나오는 경우가 40회 이상 45회 미만일 확률을 구하려면

$$_{50}\mathrm{C}_{40}\left(\frac{1}{6}\right)^{40}\left(\frac{5}{6}\right)^{10}+{}_{50}\mathrm{C}_{41}\left(\frac{1}{6}\right)^{41}\left(\frac{5}{6}\right)^{9}+{}_{50}\mathrm{C}_{42}\left(\frac{1}{6}\right)^{42}\left(\frac{5}{6}\right)^{8}+{}_{50}\mathrm{C}_{43}\left(\frac{1}{6}\right)^{43}\left(\frac{5}{6}\right)^{7}+{}_{50}\mathrm{C}_{44}\left(\frac{1}{6}\right)^{44}\left(\frac{5}{6}\right)^{6}$$

을 계산해야 하는데 이는 쉽지 않습니다.

이때, 이항분포와 정규분포의 관계를 이용하면 이항분포의 확률을 간단히 구할 수 있는데, 여기에서는 그 방법을 알아보겠습니다.

대표적인 이항분포 중 하나인 주사위 던지기를 생각해 봅시다. 한 개의 주사위를 n번 던져서 1의 눈이 나오는 횟수를 확률변수 X라고 하면 X는 이항분포 $\mathrm{B}\!\left(n,\,\dfrac{1}{6}\right)$을 따릅니다. 이때, 1의 눈이 r회 나올 확률 P_r는

$$\mathrm{P}_r={}_n\mathrm{C}_r\left(\frac{1}{6}\right)^{r}\left(\frac{5}{6}\right)^{n-r} \quad (r=0,\,1,\,2,\,\cdots,\,n) \qquad \cdots\cdots\ \text{㉠}$$

입니다. 이제 ㉠에서 $n=10,\,20,\,30,\,40,\,50$일 때의 $\mathrm{P}_0,\,\mathrm{P}_1,\,\mathrm{P}_2,\,\cdots$를 계산하여 r과 P_r의 관계를 그래프로 나타내면 다음과 같습니다.

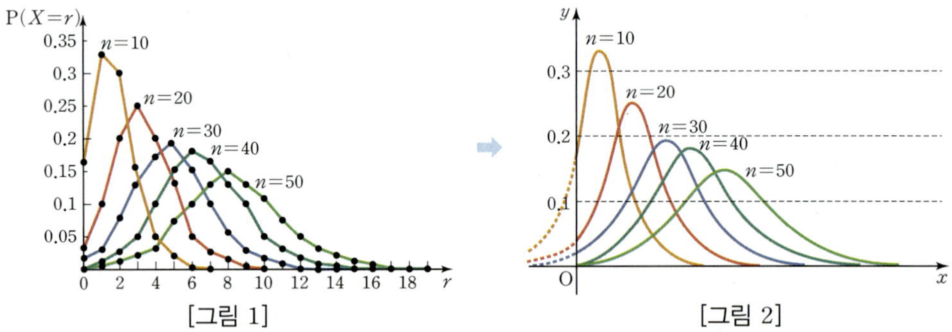

이때, 이항분포 $\mathrm{B}(n,\,p)$의 그래프는 [그림 1]과 같고, **n의 값이 커짐에 따라 [그림 2]와 같이 좌우 대칭인 종 모양의 정규분포곡선에 가까워짐**을 알 수 있습니다.

실제로 확률변수 X가 이항분포 $\mathrm{B}(n,\,p)$를 따를 때, n의 값이 충분히 크면 X는 근사적으로 평균이 np이고 분산이 $npq\,(q=1-p)$인 정규분포 $\mathrm{N}(np,\,npq)$를 따른다는 사실이 알려져 있습니다.

따라서 이 사실을 이용하여 이항분포 $\mathrm{B}(n,\,p)$를 따르는 확률변수 X에 대한 확률의 어림값을 구할 수 있습니다.

확률변수 X가 이항분포 $B(n, p)$를 따를 때, n이 충분히 크면 X는 근사적으로 정규분포 $N(np,\ npq)$를 따른다. (단, $q=1-p$)

Plus+

일반적으로 n이 충분히 크다는 것은 $np \geq 5$이고 $nq \geq 5$일 때를 뜻한다.

개념 콕콕

1   오른쪽 그림과 같이 평균이 m인 3개의 정규분포곡선 a, b, c가 있다. 이 중에서 표준편차가 가장 큰 것과 가장 작은 것을 차례대로 나열하여라.

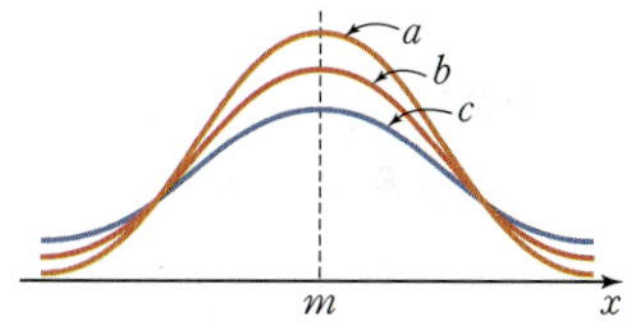

2   확률변수 Z가 표준정규분포 $N(0, 1)$을 따를 때, 오른쪽 표준정규분포표를 이용하여 $P(-0.5 \leq Z \leq 2)$를 구하여라.

z	$P(0 \leq Z \leq z)$
0.5	0.1915
1.0	0.3413
1.5	0.4332
2.0	0.4772

3   확률변수 X가 이항분포 $B\left(450,\ \dfrac{1}{3}\right)$을 따를 때, **2**번의 표준정규분포표를 이용하여 $P(150 \leq X \leq 170)$을 구하여라.

풀이   **1**   평균 m이 일정할 때 표준편차가 커지면 정규분포곡선의 가운데 부분의 높이가 낮아지며 넓게 퍼지고, 표준편차가 작아지면 곡선의 가운데 부분의 높이가 높아지며 폭이 좁아진다. 따라서 표준편차가 가장 큰 것은 c, 가장 작은 것은 a이다.

2
$$\begin{aligned}
P(-0.5 \leq Z \leq 2) &= P(-0.5 \leq Z \leq 0) + P(0 \leq Z \leq 2) \\
&= P(0 \leq Z \leq 0.5) + P(0 \leq Z \leq 2) \\
&= 0.1915 + 0.4772 = \mathbf{0.6687}
\end{aligned}$$

3 $n=450$은 충분히 크다고 할 수 있고,
$$E(X) = 450 \times \frac{1}{3} = 150,\ V(X) = 450 \times \frac{1}{3} \times \frac{2}{3} = 100$$
이므로 확률변수 X는 근사적으로 정규분포 $N(150,\ 10^2)$을 따른다.

따라서 $Z = \dfrac{X-150}{10}$으로 놓으면 확률변수 Z는 표준정규분포 $N(0, 1)$을 따르므로
$$\begin{aligned}
P(150 \leq X \leq 170) &= P\left(\frac{150-150}{10} \leq Z \leq \frac{170-150}{10}\right) \\
&= P(0 \leq Z \leq 2) = \mathbf{0.4772}
\end{aligned}$$

예제 02

제물포 고등학교 1학년 남학생 400명의 몸무게는 평균이 60 kg, 표준편차가 5 kg인 정규분포를 따른다고 할 때, 오른쪽 표준정규분포표를 이용하여 다음 물음에 답하여라.

z	$\mathrm{P}(0 \leq Z \leq z)$
0.5	0.1915
1.0	0.3413
1.5	0.4332
2.0	0.4772
2.5	0.4938

(1) 몸무게가 72.5 kg 이상인 학생은 전체의 몇 %인지 구하여라.

(2) 몸무게가 52.5 kg 이상 70 kg 이하인 남학생은 약 몇 명인지 구하여라.

[접근 방법]

몸무게를 X라고 하면 특정한 범위에 속하는 학생의 백분율이나 학생 수를 구해야 하므로 먼저 확률변수 X를 표준화한 후, 그 범위에 속할 확률을 구합니다.

> **Bible** 표준정규분포표가 주어져 있으면 확률변수를 표준화한다.

[상세 풀이]

몸무게를 X라고 하면 확률변수 X는 정규분포 $\mathrm{N}(60, 5^2)$을 따르고,

$Z = \dfrac{X-60}{5}$으로 놓으면 확률변수 Z는 표준정규분포 $\mathrm{N}(0, 1)$을 따릅니다.

(1) $\mathrm{P}(X \geq 72.5) = \mathrm{P}\left(Z \geq \dfrac{72.5-60}{5}\right) = \mathrm{P}(Z \geq 2.5)$

$\qquad = 0.5 - \mathrm{P}(0 \leq Z \leq 2.5) = 0.5 - 0.4938 = 0.0062$

따라서 몸무게가 72.5 kg 이상인 학생은 전체의 0.62 %입니다.

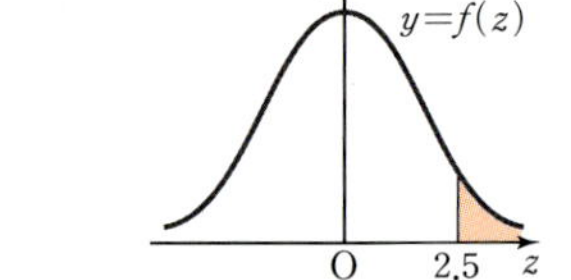

(2) $\mathrm{P}(52.5 \leq X \leq 70) = \mathrm{P}\left(\dfrac{52.5-60}{5} \leq Z \leq \dfrac{70-60}{5}\right)$

$\qquad = \mathrm{P}(-1.5 \leq Z \leq 2) = \mathrm{P}(0 \leq Z \leq 1.5) + \mathrm{P}(0 \leq Z \leq 2)$

$\qquad = 0.4332 + 0.4772 = 0.9104$

따라서 $400 \times 0.9104 = 364.16$이므로 몸무게가 52.5 kg 이상 70 kg 이하인 남학생은 약 364명입니다.

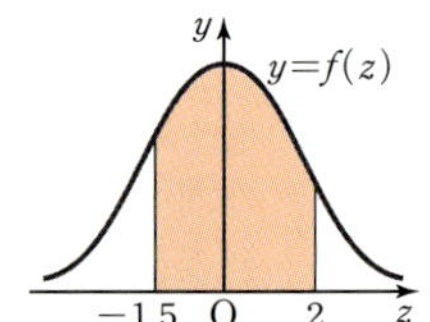

정답 ➡ (1) 0.62 % (2) 364명

[보충 설명]

(1) 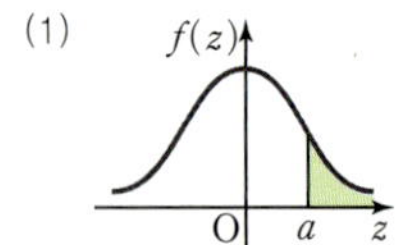

$\mathrm{P}(Z \geq a)$ (단, $a>0$)
$= \mathrm{P}(Z \geq 0) - \mathrm{P}(0 \leq Z \leq a)$
$\quad = 0.5$

(2) 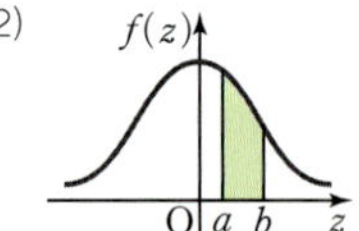

$\mathrm{P}(a \leq Z \leq b)$ (단, $0<a<b$)
$= \mathrm{P}(0 \leq Z \leq b) - \mathrm{P}(0 \leq Z \leq a)$

(3) 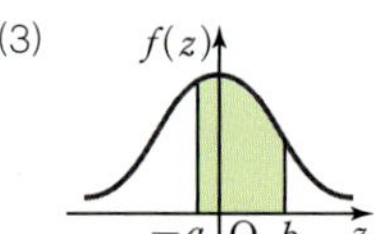

$\mathrm{P}(-a \leq Z \leq b)$ (단, $-a<0<b$)
$= \mathrm{P}(0 \leq Z \leq a) + \mathrm{P}(0 \leq Z \leq b)$

숫자 바꾸기

02-1 다원 고등학교 1학년 학생 300명의 수학 성적은 평균이 84점, 표준편차가 4점인 정규분포를 따른다고 할 때, 오른쪽 표준정규분포표를 이용하여 다음 물음에 답하여라.

(1) 수학 성적이 78점 이상 88점 이하인 학생은 전체의 몇 %인지 구하여라.

(2) 수학 성적이 90점 이상인 학생은 약 몇 명인지 구하여라.

z	$P(0 \leq Z \leq z)$
0.5	0.1915
1.0	0.3413
1.5	0.4332
2.0	0.4772

표현 바꾸기

02-2 나경이가 등교하는 데 걸리는 시간은 평균이 30분, 표준편차가 6분인 정규분포를 따른다고 한다. 학교의 등교 시각이 8시 30분까지라고 할 때, 나경이가 집에서 7시 57분에 출발했다면 지각할 확률을 오른쪽 표준정규분포표를 이용하여 구한 것은?

① 0.0062   ② 0.0228

③ 0.0668   ④ 0.1587

⑤ 0.3085

z	$P(0 \leq Z \leq z)$
0.5	0.1915
1.0	0.3413
1.5	0.4332
2.0	0.4772
2.5	0.4938

개념 넓히기 ★★☆

02-3 고속도로의 어느 지점을 통과하는 자동차들의 속력은 평균이 104 km/시, 표준편차가 8 km/시인 정규분포를 따른다고 한다. 이 지점에서의 속력이 120 km/시를 초과하면 과속으로 단속된다고 할 때, 이 지점을 통과하는 두 자동차 A, B가 모두 과속으로 단속될 확률을 오른쪽 표준정규분포표를 이용하여 구하여라. (단, 두 자동차 A, B의 속력은 서로 독립이다.)

z	$P(0 \leq Z \leq z)$
1.0	0.34
1.5	0.43
2.0	0.48
2.5	0.49

 **정답**   **02-1** (1) 77.45 % (2) 20명   **02-2** ⑤   **02-3** $\dfrac{1}{2500}$

예제 03

이투스 고등학교 2학년 학생들의 상위 8 %는 수학 수행평가에서 1등급을 받는다고 한다. 수학 수행평가 성적은 평균이 30점, 표준편차가 5점인 정규분포를 따른다고 할 때, 1등급을 받은 학생의 최저 점수를 오른쪽 표준정규분포표를 이용하여 구하여라.

z	$P(0 \leq Z \leq z)$
1.3	0.40
1.4	0.42
1.5	0.43
1.6	0.45

접근 방법

1등급을 받은 학생의 최저 점수를 미지수로 놓고, 그 점수 이상을 받을 확률이 0.08이라고 식을 세우면 됩니다. 즉,

$$P((\text{수학 수행평가 점수}) \geq (\text{최저 점수})) = 0.08$$

이 성립해야 합니다.

> **Bible** 정규분포의 확률을 구할 때, $P(\quad)$에서 괄호 안에 들어갈 식을 잘 세우면 된다.

상세 풀이

수학 수행평가 성적을 X라고 하면 확률변수 X는 정규분포 $N(30, 5^2)$을 따릅니다.

1등급을 받은 학생의 최저 점수를 k라고 하면

$$P(X \geq k) = 0.08$$

이고, $Z = \dfrac{X-30}{5}$으로 놓으면 확률변수 Z는 표준정규분포 $N(0, 1)$을 따릅니다. 즉,

$$P(X \geq k) = P\left(Z \geq \frac{k-30}{5}\right)$$

$$= P(Z \geq 0) - P\left(0 \leq Z \leq \frac{k-30}{5}\right)$$

$$= 0.5 - P\left(0 \leq Z \leq \frac{k-30}{5}\right) = 0.08$$

$$\therefore P\left(0 \leq Z \leq \frac{k-30}{5}\right) = 0.42$$

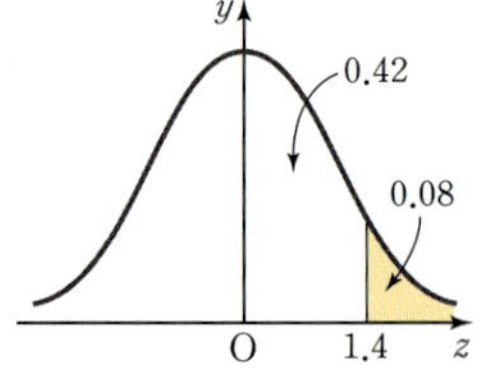

이때, 주어진 표준정규분포표에서 $P(0 \leq Z \leq 1.4) = 0.42$이므로

$$\frac{k-30}{5} = 1.4 \qquad \therefore k = 30 + 5 \times 1.4 = 37$$

따라서 1등급을 받은 학생의 최저 점수는 37점입니다.

정답 ➡ 37점

보충 설명

표준정규분포표를 이용하여 활용 문제를 풀 때에는 표준정규분포곡선을 그려 보면 계산 실수를 줄일 수 있습니다.

숫자 바꾸기

03-1

하이퍼 고등학교 1학년 학생들의 상위 10 %는 국어 수행평가에서 A를 받는다고 한다. 국어 수행평가 성적은 평균이 28점, 표준편차가 5점인 정규분포를 따른다고 할 때, A를 받은 학생의 최저 점수를 오른쪽 표준정규분포표를 이용하여 구하여라.

z	$P(0 \leq Z \leq z)$
1.3	0.40
1.4	0.42
1.5	0.43
1.6	0.45

표현 바꾸기

03-2

어느 회사에서는 신입사원 300명에게 연수를 실시하고 연수 점수에 따라 상위 36명을 뽑아 해외 연수의 기회를 제공하고자 한다. 신입사원 전체의 연수 점수가 평균이 83점, 표준편차가 5점인 정규분포를 따른다고 할 때, 해외 연수의 기회를 얻기 위한 최저 점수를 오른쪽 표준정규분포표를 이용하여 구하여라.

z	$P(0 \leq Z \leq z)$
1.0	0.34
1.1	0.36
1.2	0.38
1.3	0.40

개념 넓히기 ★★☆

03-3

990점 만점인 토익시험으로만 신입사원을 선발하는 S 무역회사에 지원한 2000명의 토익점수 X는 정규분포 $N(700, 15^2)$을 따른다고 한다. 이들 지원자 중 46명을 신입사원으로 뽑았을 때, 합격자의 토익점수의 최저 점수를 구하여라. (단, 정규분포 $N(m, \sigma^2)$을 따르는 확률변수의 확률밀도함수의 그래프는 오른쪽 그림과 같다.)

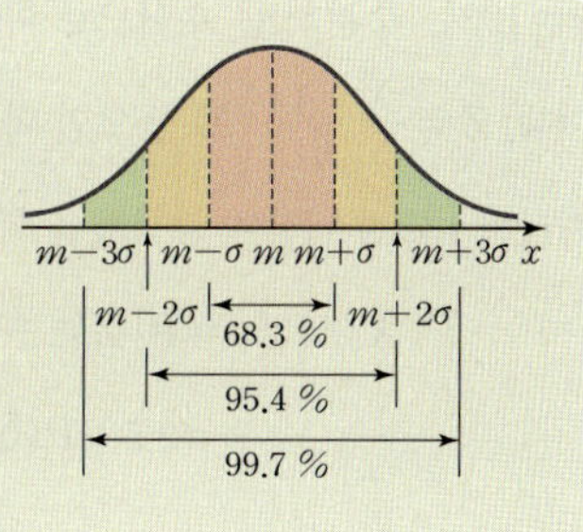

정답 **03-1** 34.5점　　**03-2** 89점　　**03-3** 730점

예제 04

어느 대학의 ○○학년도 정시모집 합격자의 1차 등록 비율은 75 %이었다. 그 합격자들 중에서 임의로 192명을 뽑아 1차 등록 여부를 조사하였을 때, 132명 이상이 등록했을 확률을 오른쪽 표준정규분포표를 이용하여 구하여라.

z	$P(0 \leq Z \leq z)$
0.5	0.1915
1.0	0.3413
1.5	0.4332
2.0	0.4772

접근 방법

이항분포에서 시행 횟수 n이 크면 어떤 사건이 일어날 확률을 구하는 것이 쉽지가 않습니다. 그래서 이항분포 $B(n, p)$를 따르는 확률변수 X에 대한 확률을 구하는 문제는

'n이 충분히 크면 X는 근사적으로 정규분포 $N(np, npq)$를 따른다. (단, $q = 1 - p$)'

라는 사실을 이용하면 표준정규분포를 이용하여 계산할 수 있습니다.

> **Bible** 이항분포를 따르는 확률변수 X에 대한 확률은 정규분포로 근사시킨다.

상세 풀이

등록한 학생의 수를 X라고 하면 확률변수 X는 이항분포 $B\left(192, \dfrac{3}{4}\right)$을 따르므로

$$E(X) = 192 \times \frac{3}{4} = 144$$

$$V(X) = 192 \times \frac{3}{4} \times \frac{1}{4} = 36$$

$n = 192$는 충분히 큰 수이므로 확률변수 X는 근사적으로 정규분포 $N(144, 6^2)$을 따릅니다.

이때, $Z = \dfrac{X - 144}{6}$로 놓으면 확률변수 Z는 표준정규분포 $N(0, 1)$을 따릅니다.

따라서 132명 이상이 등록했을 확률은

$$P(X \geq 132) = P\left(Z \geq \frac{132 - 144}{6}\right) = P(Z \geq -2)$$

$$= 0.5 + P(0 \leq Z \leq 2) = 0.5 + 0.4772 = 0.9772$$

정답 ➡ 0.9772

보충 설명

문제에 표준정규분포표가 주어져 있는데 확률변수 X에 대한 정규분포가 주어져 있지 않다면 확률변수 X에 대한 이항분포를 찾는 것이 순서입니다. 예를 들어, 주사위나 동전을 던졌을 때의 확률, 불량률, 합격률, ○○률 등으로 주어졌을 때가 확률변수 X가 이항분포를 따르는 대표적인 경우입니다.

숫자 바꾸기

04-1

정은이가 학교에 지각할 확률은 20 %라고 한다. 정은이가 올해 등교해야 하는 날이 225일일 때, 지각한 횟수가 42번 이상 51번 이하일 확률을 오른쪽 표준정규분포표를 이용하여 구하여라.

z	$P(0 \leq Z \leq z)$
0.5	0.1915
1.0	0.3413
1.5	0.4332
2.0	0.4772

표현 바꾸기

04-2

어떤 해운회사의 통계자료에 의하면 예약 고객 10명 중 8명의 비율로 승선한다고 한다. 정원이 340명인 여객선의 예약 고객이 400명일 때, 승선한 고객이 정원을 초과하지 않을 확률을 오른쪽 표준정규분포표를 이용하여 구하여라.

z	$P(0 \leq Z \leq z)$
2.1	0.4821
2.2	0.4861
2.3	0.4893
2.4	0.4918
2.5	0.4938

개념 넓히기 ★★☆

04-3

다음은 어느 백화점에서 판매하고 있는 등산화에 대한 제조회사별 고객의 선호도를 조사한 표이다.

제조회사	A	B	C	D	합계
선호도(%)	20	28	25	27	100

192명의 고객이 각각 한 켤레씩 등산화를 산다고 할 때, C 회사 제품을 선택한 고객이 42명 이상일 확률을 오른쪽 표준정규분포표를 이용하여 구하여라.

z	$P(0 \leq Z \leq z)$
0.5	0.1915
1.0	0.3413
1.5	0.4332
2.0	0.4772

정답 **04-1** 0.5328   **04-2** 0.9938   **04-3** 0.8413

예제 05

어느 공장에서 생산되는 제품의 무게는 평균이 200 g, 표준편차가 20 g인 정규분포를 따른다고 한다. 이 공장에서는 무게가 240 g 이상인 제품을 불량품으로 판정한다. 이 제품 중에서 10000개를 임의로 추출할 때, 불량품이 221개 이상일 확률을 오른쪽 표준정규분포표를 이용하여 구하여라.

z	$P(0 \leq Z \leq z)$
0.5	0.19
1.0	0.34
1.5	0.43
2.0	0.48

[접근 방법]

$P((\text{불량품의 개수}) \geq 221)$을 구해야 하므로 불량품의 개수에 대한 정규분포가 필요합니다. 그런데 불량품의 개수에 대한 정규분포가 주어져 있지 않고 전체 제품의 개수(10000)만 주어져 있으므로 전체 제품 중에서 몇 %가 불량품인지를 구해야 합니다. 즉, 한 개의 제품이 불량품일 확률을 구하여 불량품의 개수에 대한 이항분포를 구하고, 이를 정규분포로 근사시키면 됩니다.

> **Bible** 확률변수 X에 대한 정규분포가 보이지 않으면 X에 대한 이항분포를 찾는다.

[상세 풀이]

제품의 무게를 X라고 하면 확률변수 X는 정규분포 $N(200, 20^2)$을 따르므로 $Z_X = \dfrac{X-200}{20}$으로 놓으면 확률변수 Z_X는 표준정규분포 $N(0, 1)$을 따릅니다. 이때, 제품이 불량품으로 판정받을 확률은

$$P(X \geq 240) = P\left(Z_X \geq \frac{240-200}{20}\right) = P(Z_X \geq 2)$$

$$= 0.5 - P(0 \leq Z_X \leq 2) = 0.5 - 0.48 = 0.02$$

즉, 임의로 한 개의 제품을 뽑을 때 불량품일 확률은 0.02이므로 불량품의 개수를 Y라고 하면 확률변수 Y는 이항분포 $B(10000, 0.02)$를 따릅니다.

$$E(Y) = 10000 \times 0.02 = 200, \quad V(Y) = 10000 \times 0.02 \times 0.98 = 196$$

이때, $n = 10000$은 충분히 큰 수이므로 확률변수 Y는 근사적으로 정규분포 $N(200, 14^2)$을 따르고, $Z_Y = \dfrac{Y-200}{14}$으로 놓으면 확률변수 Z_Y는 표준정규분포 $N(0, 1)$을 따릅니다.

따라서 불량품이 221개 이상일 확률은

$$P(Y \geq 221) = P\left(Z_Y \geq \frac{221-200}{14}\right) = P(Z_Y \geq 1.5)$$

$$= 0.5 - P(0 \leq Z_Y \leq 1.5) = 0.5 - 0.43 = 0.07$$

정답 ➡ 0.07

[보충 설명]

표준정규분포를 이용하여 확률을 구하는 문제는 확률 $P(\quad)$에서 괄호 안에 확률변수 X에 대한 부등식을 세운 후 X에 대한 정규분포 혹은 이항분포를 찾으면 됩니다.

숫자 바꾸기

05-1
어느 회사에서 생산되는 비누의 무게는 평균이 200 g, 표준편차가 5 g인 정규분포를 따른다고 한다. 이 회사에서는 무게가 190 g 이하인 비누를 불량품으로 판정한다. 이 비누에서 2500개를 임의로 추출할 때, 불량품이 64개 이하일 확률을 오른쪽 표준정규분포표를 이용하여 구하여라.

z	$\mathrm{P}(0 \leq Z \leq z)$
1.0	0.34
1.5	0.43
2.0	0.48
2.5	0.49

표현 바꾸기

05-2
어느 제과점에서 만드는 단팥빵의 무게는 평균이 300 g, 표준편차가 10 g인 정규분포를 따른다고 한다. 이 단팥빵의 품질검사에서 무게가 280 g 이하인 것은 함량미달로 판정한다. 이 제과점에서 만드는 2500개의 단팥빵을 임의로 추출할 때, 함량미달인 것이 a개 이상일 확률이 16 % 이하이기 위한 a의 최솟값을 오른쪽 표준정규분포표를 이용하여 구하여라.

z	$\mathrm{P}(0 \leq Z \leq z)$
0.5	0.19
1.0	0.34
1.5	0.43
2.0	0.48

개념 넓히기 ★★★

◆ 보충 설명

05-3
훈이와 준이는 농구장에서 자유투 시합을 하려고 하는데 성공하면 상대방에게 1,000원을 받고 실패하면 500원을 주기로 하였다. 훈이의 평소 자유투 성공률이 0.5일 때, 훈이가 먼저 100번을 연속하여 슛을 해서 준이에게 10,000원 이상을 받을 확률을 오른쪽 표준정규분포표를 이용하여 구한 것은?

z	$\mathrm{P}(0 \leq Z \leq z)$
1.0	0.34
1.5	0.43
2.0	0.48
2.5	0.49

① 0.92   ② 0.93   ③ 0.96
④ 0.98   ⑤ 0.99

정답   **05-1** 0.98   **05-2** 57   **05-3** ④

07-1 확률변수 X의 확률밀도함수가 $f(x)=a(20-x)\,(0\le x\le 20)$일 때, $\mathrm{P}(0\le X\le 5)$는?

(단, a는 상수이다.)

① $\dfrac{3}{8}$ ② $\dfrac{7}{16}$ ③ $\dfrac{1}{2}$

④ $\dfrac{9}{16}$ ⑤ $\dfrac{5}{8}$

07-2 3학년 재학생 수가 500명인 같은 지역 세 고등학교 A, B, C의 3학년 학생의 수학 성적 분포가 각각 정규분포를 이루고 그 정규분포곡선이 오른쪽 그림과 같을 때, 〈보기〉에서 옳은 것만을 있는 대로 골라라.

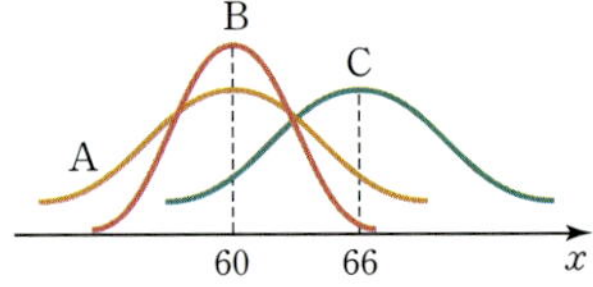

┤ 보기 ├

ㄱ. 성적이 우수한 학생들이 B 고등학교보다 A 고등학교에 많이 있다.

ㄴ. B 고등학교 학생들은 평균적으로 A 고등학교 학생들보다 성적이 더 우수하다.

ㄷ. C 고등학교 학생들보다 B 고등학교 학생들의 성적이 더 고른 편이다.

07-3 어느 고등학교 2학년 학생의 키는 평균이 170 cm, 표준편차가 5 cm인 정규분포를 따른다고 한다. 다음 중 세 수 a, b, c 사이의 대소 관계를 바르게 나타낸 것은?

a : 키가 165 cm 이상 175 cm 이하인 학생의 수

b : 키가 163 cm 이상 173 cm 이하인 학생의 수

c : 키가 169 cm 이상 179 cm 이하인 학생의 수

① $a\ge b\ge c$ ② $a\ge c\ge b$ ③ $b\ge c\ge a$

④ $c\ge a\ge b$ ⑤ $c\ge b\ge a$

07-4 확률변수 X는 정규분포 $\mathrm{N}(m,\ \sigma^2)$을 따른다. $\dfrac{1}{5}X$의 분산이 1이고,

$\mathrm{P}(X\le 80)=\mathrm{P}(X\ge 120)$일 때, $m+\sigma^2$의 값을 구하여라.

07-5 두 확률변수 X, Y가 각각 정규분포 $\mathrm{N}(50,\ 10^2)$, $\mathrm{N}(30,\ 5^2)$을 따르고

$$\mathrm{P}(50\le X\le 70)=\mathrm{P}(30\le Y\le k)$$

일 때, 상수 k의 값을 구하여라.

07-6 확률변수 X가 정규분포 $N\left(n, \dfrac{n^2}{4}\right)$을 따를 때, $P(n\leq X\leq 120)=P(0\leq Z\leq 1)$을 만족시키는 자연수 n의 값을 구하여라. (단, Z는 표준정규분포를 따르는 확률변수이다.)

07-7 확률변수 X가 정규분포 $N(76, 9^2)$을 따를 때, $P(a\leq X\leq a+10)$이 최대가 되는 상수 a의 값을 구하여라.

07-8 작년에 국가대표 볼링 선수 선발전에 출전한 선수들의 점수는 평균이 230점, 표준편차가 15점인 정규분포를 따른다고 한다. 올해 출전한 선수들의 수준이 작년과 같다고 예상되고, 경쟁률이 20 : 1이라고 할 때, 오른쪽 표준정규분포표를 이용하여 국가대표로 선발되기 위한 최저 점수를 구하여라.

z	$P(0\leq Z\leq z)$
1.5	0.43
1.6	0.45
1.7	0.46
1.9	0.47
2.0	0.48

07-9 정규분포를 따르는 두 연속확률변수 X, Y의 확률밀도함수 $y=f(x)$, $y=g(x)$의 그래프가 오른쪽 그림과 같을 때, 〈보기〉에서 옳은 것만을 있는 대로 골라라.

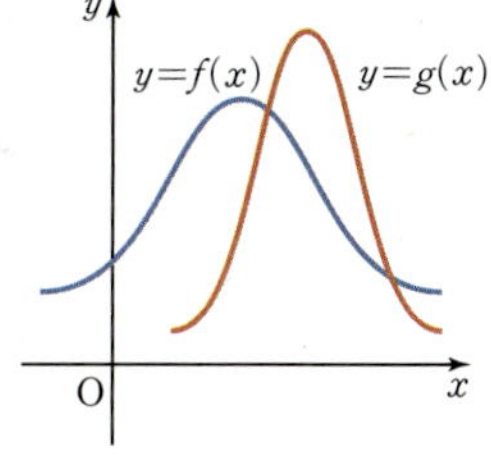

┌ 보기 ┐
ㄱ. $E(X)<E(Y)$
ㄴ. $V(X)<V(Y)$
ㄷ. $f(E(X))<g(E(Y))$

수능

07-10 확률변수 X는 평균이 m, 표준편차가 5인 정규분포를 따르고, 확률변수 X의 확률밀도함수 $f(x)$가 다음 조건을 만족시킨다.

(가) $f(10)>f(20)$
(나) $f(4)<f(22)$

z	$P(0\leq Z\leq z)$
0.6	0.226
0.8	0.288
1.0	0.341
1.2	0.385
1.4	0.419

m이 자연수일 때, $P(17\leq X\leq 18)$의 값을 오른쪽 표준정규분포표를 이용하여 구하여라.

07-11 연속확률변수 X의 확률밀도함수 $f(x)$가 모든 실수 x에 대하여 $f(2+x)=f(2-x)$를 만족시킨다. 두 양수 $a,\, b\,(a<b)$에 대하여

$$P(2-a\leq X\leq 2+b)=p_1,\ P(2+a\leq X\leq 2+b)=p_2$$

일 때, $P(2-b\leq X\leq 2+b)$를 p_1과 p_2로 나타낸 것은? (단, $p_1>0,\ p_2>0$)

① p_1+p_2 ② $\dfrac{p_1+p_2}{2}$ ③ $\dfrac{p_1-p_2}{2}$

④ p_1-p_2 ⑤ p_2-p_1

수능

07-12 어느 공장에서 생산되는 병의 내압강도는 정규분포 $N(m,\ \sigma^2)$을 따르고, 내압강도가 40보다 작은 병은 불량품으로 분류한다. 이 공장의 공정능력을 평가하는 공정능력지수 G는 $G=\dfrac{m-40}{3\sigma}$으로 계산한다. $G=0.8$일 때, 임의추출한 한 개의 병이 불량품일 확률을 오른쪽 표준정규분포표를 이용하여 구하여라.

z	$P(0\leq Z\leq z)$
2.2	0.4861
2.3	0.4893
2.4	0.4918
2.5	0.4938

07-13 세 확률변수 $X,\ Y,\ W$가 각각 이항분포 $B\left(100,\ \dfrac{1}{5}\right)$, $B\left(225,\ \dfrac{1}{5}\right)$, $B\left(400,\ \dfrac{1}{5}\right)$을 따를 때, 〈보기〉에서 옳은 것만을 있는 대로 골라라.

> **보기**
>
> ㄱ. $P\left(\left|\dfrac{X}{100}-\dfrac{1}{5}\right|<\dfrac{1}{10}\right)<P\left(\left|\dfrac{W}{400}-\dfrac{1}{5}\right|<\dfrac{1}{10}\right)$
>
> ㄴ. $P\left(\left|\dfrac{X}{100}-\dfrac{1}{5}\right|<\dfrac{1}{10}\right)<P\left(\left|\dfrac{Y}{225}-\dfrac{1}{5}\right|<\dfrac{1}{25}\right)$
>
> ㄷ. $P\left(\left|\dfrac{Y}{225}-\dfrac{1}{5}\right|<\dfrac{1}{25}\right)<P\left(\left|\dfrac{W}{400}-\dfrac{1}{5}\right|<\dfrac{1}{25}\right)$

수능

07-14 확률변수 X가 평균이 m, 표준편차가 σ인 정규분포를 따르고

$$P(X\leq 3)=P(3\leq X\leq 80)=0.3$$

일 때, $m+\sigma$의 값을 구하여라. (단, Z가 표준정규분포를 따르는 확률변수일 때, $P(0\leq Z\leq 0.25)=0.1,\ P(0\leq Z\leq 0.52)=0.2$로 계산한다.)

07-15 어느 회사에서 만든 휴대전화 배터리의 지속 시간은 평균이 60시간인 정규분포를 따른다고 한다. 이 회사에서 만든 8개의 배터리 중에서 지속 시간이 60시간 이상인 배터리가 2개 이상일 확률을 구하여라.

07-16 어느 공장에서 생산되는 제품 A의 무게는 정규분포 $N(m, 1)$을 따르고, 제품 B의 무게는 정규분포 $N(4m, 4)$를 따른다. 이 공장에서 생산된 제품 A와 제품 B에서 임의로 제품을 1개씩 선택할 때, 선택된 제품 A의 무게가 k 이상일 확률과 선택된 제품 B의 무게가 k 이하일 확률이 같다. $\dfrac{k}{m}$의 값을 구하여라.

07-17 두 확률변수 X, Y가 각각 정규분포 $N(0, 4)$, $N(4, 4)$를 따를 때, X, Y의 확률밀도함수를 각각 $f(x)$, $g(x)$라고 하자. 오른쪽 그림과 같이 두 확률밀도함수 $y=f(x)$, $y=g(x)$의 그래프와 두 직선 $x=0$, $x=4$로 둘러싸인 색칠한 부분의 넓이를 S라 할 때, $100S$의 값을 구하여라. (단, Z가 표준정규분포를 따르는 확률변수일 때, $P(0 \leq Z \leq 1)=0.34$, $P(0 \leq Z \leq 2)=0.48$로 계산한다.)

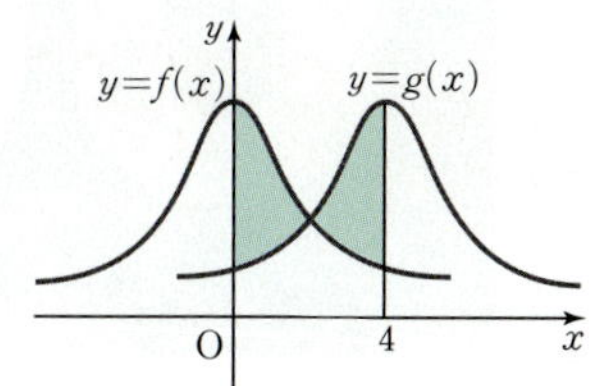

07-18 연속확률변수 X의 확률밀도함수 $f(x)$가 $f(x)=\dfrac{1}{2}x \ (0 \leq x \leq 2)$이다. 매회의 시행에서 사건 A가 일어날 확률이 $P(0 \leq X \leq 1)$로 일정할 때, 3회의 독립시행에서 사건 A가 2회 이상 일어날 확률을 $\dfrac{q}{p}$라고 하자. $p+q$의 값을 구하여라. (단, p와 q는 서로소인 자연수이다.)

07-19 어떤 회사에서 만드는 킥보드의 최대 주행 거리는 평균이 50000 km, 표준편차가 1000 km인 정규분포를 따른다고 한다. 이번 달에 생산한 킥보드 중에서 최대 주행 거리가 52500 km 이상인 킥보드가 62개일 때, 최대 주행 거리가 48000 km 이하인 킥보드의 개수를 오른쪽 표준정규분포표를 이용하여 구하여라.

z	$P(0 \leq Z \leq z)$
1.0	0.3413
1.5	0.4332
2.0	0.4772
2.5	0.4938

07-20 어느 대학교에는 A, B, C 세 개의 교내 식당이 있다. 대학생이 1800명이고, 각각의 학생은 A, B, C의 세 식당 중 한 곳에서만 식사를 하며, 식당을 선택할 가능성은 모두 같다고 한다. A 식당에 오는 모든 학생이 식사를 할 수 있는 확률이 98 %가 되려면 A 식당에서는 몇 명의 식사를 준비해야 하는지 오른쪽 표준정규분포표를 이용하여 구하여라.

z	$P(0 \leq Z \leq z)$
1.0	0.34
1.5	0.43
2.0	0.48
2.5	0.49

08

통계적 추정

많은 수로 이루어진 집단을 조사해 통계를 낼 때에 가장 정확한 방법은 모든 대상을 일일이 다 조사하는 것이겠지만 현실적으로 불가능할 때가 많습니다. 그래서 전체 집단(모집단)을 대표하는 특정 집단을 선택해 조사하게 되는데, 이때 이 특정 집단을 표본이라고 합니다. 이번 단원에서는 통계적 추정의 기초가 되는 모집단과 표본에 대하여 배워 보겠습니다. 또한 신뢰도와 신뢰구간에 대하여 알아보고, 이를 이용하여 모평균을 추정하는 방법을 살펴보겠습니다.

01 모집단과 표본

■ 모집단과 표본

(1) 전수조사 : 조사의 대상이 되는 자료 전체를 조사하는 방법

(2) 표본조사 : 조사의 대상이 되는 자료의 일부만을 조사하는 방법

(3) 모집단 : 표본조사에서 조사의 대상이 되는 자료 전체의 집합

(4) 표본 : 모집단에서 조사하기 위하여 뽑은 자료의 집합

(5) 임의추출 : 모집단의 각 원소가 추출될 확률이 같도록 표본을 추출하는 방법

■ 표본평균의 평균과 분산

모평균이 m, 모표준편차가 σ인 모집단에서 크기가 n인 표본을 임의추출할 때, 표본평균 $\overline{X}$에 대하여

(1) $\mathrm{E}(\overline{X}) = m$, $\mathrm{V}(\overline{X}) = \dfrac{\sigma^2}{n}$, $\sigma(\overline{X}) = \dfrac{\sigma}{\sqrt{n}}$

(2) 모집단이 정규분포 $\mathrm{N}(m, \sigma^2)$을 따를 때, 표본평균 $\overline{X}$는 표본의 크기에 상관없이 정규분포 $\mathrm{N}\!\left(m, \dfrac{\sigma^2}{n}\right)$을 따른다.

(3) 모집단의 분포가 정규분포가 아닐 때에도 n이 충분히 크면 표본평균 $\overline{X}$는 근사적으로 정규분포 $\mathrm{N}\!\left(m, \dfrac{\sigma^2}{n}\right)$을 따른다.

02 모평균의 추정

정규분포 $\mathrm{N}(m, \sigma^2)$을 따르는 모집단에서 크기가 n인 표본을 임의추출할 때의 표본평균을 $\overline{X}$라고 할 때, 모평균 m의 신뢰구간은 다음과 같다.

(1) 신뢰도 95 %의 신뢰구간 : $\overline{X} - 1.96\dfrac{\sigma}{\sqrt{n}} \le m \le \overline{X} + 1.96\dfrac{\sigma}{\sqrt{n}}$ ← 신뢰구간의 길이 : $2 \times 1.96\dfrac{\sigma}{\sqrt{n}}$

(2) 신뢰도 99 %의 신뢰구간 : $\overline{X} - 2.58\dfrac{\sigma}{\sqrt{n}} \le m \le \overline{X} + 2.58\dfrac{\sigma}{\sqrt{n}}$ ← 신뢰구간의 길이 : $2 \times 2.58\dfrac{\sigma}{\sqrt{n}}$

🔲 모집단과 표본

1. 모집단과 표본

우리나라에서는 국민 전체를 대상으로 하는 인구 조사를 정기적으로 실시하고 있습니다. 인구 조사는 국민 전체를 대상으로 하기 때문에 조사에 많은 시간과 비용이 소요되므로 매년 실시하지 않고 5년마다 실시합니다. 이와 같이 조사의 대상이 되는 자료 전체를 빠짐없이 조사하는 방법을 전수조사라고 합니다. 전수조사를 하기 위해서는 많은 노력과 비용, 긴 시간이 소요되는 경우가 많습니다.

한편, 공장에서 생산되는 전구의 수명 조사와 같이 조사 대상이 제품인 경우에는 조사 과정에서 제품이 파손되거나 상품 가치가 떨어지게 되어 조사한 제품은 상품으로 판매할 수 없으므로 전수조사를 할 수 없는 경우도 있습니다. 따라서 시청률 조사, 특정 제품의 수명 조사 등과 같은 전수조사가 힘든 조사 대상인 경우 대상의 일부를 조사하고 이를 이용하여 전체의 분포 상태와 특성을 추측하는 방법이 사용되는데, 이러한 방법을 표본조사라고 합니다. 적은 비용과 짧은 시간에 전체의 동향을 파악할 수 있다는 점에서 대부분의 통계 조사에서는 표본조사가 많이 활용되고 있으며, 이렇게 표본조사를 통하여 모집단의 성질을 추측하는 과정을 통계적 추정이라고 합니다.

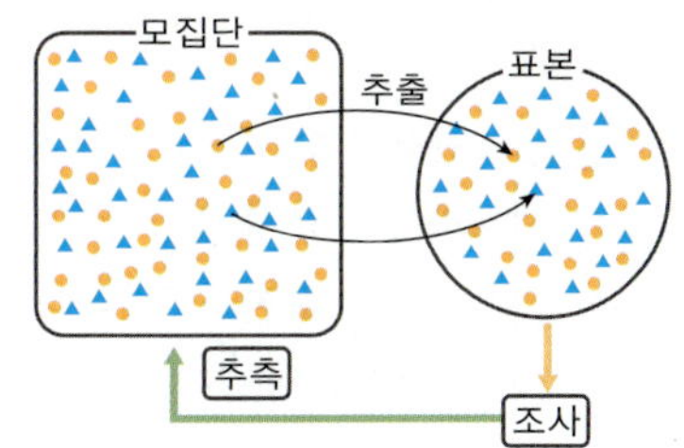

또한 표본조사에서 조사의 대상이 되는 집단 전체를 모집단이라 하고, 모집단에서 조사를 하기 위하여 뽑은 일부분을 표본이라고 합니다. 표본에 포함되어 있는 자료의 개수를 표본의 크기라고 합니다.

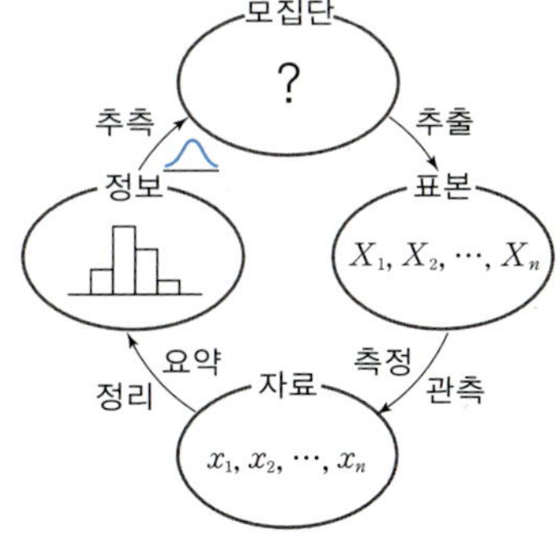

2. 임의추출

표본조사에서는 모집단 중에서 일부분, 즉 표본을 뽑아 조사하고 이를 이용하여 모집단의 성질을 알아보는 것이 목적이므로 모집단의 특성이 잘 반영되도록 표본을 택하는 것이 중요합니다.

예를 들어, 우리나라 국민 소득을 알아보기 위하여 2000명을 뽑아 조사한다고 할 때, 2000명을 특정한 도시에서만 뽑는다면 이 표본은 그 도시에 살고 있는 사람들의 소득은 나타낼 수 있지만 모집단인 우리나라 전체 국민의 소득을 잘 나타낸다고 할 수는 없습니다.

또한 대한민국 대통령 선거에서 어떤 후보를 지지하는지에 대한 여론 조사를 실시하는 경우에도 특정 지역이나 특정 연령대를 조사하는 것은 여론 조사 결과를 왜곡할 수 있으므로 대한민국 국민 중에서 유권자들의 분포(지역별, 연령별 등)를 고려하여 표본을 구성해야 합니다.

따라서 모집단의 특성이 잘 반영되도록 하기 위해서는 추출되는 표본이 모집단의 특정 부분에 편중되지 않아야 하므로 모집단의 각 원소가 표본으로 추출될 확률이 모두 같도록 해야 합니다. 이와 같이 표본을 추출하는 방법을 **임의추출**이라 하고, 임의추출된 표본을 임의표본이라고 합니다. ← 앞으로 특별한 언급이 없으면 표본은 임의표본을 뜻합니다.

Example

한강의 수질 오염도 조사, 공장에서 생산되는 제품의 수명 조사 등과 같이 조사 대상 전체에 대하여 조사하지 않고, 그 일부를 조사하는 것은 표본조사입니다. 일반적으로 '표본을 뽑는다' 라고 하는 것은 임의추출을 의미하며, 임의추출의 방법으로는 제비뽑기, 난수 주사위 이용하기, 난수표 이용하기 등의 방법이 있는데, 공학 도구가 발전된 요즘에는 주로 공학용 계산기나 컴퓨터 프로그램을 이용합니다.

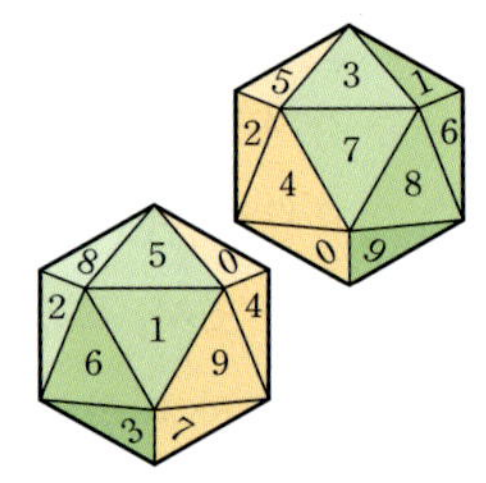

난수 주사위

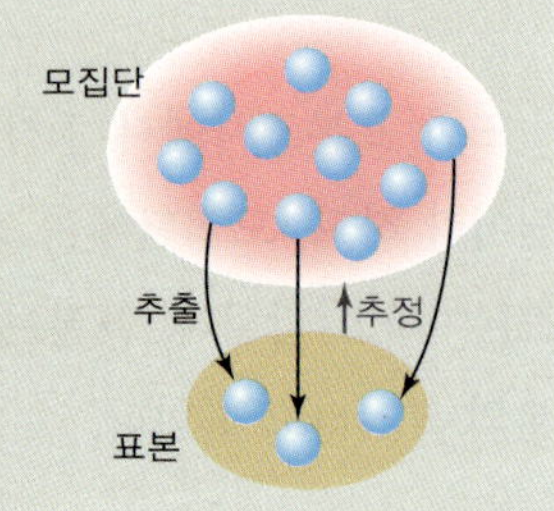

Bible Point	모집단과 표본

1 전수조사 : 조사의 대상이 되는 자료 전체를 조사하는 방법
2 표본조사 : 조사의 대상이 되는 자료의 일부만을 조사하는 방법
3 모집단 : 표본조사에서 조사의 대상이 되는 자료 전체의 집합
4 표본 : 모집단에서 조사하기 위하여 뽑은 자료의 집합
5 임의추출 : 모집단의 각 원소가 추출될 확률이 같도록 표본을 추출하는 방법

Plus+

표본을 대상으로 자료를 수집하는 경우에 수집한 자료의 처리 결과는 모집단을 대상으로 일반화(generalization)할 수 있어야 하여 전체 대상의 특성을 대표할 수 있는지의 여부, 즉 표본의 대표성을 가져야 한다.

한편, 모집단에서 표본을 추출할 때, 한 번 추출한 원소를 다시 되돌려 놓고 다음 원소를 추출하는 방법을 복원추출이라 하고, 한 번 추출한 원소를 되돌려 놓지 않고 다음 원소를 추출하는 방법을 비복원추출이라고 합니다.

이때, 모집단의 크기가 충분히 큰 경우에는 비복원추출도 복원추출로 볼 수 있고, 복원추출은 추출된 자료를 매번 되돌려 놓고 다시 추출하는 것이기 때문에 독립시행입니다.

Example 1, 2, 3의 숫자가 각각 적힌 3장의 카드를 모집단이라고 할 때, 이 중에서 크기가 2인 표본을 복원추출하는 방법의 수는 $3 \times 3 = 9$입니다.

또한 크기가 2인 표본을 비복원추출하는 방법의 수는 카드를 하나씩 뽑는 경우에는 ${}_3P_2 = 6$, 카드 두 개를 동시에 뽑는 경우에는 ${}_3C_2 = 3$입니다.

2 표본평균의 평균과 분산

모집단의 어떤 특성을 나타내는 확률변수의 확률분포를 모집단의 확률분포라고 하는데, 모집단의 확률분포에서 평균, 분산, 표준편차를 각각 **모평균**, **모분산**, **모표준편차**라 하고, 이것을 각각 기호로 m, σ^2, σ와 같이 나타냅니다.

한편, 어떤 모집단에서 크기가 n인 표본 X_1, X_2, $\cdots$, X_n을 임의추출할 때, 이들의 평균, 분산, 표준편차를 각각 **표본평균**, **표본분산**, **표본표준편차**라 하고, 이것을 각각 기호로

$$\overline{X},\ S^2,\ S$$

와 같이 나타냅니다.

표본평균 $\overline{X}$, 표본분산 S^2, 표본표준편차 S는

$$\overline{X} = \frac{1}{n}(X_1 + X_2 + \cdots + X_n) = \frac{1}{n}\sum_{i=1}^{n} X_i$$

$$S^2 = \frac{1}{n-1}\{(X_1 - \overline{X})^2 + (X_2 - \overline{X})^2 + \cdots + (X_n - \overline{X})^2\}$$

$$= \frac{1}{n-1}\sum_{i=1}^{n}(X_i - \overline{X})^2$$

$$S = \sqrt{S^2} \quad \leftarrow \text{표본분산의 양의 제곱근}$$

과 같이 구할 수 있습니다.

이때, 표본분산은 모분산과 달리 편차의 제곱의 합을 $n-1$로 나눈 값으로 정의하는데, 이것은 표본분산과 모분산의 차이를 줄이기 위해서입니다. 이 부분에 대해서는 뒤에서 다시 이야기하겠습니다.

→ p. 289 참조

또한 모평균 m은 고정된 상수이지만 표본평균 $\overline{X}$는 추출된 표본에 따라 여러 가지 값을 가질 수 있으므로 표본평균 $\overline{X}$를 새로운 확률변수로 보고, $\overline{X}$의 확률분포, 평균, 분산, 표준편차를 구할 수 있습니다.

예를 들어, 0, 2, 4, 6의 숫자가 각각 적힌 네 장의 카드가 들어 있는 주머니가 있다고 합시다.

여기서 임의로 한 장의 카드를 꺼낼 때 카드에 적힌 수를 확률변수 X라고 하면, X의 확률분포는 모집단의 분포가 되고 그 확률분포를 표로 나타내고 확률질량함수 $\mathrm{P}(X=x)$의 그래프로 나타내면 다음과 같습니다.

X	0	2	4	6	합계
$\mathrm{P}(X=x)$	$\dfrac{1}{4}$	$\dfrac{1}{4}$	$\dfrac{1}{4}$	$\dfrac{1}{4}$	1

이 모집단의 분포에서 확률변수 X의 평균과 분산을 구해 보면

$$m = 0 \times \frac{1}{4} + 2 \times \frac{1}{4} + 4 \times \frac{1}{4} + 6 \times \frac{1}{4} = 3$$

$$\sigma^2 = \left(0^2 \times \frac{1}{4} + 2^2 \times \frac{1}{4} + 4^2 \times \frac{1}{4} + 6^2 \times \frac{1}{4}\right) - 3^2 = 5$$

입니다. 즉, $m=3$이 모평균, $\sigma^2=5$가 모분산, $\sigma=\sqrt{5}$가 모표준편차입니다.

이제, 위의 예에서 크기가 2인 표본을 복원추출할 때, 첫 번째 꺼낸 카드에 적힌 수를 X_1, 두 번째 꺼낸 카드에 적힌 수를 X_2라고 하면 표본평균 $\overline{X}$는 $\overline{X} = \dfrac{X_1+X_2}{2}$입니다.

이때, 표본평균 $\overline{X}$는 추출된 X_1, X_2의 값에 따라 변하므로 확률변수가 됩니다.

만약 첫 번째 꺼낸 카드에 적힌 수가 0이고, 두 번째 꺼낸 카드에 적힌 수가 2이면 $X_1=0$, $X_2=2$이므로 표본평균 $\overline{X}$는 $\overline{X} = \dfrac{0+2}{2} = 1$입니다.

네 장의 카드에서 크기가 2인 표본을 복원추출하는 모든 방법의 수는

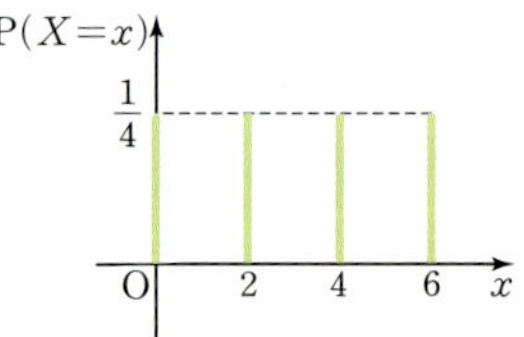

X_2 \ X_1	0	2	4	6
0	0	1	2	3
2	1	2	3	4
4	2	3	4	5
6	3	4	5	6

$$4 \times 4 = 16$$

이며, 이들 16개의 표본 각각의 표본평균 $\overline{X}$를 구하여 나열하면 앞의 표와 같습니다.

이와 같이 표본평균 $\overline{X}$는 추출된 표본에 따라 0, 1, 2, 3, 4, 5, 6의 값을 가지는 확률변수이며, 모평균 $m=3$보다 클 때도 있고 작을 때도 있고, 또 같을 때도 있다는 것을 알 수 있습니다.

따라서 표본평균 $\overline{X}$에 대응하는 확률을 조사하여 그 확률분포를 표로 나타내고 확률질량함수 $P(\overline{X}=\overline{x})$의 그래프를 나타내면 다음과 같습니다.

$\overline{X}$	0	1	2	3	4	5	6	합계
$P(\overline{X}=\overline{x})$	$\dfrac{1}{16}$	$\dfrac{2}{16}$	$\dfrac{3}{16}$	$\dfrac{4}{16}$	$\dfrac{3}{16}$	$\dfrac{2}{16}$	$\dfrac{1}{16}$	1

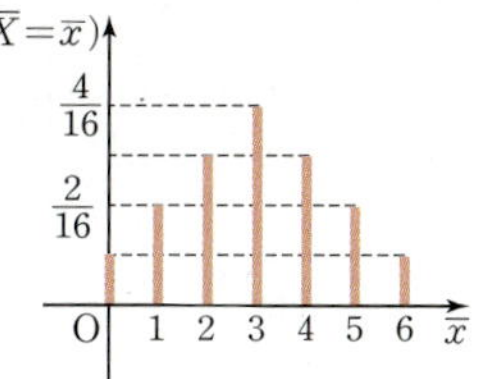

이 표본평균 $\overline{X}$의 평균과 분산을 구해 보면

$$\mathrm{E}(\overline{X}) = 0 \times \frac{1}{16} + 1 \times \frac{2}{16} + 2 \times \frac{3}{16} + \cdots + 6 \times \frac{1}{16} = 3$$

$$\mathrm{V}(\overline{X}) = \left(0^2 \times \frac{1}{16} + 1^2 \times \frac{2}{16} + 2^2 \times \frac{3}{16} + \cdots + 6^2 \times \frac{1}{16}\right) - 3^2 = \frac{5}{2}$$

입니다.

이 값은 앞에서 구한 확률변수 X의 모평균, 모분산과 비교해 보면 다음과 같은 관계가 있음을 알 수 있습니다.

$$\mathrm{E}(\overline{X}) = 3 = m, \quad \mathrm{V}(\overline{X}) = \frac{5}{2} = \frac{\sigma^2}{n}$$

즉, 표본평균 $\overline{X}$의 평균은 3으로 모평균 3과 같고, 표본평균 $\overline{X}$의 분산 $\dfrac{5}{2}$는 모분산 5를 표본의 크기 2로 나눈 것과 같습니다.

한편, 앞의 모집단에서 크기가 3인 표본 X_1, X_2, X_3을 복원추출하고, 그 표본평균 $\overline{X} = \dfrac{1}{3}(X_1 + X_2 + X_3)$의 분포를 표로 나타내면 다음과 같습니다.

$\overline{X}$	0	$\dfrac{2}{3}$	$\dfrac{4}{3}$	2	$\dfrac{8}{3}$	$\dfrac{10}{3}$	4	$\dfrac{14}{3}$	$\dfrac{16}{3}$	6	합계
$P(\overline{X}=\overline{x})$	$\dfrac{1}{64}$	$\dfrac{3}{64}$	$\dfrac{6}{64}$	$\dfrac{10}{64}$	$\dfrac{12}{64}$	$\dfrac{12}{64}$	$\dfrac{10}{64}$	$\dfrac{6}{64}$	$\dfrac{3}{64}$	$\dfrac{1}{64}$	1

따라서 표본평균 $\overline{X} = \dfrac{1}{3}(X_1 + X_2 + X_3)$의 평균, 분산을 각각 구하면

$$E(\overline{X})=3, \quad V(\overline{X})=\frac{5}{3}$$

입니다.

즉, 표본평균 $\overline{X}$의 평균은 3으로 모평균 3과 같고, 표본평균 $\overline{X}$의 분산 $\frac{5}{3}$는 모분산 5를 표본의 크기 3으로 나눈 것과 같습니다.

그리고 앞의 예에서 모집단의 분포와 크기가 2, 3인 표본평균의 분포를 그래프로 나타내면 다음 그림과 같습니다.

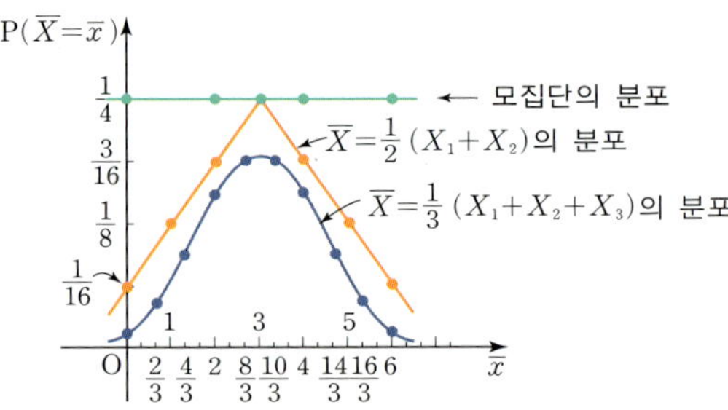

이와 같이 표본의 크기가 커지면 표본평균 $\overline{X}$의 분포는 정규분포에 가까워집니다.

일반적으로 다음과 같은 성질이 성립합니다.

 표본평균 $\overline{X}$의 분포

모평균이 m, 모표준편차가 σ인 모집단에서 크기가 n인 표본을 임의추출할 때, 표본평균 $\overline{X}$에 대하여

1 $E(\overline{X})=m$, $V(\overline{X})=\dfrac{\sigma^2}{n}$, $\sigma(\overline{X})=\dfrac{\sigma}{\sqrt{n}}$

2 모집단이 정규분포 $N(m, \sigma^2)$을 따르면 표본평균 $\overline{X}$는 n의 크기에 상관없이 정규분포 $N\!\left(m, \dfrac{\sigma^2}{n}\right)$을 따른다.

3 모집단의 분포가 정규분포가 아닐 때에도 n이 충분히 크면 표본평균 $\overline{X}$는 근사적으로 정규분포 $N\!\left(m, \dfrac{\sigma^2}{n}\right)$을 따른다.

Plus+

① 일반적으로 n의 값이 30 이상이면 충분히 큰 것으로 본다.

② 표본평균 $\overline{X}$와 표본평균의 평균 $E(\overline{X})$를 명확히 구분하여 표본평균의 분산, 표준편차인 $V(\overline{X})=\dfrac{\sigma^2}{n}$, $\sigma(\overline{X})=\dfrac{\sigma}{\sqrt{n}}$와 표본분산, 표본표준편차인 S^2, S를 혼동하지 않도록 주의한다.

앞에서 크기가 2인 표본을 이용하여 표본평균 $\overline{X}$의 분포와 모집단의 분포 사이의 관계를 알아보았는데, 이를 일반화시켜 보겠습니다.

모평균이 m, 모표준편차가 σ인 모집단에서 크기가 n인 표본을 임의추출할 때, 표본평균 $\overline{X}$의 평균, 분산, 표준편차는 각각

$$\mathrm{E}(\overline{X})=m,\ \mathrm{V}(\overline{X})=\frac{\sigma^2}{n},\ \sigma(\overline{X})=\frac{\sigma}{\sqrt{n}}$$

임을 확인해 봅시다.

일반적으로 평균이 m이고 분산이 σ^2인 어떤 모집단에서 복원추출로 크기가 n인 표본 X_1, X_2, X_3, $\cdots$, X_n을 독립시행으로 추출하였을 때, X_1, X_2, X_3, $\cdots$, X_n은 각각 X와 같은 확률분포를 가집니다. 즉, X_1, X_2, X_3, $\cdots$, X_n은 모두 크기가 1인 표본이며, 그 각각의 확률분포는 모집단의 확률분포와 같게 됩니다. 즉,

$$\mathrm{E}(X_1)=\mathrm{E}(X_2)=\cdots=\mathrm{E}(X_n)=m$$
$$\mathrm{V}(X_1)=\mathrm{V}(X_2)=\cdots=\mathrm{V}(X_n)=\sigma^2$$

이를 토대로 표본평균 $\overline{X}$의 평균과 분산을 구해 보면 각각 다음과 같습니다.

$$
\begin{aligned}
\mathrm{E}(\overline{X})&=\mathrm{E}\left(\frac{X_1+X_2+\cdots+X_n}{n}\right)\\
&=\frac{1}{n}\{\mathrm{E}(X_1)+\mathrm{E}(X_2)+\cdots+\mathrm{E}(X_n)\}\\
&=\frac{1}{n}(m+m+\cdots+m)\\
&=\frac{1}{n}\times nm=m\\
\therefore\ \mathrm{E}(\overline{X})&=m
\end{aligned}
$$

$$\mathrm{E}(aX)=a\mathrm{E}(X)$$
$$\mathrm{E}(X+Y)=\mathrm{E}(X)+\mathrm{E}(Y)$$
$$\mathrm{E}(X_1)=\mathrm{E}(X_2)=\cdots=\mathrm{E}(X_n)=m$$

또한 X_1, X_2, X_3, $\cdots$, X_n이 서로 독립이면 $\mathrm{V}\left(\sum\limits_{i=1}^{n}X_i\right)=\sum\limits_{i=1}^{n}\mathrm{V}(X_i)$임이 알려져 있으므로

$$
\begin{aligned}
\mathrm{V}(\overline{X})&=\mathrm{V}\left(\frac{X_1+X_2+\cdots+X_n}{n}\right)\\
&=\frac{1}{n^2}\{\mathrm{V}(X_1)+\mathrm{V}(X_2)+\cdots+\mathrm{V}(X_n)\}\\
&=\frac{1}{n^2}(\sigma^2+\sigma^2+\cdots+\sigma^2)\\
&=\frac{1}{n^2}\times n\sigma^2=\frac{\sigma^2}{n}\\
\therefore\ \mathrm{V}(\overline{X})&=\frac{\sigma^2}{n},\ \sigma(\overline{X})=\frac{\sigma}{\sqrt{n}}
\end{aligned}
$$

$$\mathrm{V}(aX)=a^2\mathrm{V}(X)$$
$$\mathrm{V}(X+Y)=\mathrm{V}(X)+\mathrm{V}(Y)$$
$$\mathrm{V}(X_1)=\mathrm{V}(X_2)=\cdots=\mathrm{V}(X_n)=\sigma^2$$

(1) 난수 주사위를 이용한 임의추출

난수 주사위는 다음 그림과 같이 정이십면체의 각 면에 0부터 9까지의 숫자를 두 번씩 적은 것입니다.

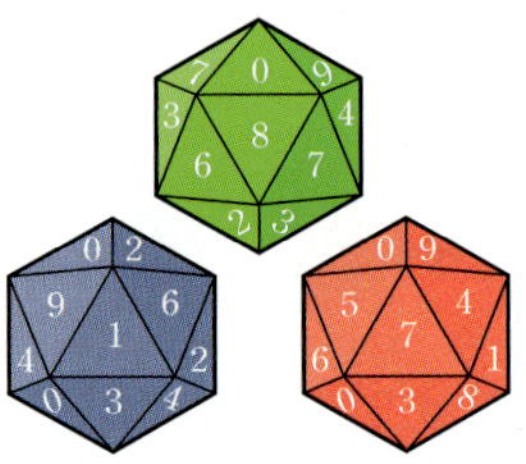

난수 주사위를 이용하여 다음과 같이 300명의 학생 중에서 5명을 임의추출해 봅시다.

❶ 300명의 학생에게 000부터 299까지의 번호를 붙인다.

❷ 서로 다른 색의 세 개의 난수 주사위, 예를 들어 위의 그림의 녹색 주사위는 백의 자리, 파란색 주사위는 십의 자리, 빨간색 주사위는 일의 자리로 정하여 동시에 던지면 000부터 999까지의 수를 얻을 수 있다.

❸ 000부터 299까지의 수가 5개 나올 때까지 세 개의 난수 주사위를 반복하여 던진다.

❹ 위의 ❸에서 얻은 수의 번호를 가진 5명의 학생을 표본으로 택한다.

(2) 난수표를 이용한 임의추출

난수표는 0부터 9까지의 숫자를 임의로 배열한 표입니다.

오른쪽 난수표를 이용하여 다음과 같이 50명의 학생 중에서 5명을 임의추출해 봅시다.

❶ 50명의 학생에게 00부터 49까지의 번호를 붙인다.

❷ 난수표에서 임의의 한 수를 택한다. 예를 들어, 두 개의 난수 주사위를 두 번 던져서 12와 02를 얻었다면 오른쪽 난수표의 12행의 2번째 수 5부터 시작하여 오른쪽으로 두 자리씩 나아가면서 쓴다.

45 62 85 11 26	11 80 46 79 90
47 31 17 33 57	23 18 81 86 02
51 26 36 44 67	74 45 84 54 90
76 91 34 56 74	29 93 15 31 55
98 56 29 30 59	28 31 70 01 55
85 62 86 19 04	13 75 84 12 46
92 71 31 42 80	81 47 66 21 68
89 92 01 57 21	50 58 42 81 59
18 18 33 55 85	56 47 52 73 86
81 80 52 31 70	47 25 15 80 40
60 16 81 87 70	78 52 39 24 89
05 12 43 13 99	53 04 48 74 04
78 41 37 78 04	19 84 65 92 71
16 28 42 64 52	89 25 79 59 51

❸ 나열한 두 자리 수 중에서 50 이상인 수와 이전에 나온 수를 제외하면서 차례로 5개의 수를 뽑는다.

$$51 \quad 24 \quad 31 \quad 39 \quad 95 \quad 30 \quad 44 \quad 87 \quad 40 \quad \cdots$$

❹ 뽑은 수 24, 31, 39, 30, 44의 번호를 가진 학생을 표본으로 택한다.

1 정규분포 $N(60, 10^2)$을 따르는 모집단에서 크기가 20인 표본을 임의추출할 때, 표본평균 $\overline{X}$의 평균과 분산을 각각 구하여라.

2 정규분포 $N(30, 4^2)$을 따르는 모집단에서 크기가 4인 표본을 복원추출할 때, 표본평균을 $\overline{X}$라고 하자. $E(\overline{X}^2)$을 구하여라.

3 모집단의 확률변수 X의 확률분포를 표로 나타내면 다음과 같다. 이 모집단에서 크기가 4인 표본을 임의로 복원추출할 때, 표본평균 $\overline{X}$의 평균과 분산을 각각 구하여라.

X	0	1	2	합계
$P(X=x)$	$\dfrac{1}{4}$	$\dfrac{1}{2}$	$\dfrac{1}{4}$	1

4 모평균이 102, 모표준편차가 26인 모집단에서 크기가 n인 표본을 임의추출할 때, 표본평균 $\overline{X}$의 표준편차가 2 이하가 되도록 하는 자연수 n의 최솟값을 구하여라.

5 모집단에서 복원추출로 크기가 5인 표본 2, 4, 6, 6, 12를 추출하였을 때, 표본분산을 구하여라.

풀이

1 모집단이 정규분포 $N(60, 10^2)$을 따르므로 모평균 $m=60$, 모분산 $\sigma^2=10^2$

이때, 모집단에서 크기가 20인 표본을 임의로 추출하므로 표본평균 $\overline{X}$의 평균 $E(\overline{X})$와 분산 $V(\overline{X})$는 각각

$$E(\overline{X})=m=\mathbf{60},\ V(\overline{X})=\frac{\sigma^2}{n}=\frac{10^2}{20}=\mathbf{5}$$

2 모평균이 $m=30$, 모분산이 $\sigma^2=4^2$이고, 표본의 크기가 $n=4$이므로 표본평균 $\overline{X}$에 대하여

$$E(\overline{X})=30,\ V(\overline{X})=\frac{\sigma^2}{n}=\frac{4^2}{4}=4$$

즉, 표본평균 $\overline{X}$는 정규분포 $N(30, 2^2)$을 따른다.

따라서 $V(\overline{X})=E(\overline{X}^2)-\{E(\overline{X})\}^2$에서 $4=E(\overline{X}^2)-30^2$ $\quad\therefore E(\overline{X}^2)=\mathbf{904}$

3 모평균이 $E(X)=0\times\dfrac{1}{4}+1\times\dfrac{1}{2}+2\times\dfrac{1}{4}=1$이므로 $E(\overline{X})=E(X)=\mathbf{1}$

모분산이 $V(X)=0^2\times\dfrac{1}{4}+1^2\times\dfrac{1}{2}+2^2\times\dfrac{1}{4}-1^2=\dfrac{1}{2}$이고, 표본의 크기가 4이므로

$$V(\overline{X})=\frac{V(X)}{4}=\frac{\frac{1}{2}}{4}=\mathbf{\frac{1}{8}}$$

4 표본평균 $\overline{X}$의 표준편차가 2 이하가 되어야 하므로

$$\sigma(\overline{X})=\frac{\sigma}{\sqrt{n}}=\frac{26}{\sqrt{n}}\leq2,\ \sqrt{n}\geq13,\ n\geq169$$

따라서 자연수 n의 최솟값은 **169**이다.

5 표본 2, 4, 6, 6, 12의 평균을 $\overline{x}$라고 하면 $\overline{x}=\dfrac{1}{5}(2+4+6+6+12)=\dfrac{30}{5}=6$

따라서 표본분산을 S^2이라고 하면

$$S^2=\frac{1}{5-1}\{(2-6)^2+(4-6)^2+(6-6)^2+(6-6)^2+(12-6)^2\}=\frac{56}{4}=\mathbf{14}$$

예제 01

오른쪽 그림과 같이 숫자 1, 3, 5, 7이 각각 적힌 4개의 공이 주머니에 들어 있다. 이 주머니에서 임의로 크기가 2인 표본을 복원추출할 때, 공에 적힌 숫자의 평균을 $\overline{X}$라고 하자. 다음 물음에 답하여라.

(1) 표본평균 $\overline{X}$의 확률분포를 표로 나타내어라.

(2) (1)의 표를 이용하여 표본평균 $\overline{X}$의 평균과 분산을 각각 구하여라.

접근 방법

2개의 공에 적힌 숫자를 각각 X_1, X_2라고 하면 표본평균 $\overline{X}$는 $\overline{X}=\dfrac{X_1+X_2}{2}$ 임을 이용하여 구합니다.

Bible 표본평균의 평균은 모평균과 같고, 표본평균의 분산은 표본의 크기에 반비례한다.

상세 풀이

(1) 표본평균 $\overline{X}$의 분포는 오른쪽 표와 같습니다.

이때, 확률변수 $\overline{X}$의 확률분포를 표로 나타내면 다음과 같습니다.

X_2 \ X_1	1	3	5	7
1	1	2	3	4
3	2	3	4	5
5	3	4	5	6
7	4	5	6	7

$\overline{X}$	1	2	3	4	5	6	7	합계
$\mathrm{P}(\overline{X}=\bar{x})$	$\dfrac{1}{16}$	$\dfrac{2}{16}$	$\dfrac{3}{16}$	$\dfrac{4}{16}$	$\dfrac{3}{16}$	$\dfrac{2}{16}$	$\dfrac{1}{16}$	1

(2) $\mathrm{E}(\overline{X})=1\times\dfrac{1}{16}+2\times\dfrac{2}{16}+3\times\dfrac{3}{16}+4\times\dfrac{4}{16}+5\times\dfrac{3}{16}+6\times\dfrac{2}{16}+7\times\dfrac{1}{16}=4$

$\mathrm{V}(\overline{X})=\left(1^2\times\dfrac{1}{16}+2^2\times\dfrac{2}{16}+3^2\times\dfrac{3}{16}+4^2\times\dfrac{4}{16}+5^2\times\dfrac{3}{16}+6^2\times\dfrac{2}{16}+7^2\times\dfrac{1}{16}\right)-4^2=\dfrac{5}{2}$

정답 ➡ (1) 풀이 참조 (2) 평균 : 4, 분산 : $\dfrac{5}{2}$

보충 설명

모집단의 확률변수를 X라고 하면

$$m=\mathrm{E}(X)=\dfrac{1+3+5+7}{4}=4,\ \sigma^2=\mathrm{V}(X)=\dfrac{1^2+3^2+5^2+7^2}{4}-4^2=21-16=5$$

이고, 표본의 크기 $n=2$이므로

$$\mathrm{E}(\overline{X})=m=4,\ \mathrm{V}(\overline{X})=\dfrac{\sigma^2}{n}=\dfrac{5}{2}$$

임을 알 수 있습니다. 따라서 표본평균의 평균과 분산을 구할 때 매번 위와 같이 표본평균 $\overline{X}$의 확률분포를 표로 나타내어 계산하는 것보다는 모평균과 모분산, 표본의 크기를 이용하여 구하는 것이 훨씬 편리합니다.

◆ 보충 설명

숫자 바꾸기

01-1

오른쪽 그림과 같이 숫자 2, 4, 6, 8이 각각 적힌 4개의 공이 주머니에 들어 있다. 이 주머니에서 임의로 크기가 2인 표본을 복원추출할 때, 공에 적힌 숫자의 평균을 $\overline{X}$라고 하자. 다음 물음에 답하여라.

(1) 표본평균 $\overline{X}$의 확률분포를 표로 나타내어라.

(2) (1)의 표를 이용하여 표본평균 $\overline{X}$의 평균과 분산을 각각 구하여라.

표현 바꾸기

01-2

주머니 속에 1, 2, 3, 4의 숫자가 적힌 공이 오른쪽 표와 같은 비율로 들어 있다. 이 주머니에서 임의로 33개의 공을 복원추출할 때, 공에 적힌 숫자의 평균을 $\overline{X}$라고 하자. $\overline{X}$의 표준편차는?

번호	1	2	3	4	합계
비율	$\dfrac{1}{6}$	$\dfrac{1}{3}$	$\dfrac{1}{3}$	$\dfrac{1}{6}$	1

① $\dfrac{1}{2}$

② $\dfrac{1}{3}$

③ $\dfrac{1}{6}$

④ $\dfrac{1}{9}$

⑤ $\dfrac{1}{12}$

개념 넓히기 ★★☆

01-3

오른쪽은 어떤 모집단의 확률분포를 나타낸 표이다. 이 모집단에서 임의로 크기가 2인 표본을 복원추출하여 구한 표본평균을 $\overline{X}$라고 하자. $\overline{X}$의 평균이 18일 때, $P(\overline{X}=20)$은?

X	10	20	30	합계
$P(X=x)$	$\dfrac{1}{2}$	a	$\dfrac{1}{2}-a$	1

① $\dfrac{2}{5}$

② $\dfrac{19}{50}$

③ $\dfrac{9}{25}$

④ $\dfrac{17}{50}$

⑤ $\dfrac{8}{25}$

 **01-1** (1) p.305 참조 (2) 평균 : 5, 분산 : $\dfrac{5}{2}$ **01-2** ③

01-3 ④

예제 02

어느 제과점에서 만드는 빵 한 개의 무게는 평균이 120 g, 표준편차가 24 g인 정규분포를 따른다고 한다. 이 중에서 36개의 빵을 임의추출할 때, 빵 무게의 표본평균이 112 g 이하일 확률을 오른쪽 표준정규분포표를 이용하여 구하여라.

z	$P(0 \leq Z \leq z)$
1.0	0.3413
1.5	0.4332
2.0	0.4772
2.5	0.4938

접근 방법

모집단이 정규분포 $N(m, \sigma^2)$을 따르면 표본의 크기가 n인 표본평균 $\overline{X}$는 정규분포 $N\left(m, \dfrac{\sigma^2}{n}\right)$을 따릅니다. 따라서 표본평균에 대한 확률 문제 역시 **07 연속확률분포**에서 배웠던 정규분포의 표준화를 이용하여 표본평균 $\overline{X}$를 표준화한 후 표준정규분포표를 이용하여 확률을 구하면 됩니다.

> **Bible** 표본평균에 대한 확률은 표본평균의 정규분포를 찾아 표준화한다.

상세 풀이

빵 한 개의 무게를 확률변수 X라고 하면 X는 정규분포 $N(120, 24^2)$을 따르고, 표본의 크기가 36이므로 표본평균을 $\overline{X}$라고 하면 $\overline{X}$는 정규분포 $N\left(120, \dfrac{24^2}{36}\right)$, 즉 $N(120, 4^2)$을 따릅니다.

이때, $Z = \dfrac{\overline{X} - 120}{4}$으로 놓으면 확률변수 Z는 표준정규분포 $N(0, 1)$을 따릅니다.

따라서 구하는 확률은

$$\begin{aligned} P(\overline{X} \leq 112) &= P\left(Z \leq \frac{112 - 120}{4}\right) \\ &= P(Z \leq -2) \\ &= P(Z \geq 2) \\ &= 0.5 - P(0 \leq Z \leq 2) \\ &= 0.5 - 0.4772 = 0.0228 \end{aligned}$$

정답 ➡ 0.0228

보충 설명

표준정규분포에서 Z의 범위는 $0 \leq Z \leq z\,(z \geq 0)$ 꼴로 주어져 있으므로 $Z \geq z$ 또는 $Z \leq -z$의 확률을 구하기 위해서는 표준정규분포곡선의 특징을 이용하면 됩니다.

표준정규분포곡선과 z축 사이의 넓이가 1이고, 좌우대칭이므로 직선 $z = 0$을 기준으로 양쪽의 넓이가 0.5로 같습니다. 즉, $P(Z \geq 0) = P(Z \leq 0) = 0.50$이므로 $P(0 \leq Z \leq z) = a$라고 하면 $P(Z \geq z) = P(Z \leq -z) = 0.5 - a$입니다.

숫자 바꾸기

02-1　어느 회사에서 생산하는 건전지 한 개의 수명은 평균이 40시간, 표준편차가 15시간인 정규분포를 따른다고 한다. 이 제품 중에서 100개의 건전지를 임의추출할 때, 건전지 수명의 표본평균이 43시간 이상일 확률을 오른쪽 표준정규분포표를 이용하여 구하여라.

z	$P(0 \leq Z \leq z)$
1.0	0.3413
1.5	0.4332
2.0	0.4772
2.5	0.4938

표현 바꾸기

02-2　어느 귤 농장에서 재배되는 귤 한 개의 무게를 확률변수 X라고 하면 X는 평균이 150 g, 표준편차가 12 g인 정규분포를 따른다고 한다. 이 중에서 임의추출한 귤 9개의 무게의 표본평균을 $\overline{X}$라고 할 때, $\overline{X}$가 144 g 이하일 확률은 $\dfrac{k}{10000}$ 이다. 상수 k의 값을 오른쪽 표준정규분포표를 이용하여 구하여라.

z	$P(0 \leq Z \leq z)$
1.0	0.3413
1.5	0.4332
2.0	0.4772
2.5	0.4938

개념 넓히기 ★★☆

02-3　어떤 모집단의 분포가 정규분포 $N(m, 10^2)$을 따르고, 이 정규분포의 확률밀도함수 $f(x)$의 그래프와 각 범위 내의 확률은 오른쪽 그림과 같다. 확률밀도함수 $f(x)$는 모든 실수 x에 대하여

$$f(x) = f(100 - x)$$

를 만족시킨다. 이 모집단에서 크기가 25인 표본을 임의추출할 때의 표본평균을 $\overline{X}$라고 할 때, $P(44 \leq \overline{X} \leq 48)$은?

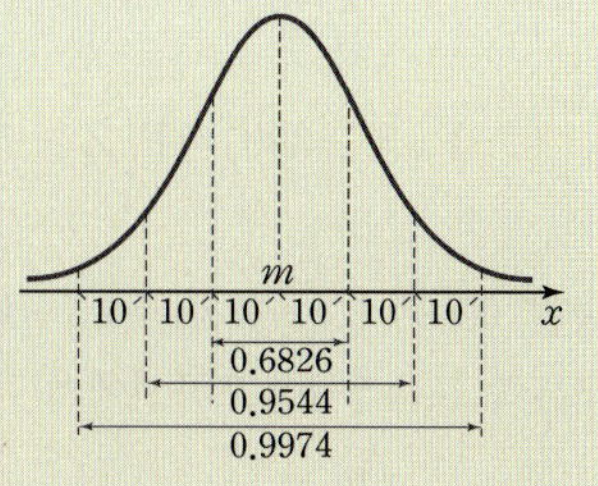

① 0.1359　　　② 0.1574　　　③ 0.1965

④ 0.2350　　　⑤ 0.2718

정답　**02-1** 0.0228　　　**02-2** 668　　　**02-3** ②

예제 03

훈이네 베이커리에서 만드는 단팥빵 한 개의 무게는 평균이 400 g, 표준편차가 50 g인 정규분포를 따른다고 한다. 이 가게에서 만든 단팥빵 중에서 크기가 n인 표본을 임의추출할 때, 표본평균을 $\overline{X}$라고 하자.

$P(\overline{X} \geq 390) \geq 0.88$을 만족시키는 자연수 n의 최솟값을 오른쪽 표준정규분포표를 이용하여 구하여라.

z	$P(0 \leq Z \leq z)$
1.2	0.38
1.4	0.42
1.6	0.44
1.8	0.46

접근 방법

표본평균 $\overline{X}$가 따르는 정규분포를 구하여 확률 $P(\overline{X} \geq 390)$에서 $\overline{X}$를 표준화한 후, 표준정규분포표를 이용하여 자연수 n의 값의 범위를 구합니다.

Bible 표준정규분포표를 이용하여 확률을 구할 때에는 표준정규분포곡선을 그려서 범위를 확인할 수도 있다.

상세 풀이

모집단이 정규분포 $N(400, 50^2)$을 따르고, 표본의 크기가 n이므로 표본평균 $\overline{X}$는 정규분포

$N\left(400, \dfrac{50^2}{n}\right)$, 즉 $N\left(400, \left(\dfrac{50}{\sqrt{n}}\right)^2\right)$을 따릅니다.

이때, $Z = \dfrac{\overline{X} - 400}{\dfrac{50}{\sqrt{n}}}$ 으로 놓으면 확률변수 Z는 표준정규분포 $N(0, 1)$을 따르므로

$$P(\overline{X} \geq 390) = P\left(Z \geq \dfrac{390 - 400}{\dfrac{50}{\sqrt{n}}}\right) = P\left(Z \geq -\dfrac{\sqrt{n}}{5}\right) \geq 0.88$$

한편, $0.88 = 0.5 + 0.38 = 0.5 + P(0 \leq Z \leq 1.2) = P(Z \geq -1.2)$이므로 오른쪽 표준정규분포곡선에서

$$-\dfrac{\sqrt{n}}{5} \leq -1.2, \quad \sqrt{n} \geq 6 \qquad \therefore n \geq 36$$

따라서 자연수 n의 최솟값은 36입니다.

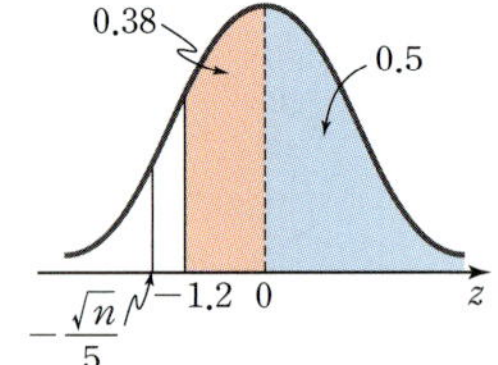

정답 ➡ 36

보충 설명

$P\left(Z \geq -\dfrac{\sqrt{n}}{5}\right) \geq 0.88$에서 $P(Z \geq z) = 0.88$일 때의 z의 값을 먼저 찾는 것이 편리합니다.

이때, $P(Z \geq -1.2) = 0.88$이므로 $P\left(Z \geq -\dfrac{\sqrt{n}}{5}\right) \geq 0.88$이려면 $-\dfrac{\sqrt{n}}{5}$이 -1.2보다 작거나 같아야 한다는 것을 알 수 있습니다. 따라서 표준정규분포표를 이용한 확률 문제에서 표준화된 변수의 범위를 확인해야 하는 경우에는 표준정규분포곡선을 그리면 보다 정확한 범위를 확인할 수 있습니다.

숫자 바꾸기

03-1

정규분포 $N(60, 16)$을 따르는 모집단에서 크기가 n인 표본을 임의추출할 때, 표본평균을 $\overline{X}$라고 하자.
$P(59 \leq \overline{X} \leq 61) \geq 0.99$를 만족시키는 자연수 n의 최솟값을 오른쪽 표준정규분포표를 이용하여 구한 것은?

① 105   ② 107   ③ 109
④ 111   ⑤ 113

z	$P(0 \leq Z \leq z)$
1.28	0.400
1.65	0.450
1.96	0.475
2.33	0.490
2.58	0.495

표현 바꾸기

◆ 보충 설명

03-2

어느 가게에서 만드는 샌드위치 한 개의 무게는 평균이 $500\,g$, 표준편차가 $50\,g$인 정규분포를 따른다고 한다. 이 가게에서 만든 샌드위치 중에서 임의추출한 n개의 표본평균을 $\overline{X}$라고 할 때,

$$P(|\overline{X} - 500| \leq 10) \geq 0.84$$

를 만족시키는 자연수 n의 최솟값을 오른쪽 표준정규분포표를 이용하여 구하여라.

z	$P(0 \leq Z \leq z)$
1.0	0.34
1.2	0.38
1.4	0.42
1.6	0.44

개념 넓히기 ★★☆

03-3

어느 회사에서 생산하는 베개 한 개의 무게는 평균이 $500\,g$, 표준편차가 $12\,g$인 정규분포를 따른다고 한다. 이 중에서 36개의 베개를 임의추출하여 그 표본평균을 $\overline{X}$라고 할 때,
$$P(\overline{X} \leq a) \leq 0.0062$$
를 만족시키는 실수 a의 최댓값을 오른쪽 표준정규분포표를 이용하여 구하여라.

z	$P(0 \leq Z \leq z)$
1.0	0.3413
1.5	0.4332
2.0	0.4772
2.5	0.4938

정답   **03-1** ②   **03-2** 49   **03-3** 495

모평균의 추정

표본을 추출하여 조사하는 것은 결국 모집단에 대한 정보를 추측하기 위해서입니다. 이와 같이 표본에서 얻은 정보를 이용하여 모집단의 특성을 확률적으로 추측하는 것을 **추정**이라고 합니다. 이러한 추정 과정에는 그 추측의 정확성을 나타내는 척도로 '신뢰도'와 '신뢰구간'이라는 개념이 존재합니다. 이번 단원에서는 신뢰도와 신뢰구간에 대하여 알아보고, 이를 이용하여 모평균을 추정하는 방법을 살펴보겠습니다.

1 신뢰도와 신뢰구간

TV나 신문을 통하여 다음과 같은 여론조사 결과를 접해 본 적이 있을 것입니다.

'이번 대선에서 유권자 1000명을 대상으로 실시한 출구조사 결과 A씨의 지지도는 45 %로 나타났습니다. 본 조사의 오차범위는 ±2.5 %, 신뢰도는 90 %입니다.'

하지만 이 여론조사 결과는 전체 유권자 중 정확하게 45 %가 A씨를 지지한다는 것을 뜻하지는 않습니다. 이러한 조사 결과를 수학적으로 해석해 보면서 '신뢰도와 신뢰구간'이라는 개념을 공부해 보겠습니다.

1. 오차범위가 ±2.5 %이다.

위와 같은 표현은 1000명을 대상으로 조사한 지지도 45 %에 대하여 ±2.5 %의 범위에서 오차를 가질 수 있다는 말입니다. 이것은 '42.5(＝45−2.5) %에서 47.5(＝45＋2.5) % 사이'에 실제 지지도가 있을 가능성이 높다고 생각하는 것으로 이 구간을 신뢰구간이라고 하며, 이때 47.5−42.5＝5(%)를 신뢰구간의 길이라고 합니다.

2. 신뢰도가 90 %이다.

위에서 말한 신뢰구간을 과연 어느 정도 믿을 수 있는지를 수치로 나타낸 것이 신뢰도입니다. 위와 같이 1000명을 대상으로 A씨의 지지도를 여러 번 조사했을 경우 각각의 신뢰구간을 오른쪽처럼 화살표로 나타낼 수 있습니다.

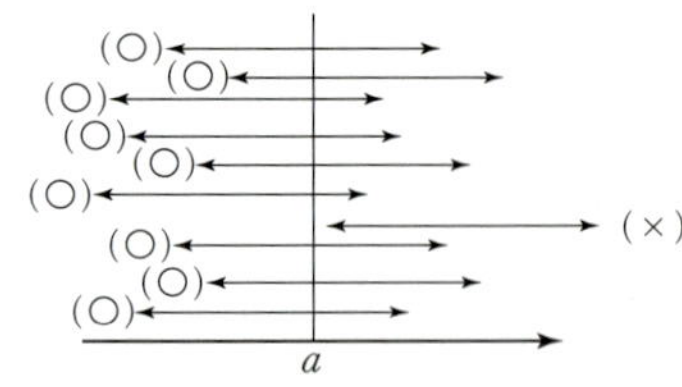

이때, 신뢰도가 90 %라는 것은 A씨의 실제 지지도가 a

일 때, 신뢰구간의 90 % 정도가 a를 포함할 수 있다는 뜻입니다. 즉, 앞의 그림에서 10개 중 9개의 신뢰구간이 A씨의 실제 지지도를 포함합니다.

결과적으로, 앞의 여론조사 결과를 수학적으로 표현해 보면 다음과 같습니다.

'1000명을 대상으로 한 지지도 조사를 통하여 A씨의 실제 지지도가 42.5 %에서 47.5 % 사이에 있을 것이라고 추측할 수 있으며, 이러한 조사를 반복하여 각 조사에서 신뢰구간을 구하면 이 중에서 90 %는 A씨의 실제 지지도를 포함하고 있다.'

또 다른 예를 하나 들어 보겠습니다. 전국 고등학교 남학생의 평균 키를 알고 싶다고 가정했을 때, 만약 신뢰구간을 50 cm~300 cm라고 한다면 아마 이 구간 안에는 모든 남학생들의 키가 포함될 것입니다. 즉, 이 구간 안에는 모집단의 모평균이 100 % 들어 있게 되는 것이므로 이 구간은 신뢰도 100 %인 신뢰구간이 됩니다. 이와 같이 신뢰도란 신뢰구간에 모평균이 포함되어 있을 확률을 의미합니다. 마찬가지로 신뢰도 95 %인 신뢰구간이란 결국 그 구간 안에 모평균이 포함되어 있을 확률이 0.95, 즉 95 %라는 것을 의미합니다.

좀 더 자세히 설명하자면, 우리가 모집단에서 표본을 한 번 추출해 어떤 신뢰구간을 구할 때, 이 구간 안에는 모평균이 포함되어 있을 수도 있고 포함되지 않을 수도 있습니다. 즉, 표본평균 $\overline{X}$는 확률변수이므로 추출되는 표본에 따라 그 값이 달라지고 신뢰구간도 달라집니다.

이렇게 해서 구한 신뢰구간 중에는 오른쪽 그림과 같이 모평균 m을 포함하는 것과 포함하지 않는 것이 있을 수 있습니다. 오른쪽 그림에서 표본평균을 $\overline{X_1}$, $\overline{X_2}$, $\overline{X_3}$으로 계산한 신뢰구간은 모평균 m을 포함하지만 $\overline{X_4}$로 계산한 신뢰구간은 모평균 m을 포함하지 않습니다.

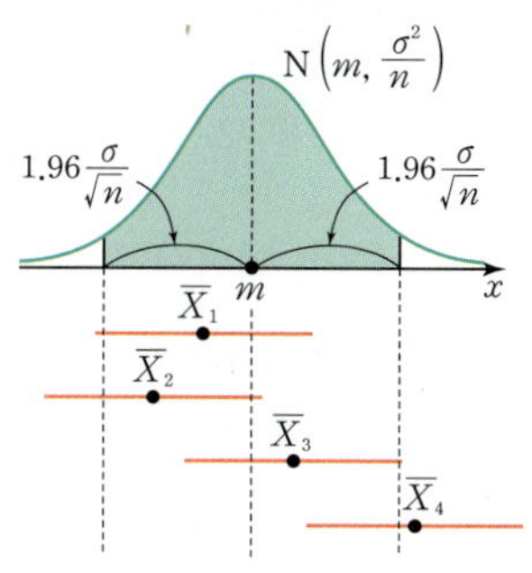

모평균 m에 대한 신뢰도 95 %의 신뢰구간이라는 말은 100개의 표본을 추출하여 신뢰구간을 만들 때, 모평균 m을 포함하는 것이 약 95개라는 것을 의미합니다.

따라서 표본조사에 의하여 얻어지는 어떤 수치가 모집단의 어떤 구간에 있을 것이라고 추정할 수 있을 때, 이 추정이 적중할 확률을 그 추정의 신뢰도라 하고, 그 구간을 신뢰구간이라고 하며, 그 구간의 길이를 신뢰구간의 길이라고 합니다.

이때, 표본평균 $\overline{X}$는 확률변수이므로 추출되는 표본에 따라 그 값이 달라지며, 그에 따라 신뢰구간도 달라집니다. 그러므로 '신뢰도 95 %의 신뢰구간'이라는 뜻은 크기가 n인 표본을 여러 번 추출하여 신뢰구간을 만들 때, 모평균 m을 포함하는 것이 약 95 %라는 의미입니다.

이제 신뢰도와 신뢰구간 사이의 관계에 대하여 생각해 봅시다.

앞의 지지도 조사에서 오차범위를 $\pm 2.5\%$에서 $\pm 5\%$로 늘려 봅시다. 그러면 신뢰구간은 '40 %에서 50 % 사이'가 되어서 처음의 신뢰구간의 길이 5 %의 2배인 10 %로 늘어납니다. 신뢰구간이 늘어났기 때문에 각 조사에서 신뢰구간이 실제 지지도를 포함할 가능성이 높아질 것입니다. 즉, 신뢰도가 높아진다는 뜻입니다. 반면 신뢰구간이 줄어들면 신뢰도는 낮아질 것입니다.

신뢰도는 조사 결과가 실제 결과와 같을 정도가 아니라 신뢰구간 안에 실제 결과가 들어 있을 정도입니다. 단순히 신뢰도를 높이기 위하여 신뢰구간을 늘인다면 오히려 오차범위가 늘어나 조사한 결과를 이용하여 실제 결과를 추측하기가 더욱 힘들어집니다. 따라서 무작정 신뢰도가 높다고 좋은 것이 아니므로 적정수준에서 모평균을 추정할 필요가 있습니다.

2 모평균의 추정

모평균 m을 모를 때, 표본평균 $\overline{X}$를 이용하여 모평균 m을 추정하는 방법을 알아보겠습니다.

예를 들어, 어떤 공장에서 전구를 생산하는데, 전구의 평균 수명을 알아보기 위하여 통계조사를 실시한다고 합시다. 정확한 정보를 얻기 위해서는 생산되는 모든 전구를 조사하면 되겠지만, 그렇다고 판매할 전구를 조사하는 데 다 써버릴 수는 없습니다. 이런 경우 전구 중에서 임의로 추출한 표본조사를 통하여 그 결과로부터 전구 전체의 평균 수명을 추측해 볼 수 있습니다.

이와 같이 모집단의 평균, 표준편차 등 모집단의 성질을 알지 못할 때, 표본에서 얻은 정보를 이용하여 이들 값을 추정할 때, 모집단에서 임의추출한 표본의 평균을 이용하여 모집단의 모평균의 범위를 추측하는 것을 모평균의 추정이라고 합니다.

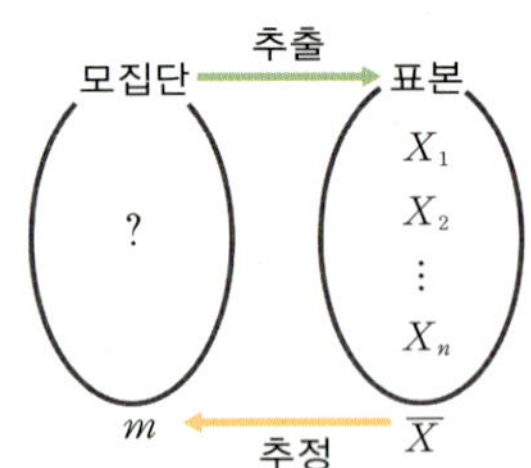

일반적으로 통계조사에서 가장 많이 쓰이는 신뢰도는 95 %, 99 %입니다. 통계조사가 이러한 신뢰도를 가질 때, 표본평균을 이용하여 모평균을 추정해 봅시다.

앞에서 모집단이 정규분포 $N(m, \sigma^2)$을 따를 때, 크기가 n인 표본의 표본평균 $\overline{X}$는 정규분포 $N\left(m,\ \dfrac{\sigma^2}{n}\right)$을 따른다는 것을 배웠습니다. 따라서 확률변수 $Z=\dfrac{\overline{X}-m}{\dfrac{\sigma}{\sqrt{n}}}$은 표준정규분포

$N(0,\ 1)$을 따릅니다.

이때, 표준정규분포표에서 $P(-1.96 \leq Z \leq 1.96)=0.95$이므로

$$P\left(-1.96 \leq \dfrac{\overline{X}-m}{\dfrac{\sigma}{\sqrt{n}}} \leq 1.96\right)=0.95$$

각 변에 $\dfrac{\sigma}{\sqrt{n}}$를 곱합니다.

$$P\left(-1.96\dfrac{\sigma}{\sqrt{n}} \leq \overline{X}-m \leq 1.96\dfrac{\sigma}{\sqrt{n}}\right)=0.95$$

각 변에 -1을 곱하면 부등호의 방향이 바뀝니다.

$$P\left(1.96\dfrac{\sigma}{\sqrt{n}} \geq m-\overline{X} \geq -1.96\dfrac{\sigma}{\sqrt{n}}\right)=0.95$$

각 변에 $\overline{X}$를 더해 주고, 부등호 방향을 작은 것이 왼쪽에 오도록 정리합니다.

$$P\left(\overline{X}-1.96\dfrac{\sigma}{\sqrt{n}} \leq m \leq \overline{X}+1.96\dfrac{\sigma}{\sqrt{n}}\right)=0.95$$

입니다. 여기서 표본평균 $\overline{X}$의 값을 $\overline{x}$라고 할 때,

$$\overline{x}-1.96\dfrac{\sigma}{\sqrt{n}} \leq m \leq \overline{x}+1.96\dfrac{\sigma}{\sqrt{n}} \qquad \cdots\cdots\ \text{㉠}$$

를 모평균 m에 대한 신뢰도 95 %의 신뢰구간이라고 합니다.

이때, 신뢰구간의 길이는 $2 \times 1.96\dfrac{\sigma}{\sqrt{n}}$입니다.

앞에서 이야기한 것처럼 위의 식 ㉠에서 표본평균 $\overline{X}$는 확률변수이므로 추출되는 표본에 따라 취하는 값 $\overline{x}$가 달라지고, 그에 따라 신뢰구간도 달라집니다. 이와 같은 신뢰구간 중에는 오른쪽 그림과 같이 모평균 m을 포함하는 것과 포함하지 않는 것이 있을 수 있습니다.

이때, 모평균 m에 대한 신뢰도 95 %의 신뢰구간이란 크기 n인 표본을 여러 번 추출하여 신뢰구간을 각각 구하면 그중에서 약 95 %는 모평균 m을 포함한다는 뜻입니다.

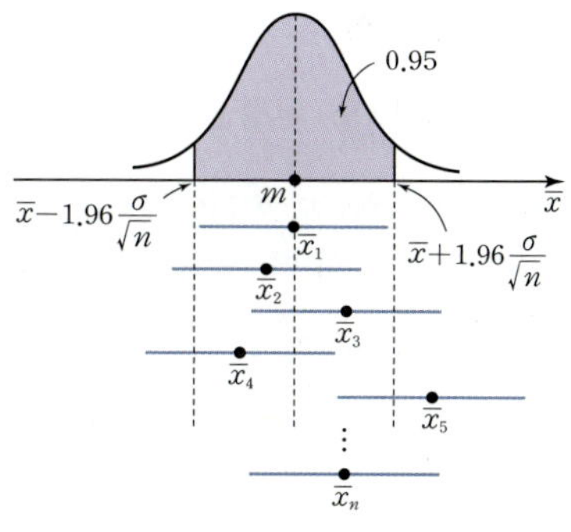

신뢰도가 99 %일 때에도 $P(-2.58 \leq Z \leq 2.58)=0.99$임을 이용하여 마찬가지 방법으로 구하면 모평균 m의 신뢰도 99 %의 신뢰구간은 다음과 같습니다.

$$\overline{x}-2.58\dfrac{\sigma}{\sqrt{n}} \leq m \leq \overline{x}+2.58\dfrac{\sigma}{\sqrt{n}}$$

이때, 신뢰구간의 길이는 $2 \times 2.58\dfrac{\sigma}{\sqrt{n}}$입니다.

그리고 동일한 표본을 사용할 때, 신뢰도 99 %의 신뢰구간은 신뢰도 95 %의 신뢰구간을 포함합니다.

그런데 위의 식에서 사용된 σ는 모표준편차를 뜻하는데, 실제 표본조사에서는 모평균을 알지 못하기 때문에 표본평균을 통하여 모평균을 추정하는 것이므로 모표준편차도 모르는 경우가 대부분입니다. 그러나 표본의 크기가 충분히 큰 경우에는 모집단의 분포 상태와 표본의 분포 상태가 유사할 것이므로 모표준편차와 표본표준편차 사이에 큰 차이가 없음이 알려져 있습니다. 따라서 표본의 크기가 충분히 큰 경우에는 표본표준편차를 모표준편차 대신 사용할 수 있습니다.

이와 마찬가지 원리로 $\mathrm{P}(-k \leq Z \leq k) = \dfrac{\alpha}{100}$ 일 때, 표본평균 $\overline{X}$의 값을 $\overline{x}$라고 하면 모평균 m의 신뢰도 α %의 신뢰구간은

$$\overline{x} - k\dfrac{\sigma}{\sqrt{n}} \leq m \leq \overline{x} + k\dfrac{\sigma}{\sqrt{n}}$$

입니다. 이때, 신뢰구간의 길이는 $2 \times k\dfrac{\sigma}{\sqrt{n}}$ 이므로 표본의 크기 n이 일정할 때, 신뢰도가 높을수록 신뢰구간의 길이는 길어집니다.

    └ k의 값이 커질수록

또한 동일한 신뢰도를 유지하면서 신뢰구간의 길이를 줄이려면 표본의 크기 n을 크게 하여야 합니다.

Bible Point   모평균 m에 대한 신뢰구간

정규분포 $\mathrm{N}(m, \sigma^2)$을 따르는 모집단에서 크기가 n인 표본을 임의추출하여 구한 표본평균 $\overline{X}$의 값을 $\overline{x}$라고 할 때, 모평균 m에 대한 신뢰구간은

1 신뢰도 95 %의 신뢰구간 : $\overline{x} - 1.96\dfrac{\sigma}{\sqrt{n}} \leq m \leq \overline{x} + 1.96\dfrac{\sigma}{\sqrt{n}}$ ← 신뢰구간의 길이 : $2 \times 1.96\dfrac{\sigma}{\sqrt{n}}$

2 신뢰도 99 %의 신뢰구간 : $\overline{x} - 2.58\dfrac{\sigma}{\sqrt{n}} \leq m \leq \overline{x} + 2.58\dfrac{\sigma}{\sqrt{n}}$ ← 신뢰구간의 길이 : $2 \times 2.58\dfrac{\sigma}{\sqrt{n}}$

Plus +

① 모평균을 추정할 때, 신뢰도는 높을수록 좋으며 신뢰구간의 길이는 짧을수록 좋다.

그런데 표본의 크기가 일정할 때, 신뢰도를 높이면 신뢰구간의 길이가 길어지고, 신뢰구간의 길이를 짧게 하면 신뢰도가 낮아진다. 따라서 신뢰도를 고정시키고 신뢰구간의 길이를 짧게 하려면 표본의 크기가 커져야 한다.

② 표본평균 $\overline{X}$란 모집단에서 표본 하나만 추출해서 그 표본 내에서 평균을 구한 것이고, 표본평균의 평균 $\mathrm{E}(\overline{X})$는 여러 가지 표본을 추출해서 각각의 표본의 평균을 구한 후 그 평균들을 구한 것이다. 앞에서 배운 것처럼 표본평균의 평균은 모평균 m과 같지만 표본 하나를 추출해서 평균(표본평균)을 구하면 원래의 모평균과 같다는 보장이 없다. 그래서 모평균 m의 '신뢰구간' 만 추정하는 것이다.

표본분산을 구할 때 n 대신 $n-1$로 나누는 이유에 대하여 알아보겠습니다. 이 부분은 매우 어려운 내용이므로 과감하게 넘어가도 됩니다!$^{\frown\frown}$

모집단에서 추출한 크기가 n인 표본 $X_1,\ X_2,\ X_3,\ \cdots,\ X_n$에 대하여 표본표준편차를

$$S_n=\sqrt{\frac{1}{n}\sum_{i=1}^{n}(X_i-\overline{X})^2}$$

이 아니라

$$S=\sqrt{\frac{1}{n-1}\sum_{i=1}^{n}(X_i-\overline{X})^2}$$

으로 정의하는 이유에 대하여 알아봅시다!

모평균 m을 추정할 때 모표준편차 σ의 값을 모르는 것이 보통이므로 모표준편차를 표본표준편차로 대신할 수 있다는 것을 알고 있습니다.

σ를 대신하기에 S_n과 S 중 어느 것이 더 적절한지 생각하여 봅시다. 다음은 $S_n{}^2$의 기댓값 $\mathrm{E}(S_n{}^2)$을 구한 것입니다.

$$
\begin{aligned}
\mathrm{E}(S_n{}^2)&=\mathrm{E}\!\left(\frac{1}{n}\sum_{i=1}^{n}(X_i-\overline{X})^2\right)\\
&=\mathrm{E}\!\left(\frac{1}{n}\sum_{i=1}^{n}\{(X_i-m)-(\overline{X}-m)\}^2\right)\\
&=\frac{1}{n}\mathrm{E}\!\left(\sum_{i=1}^{n}\{(X_i-m)^2-2(X_i-m)(\overline{X}-m)+(\overline{X}-m)^2\}\right)\\
&=\frac{1}{n}\mathrm{E}\!\left(\sum_{i=1}^{n}(X_i-m)^2-2(\overline{X}-m)\sum_{i=1}^{n}(X_i-m)+n(\overline{X}-m)^2\right)\\
&=\frac{1}{n}\left\{\mathrm{E}\!\left(\sum_{i=1}^{n}(X_i-m)^2\right)-2\mathrm{E}\!\left((\overline{X}-m)\sum_{i=1}^{n}(X_i-m)\right)+n\mathrm{E}(\overline{X}-m)^2\right\}\\
&=\frac{1}{n}\left\{\sum_{i=1}^{n}\mathrm{E}((X_i-m)^2)-n\mathrm{E}(\overline{X}-m)^2\right\}\quad\leftarrow\ \textstyle\sum_{i=1}^{n}(X_i-m)=n(\overline{X}-m)\\
&=\frac{1}{n}\left\{\sum_{i=1}^{n}\mathrm{V}(X_i)-n\mathrm{V}(\overline{X})\right\}\\
&=\frac{1}{n}\left(n\sigma^2-n\times\frac{\sigma^2}{n}\right)=\frac{n-1}{n}\sigma^2
\end{aligned}
$$

$\mathrm{E}(S_n{}^2)=\dfrac{n-1}{n}\sigma^2$이므로 $S_n{}^2$은 모집단의 분산 σ^2보다 작아지는 경향이 있습니다.

$S_n{}^2$에 $\dfrac{n}{n-1}$을 곱한 S^2의 기댓값은

$$\mathrm{E}(S^2)=\mathrm{E}\Big(\frac{n}{n-1}S_n{}^2\Big)=\frac{n}{n-1}\mathrm{E}(S_n{}^2)=\frac{n}{n-1}\times\frac{n-1}{n}\sigma^2=\sigma^2$$

이므로 S^2이 $S_n{}^2$보다 모분산을 대신하기에 더 적절합니다.

이와 같은 이유로 표본표준편차를 $\sqrt{\dfrac{1}{n-1}\displaystyle\sum_{i=1}^{n}(X_i-\overline{X})^2}$으로 정의합니다.

표본평균 $\overline{X}$의 분포와 모집단의 분포 사이의 관계를 다음과 같은 구체적인 예를 통하여 알아봅시다.

<table>
<tr><td>X</td><td>2</td><td>4</td><td>6</td><td>합계</td></tr>
<tr><td>$\mathrm{P}(X=x)$</td><td>$\frac{1}{3}$</td><td>$\frac{1}{3}$</td><td>$\frac{1}{3}$</td><td>1</td></tr>
</table>

Example 2, 4, 6의 숫자가 각각 적힌 3개의 공을 주머니에 넣고 여기에서 임의로 꺼낸 한 개의 공에 적힌 수를 X라고 하면, 확률변수 X는 오른쪽 표와 같은 분포를 이룹니다.

X의 모평균 m과 모분산 σ^2을 구하면 다음과 같습니다.

$$m=2\times\frac{1}{3}+4\times\frac{1}{3}+6\times\frac{1}{3}=4$$

$$\sigma^2=2^2\times\frac{1}{3}+4^2\times\frac{1}{3}+6^2\times\frac{1}{3}-4^2=\frac{8}{3}$$

이 주머니에서 크기가 2인 표본을 복원추출하여 $\overline{X}$, $\displaystyle\sum_{i=1}^{n}(\overline{X}_i-\overline{X})^2$, S^2, S, $S_n{}^2$, S_n의 값을 차례로 구하면 다음 표와 같습니다.

개수	표본	$\overline{X}$	$\displaystyle\sum_{i=1}^{n}(X_i-\overline{X})^2$	S^2	$S=\sqrt{\dfrac{1}{n-1}\displaystyle\sum_{i=1}^{n}(X_i-\overline{X})^2}$	$S_n{}^2$	$S_n=\sqrt{\dfrac{1}{n}\displaystyle\sum_{i=1}^{n}(X_i-\overline{X})^2}$
1	$\{2,\,2\}$	2	$(2-2)^2+(2-2)^2=0$	0	0	0	0
2	$\{2,\,4\}$	3	$(2-3)^2+(4-3)^2=2$	2	$\sqrt{2}$	1	1
2	$\{2,\,6\}$	4	$(2-4)^2+(6-4)^2=8$	8	$2\sqrt{2}$	4	2
1	$\{4,\,4\}$	4	$(4-4)^2+(4-4)^2=0$	0	0	0	0
2	$\{4,\,6\}$	5	$(4-5)^2+(6-5)^2=2$	2	$\sqrt{2}$	1	1
1	$\{6,\,6\}$	6	$(6-6)^2+(6-6)^2=0$	0	0	0	0

여기서 실제로 $\mathrm{E}(S^2)$과 $\mathrm{E}(S_n{}^2)$을 구해 보면 다음과 같습니다.

$$\mathrm{E}(S^2)=0\times\frac{1}{9}+2\times\frac{2}{9}+8\times\frac{2}{9}+0\times\frac{1}{9}+2\times\frac{2}{9}+0\times\frac{1}{9}=\frac{8}{3}=\sigma^2$$

$$\mathrm{E}(S_n{}^2)=0\times\frac{1}{9}+1\times\frac{2}{9}+4\times\frac{2}{9}+0\times\frac{1}{9}+1\times\frac{2}{9}+0\times\frac{1}{9}=\frac{4}{3}=\frac{1}{2}\sigma^2$$

S^2이 $S_n{}^2$보다 모분산을 대신하기에 더 적절합니다. 이와 같은 이유로 표본표준편차를 $\sqrt{\dfrac{1}{n-1}\displaystyle\sum_{i=1}^{n}(X_i-\overline{X})^2}$으로 정의합니다.

1 정규분포를 따르는 모집단에서 표본을 임의추출하여 모평균을 추정하려고 한다. 다음 명제의 참, 거짓을 판별하여라.

(1) $\mathrm{E}(\overline{X})$는 표본의 크기에 관계없이 모집단의 평균과 같다.

(2) 표본평균 $\overline{X}$의 분산은 표본의 크기에 반비례한다.

(3) 동일한 표본을 사용할 때, 신뢰도 99 %인 신뢰구간은 신뢰도 95 %인 신뢰구간을 포함한다.

(4) 신뢰도가 일정할 때, 표본의 크기가 작을수록 신뢰구간의 길이는 짧아진다.

(5) 표본평균 $\overline{x}$의 값이 작아지면 신뢰구간의 길이는 짧아진다.

2 어느 회사에서 생산하는 형광등의 수명은 정규분포를 따른다고 한다. 이 회사에서 생산된 형광등 중에서 100개를 임의추출하여 수명을 조사했더니 평균은 1000시간, 표준편차는 100시간이었다. 이 형광등의 평균 수명에 대하여 신뢰도 95 %의 신뢰구간의 길이를 구하여라.

$$(\text{단, } \mathrm{P}(|Z|\leq 1.96)=0.95)$$

풀이 **1** (1) $\mathrm{E}(\overline{X})$는 표본의 크기에 관계없이 모집단의 평균과 같다.　　∴ **참**

(2) 표본평균 $\overline{X}$의 분산은 $\mathrm{V}(\overline{X})=\dfrac{\sigma^2}{n}$이므로 $\overline{X}$의 분산은 표본의 크기에 반비례한다.　　∴ **참**

(3) 표본평균의 값이 $\overline{x}$일 때, $\mathrm{N}(m,\ \sigma^2)$의 분포를 따르는 모집단에서 동일한 표본을 사용하면 신뢰도 99%인 신뢰구간은

$$\overline{x}-2.58\frac{\sigma}{\sqrt{n}} \leq m \leq \overline{x}+2.58\frac{\sigma}{\sqrt{n}} \qquad \cdots\cdots \ \text{㉠}$$

신뢰도 95 %인 신뢰구간은

$$\overline{x}-1.96\frac{\sigma}{\sqrt{n}} \leq m \leq \overline{x}+1.96\frac{\sigma}{\sqrt{n}} \qquad \cdots\cdots \ \text{㉡}$$

따라서 ㉠, ㉡에서 모평균 m이 신뢰구간의 중심이고, ㉠의 길이가 ㉡의 길이보다 길기 때문에 ㉠은 ㉡을 포함한다. 즉, 신뢰도 99 %인 신뢰구간은 신뢰도 95 %인 신뢰구간을 포함한다.　　∴ **참**

(4) 정규분포 $\mathrm{N}(m,\ \sigma^2)$을 따르는 모집단에서 표본평균의 값이 $\overline{x}$, 신뢰구간이 $\overline{x}-k\dfrac{\sigma}{\sqrt{n}} \leq m \leq \overline{x}+k\dfrac{\sigma}{\sqrt{n}}$ 일 때,

신뢰구간의 길이는 $2k\dfrac{\sigma}{\sqrt{n}}$ 이므로 표본의 크기가 작을수록 신뢰구간의 길이는 길어진다.　　∴ **거짓**

(5) $\mathrm{P}(|Z|\leq k)=\dfrac{a}{100}$ 일 때, 정규분포 $\mathrm{N}(m,\ \sigma^2)$을 따르는 모집단에서 임의추출한 크기가 n인 표본의 표본평균 $\overline{X}$에 대한 모평균 m의 신뢰도 a %의 신뢰구간은

$$\overline{x}-k\frac{\sigma}{\sqrt{n}} \leq m \leq \overline{x}+k\frac{\sigma}{\sqrt{n}}$$

즉, 신뢰구간의 길이가 $2k\dfrac{\sigma}{\sqrt{n}}$ 이므로 신뢰구간의 길이는 표본평균 $\overline{x}$의 값에 영향을 받지 않는다.　　∴ **거짓**

2 표본의 크기 100이 충분히 크므로 모표준편차 대신 표본표준편차 100을 사용할 수 있다.

이때, 모평균 m의 신뢰도 95 %의 신뢰구간의 길이는 $2\times 1.96\dfrac{100}{\sqrt{100}}=\mathbf{39.2}$

예제 04

행복 고등학교 학생의 수면 시간은 정규분포를 따른다고 한다. 이 고등학교 학생 중에서 100명을 임의로 뽑아 수면 시간을 조사하였더니 평균이 6시간, 표준편차가 1시간이었다. 이 고등학교 학생들의 평균 수면 시간 m에 대하여 다음 물음에 답하여라. (단, $\mathrm{P}(|Z|\leq1.96)=0.95$, $\mathrm{P}(|Z|\leq2.58)=0.99$)

(1) 신뢰도 95 %의 신뢰구간을 구하여라.

(2) 신뢰도 99 %의 신뢰구간을 구하여라.

접근 방법

모표준편차가 σ인 모집단에서 임의추출한 크기가 n인 표본의 평균을 $\overline{X}$라고 하면 모평균 m의 신뢰도 95 %에 대하여 $\mathrm{P}\left(\overline{X}-1.96\dfrac{\sigma}{\sqrt{n}}\leq m\leq\overline{X}+1.96\dfrac{\sigma}{\sqrt{n}}\right)=0.95$의 의미가 있습니다. 이때, 주어진 값인 $\mathrm{P}(|Z|\leq1.96)=0.95$는 근삿값이므로 문제에서 주어지는 대로 쓰면 됩니다.

> **Bible** $\mathrm{P}(|Z|\leq k)=\dfrac{\alpha}{100}$라고 하면 신뢰도 α %로 추정한 신뢰구간은 $\overline{X}-k\dfrac{\sigma}{\sqrt{n}}\leq m\leq\overline{X}+k\dfrac{\sigma}{\sqrt{n}}$

상세 풀이

표본의 크기 100은 충분히 크므로 모표준편차 대신 표본표준편차 1을 사용할 수 있고, 표본평균이 6이므로 모평균 m의 신뢰구간을 구해 보면

(1) 모평균 m의 신뢰도 95 %의 신뢰구간은

$$6-1.96\times\frac{1}{\sqrt{100}}\leq m\leq6+1.96\times\frac{1}{\sqrt{100}},\ 6-0.196\leq m\leq6+0.196$$

$$\therefore 5.804\leq m\leq6.196$$

(2) 모평균 m의 신뢰도 99 %의 신뢰구간은

$$6-2.58\times\frac{1}{\sqrt{100}}\leq m\leq6+2.58\times\frac{1}{\sqrt{100}},\ 6-0.258\leq m\leq6+0.258$$

$$\therefore 5.742\leq m\leq6.258$$

정답 ➡ (1) $5.804\leq m\leq6.196$　(2) $5.742\leq m\leq6.258$

보충 설명

모평균을 추정할 때, 표본의 크기가 충분히 큰 경우에는 모집단의 분포와 표본의 분포가 유사할 가능성이 높고, 모평균도 모르는 상황에서 모표준편차를 알 수는 없기 때문에 모표준편차 대신에 표본표준편차를 사용하는 것입니다.

한편, 모평균 m에서 얼마만큼이나 떨어져 있는지 그 정도를 나타내는 표본평균의 표준편차인 $\dfrac{\sigma}{\sqrt{n}}$와 표본표준편차 S는 서로 다른 개념이므로 혼동하지 않도록 합니다.

숫자 바꾸기

◆ 보충 설명

04-1 어느 회사에서 생산하는 백열등의 수명은 정규분포를 따른다고 한다. 이 회사에서 생산한 백열등 중 400개를 임의추출하여 수명을 조사하였더니 평균이 2000시간, 표준편차가 120시간이었다. 이 백열등의 수명의 평균 m의 신뢰도 95 %의 신뢰구간을 구하여라. (단, $P(|Z| \leq 1.96) = 0.95$)

표현 바꾸기

04-2 어느 할인점에서 판매하는 배의 무게는 표준편차가 10 g인 정규분포를 따른다고 한다. 이 할인점에서 판매하는 배 중에서 49개를 임의추출하여 조사한 결과 평균 무게는 160 g이었다. 이 할인점에서 판매하는 전체 배의 평균 무게 m의 신뢰도 95 %의 신뢰구간이 $a \leq m \leq b$일 때, $b-a$의 값은? (단, $P(|Z| \leq 1.96) = 0.95$)

① 4.8   ② 5.6   ③ 6.4
④ 7.2   ⑤ 8

개념 넓히기 ★★☆

◆ 다른 풀이

04-3 평균이 m, 표준편차가 2인 정규분포를 따르는 모집단에서 크기가 n인 표본을 임의로 추출할 때, 표본평균 $\overline{X}$의 값을 $\overline{x}$라고 하자. 이 결과에서 모평균 m의 신뢰도 95 %의 신뢰구간은 $9.608 \leq m \leq 10.392$이고, 신뢰도 99 %의 신뢰구간은 $a \leq m \leq b$일 때, $n + \overline{x} + a + b$의 값을 구하여라.

(단, $P(|Z| \leq 1.96) = 0.95$, $P(|Z| \leq 2.58) = 0.99$)

정답 **04-1** $1988.24 \leq m \leq 2011.76$ **04-2** ②   **04-3** 130

<table><tr><td rowspan="2">예제
05</td><td>정규분포 $N(m, \sigma^2)$을 따르는 모집단에서 크기가 n인 표본을 임의로 추출하여 모평균을 추정하려고 한다. 신뢰도 60 %로 추정한 신뢰구간의 길이가 l일 때, 신뢰구간의 길이가 $3l$인 신뢰도를 오른쪽 표준정규분포표를 이용하여 구하여라.</td><td>

신뢰구간의 길이

z	$P(0 \leq Z \leq z)$
0.84	0.30
1.68	0.45
2.52	0.49

</td></tr></table>

접근 방법

표본평균의 값이 $\overline{x}$일 때, $P(-1.96 \leq Z \leq 1.96) = 0.4750 \times 2 = 0.95$에서 모평균 m의 신뢰도 95 %의 신뢰구간은

$$\overline{x} - 1.96 \frac{\sigma}{\sqrt{n}} \leq m \leq \overline{x} + 1.96 \frac{\sigma}{\sqrt{n}}$$

이고, 신뢰구간의 길이는 $2 \times 1.96 \dfrac{\sigma}{\sqrt{n}}$ 가 됩니다.

마찬가지 방법으로 신뢰도 60 %의 신뢰구간을 찾기 위해서는 주어진 표준정규분포표에서

$$P(-\square \leq Z \leq \square) = 0.6$$

인 양수 $\square$를 찾으면 되고, 이때 신뢰구간의 길이 l은 $l = 2 \times \square \times \dfrac{\sigma}{\sqrt{n}}$ 가 됩니다.

> **Bible** 모표준편차가 σ, 표본의 크기가 n, 신뢰도에 따른 상수가 k일 때, 신뢰구간의 길이 $\Rightarrow 2k \dfrac{\sigma}{\sqrt{n}}$

상세 풀이

$P(-0.84 \leq Z \leq 0.84) = 2 \times 0.30 = 0.60$이므로 신뢰도 60 %로 추정한 신뢰구간의 길이 l은

$$l = 2 \times 0.84 \times \frac{\sigma}{\sqrt{n}}$$

이 식의 양변에 3을 곱하면 $3l = 3\left(2 \times 0.84 \times \dfrac{\sigma}{\sqrt{n}}\right) = 2 \times 2.52 \times \dfrac{\sigma}{\sqrt{n}}$

따라서 $P(-2.52 \leq Z \leq 2.52) = 0.49 \times 2 = 0.98$이므로 신뢰구간의 길이가 $3l$인 신뢰도는 98 %입니다.

정답 ➡ 98 %

보충 설명

(1) 신뢰도와 신뢰구간의 관계 ➡ 비례관계

α % 신뢰도의 신뢰구간 l에서 $l = 2 \times k \dfrac{\sigma}{\sqrt{n}}$

표본의 크기 n이 일정할 때
① 신뢰도 α의 값이 커질수록 (k의 값이 커진다.) 신뢰구간의 길이 l은 길어진다.
② 신뢰도 α의 값이 작을수록 (k의 값이 작아진다.) 신뢰구간의 길이 l은 짧아진다.

(2) 표본의 크기와 신뢰구간의 관계 ➡ 반비례 관계

α % 신뢰도의 신뢰구간 l에서 $l = 2 \times k \dfrac{\sigma}{\sqrt{n}}$

신뢰도 α %가 일정할 때 (k의 값이 일정하다.)
① 표본의 크기 n의 값이 커질수록 신뢰구간의 길이 l은 짧아진다.
② 표본의 크기 n의 값이 작을수록 신뢰구간의 길이 l은 길어진다.

숫자 바꾸기

05-1   정규분포 $N(m,\ \sigma^2)$을 따르는 모집단에서 크기가 n인 표본을 임의로 추출하여 모평균을 추정하려고 한다. 신뢰도 $70\,\%$로 추정한 신뢰구간의 길이가 l일 때, 신뢰구간의 길이가 $2l$인 신뢰도를 오른쪽 표준정규분포표를 이용하여 구하여라.

z	$P(0\le Z\le z)$
1.04	0.35
1.42	0.42
1.68	0.45
2.08	0.48

표현 바꾸기

05-2   정규분포 $N(m,\ \sigma^2)$을 따르는 모집단에서 표본을 임의추출하여 모평균 m을 추정하려고 한다. $\square$ 안에 알맞은 수를 써넣어라.

$$\text{(단, } P(-2\le Z\le 2)=0.95,\ P(-3\le Z\le 3)=0.99)$$

(1) 신뢰도가 일정할 때, 표본의 크기가 36일 때의 신뢰구간의 길이는 표본의 크기가 144일 때의 신뢰구간의 길이의 $\square$배이다.

(2) 표본의 크기가 일정할 때, 신뢰도가 $99\,\%$일 때의 신뢰구간의 길이는 신뢰도가 $95\,\%$일 때의 신뢰구간의 길이의 $\square$배이다.

(3) 신뢰도가 $95\,\%$이고 표본의 크기가 25일 때의 신뢰구간의 길이는 신뢰도가 $99\,\%$이고 표본의 크기가 100일 때의 신뢰구간의 길이의 $\square$배이다.

개념 넓히기 ★★☆

05-3   크기가 n인 표본의 평균으로부터 정규분포를 따르는 모집단의 평균 m을 신뢰도 $95\,\%$로 추정하였더니 신뢰구간이 $10\le m\le 26$이었다. 크기가 $4n$인 표본의 평균으로부터 모집단의 평균 m을 신뢰도 $99\,\%$로 추정하였더니 신뢰구간이 $12\le m\le a$일 때, 실수 a의 값을 구하여라. (단, $P(|Z|\le 2)=0.95,\ P(|Z|\le 3)=0.99$)

정답   **05-1** $96\,\%$ **05-2** (1) 2 (2) $\dfrac{3}{2}$ (3) $\dfrac{4}{3}$ **05-3** 24

08-1 정규분포 $N(0, 4^2)$을 따르는 모집단에서 크기가 9인 표본을 임의추출하여 구한 표본평균을 $\overline{X}$, 정규분포 $N(3, 2^2)$을 따르는 모집단에서 크기가 16인 표본을 임의추출하여 구한 표본평균을 $\overline{Y}$라고 하자. $P(\overline{X} \geq 1) = P(\overline{Y} \leq a)$를 만족시키는 상수 a의 값은?

① $\dfrac{19}{8}$ ② $\dfrac{5}{2}$ ③ $\dfrac{21}{8}$

④ $\dfrac{11}{4}$ ⑤ $\dfrac{23}{8}$

08-2 60만 명이 응시한 수능 수학 영역에서 수험생들의 점수 분포가 오른쪽 그림과 같이 정규분포를 이룬다고 한다. 수험생들 중에서 400명을 임의로 뽑아 이들의 수학 영역 점수의 평균을 조사하는 일을 여러 번 반복할 때, 이 표본평균 $\overline{X}$의 분포를 나타낸 그래프로 적당한 것은?

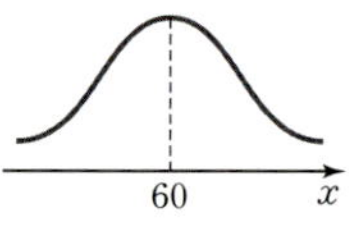

①
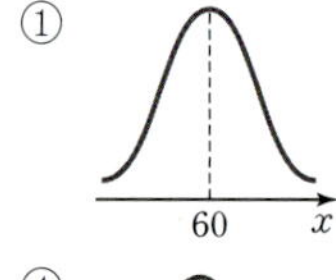

②
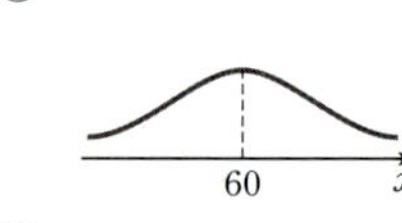

③
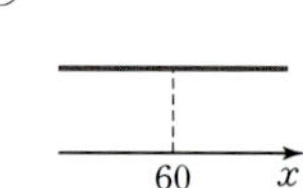

④
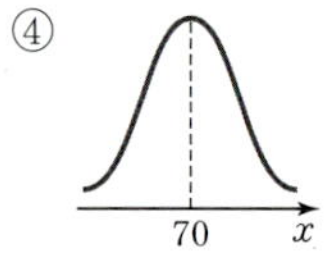

⑤
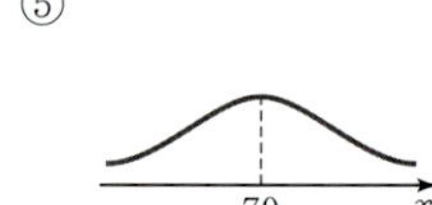

08-3 주머니 속에 x부터 $x+6$까지의 자연수가 하나씩 적힌 7개의 공이 들어 있다. 이 주머니 속에서 크기가 2인 표본을 복원추출할 때, 그 공들에 쓰인 숫자의 평균을 $\overline{X}$라고 하자. $E(\overline{X}) = 6$일 때, $\sigma(\overline{X})$를 구하여라.

08-4 어느 공장에서 만드는 제품 A의 무게는 평균이 120 g, 표준편차가 10 g인 정규분포를 따른다고 한다. 이 공장에서 만드는 제품 A 중에서 임의추출한 1개의 무게가 130 g 이상일 확률을 p_1, 임의추출한 4개의 무게의 평균이 130 g 이상일 확률을 p_2라고 할 때, $p_1 - p_2$의 값을 오른쪽 표준정규분포표를 이용하여 구한 것은?

z	$P(0 \leq Z \leq z)$
0.5	0.1915
1.0	0.3413
1.5	0.4332
2.0	0.4772

① -0.1498 ② -0.1359 ③ 0

④ 0.1359 ⑤ 0.1498

08-5 어느 공장에서 생산되는 탁구공을 일정한 높이에서 강철바닥에 떨어뜨렸을 때 탁구공이 튀어 오른 높이는 정규분포를 따른다고 한다. 이 공장에서 생산된 탁구공 중 임의추출한 100개에 대하여 튀어 오른 높이를 측정하였더니 평균이 245, 표준편차가 20이었다. 이 공장에서 생산되는 모든 탁구공의 튀어 오른 높이의 평균에 대한 신뢰도 95 %의 신뢰구간에 속하는 정수의 개수를 구하여라. (단, 높이의 단위는 mm이고, $P(0 \leq Z \leq 1.96) = 0.4750$)

08-6 크기가 n인 표본에 의하여 정규분포를 따르는 모집단의 평균을 추정할 때의 신뢰구간의 길이를 l이라고 하자. 동일한 신뢰도로 추정한 신뢰구간의 길이를 $\dfrac{l}{3}$이 되도록 할 때, 표본의 크기는?

① $3n$ ② $4n$ ③ $6n$
④ $8n$ ⑤ $9n$

08-7 평균이 m, 분산이 9인 정규분포를 따르는 모집단에서 크기가 n인 표본을 임의로 추출하였더니 표본평균 $\overline{X}$의 값이 $\overline{x}$이었다. 이 결과로부터 모평균 m의 신뢰도 95 %의 신뢰구간을 구하면 $14.8 \leq m \leq 17.2$일 때, $\overline{x} + n$의 값을 구하여라. (단, $P(|Z| \leq 2) = 0.95$)

08-8 어느 대학 신입생의 수능 성적은 표준편차가 20점인 정규분포를 따른다고 한다. 이 대학 신입생의 수능 성적의 평균을 신뢰도 95 %로 추정할 때, 신뢰구간의 길이가 4 이하가 되도록 하는 표본의 크기의 최솟값을 구하여라. (단, $P(|Z| \leq 1.96) = 0.95$)

08-9 어느 고등학교 남학생의 키는 정규분포를 따른다고 한다. 이 학교 남학생 중 100명을 임의추출하여 키를 조사하였더니 평균이 178 cm, 표준편차가 60 cm이었다. 이 학교 전체 남학생의 키에 대한 모평균 m을 신뢰도 α %로 추정한 신뢰구간이 $164.98 \leq m \leq 191.02$일 때, α의 값을 오른쪽 표준정규분포표를 이용하여 구하여라.

z	$P(0 \leq Z \leq z)$
1.28	0.400
1.65	0.450
1.96	0.475
2.17	0.485
2.58	0.495

08-10 주머니 속에 1의 숫자가 적혀 있는 공 1개, 2의 숫자가 적혀 있는 공 2개, 3의 숫자가 적혀 있는 공 5개가 들어 있다. 이 주머니에서 임의로 1개의 공을 꺼내어 공에 적혀 있는 수를 확인한 후 다시 넣는다. 이와 같은 시행을 2번 반복할 때, 꺼낸 공에 적혀 있는 수의 평균을 $\overline{X}$라고 하자. $\mathrm{P}(\overline{X}=2)$의 값은?

① $\dfrac{5}{32}$ ② $\dfrac{11}{64}$ ③ $\dfrac{3}{16}$

④ $\dfrac{13}{64}$ ⑤ $\dfrac{7}{32}$

08-11 어느 공장에서 생산되는 제품의 무게가 정규분포 $\mathrm{N}(11,\ 2^2)$을 따른다고 한다. A와 B 두 사람이 크기가 4인 표본을 각각 독립적으로 임의추출할 때, A와 B가 추출한 표본의 평균이 모두 10 이상 14 이하일 확률을 오른쪽 표준정규분포표를 이용하여 구한 것은? (단, 무게의 단위는 g이다.)

z	$\mathrm{P}(0\leq Z\leq z)$
1.0	0.3413
2.0	0.4772
3.0	0.4987

① 0.8123 ② 0.7056 ③ 0.6587

④ 0.5228 ⑤ 0.2944

08-12 주머니 속에 1이 적혀 있는 공 1개, 3이 적혀 있는 공 n개가 들어 있다. 이 주머니에서 임의로 1개의 공을 꺼내어 공에 적혀 있는 수를 확인한 후 다시 넣는다. 이와 같은 시행을 2번 반복하여 얻은 두 수의 평균을 $\overline{X}$라고 하자. $\mathrm{P}(\overline{X}=1)=\dfrac{1}{49}$일 때, $\mathrm{E}(\overline{X})$를 구하여라.

08-13 어느 고등학교 학생의 몸무게는 평균이 60 kg, 표준편차가 6 kg인 정규분포를 따른다고 한다. 중량이 549 kg 이상이 되면 경고음을 내도록 설계되어 있는 엘리베이터에 이 고등학교 학생 중 임의추출한 9명이 탑승하였을 때, 경고음이 울릴 확률을 오른쪽 표준정규분포표를 이용하여 구하여라.

z	$\mathrm{P}(0\leq Z\leq z)$
0.5	0.1915
1.0	0.3413
1.5	0.4332
2.0	0.4772

08-14 어느 회사에서 생산되는 화장품의 무게는 정규분포를 따른다고 한다. 이 회사에서 생산된 화장품 중에서 64개를 임의추출하여 무게를 조사한 결과 평균이 300 g, 표준편차가 16 g이었다. 신뢰도 95 %로 모평균을 추정할 때, 표본평균과 모평균의 차를 4 g 이하로 하려면 표본의 크기를 n으로 하여야 한다. 자연수 n의 값을 구하여라. (단, $\mathrm{P}(|Z|\leq 2)=0.95$)

08-15 어느 회사에서 생산하는 배터리의 수명은 평균이 1500시간, 표준편차가 100시간인 정규분포를 따른다고 한다. 이 회사에서 생산된 배터리 중에서 n개를 임의추출하여 그 표본평균을 $\overline{X}$라고 할 때, $P\left(\overline{X} \geq 1450 + \dfrac{165}{\sqrt{n}}\right) \geq 0.95$가 성립하기 위한 자연수 n의 최솟값을 오른쪽 표준정규분포표를 이용하여 구하여라.

z	$P(0 \leq Z \leq z)$
1.28	0.400
1.44	0.425
1.65	0.450
1.96	0.475

08-16 정규분포 $N(m,\ \sigma^2)$을 따르는 모집단에서 크기가 16인 표본을 임의추출하여 신뢰도 $\alpha\,\%$로 모평균을 추정할 때, 신뢰구간의 길이가 $\dfrac{7}{8}\sigma$이었다. 크기가 n인 표본의 표본평균을 $\overline{X_n}$라고 할 때, $P\left(|\overline{X_n}-m| \leq \dfrac{\sigma}{8}\right) = \dfrac{\alpha}{100}$가 성립하기 위한 자연수 n의 값을 구하여라.

08-17 정규분포 $N(m,\ \sigma^2)$을 따르는 모집단에서 크기가 2인 표본을 임의추출하여 신뢰도 99 %로 추정한 신뢰구간의 길이가 l이다. 신뢰구간의 길이를 $\dfrac{l}{k}$로 하기 위한 표본의 크기를 $f(k)$라고 할 때, $f(1)+f(2)+\cdots+f(10)$의 값을 구하여라. (단, $P(0 \leq Z \leq 2.58)=0.495$)

challenge

08-18 어느 임업 연구소의 A, B 두 연구원이 소나무 군락지의 소나무들의 생장 상태를 알아보기 위하여 100그루의 소나무들을 각각 a그루, b그루로 나누어 키를 조사하였더니 오른쪽 표와 같은 결과를 얻었다.

	표본의 크기	표준편차
A연구원	a	3 cm
B연구원	b	4 cm

A, B 두 연구원이 각자 95 %의 신뢰도로 군락지의 소나무들의 키의 평균을 추정하였더니 신뢰구간의 길이가 같았다. 소나무들의 키의 분포는 정규분포를 따른다고 할 때, $b-a$의 값을 구하여라. (단, $P(0 \leq Z \leq 1.96)=0.475$)

challenge

08-19 평균이 m, 표준편차가 2인 정규분포를 따르는 모집단에서 크기가 n인 표본을 임의로 추출할 때, 표본평균을 $\overline{X}$라고 하자.

$$P\left(\overline{X} \leq 1.96 \times \dfrac{2}{\sqrt{n}}\right) = f(m)\text{일 때,}$$

$$f(0)+f(0.9) \leq 1.025$$

를 만족시키는 자연수 n의 최솟값을 오른쪽 표준정규분포표를 이용하여 구하여라.

z	$P(0 \leq Z \leq z)$
1.28	0.400
1.44	0.425
1.64	0.450
1.96	0.475

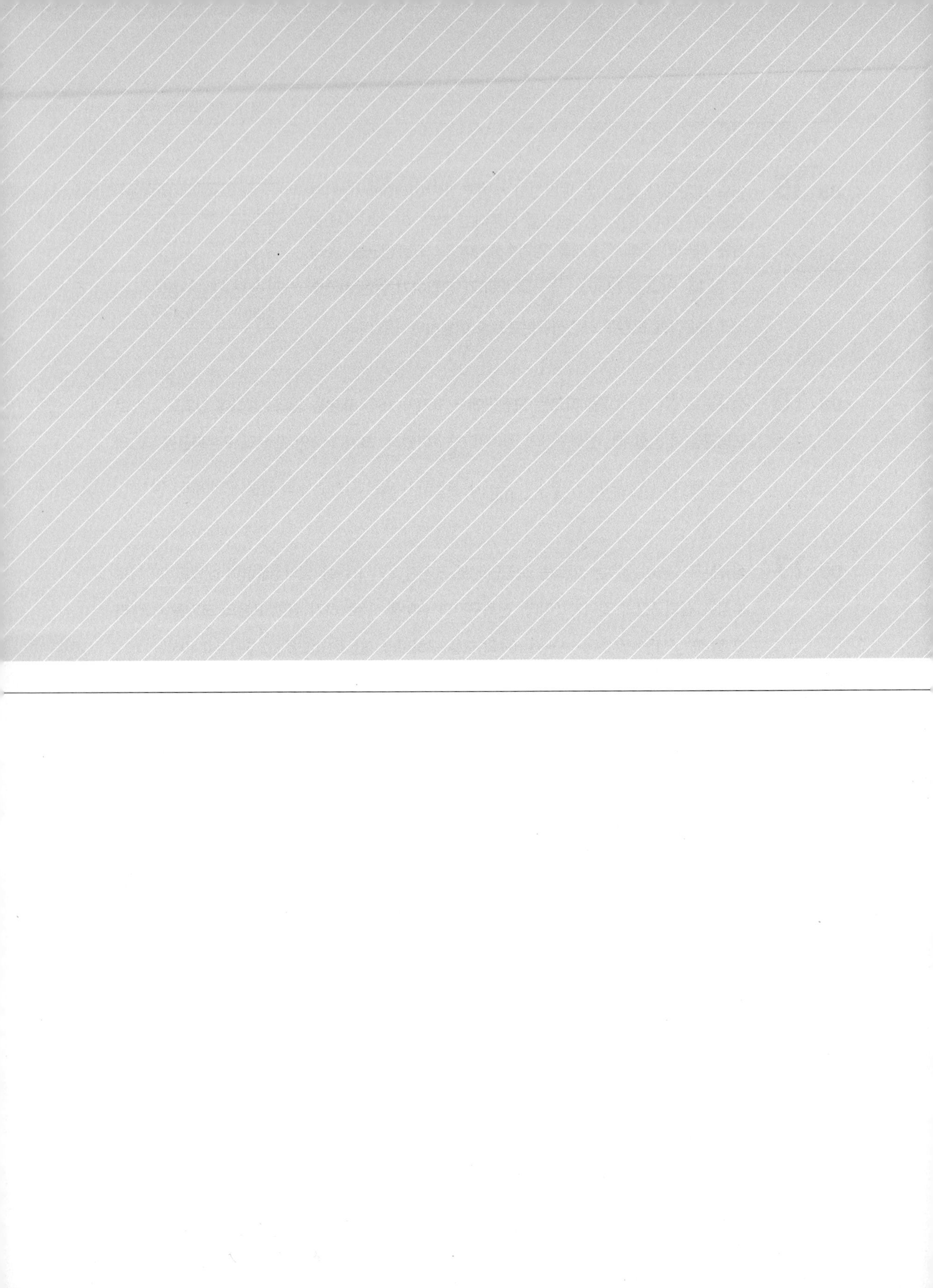

정답

※ 일부 예제 문항의 풀이를 수록하였습니다.

01 순열

기본 다지기 ————————— p.50

01-1   480
  2   ④
  3   57
  4   45
  5   ②
  6   21
  7   ①
  8   14
  9   ④
 10   ②

실력 다지기 ————————— p.52

01-11   ④
 12   ⑤
 13   ④
 14   ⑤
 15   ⑤
 16   ②
 17   ⑤
 18   600
 19   72
 20   12
 21   41
 22   32
 23   38
 24   90
 25   46
 26   126
 27   96
 28   180
 29   60
 30   96

02 조합

기본 다지기 ————————— p.90

02-1   ④
  2   (1) 150   (2) 6
  3   (1) 630   (2) 1560
  4   ⑤
  5   630
  6   900
  7   13
  8   (1) 45   (2) 35
  9   (1) 12   (2) 25
 10   165

실력 다지기 ————————— p.92

02-11   ②
 12   ⑤
 13   ④
 14   ③
 15   186
 16   216
 17   105
 18   126
 19   72
 20   38
 21   56
 22   120
 23   20

24 455

25 220

26 56

27 32

28 84

29 52

30 (1) 25 (2) 70

03 이항정리

기본 다지기 ────────── p.118

03-1 (1) 204 (2) 135

2 ⑤

3 14

4 ③

5 (1) 165 (2) 1330

6 (1) 63 (2) 120 (3) 715

7 11

8 (1) 1 (2) $2^{101}-1$

9 228

10 11

실력 다지기 ────────── p.120

03-11 ③

12 ②

13 ⑤

14 ④

15 ③

16 2^{39}

17 (1) 100 (2) 7

18 120

19 45

20 12

04 확률의 뜻과 성질

기본 다지기 ────────── p.154

04-1 (1) $\dfrac{1}{12}$ (2) $\dfrac{5}{12}$ (3) $\dfrac{1}{3}$

2 6

3 (1) $\dfrac{1}{36}$ (2) $\dfrac{5}{72}$

4 ③

5 (1) $\dfrac{1}{28}$ (2) $\dfrac{10}{21}$

6 $\dfrac{8}{25}$

7 $\dfrac{109}{120}$

8 ④

9 $\dfrac{2}{7}$

10 13

실력 다지기 ────────── p.156

04-11 ①

12 ③

13 ⑤

14 ③

15 $\dfrac{1}{6}$

16 $\dfrac{4}{7}$

17 4

18 $\dfrac{10}{21}$

19 $\dfrac{28}{55}$

20 $\dfrac{3}{16}$

05 조건부확률

기본 다지기 ---------------------------- p.192

05-1 $\dfrac{1}{3}$

2 $\dfrac{1}{3}$

3 $\dfrac{1}{2}$

4 $\dfrac{7}{36}$

5 $\dfrac{1}{29}$

6 ①

7 $\dfrac{7}{64}$

8 $\dfrac{29}{72}$

9 $\dfrac{3}{16}$

10 $\dfrac{3}{16}$

실력 다지기 ---------------------------- p.194

05-11 ④

12 $\dfrac{3}{5}$

13 $\dfrac{31}{108}$

14 $\dfrac{2}{3}$

15 $\dfrac{5}{36}$

16 $\dfrac{3}{10}$

17 $\dfrac{21}{128}$

18 $\dfrac{1}{32}$

19 $\dfrac{5}{8}$

20 $\dfrac{11}{18}$

06 이산확률분포

기본 다지기 ---------------------------- p.232

06-1 ⑤

2 $\dfrac{3}{2}$

3 ④

4 33

5 4

6 6

7 ⑤

8 ⑤

9 419

10 40

실력 다지기 ---------------------------- p.234

06-11 ②

12 ②

13 ②

14 12

15 $\dfrac{143}{20}$

16 11

17 평균 : $\dfrac{2n+1}{3}$, 분산 : $\dfrac{n^2+n-2}{18}$

18 47

07 연속확률분포

08 통계적 추정

숫자 바꾸기 ----------------------------------- p.279

01-1

(1)

$\overline{X}$	2	3	4	5	6	7	8	합계
$P(\overline{X}=\overline{x})$	$\dfrac{1}{16}$	$\dfrac{2}{16}$	$\dfrac{3}{16}$	$\dfrac{4}{16}$	$\dfrac{3}{16}$	$\dfrac{2}{16}$	$\dfrac{1}{16}$	1

표준정규분포표

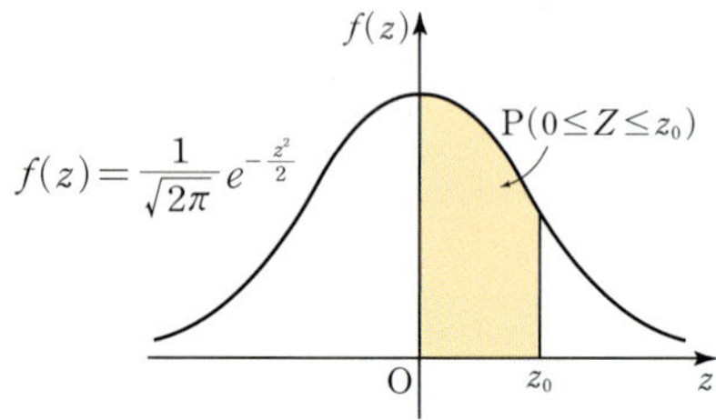

$$f(z) = \frac{1}{\sqrt{2\pi}}\, e^{-\frac{z^2}{2}}$$

z	0.00	0.01	0.02	0.03	0.04	0.05	0.06	0.07	0.08	0.09
0.0	.0000	.0040	.0080	.0120	.0160	.0199	.0239	.0279	.0319	.0359
0.1	.0398	.0438	.0478	.0517	.0557	.0596	.0636	.0675	.0714	.0753
0.2	.0793	.0832	.0871	.0910	.0948	.0987	.1026	.1064	.1103	.1141
0.3	.1179	.1217	.1255	.1293	.1331	.1368	.1406	.1443	.1480	.1517
0.4	.1554	.1591	.1628	.1664	.1700	.1736	.1772	.1808	.1844	.1879
0.5	.1915	.1950	.1985	.2019	.2054	.2088	.2123	.2157	.2190	.2224
0.6	.2257	.2291	.2324	.2357	.2389	.2422	.2454	.2486	.2517	.2549
0.7	.2580	.2611	.2642	.2673	.2704	.2734	.2764	.2794	.2823	.2852
0.8	.2881	.2910	.2939	.2967	.2995	.3023	.3051	.3078	.3106	.3133
0.9	.3159	.3186	.3212	.3238	.3264	.3289	.3315	.3340	.3365	.3389
1.0	.3413	.3438	.3461	.3485	.3508	.3531	.3554	.3577	.3599	.3621
1.1	.3643	.3665	.3686	.3708	.3729	.3749	.3770	.3790	.3810	.3830
1.2	.3849	.3869	.3888	.3907	.3925	.3944	.3962	.3980	.3997	.4015
1.3	.4032	.4049	.4066	.4082	.4099	.4115	.4131	.4147	.4162	.4177
1.4	.4192	.4207	.4222	.4236	.4251	.4265	.4279	.4292	.4306	.4319
1.5	.4332	.4345	.4357	.4370	.4382	.4394	.4406	.4418	.4429	.4441
1.6	.4452	.4463	.4474	.4484	.4495	.4505	4515	.4525	.4535	.4545
1.7	.4554	.4564	.4573	.4582	.4591	.4599	.4608	.4616	.4625	.4633
1.8	.4641	.4649	.4656	.4664	.4671	.4678	.4686	.4693	.4699	.4706
1.9	.4713	.4719	.4726	.4732	.4738	.4744	.4750	.4756	.4761	.4767
2.0	.4772	.4778	.4783	.4788	.4793	.4798	.4803	.4808	.4812	.4817
2.1	.4821	.4826	.4830	.4834	.4838	.4842	.4846	.4850	.4854	.4857
2.2	.4861	.4864	.4868	.4871	.4875	.4878	.4881	.4884	.4887	.4890
2.3	.4893	.4896	.4898	.4901	.4904	.4906	.4909	.4911	.4913	.4916
2.4	.4918	.4920	.4922	.4925	.4927	.4929	.4931	.4932	.4934	.4936
2.5	.4938	.4940	.4941	.4943	.4945	.4946	.4948	.4949	.4951	.4952
2.6	.4953	.4955	.4956	.4957	.4959	.4960	.4961	.4962	.4963	.4964
2.7	.4965	.4966	.4967	.4968	.4969	.4970	.4971	.4972	.4973	.4974
2.8	.4974	.4975	.4976	.4977	.4977	.4978	.4979	.4979	.4980	.4981
2.9	.4981	.4982	.4982	.4983	.4984	.4984	.4985	.4985	.4986	.4986
3.0	.4987	.4987	.4987	.4988	.4988	.4989	.4989	.4989	.4990	.4990
3.1	.4990	.4991	.4991	.4991	.4992	.4992	.4992	.4992	.4993	.4993
3.2	.4993	.4993	.4994	.4994	.4994	.4994	.4994	.4995	.4995	.4995
3.3	.4995	.4995	.4995	.4996	.4996	.4996	.4996	.4996	.4996	.4997
3.4	.4997	.4997	.4997	.4997	.4997	.4997	.4997	.4997	.4997	.4998